韓国の「オモニ」の民族誌

# 乳がんと共に生きる女性と家族の医療人類学

澤野美智子
*Sawano Michiko*

明石書店

# 乳がんと共に生きる女性と家族の医療人類学

## ——韓国の「オモニ」の民族誌

目次

# 序

## 第一節　研究の目的および方法

本研究の目的は、「オモニ」が乳がんという病気に対処する様相を通して、韓国の家族のありかたを明らかにし、ひいては母性に関する論議について再検討することである。

「オモニ（*eomeoni*）」とは母親を指す韓国語であるが、同時にそれはイデオロギーとしても作用している［조성숙 2002］。「オモニ」というイデオロギーは、西洋社会の母性イデオロギーとも類似している。西洋社会の母性イデオロギーは、（1）妊娠・出産・授乳の生物学的要素、（2）養育という社会的役割の要素、（3）イメージおよび価値的要素と関連している［조성숙 2002: 54］。またこの母性イデオロギーは、新しい世代に乳と愛を与え社会規範を注入する養育者として存在するよう女性を規定するのみならず、母性の生物学的過程を象徴化し、授乳が子どもを育てるように、女性に対して人類文化の原初的発生の根源としての意味を付与するものである［조성숙 2002: 55］。

しかし「オモニ」というイデオロギーは、西洋社会の母性イデオロギーと全く同一のものではない。「オモニ」というイデオロギーは、チプを陰から支えるという特徴を持つことが指摘されてきた。チプとは父系制に基づいて形成される家内的集団であり、「家族構成員、家族員が生活する居住地、建物、生活共同体としての家族、それ以外に家族の範囲を超えて、同族、親戚までを含む場合もある」［李 1978: 19］。「オモニ」は男児を産み育て、家事を行い、祖先祭祀の準備を担い、時には一家の生活費を工面して、チプを継承・繁栄させることが求められる存在である。よって「オモニ」という母性イデオロギーには、母親としてだけでなく、娘、嫁、姑、妻としての規範も含まれており、この点で西洋の母性イデオロギーとは異なっている。

「オモニ」は、一家の生活のために自己実現を放棄し、自己犠牲をして必死で働かねばならない存在である。そのため実質的な「暮らしの柱」とも表現される［조성숙 2002］。強い生活力を持ち、自らの外見に気を遣わないイメージから、既婚女性の性別が、男性でも女性でもない「第三の性」と表現されることもある［나임윤경 2011］。この点で「オモニ」は、女性としてのセクシュアリティから排除された存在でもある。

なりふり構わず一家の生活のために必死で働く「オモニ」のありかたは、夫を頼りにできない状況から生まれる。その背景には、「両班《ヤンバン》」としての体面を重んじる男性たちが「卑しい」仕事をしたがらず、収入がなかったり借金を作ったりする状況、あるいは男性たちが第二次世界大戦や朝鮮戦争、ベトナム戦争に狩り出されたりそこで犠牲になったりする不在状況があった。また近年の急激な都市化・産業化によって韓国社会の産業構造が大きく変化し、女性たちを零細産業の労働者として吸収していった。

そのような状況の中で、「オモニ」たちは一家の暮らしを支えるため、不安定かつ劣悪な労働条件の職場に身を投じて日銭を稼ぎ、節約してコツコツと貯金を作り、家に帰れば家事・育児・介護などをこなしながら、身を粉にして働く。自己犠牲をしてでも教育費を稼いで子どもたちに高等教育を受けさせ、子どもたちが立身出世できるように世話を焼くというのが、「オモニ」としての典型的なありかたである。

もちろん実際にはこのような生き方をしてこなかった女性たちも多く存在するであろう。しかし政府や各種団体による「立派な（*janghan*）オモニ」の表彰や、マスメディアの影響も手伝って、「オモニ」というイデオロギーは韓国社会の中で存在感を持ってきた。

それにもかかわらず、これまでの研究においては、「オモニ」と家族の関係についてきちんと議論されてこなかった。その背景には、韓国の家族に関する研究が、父系制・家父長制・儒教文化といった要素に注目する余り、男性を中心に据えて議論してきたことがある。一方そのアンチテーゼとして、女性研究者やフェミニストらによる、女性に注目した研究が行われてきたことも事実ではある。しかしそれらにおいては、父系制・家父長制・儒教文化という「伝統的」要素の残存を指摘し、その「男性支配的」で「抑圧的」な状況の中で女性たちが不利な状況に置かれているという論調が目立っている。「オモニ」というイデオロギーの存在に着目した조성숙の研究も、議論はこの範囲内にとどまっている［조성숙 2002］。しかし「オモニ」というイデオロギーが既婚女性たちの行動に影響を与えているとすれば、女性たちの行動から「オモニ」というリアリティが作り出され、ひいては韓国の家族のリアリティが作り出される様相についても検討してゆく必要がある。

「オモニ」と家族のリアリティが局面に立たされる様相が特によく露呈するのは、「オモニ」が病気に直面したときである。しかもその病因が家族の問題と結びつけられて解釈されるとき、この様相はより顕著なものとなる。

そこで本研究では、「オモニ」たちが病気との直面を契機に家族との関係を変化させる様相に着目する。本研究で注目するのは、乳がん患者である。後に詳述するように、韓国社会において、乳房は「オモニ」の隠喩として認識される部位である。そのこととも関連して、乳がんは家族の問題と密接に関わる病気として認識されている。そのため本研究では、「オモニ」が乳がんという病気に対処する様相を通して、韓国の家族のありかたについて検討する。

以上のことを明らかにするために、筆者は韓国の全羅道（A郡、光州広域市、H郡）およびソウル特別市において、長期フィールドワークを行った。二〇〇八年三月～二〇〇九年三月にかけては、大韓民国国立ソウル大学校社会科学研究院の二〇〇八年度学術研究プロジェクト「老化踪跡観察のための長寿地域社会コーホート調査研究」（代表：全京秀）の一環として、A郡で郡守の許可を得て戸籍の調査を行った。さらに、二〇一〇年九月〜一〇月および二〇一一年四月〜九月に全羅道で、二〇一一年九月〜二〇一二年一〇月にソウル特別市でフィールドワークを実施した。二〇一〇年九月〜一〇月のフィールドワークは、公益財団法人　三島海雲記念財団からの助成を受けた。

二〇一〇年九月以降に行った全羅道でのフィールドワークでは、滞在した村で家族や病気に関連することがらについて調査するとともに、全国規模の乳がん患者会Wの全羅道支部において参与観察を行った。具体的には、月一回の定例会に参加したり、個人的に会員と会ったり、会員の家に泊まりに行ったりした。加えて、地域規模の乳がん患者会Pにおいても参与観察を行った。ここでは週一回の合唱教室と月一回の登山への参加が主であった。さらに、患者会Pで知り合った乳がん患者の家で、一ヶ月余りのホームステイをさせてもらいながら参与観察を行った。

ソウル特別市でのフィールドワークでは、全国規模の患者会Wを拠点にフィールドワークを行った。具体的には、患者会Wが地方から通院する患者のためにソウル市内に設けた宿所「憩いの宿」に宿泊しつつ、全国からそこを訪れる乳がん患者にインタビューを行った。

ここで「憩いの宿」の概要と運営システムについて説明しておこう。「憩いの宿」は、地方からソウルのX大学病院へ通院する乳がん患者のために、二〇〇六年に設けられた宿所である。X大学病院と、X大学病院乳腺外科センター長を務めていた教授、X大学病院の乳がん患者会Wが資金を出し合って設立された。X大学病院から徒歩一五分ほどの位置にあるヴィラの、３ＬＤＫ（二〇一二年夏の引越し後は３ＤＫ）の部屋を借りて運営されている。

「憩いの宿」の入っているヴィラは住宅の入り組んだ場所にあり、初めて訪問する患者の大部分は地図を見てもなかなか場所を探し出すことができない。道中に案内の看板もない。また、ヴィラに着き、部屋を探し当てても、玄関のドアに表札の類は全く出されていない。これは患者会の役員たちが、ここにがん患者が集まって暮らしているということが同じヴィラの住民たちに知れると嫌がられるだろう、と考えているためである。

「憩いの宿」にはX大学病院へ乳がん治療および治療後の定期検診を受けに来る、地方在住の女性患者しか宿泊できないことになっている。時には付き添いの近親者も宿泊を希望することがあるが、それは認められていない。その理由は、化学療法で脱毛した患者も心置きなくかつらや帽子を脱いでくつろげる場所にするためであり、患者以外の人間がいるとそれができなくなるためであるとされている。

「憩いの宿」には、一泊して帰っていく短期滞在者もいれば、放射線療法のため一ヶ月以上滞在する長期滞在者もいる。一日に平均四、五人程度、多いときには十数人が泊まる。部屋が三つしかないので、宿泊者が多いときには雑魚寝をするかたちになる。面積の小さい部屋ほど、一人あるいは少人数で寝られる確率が高いため、滞在期間の長い者が面積の小さい部屋を使っている。滞在期間の最も長い者は「リーダー」と呼ばれ、役員と連絡を取ったり短期滞在者の管理をしたりする。「リーダー」が治療を終えて退所すると、その次に滞在期間の長い者が「リーダー」に繰り上がり、面積の小さな部屋に移動する。

「憩いの宿」はプライバシーが守られないという不便さはあるものの、外部の宿泊施設よりも安い料金（一人一泊一万五〇〇〇ウォン）で泊まることができ、この金額には食事代も含まれている。料金一万五〇〇〇ウォンのうち一万ウォンは宿泊料として患者会に入り、五〇〇〇ウォンは食費として「リーダー」に渡される。患者たちが払った宿泊料は、「リーダー」が日常的には管理しており、週一回ほどの頻度でやってくる患者会の役員（無償ボランティア）がそれを徴収し、専用の通帳に入れて管理している。この役員は、「憩いの宿」の消耗品を買い足したり、「憩いの宿」で起こったトラブルに対処したりもしている。

「憩いの宿」での食生活に関しては、食事を作るスタッフがいるわけではなく、患者たちの自炊に任されている。主に長期滞在者たちがメニューを決めて昼間に買い物を済ませておき、夕方になって短期滞在者たちが来れば、皆で一緒に調理し、一緒に食べる。米、キムチ、調味料、洗剤、ラップやゴミ袋は患者会から支給されている。テレビやパソコン、炊飯器、電子レンジ、ソファ、布団、洗濯機、アイロン、掃除機、鍋や食器、タオルは、患者会が支給したり、患者が寄付したりして、生活に必要な大抵の物は揃っている。

二週間に一度、患者会が雇った「掃除のおばさん」が来て清掃を行うが、日常的な掃除やゴミ出しは患者たちが自主的に行っている。ただし短期滞在者は夕方に来て翌日の早朝に退所することが多いので、掃除やゴミ出しは事実上、長期滞在者が行っている。箸やスプーンは一度使用するごとに煮沸、布団は一度使用するごとに洗濯することになっており、それらの用事をこなすのも長期滞在者である。食材の買い出しなどの負担とも重なって、長期滞在者が不満を募らせ、短期滞在者との間でトラブルを起こすこともある。

筆者は、最初のうちは大部屋で雑魚寝する身分であったものの、滞在期間が長くなるにつれ、筆者が来る前から滞在していた長期滞在者が順に治療を終えて退所していった。そのため最終的には「リーダー」として、小さな部屋を使い、「憩いの宿」の雑用を率先してこなさなければならない立場になっていった。その中で筆者は、どのような食材を揃えれば患者たちが喜ぶのかを知り、患者たちがどのようなことにこだわりながら生活しているのかを知っていった。さらには筆者が他の滞在者と比べて例外的に長く滞在したため、患者会の役員たちとも親交を深め、「憩いの宿」の運営にも携わるようになっていった。筆者の滞在期間中には、「憩いの宿」のヴィラの大家が家賃を大幅に引き上げ、それに対応できるだけの資金を患者会が持ち合わせていないために、「憩いの宿」を別のヴィラへ移転させなければならないという事態も起きた。この出来事を通して、筆者と役員たちとの接触はより密なものとなっていった。

「憩いの宿」を訪れる患者の中には、初めて訪れる者もいれば、定期的に何度も訪れる者もいる。初めて「憩いの宿」を訪れる患者の多くは、乳がんの治療を始めてまもない患者たちである。放射線療法中の患者は一ヶ月以上「憩いの宿」に滞在し続けるため、長期にわたって筆者と寝食を共にすることとなった。化学療法中の患者は三週間に一度、化学療法や放射線療法を終えて分子標的療法のみを受ける患者は四週間に一度、通院して治療を受けるため、その頻度で「憩いの宿」を訪れて一泊していく。転移・再発して継続的に治療している患者も、化学療法の周期の関係上、三週間に一度程度の頻度で「憩いの宿」を訪れるケースが大半であった。一方、治療後に転移・再発もなく経過のいい患者は、三〜六ヶ月に一度、あるいは一年に一度の定期健診を受けに病院を訪れるため、その頻度で「憩いの宿」を訪れて一泊し、筆者と顔を合わせることとなった。その中で筆者は、ときには患者に付き添って病院や銀行、市場、ショッピングセンターへ行ったり、具合の悪い患者のために粥を作ったり、患者と共に江原道の山奥の薬草研究家のもとを訪れたり、親しくなった慶尚道の患者の家へ泊まりに行ったりすることもあった。

筆者は、研究に必要な情報を集めるために「憩いの宿」に滞在していることを患者たち各々との初対面時に説明したうえで、患者たちの日常的な行為を参与観察し、患者たちの会話に耳を傾け、気になる言葉が出てくるとその都度質問する形式でのインタビューを行った。しかし話の途中で筆者から質問をすることは稀であった。多くの患者は、まず筆者に質問を投げかけ、筆者の健康状態や身分、年齢、婚姻状態、恋人の有無、家族構成などがひととおり把握できると、今度は自分の話を聞いてもらうことを好んだ。複数の患者がその場にいる場合は、話の途中で他の患者が口を挟み話題が変わっていくのが常であったが、話者と筆者が二人でいる場合には、筆者が話を傾聴しながらふんふんとうなずいていると、質問をしなくても話者の口から長時間にわたって話が出てくることが多かった。筆者は途中で話者に質問することによって話の方向性を変えようとすることはせず、話者の口から出てくる話の流れに任せた。録音機を使用すると患者たちが緊張してしまうため、大部分のインタビューにおいては録音機を使用せず、聞き取った内容をメモする方法をとった。

調査期間中は、ソウルの「憩いの宿」での滞在期間中も、光州広域市で一ヶ月に一度開かれる患者会Wの全羅道支部の定例会に継続的に足を運び、参与観察を行った。また全羅道B郡の治癒施設、および全羅道G郡の治癒施設において、それぞれ一週間程度の調査を行った。

ソウルの「憩いの宿」での滞在期間中は、患者会Wの活動に参加する機会が多く、患者会の役員をはじめとして、ソウル近郊に住む患者たちとも頻繁に顔を合わせた。患者会Wのヨガ教室および登山は週に各一度、カラオケ教室は月一度開かれた。その他にも不定期で行われる遠足や旅行などがあり、その都度インタビューや参与観察を行った。また韓国乳房健康財団の主催するイベントや、保健福祉部（日本の厚生労働省に該当）の主催するがん予防イベント、X大学病院がんセンターのイベントに、患者たちと共に参加したりもした。

これらの調査を通した研究協力者は、合計一二九名である。居住地域別人数は、首都圏（ソウル特別市・仁川広域市・京畿道）が二六名、大田広域市および忠清道が八名、江原道が一名、光州広域市および全羅道が三〇名、大邱広域市・蔚山広域市・釜山広域市・慶尚道が五八名、済州特別自治道が二名、海外が四名である。研究協力者の年齢別人数は、二〇歳代一名、三〇歳代五名、四〇歳代三九名、五〇歳代六四名、六〇歳代一八名、七〇歳代二名である。また婚姻状態は、未婚が一二名（うち二〇歳代一名、三〇歳代三名、四〇歳代五名、五〇歳代三名）、既婚が一一七名となっている。

本書に頻出する現地語の対照表は表1のとおりである。なお、親族名称および家内的集団を指す現地語については、第一章第二節で説明する。

表1および本書中における韓国語のローマ字表記は、二〇〇〇年七月に韓国の文化観光部（現在の文化体育観光部、日本の文部科学省に該当）から告示された「国語のローマ字表記法」（第二〇〇〇‐八号）に基づく。

## 第二節　韓国における乳がん患者および乳がん治療の概況

乳がんとは、乳房を構成する細胞に発症した悪性腫瘍を指す。乳がんが発生する原因としては、女性ホルモン

### 表 1　本書に頻出する現地語の対照表

| 本書中での表記（五十音順） | 韓国語表記 | 韓国語ローマ字表記 | 本書内容に即した日本語での意味 |
|---|---|---|---|
| アガッシ | 아가씨 | *agassi* | 30 歳代以下の未婚女性 |
| アジュンマ | 아줌마 | *ajumma* | 既婚女性、おばさん |
| アパトゥ | 아파트 | *apateu* | 高層マンション |
| ヴィラ | 빌라 | *bilra* | アパート |
| オルン、オルシン | 어른，어르신 | *eoreun, eoreusin* | 高齢の人に対して敬意を込めて用いる呼称 |
| 家族歴 | 가족력（家族歴） | *gajokryeok* | 血縁者のがん罹患歴 |
| がん | 암（癌） | *am* | がん |
| がん数値 | 암수치（癌數値） | *amsuchi* | 腫瘍マーカー（がんの進行度を知る指標となる血液中の特定の物質の値） |
| クッ | 굿 | *gut* | シャーマンが執り行う神憑りの儀式 |
| 契《ケー》 | 계（契） | *gye* | 相互扶助組織[1]。多様な目的の契が作られているが、本書で登場するのは主に親睦を目的とするもの |
| 抗がん | 항암（抗癌） | *hang-am* | 化学療法 |
| シジプサリ | 시집살이（媤 ---） | *sijipsali* | 婚家暮らし |
| 自然治癒 | 자연치유（自然治癒） | *jayeonchiyu* | バイオメディスン[2]に頼らず衣食住などの改善によって病気を治す民間療法 |
| ストゥレッス | 스트레스 | *steuresseu* | 外来語 stress が転化した言葉 |

| | | | |
|---|---|---|---|
| 正道 | 정도（正道） | *jeongdo* | 正しいありかた、正当な道理 |
| 他人 | 남 | *nam* | 他人 |
| チェサ | 제사（祭祀） | *jesa* | 祖先祭祀儀礼 |
| 秋夕 | 추석（秋夕） | *chuseok* | 太陽太陰暦のお盆 |
| 長男の嫁 | 맏며느리 | *madmyeoneuri* | 長男の嫁 |
| チョンガク | 총각（總角） | *chonggak* | 未婚の成年男性 |
| チプトゥリ | 집들이 | *jipdeuli* | 引越し後、新居に近親者を招いて開く宴会 |
| 痴呆症 | 치매증（痴呆症） | *chimaejeung* | 認知症 |
| ッベグ | 빽 | *ppaek* | コネ |
| トゥロトゥ音楽 | 트로트 | *teuroteu* | 韓国の演歌 |
| 乳がん | 유방암（乳房癌） | *yubang am* | 乳がん |
| ノチョニョ | 노처녀（老處女） | *nocheonyeo* | 40 歳代以上の未婚女性 |
| パルチャ | 팔자（八字） | *palja* | 生年月日時によって定まっている運命 |
| ハン | 한（恨） | *han* | 絶望が生み出すあきらめと悲哀の情緒 |
| ハンプリ | 한풀이（恨 --） | *hanpuli* | 「ファッピョン」を治すために感情の発散などを行う民間療法 |
| ピトンチドゥ | 피톤치드 | *pitonchideu* | フィトンチッド（樹木から放出される物質の名） |
| ヒノキ | 편백나무（扁柏 --） | *pyeonbaeknamu* | ヒノキ |
| 標的治療 | 표적치료（標的治療） | *pyojeok-chiryo* | 分子標的療法 |
| ファ | 화（火） | *hwa* | 憤怒などの否定的感情 |

| | | | |
|---|---|---|---|
| ファッピョン | 화병（火病） | *hwa-byung* | 否定的感情である「ファ」が蓄積して生じる病気 |
| 復元 | 복원（復元） | *bokwon* | 乳房再建 |
| 放射線 | 방사선（放射線） | *bangsaseon* | 放射線療法 |
| ホルモン治療 | 호르몬치료（--- 治療） | *horeumon-chiryo* | ホルモン療法（内分泌療法） |
| モイム | 모임 | *moim* | 集まり |
| モギギ | 먹이기 | *meokigi* | 食べものを食べさせること |
| 患う | 아프다 | *apeuda* | 患う、痛い |

にさらされる期間が長いことや、紫外線、環境上の有害物質などが考えられているが、まだ不明な点も多い［노동영他 2009: 22, イカロスMOOK編集部 2010: 30］。

韓国においても統計上の乳がん患者数は増加傾向にある。一九九九年の乳がん発生件数は五七四四名であったものが、年々増加し、二〇〇九年には一万三四六〇名となっている。[3] 男性に乳がんが発生するケースもあるが、その確率はごくわずかであり、乳がん患者の大部分は女性である。노동영他［2009: 13］によれば、韓国の女性のがん種類別の発生比率は、一位の甲状腺がん（一六・七%）に次いで、二位が乳がん（一五・一%）となっている。日本と同様に韓国でも、乳がんは四〇～五〇歳代において最も多く発生する。韓国の二〇〇六～二〇〇八年の年齢別乳がん発生件数において、四〇～四九歳が全体の四〇%、五〇～五九歳が全体の二五・七%を占めている。乳がん患者の五年生存率は八七・三%であり、他のがん（大腸がん六二・四%、卵巣がん六二・一%、胃がん五五・一%）よりも高い割合を示している。[4] ただし他のがんが五年で完治とされるのに対し、乳がんは一〇～二〇年後に再発するケースもある。

乳がんの病期は、腫瘍の大きさ、腋のリンパ節への転移の有無、他の臓器への転移の有無によって、〇～Ⅳ期に分類される。韓国国立がんセンターの基準によると、病期は以下の基準で分類される。〇期は、

腫瘍の大きさにかかわらず、上皮内にがん細胞がとどまっている状態である。これらは主に日本では「非浸潤がん」、韓国では「上皮内がん」と呼ばれる。これに対してⅠ期以上は、がん細胞が上皮の外に浸潤している状態である。Ⅰ期は、腫瘍の大きさが二センチ未満で、リンパ節や他の臓器への転移がない状態である。ⅡA期は、他の臓器への転移が見られず、腫瘍の大きさが二センチ未満でリンパ節への転移が三個以下の状態、あるいは腫瘍の大きさが二~五センチでリンパ節への転移がない状態である。ⅡB期は、他の臓器への転移が見られず、腫瘍の大きさが二~五センチでリンパ節への転移が三個以下の状態、あるいは腫瘍の大きさが五センチ以上でリンパ節への転移がない状態である。ⅢA期は、他の臓器への転移が見られず、腫瘍の大きさが五センチ未満でリンパ節への転移が四~九個の状態、腫瘍の大きさが五センチ以上でリンパ節への転移が四~九個の状態、あるいは腫瘍の大きさが五センチ以上でリンパ節への転移が三個以下の状態である。ⅢB期は、他の臓器への転移が見られず、がん細胞が転移した腋のリンパ節が〇~一〇個以下の状態で、腫瘍の胸壁や皮膚への浸潤が見られたり炎症性乳がんであったりする状態である。ⅢC期は、他の臓器への転移が見られない状態で、腫瘍の大きさにかかわらず、がん細胞が転移した腋のリンパ節が一〇個以上あったり、鎖骨上部のリンパ節に転移が見られたりする状態である。Ⅳ期は、腫瘍の大きさやリンパ節への転移の有無にかかわらず、他の臓器への転移が見られる状態である［노동영他 2009: 50］。

　現在、韓国では乳がん治療に次の（1）から（5）のような方法が用いられている。ただし、乳がん患者がこれらの治療すべてを受けるわけではない。腫瘍の大きさや位置、性質などによって、それぞれの患者に適切な治療が選ばれる。患者は受ける治療に応じて、外科、腫瘍内科、放射線腫瘍科など複数の科を受診する。

### （1）手術

乳がんの手術は外科の医師によって行われる。手術で切除された組織は病理検査にかけられ、後述するＨＥＲ－２やホルモン受容体の有無が調べられる。

かつては乳がんの手術と言えばすべて乳房全摘療法であった。乳房全摘療法とは、乳頭と皮膚を含む乳房組織の全部を切除する方法である。韓国の患者たちはこれを「全切除（*jeonjeolje*）」と呼んでいる。一方、近年は乳房温存療法もさかんに行われるようになっている。乳房温存療法とは、腫瘍および腫瘍のある部位の組織の一部を除去する方法である。韓国の患者たちはこれを「部分切除（*bubunjeolje*）」と呼んでいる。腫瘍の大きさが小さくて乳頭から離れており、腫瘍の広がりの範囲が広くない場合に行われる。

また腋のリンパ節に関しても、かつては乳がんの手術時にリンパ節廓清（リンパ節をすべて切除すること）が行われていた。韓国の患者たちはこれを「リンパ節の全切除（*rimpeujeol-jeonjeolje*）」と呼んでいる。しかし近年はセンチネルリンパ節生検と呼ばれる方法が広く用いられるようになっている。韓国ではセンチネルリンパ節を「監視リンパ節（*gamsi-rimpeujeol*）」と呼んでいる。センチネルリンパ節生検とは、がん細胞が最も早く到達するリンパ節（センチネルリンパ節）を検査してがん細胞の有無を調べ、がん細胞がなければそれ以上のリンパ節の切除は行わず、がん細胞があればリンパ節をすべて切除するという方法である。この方法により、不必要なリンパ節の切除を避け、腕の浮腫を始めとする合併症を減らすことができるとされている。

乳房全摘療法を行った患者の中には、乳房を再建する手術を希望する場合がある。乳房の再建は、韓国の患者たちの間では「復元（*bokwon*）」と呼ばれている。乳房の再建は、乳がんの手術と同時に、あるいは乳がんの治療後に行われる。方法としては、本人の腹部の筋肉を移植する方法、本人の背中や臀部の筋肉を移植する方法、シリコンバッグを挿入する方法などがある。これらの大部分には国民健康保険が適用されず、患者は多額の費用を自己負担せねばならない。乳房全摘療法後、患部にエキスパンダーを入れて徐々に皮膚を伸ばしてゆき、数ヶ月後にエキスパンダーとシリコンバッグを入れ替える手術を全身麻酔で行い、さらに入れ墨で乳頭を作るという方法をとる場合、合計二〇〇〇万ウォンほどかかる。この金額は大卒初任給の一〇ヶ月分に相当する。

表2　患者たちの語りに出てくる化学療法の薬品

| 韓国の患者たちが用いる呼称 | 日本での主な商品名 | 一般名 | 投与法 |
| --- | --- | --- | --- |
| 赤い薬、アドゥリアマイシン | アドリアシン | ドキソルビシン | 静脈注射 |
| ジェルロダ | ゼローダ | カペシタビン | 経口 |
| タクソル | タキソール | パクリタキセル | 静脈注射 |

## （2）化学療法

化学療法とは、血液やリンパ液を伝って全身に広がっている可能性のあるがん細胞をなくすことを目的として、薬物を投与する治療方法である。韓国の患者たちはこれを「抗がん（*hang-am*）」または「抗がん治療（*hang-am-chiryo*）」と呼んでいる。腫瘍内科（場合によっては外科）の医師が治療方針を決める領域である。

乳がんの化学療法には、手術前に行うもの（術前化学療法）と、手術後に行うものがある。術前化学療法は、韓国では「先行抗がん（*seonhaeng hang-am*）」と呼ばれている。術前化学療法は、腫瘍の大きさを小さくして乳房温存療法を可能にするために行われるほか、腫瘍に対する薬剤の効果を確認できるという利点のために行われたり、あるいはすでにがんが全身に広がっていて手術などの局所的な治療では良い結果が見込めない場合にも行われたりする。手術後の化学療法は、体内に残っているかもしれない微細ながん細胞をなくして再発を防ぐために行われる。

化学療法の期間や回数、用いられる薬物とその副作用の出方は、患者によって異なる。薬物はがん細胞だけではなく正常細胞にも影響を及ぼすため、投与後は通常三〜四週間かけて体調の回復を待ち、白血球の数値などを確認した上で次の投与が行われる。手術後の化学療法の場合、通常四〜八回程度行われる。投与方法には、静脈注射、筋肉注射、皮下注射、経口投与がある。乳がんの化学療法薬の静脈注射（点滴）の場合、通常は入院せず、外来の化学療法室で行われる。X大学病院のがんセンターには、化学療法薬の点滴が一〇時間以内に終わる患者が、点滴を受ける間のみ入院するための、「昼病棟」も設けられている。副作用は薬剤や患者の体質によって多様であるが、主に嘔吐・吐き気、脱毛、消化器症状（下痢、便秘、口内炎）、末梢神経障害（手足のしびれ、爪や皮膚の黒ずみ・変形）、筋肉痛・関節痛がある。本書において患者たちの語りに出てくる薬品は表2のとおりである。

### （3）放射線療法

放射線療法とは、放射線によって細胞のＤＮＡを損傷させ、がん細胞の分裂を抑制させる治療方法である。韓国では「放射線（*bangsaseon*）」あるいは「放射線治療（*bangsaseon-chiryo*）」と呼ばれ、放射線腫瘍科の医師が治療方針を決める領域である。

放射線療法の対象となるのは、乳房温存療法を行った患者すべてと、乳房全摘療法を行った中で病期の進んでいる患者、局所再発した患者、脳や骨に転移した患者などである。初発の乳がんの術後療法としての放射線療法は、週五回を基本に、六〜七週間にわたって行われる。副作用としては、主に疲労感や皮膚症状、まれに放射性肺炎がある。

### （4）分子標的療法

分子標的療法とは、がん細胞のみを選択的に攻撃する薬物を用い、正常細胞の損傷を最小化する治療方法である。韓国では「標的治療（*pyojeok-chiryo*）」と呼ばれ、腫瘍内科の医師が治療方針を決める領域である。

現在の乳がんの分子標的療法で用いられる代表的なものは、韓国の商品名で「ホセプティン」（日本の商品名はハーセプチン、一般名はトラスツズマブ）と呼ばれる薬である。これは細胞の表面にＨＥＲ－２と呼ばれるたんぱく質を多く持っているケースが対象であり、乳がん患者全体の約二五％がこれに該当する。ＨＥＲ－２は乳がんの増殖に関与していると考えられている。このＨＥＲ－２を多く発現させる乳がんに対し、既存の化学療法薬と「ホセプティン」を並行して用いることで、再発予防にすぐれた効果を上げることができるとされている。「ホセプ

**表3　患者たちの語りに出てくるホルモン療法の薬品**

| 韓国の患者たちが用いる呼称 | 日本での主な商品名 | 一般名 | 投与法 |
|---|---|---|---|
| アリミデクス | アリミデックス | アナストロゾール | 経口 |
| ジョルラデクス | ゾラデックス | ゴセレリン | 注射 |
| タモクシペン | ノルバデックス | タモキシフェン | 経口 |
| ペマラ | フェマーラ | レトロゾール | 経口 |

ティン」の投与は、通常は三～四週間隔で一年間ほど行われる。副作用として、まれに心臓機能障害が起こるとされており、X大学病院では投与のたびに心臓エコー検査を行っている。

### (5) ホルモン療法（内分泌療法）

乳がん細胞には、ホルモン受容体を持つもの（陽性）と持たないもの（陰性）がある。ホルモン受容体を持つ乳がん細胞は、受容体が女性ホルモン（主にエストロゲン、プロゲステロン）と合体して細胞分裂が活発になり増殖する。そのため、ホルモンの量を減らしたり、がん細胞がホルモンを取り込むことを阻害したりして、がん細胞の増殖を抑えようとするのが、ホルモン療法である。この療法は、ホルモン受容体が陽性の乳がん患者に対して行われ、患者全体の約六〇～七〇％がこれに該当する。韓国では「ホルモン治療（*horeumon-chiryo*）」と呼ばれている。

ホルモン療法の薬では、働き方の異なるいくつかの薬剤の中から選択して用いられる。この療法では、外科あるいは腫瘍内科の医師が治療方針を決める。投与方法は主に一日一～二回の経口か、あるいは一ヶ月または三ヶ月に一回の注射である。患者の閉経の有無や病期に合わせて薬剤が選択され、投与期間は通常二～五年以上である。ホルモン療法の副作用としては、ホットフラッシュ（突然の顔面紅潮・のぼせ・発汗・動悸）、鬱や不眠などの精神的症状、骨密度の低下や関節痛、子宮内膜の増殖が主である。

本書において患者たちの語りに出てくる薬品は表3のとおりである。

上記の(1)から(5)の治療中および治療後は、定期検診が行われる。施設によって差があるものの、基本的に術後三年以内は三~六ヶ月に一回、術後四~五年は六~一二ヶ月に一回、その後は年一回の検診が行われる。X大学病院の場合、乳がん治療の「名医」として有名な医師が担当していた患者も、術後五年を過ぎて再発がない場合は他の医師の担当に回されるというシステムがとられている。

## 第三節　本書の構成

本書の構成は、次のとおりである。

「序」では、既に述べたように、第一節で研究の目的および方法について、第二節で韓国における乳がん患者および乳がん治療の概況について、そして第三節で本書の構成について説明している。

「第一章　先行研究の検討」では、まず第一節で母性に関する先行研究について検討し、第二節では韓国の家族に関する研究で論じられてきた女性、そして「オモニ」について検討する。

「第二章　韓国の家族をめぐる変化」では、戸籍データおよびフィールドワークで得られた資料をもとに、韓国の家族の変化について論じる。「第一節　墓の床石から見る家族の変化」では、墓の床石のデータから、婚出した女性や姻戚の名前を墓石に刻むなど、従来見られなかった現象が数多く起こっていることに注目する。このデータを通して、父系血縁の原理にとらわれないかたちで家族の範囲が認識されつつあることを示す。「第二節　戸籍のデータから見る家族の変化」では、戸籍のデータから、結婚・出産をめぐる状況の変化について分析する。また

「第三節　「オモニ」の語りから見る家族の変化」では、「オモニ」たちの語りから、結婚式および結婚に関連する儀礼、出産や子どもの名付けをめぐる状況の変化について分析する。このように、多様な面から変化が起こっており、従来の枠組みでは韓国の家族を説明しきれなくなっていることを指摘する。

「第三章　隠喩としての病い――現代韓国社会におけるがん」では、本研究でがん患者に注目する理由について、現代韓国社会におけるがんの意味づけという観点から論じる。「第一節　近代科学とがん」では、がんが近代科学と密接に結びついていながら、そのメカニズムがまだ解明しきれておらず統制もしきれないという点において、科学的合理性からは排除されていることについて検討する。そしてそのために、がんが避けられたり隠されたりするといった周辺化の対象となっていることを論じる。「第二節　がんの解釈」では、がんに対する宗教・民間療法レベルの解釈が、近代科学の力では説明・統制しきれないがんのメカニズムを、説明可能なものにし、（少なくとも理念上は）統制可能なものにしていることについて検討する。そしてそれらの解釈に基づき、がんを治すためのさまざまな行為が、バイオメディスンの外側で生み出されていることを論じる。「第三節　がんを治すための行為」では、がんを治そうとする行為において、がんが産業化・都市化による生活の急激な変化と結びつけられることについて検討する。どちらも近代化によってもたらされた、生活の急激な変化とがんとが結びつけられ、それらをなんとか「合理的」に説明し、統制しようとする行為につながっていることを論じる。

「第四章　「オモニ」の乳がん患者への注目」では、本研究で韓国の既婚女性の乳がん患者に注目する理由について論じる。「第一節　胸、乳房、乳がんの意味づけ」では、本研究で乳がん患者に注目する理由について、韓国における胸、乳房、乳がんの捉えられ方と関連づけながら論じる。「第二節　女性の婚姻状態および年齢による病因論の違い」では、乳がん患者の中でも「オモニ」に注目する理由について、婚姻状態と年齢による病因論の違いという観点から論じる。「第三節　「オモニ」たちの語る病因論」では、「オモニ」である乳がん患者たちが、韓国独自の病気観を背景として、自らの乳がん罹患の原因を家族の問題と関連づけること、そしてそれらがチプの問題とも関連していることを指摘する。

「第五章　乳がんに罹るということ」では、乳がんという病気の罹患が患者たちの生に与える影響について、患者たちの語りを通して明らかにする。「第一節　治療段階ごとの経験の語りから」では患者たちの治療段階ごとの経験の語りを通して、また「第二節　患者のライフヒストリーから」では患者たちのライフヒストリーを通して、乳がんに罹ることがどのような状態になることであるのかを描き出す。

「第六章　病気を治すための「ハンプリ」」では、乳がんを民俗的な病気である「ファッピョン」と類似した病気として捉える患者たちが、「ファッピョン」の治療法である「ハンプリ」を行うことで乳がんを治そうとする様相について論じる。「第一節　「ファッピョン」と「ハンプリ」」では、まず「ファッピョン」の原因、症状、治療法などの概要を説明する。そして、韓国の乳がん患者たちが乳がんを「ファッピョン」と類似した病気として認識している様相を提示する。そして、患者たちが医学的治療と並行して、「ファッピョン」の治療法である「ハンプリ」を行うことで乳がんを治そうとすることについて論じる。「第二節　「ハンプリ」にまきこまれる家族」では、患者たちが「ハンプリ」の考え方に基づき、病気を治すために生活を自分中心に変えようとすること、そこに家族がまきこまれてゆくことについて論じる。「第三節　「ハンプリ」とチンジョン／シデク」では、患者たちの、チンジョン（既婚女性の出自の血縁集団）とシデク（既婚女性にとっての婚入先の血縁集団）との関係の取り方について提示する。

「第七章　「オモニ」のセクシュアリティ」では、セクシュアリティに関連する行為を中心として、「オモニ」が乳がん罹患を契機に家族との関係を変える様相について論じる。「第一節　抑圧・干渉されるセクシュアリティ」では、現代韓国社会における「オモニ」のセクシュアリティの抑圧について検討し、乳がん患者の場合はセクシュアリティの問題がさらに深刻化しうることについて論じる。そして「第二節　セクシュアリティの規範を覆す「オモニ」たち」では、まず、韓国社会において女性たちが同性だけの領域の中でセクシュアリティを表出する場が存在してきたことについて検討する。そして乳がん患者の場合はさらにそれが治療に必要な「ハンプリ」や「笑い治療」の名目を伴って組織化され、患者会活動の中で「オモニ」たちがセクシュアリティの規範を覆すことについて論じる。

「第八章　「オモニ」の「モギギ」」では、誰かに食べものを食べさせる行為である「モギギ」(*meokigi*)に関連する行為を中心として、「オモニ」が乳がん罹患を契機に家族との関係を変える様相について論じる。「第一節　「憩いの宿」の民族誌」では、X大学病院の乳がん患者会Wが運営する宿泊施設「憩いの宿」の民族誌を描き出す。この民族誌を通して、食をめぐる行為の重要性を指摘する。この背景として、「第二節　「オモニ」の「モギギ」」では、韓国社会における「オモニ」の「モギギ」の重要性について検討する。そして「第三節　「オモニ」自身に対する「モギギ」の前景化」では、乳がん患者となった「オモニ」が自身に対する「モギギ」を前景化させる様相について論じる。

「第九章　「オモニ」と家族」では、「オモニ」が乳がんを契機に家族との関係を変えようとするとき、誰と、そしてどのような関係を築こうとするのかについて検討する。ここでは民族誌や患者たちの語りを通して、「オモニ」としてのありかたを描き出し、そこから韓国の家族の特徴を明らかにする。「第一節　「オモニ」としてあるということ――ソ・キョンスクとその家族の民族誌」では、乳がん罹患を契機とする「オモニ」と家族の関係の変化について検討する。ここでは、筆者がホームステイを行った患者ソ・キョンスク宅における民族誌と彼女のライフヒストリーを取り扱う。

「第二節　患者たちの語る自身のライフヒストリー（1）――病気を契機に不本意な奉仕をやめたり、接触を避けたりする対象についての語りを中心に」および「第三節　患者たちの語る自身のライフヒストリー（2）――奉仕を選択的に継続し、感情的紐帯を強める対象についての語りを中心に」では、第一節で見られた様相の中でも焦点を絞り、他の乳がん患者たちのライフヒストリーを通してさらに詳しく検討する。第二節では、家族への望まぬ奉仕が、よくないものとして回避が図られる側面について検討する。また第三節では、家族への選択的な奉仕が継続され、感情的紐帯が強化される側面について検討する。

「第四節 「オモニ」を通した韓国の家族再考」では、第三節までの論議で明らかになった様相を、理念型としてのチプ、シックー、カジョクと照合させつつ、そこから浮かび上がる韓国の家族のありかたについて論じる。その中でも特に先行研究が見落としてきたシックーに注目する。

「考察」では、「オモニ」の母性が、子どもや家族が必要とするものであるのみならず、「オモニ」たち自身が生き抜いてゆく上でも、また「オモニ」たちが韓国の家族のリアリティを構成する上でも重要なものとなっていることをふまえ、母性そのものについての考察を行う。さらには家族研究の観点から、家族へのモダニティの浸透と、そこにおける母性の意味や位置づけの変化を比較・検討するという、通文化的な家族研究の可能性を提示する。

# 第一章　先行研究の検討

## 第一節　母性に関する先行研究

母性に関する研究は、自然科学や心理学など幅広い学問分野でなされているが、ここでは人類学や社会学を中心とする領域の先行研究について検討する。

母性の意味合いは、研究者のスタンスによって異なっている。母性に関する従来の研究は、母性を女性の本能による営みと捉える見方と、母性は本能的なものではなく社会的に作り出されたものと捉える見方の、大きく二つに分かれてきた。

母性を女性の本能による営みと捉える研究では、子育てを女性の「ふつう」の姿として描き［綾部 1982］、そこから外れた女性をアブノーマルな存在としてカテゴライズしてきた。このような研究で想定される母性とは「〈自然としての母性〉、すなわち女性が〈母親としての自然な性質〉を持っておりその性質には〈子どもへの本能的・

先天的な愛情〉等が含まれている等の観念」[江原 2009: 5] である。「〈自然的性質〉としての〈母性〉こそ女性の〈本質〉であり、女性は妊娠・出産期だけでなく全生涯にわたって〈母性〉に規定されると考えられてきた。またこの女性の〈母性〉を根拠として、子どもにとってもっとも良い養育環境とは〈母親の手で育てられること〉であり、子どもという存在そのものの中に〈本質的に母親を求める〉傾向が備わっていると考えられてきた」[江原 2009: 4]。

人類学者によって生み出された民族誌の多くは、このような認識を明言せずとも暗黙のうちに前提する傾向にあった。例えば綾部恒雄編の『女の文化人類学』には、世界のさまざまな地域における女性たちの暮らしぶりを描いた民族誌が収録されているが、それらのいずれもが当然のごとく結婚・出産そして子育てを含む内容となっている。もしこれが『男の文化人類学』であったとすれば、さまざまな社会における男性たちの暮らしぶりを描いた民族誌には、子育てという内容は必ずしも含まれていないかもしれない。そのことに留意すると、女性たちを描く民族誌には、子育てを女性の「ふつう」の姿とする見方が暗黙のうちに前提されてきたと言わざるをえない。

その一方で、母性が所与のものではなく近代に作り出されたものであると捉える研究もさかんに行われてきた。その主流となるのが、母性の起源についての研究である。代表的な研究者としては、Shorter やバダンテールが挙げられる。彼らは、アリエスの著書『〈子供〉の誕生』などに見られるアナール学派の歴史学の流れを引いて研究を展開した。

Shorter [1977] は、西洋近代に特徴的に見られるようになった家族のありかたについて、「感情革命」という観点から論じた。Shorter によれば、前近代の西ヨーロッパ社会では、母親が子どもに関心を持たず放置していたため、多くの子どもたちが死んでいく状況であった。しかし資本主義や個人主義の発達により、感情面の大きな変化が起こった。近代家族の「愛情生活」を構成するようになった重要な要素は、ロマンティック・ラブ、母性愛、家族愛である。これらが「感情革命」と呼ばれる。近代家族形成の核は、結婚後数年経つと消えてしまうロマンティック・ラブではなく、母子関係である。子どもの幸福についての意識が芽生えることで、それに付随して家族愛が生まれた。つまり母性愛は「感情革命」によって初めて近代家族を構成する核となったのであり、それ以前の母子関係は近代におけるそれよりも冷酷なものであったとしている。

バダンテール［1991］は、一七世紀から二〇世紀のフランスにおける母性愛の歴史について論じた。そのなかで、母性愛が本能ではないこと、母性愛を本能であるとするのはひとつのイデオロギーであることを指摘する。そして、このイデオロギーは女性を母親役割だけに押し込めるとともに、子どもに愛着を感じられない女性を「異常」な者として社会から排除してきたと主張している。

これらの研究によって示された「母性は本能的なものではない」という論を強く支持したのが、一部のフェミニストたちである。日本のフェミニズムにおける母性の捉え方には、一九六〇年代までの第一波フェミニズムに多く見られた「女性には男性とは異なる〈母性〉があることを強調する〈母性主義〉の立場」と、一九七〇年代以降の第二波フェミニズムに多く見られる「性差を強調せず人間としての女性の権利を強調する立場」がある［江原 2009: 19］。第二波フェミニズムは前者の観念を解体するために、二つの方向で議論を展開してきた。ひとつの方向は母性という言葉の使われ方とその効果についての考察であり、もうひとつの方向は女性の避妊・妊娠・出産・中絶・子育て等の具体的な営みに対する社会的・歴史的影響についての考察であった［江原 2009: 5］。その「〈反母性主義〉的な立論」［江原 2009: 19］のなかでフェミニストたちは、母性が本能的に女性に備わっているという観念によって、女性が育児をしなければならない状況に置かれ、性別役割分業が押し付けられていると主張した。

子育てを女性の本能的な母性による「自然の営み」と捉える見方と、それに対して、母性は本能的なものではないと捉える見方。真っ向から意見の対立するこれらの間には、共通点がある。それは、母性を、子どもや他の家族成員が必要とするものとして捉える視点である。

逆に言えばこれらの研究は、母性の供給者とされる女性にとって母性がどのような存在であるのかということには目を向けてこなかった。女性たちが（能動的にであれ受動的にであれ）母性を形成する（あるいは形成しない）様相、そしてそれが自然なものとして社会に受け容れられるしくみに注目する必要がある。つまりそれは、子どもや他の家族成員が必要とするものとして母性を見るのではなく、女性たち自身にとっての母性の存在を見る視点である。

女性が母性を形成する行為に注目した研究としてはWolfが、また母性の多様性を検討した研究としてはMeadが挙げられる。

Wolf［1993］は台湾の家族について論じる中で、「子宮家族（uterine family）」という概念を生み出した。Wolfによれば台湾では、男性は一生を通じて同じ血縁集団に属すのに対し、女性は結婚すれば出自の血縁集団の一員ではなくなり、かといって婚入先の血縁集団にも属すことができない。そのため女性は、特に結婚後すぐは婚入先の血縁集団で不安定な地位に置かれる。姑が支配する世帯（household）の中で、嫁は自分の産んだ子どもたちとともに居場所（niche）を創ることで、徐々に安定性を確保してゆく。母親とその子どもたちからなるグループを、Wolfは「子宮家族（uterine family）」と名付ける。このグループは過去から未来につながるものではなく一時的なものであり、母親が亡くなれば消滅する（子どもたちの間での絆は維持される）。また「子宮家族」はイデオロギーでもフォーマルな構造でも公的存在でもなく、感情と忠誠から形成されるものである。つまりWolfは台湾における母性を、女性が男性中心的な家族の中で安定性を得るための重要な手段として描いている。

またMead［1949］は、さまざまな社会における男性と女性の役割分担や性質の違い、子どもへの接し方の違いなどを比較し、多様なありかたがあることを示した。今となっては本質主義的な見方であるとの批判を免れえない研究ではあるが、母性の多様性を検討した点では評価できる。

しかしこの流れを引く人類学的研究の多くは、社会によって子育ての担い手が多様であること、あるいは子育てが「それぞれの社会の成員にふさわしい個人を育てる社会化のプロセス」であることに主眼をおいて論じている［中谷 2005: 204］。そのため、それぞれの社会や文化における、女性にとっての母性の位置づけ、あるいは母性に付与された意味や役割などに関する議論はほとんどなく、母性に関する人類学的な理論構築が十分になされてきたとは言いがたい。

一方、現代世界においては、世界規模で欧米の「近代家族」イメージや家族のモダニティが浸透し、それとともに西洋的な母性の概念も浸透している。速水は、ネオリベラリズムの中核にある自律した個としての人間像を支えるためには、見えないところでケアが行われなくてはならず、それらを女性が担うよう期待されることを指摘している［2011］。女性が家族のケアを期待されるときに動員されるのが、西洋的な母性の概念である。家族をめぐるこのような状況の中、それぞれの地域にもとから存在した母性のありかたと、西洋的な母性との関わりについて検討することで、母性とは何かを浮き彫りにすることができる。この作業においては、従来の研究のように子どもや家族が必要とするものとして母性を見るだけではなく、女性たち自身にとっての母性の位置づけを検討することも必要である。これにより、母性に関する既存の理論枠組みを超えて論議を展開することが可能となる。

## 第二節　韓国の家族に関する研究における女性、そして「オモニ」

韓国の家族は、主に父系制、家父長制、儒教文化という枠組みから説明されてきた。その土台を築いたのは、韓国の家族に関する構造主義的研究であった。そこでは父系制の出自律に基づいて形成される家内的集団であるチプの構造や類型の分析に関心が集中していた［여중철 1977; 최백 1981］。父系制の出自律に基づく確固とした家族の構造の存在が想定され、その男性中心的な構造の中で、女性は捨象されるか、あるいは隷属的存在として説明された［이광규 1977, 김두헌 1980］。

一九八〇年代から一九九〇年代初頭にかけては、産業化に伴う家族の変化、特に核家族化についての研究が多く行われた。そこでは家族の外形的変化についての論議がなされるとともに、外形的変化を核家族化と呼べるのかという議論が展開された［최재석 1990］。一九九〇年代以降さかんに行われるようになった、韓国の女性研究者やフェミニストらによる研究は、この流れを受けつつ議論を展開している。そこでは、産業化とともに韓国の家族が変化したものの、それは西洋的な意味での変化ではなく、「伝統的」要素も並存していることが指摘されてきた。その「伝統的」要素として挙げられる代表的なものが、父系制、家父長制、儒教文化である。

まず父系制に注目した研究では、現代韓国においても「父系家族の伝統」が根強いことが論じられている。「事実上韓国の家族が西欧的な意味の核家族に変化したと見るのは難しく、家族意識や家族関係の側面でいまだに父系血統中心の大家族の要素を持っていることは、家族学者たちの共通的な認識である」［이재경 2011: 16］という指摘もなされている。

嶋は「韓国の親族組織は厳格な父系制に基いており、「家」の構造もそれに規定される」［嶋 1980: 39］とし、養子と分家に注目した。それによると、韓国の分家においては「父系血縁関係が必須条件」［嶋 1980: 40］であり、財産および祖先祭祀を後継する者（通常は長男）以外の息子は全て分家する。後継者たる息子が生まれない場合は養子をたてて後継ぎにするが、「父系血縁原理が強いために、原則として異姓養子は行なわれない」［嶋 1980: 42］。さらに世代原理が厳格に守られるため、養子は養父と同じ父系親族の中で、養父の一代下の世代から選ばれる。そのような理想的モデルを提示した上で、現状とのズレを提示し、儒教的文化という大伝統の浸透と受容する側の諸条件との相互作用によって生成される実態に注目する必要性を論じた。

また伊藤は、韓国の村落社会における人間関係を大きく二つの対照的な社会分野（social field）に分けて考えることの有用性を主張した。その中で、「父系血縁原理」による門中原理を基盤とする第一の社会分野に対し、それと相互規定関係にある第二の社会分野として、親族関係によらない契のシステムがあることを指摘した［伊藤

1977a, 1977b]。

近年は父系出自集団だけでなく母系出自集団も重視するケースが増えているとして「両系化」を指摘する研究[조정문 1997]も行われている。また、インフォーマルな行為（相談したり助けを借りたりするなど）の面で既婚女性とその出自集団とのつながりの重要性を論じる研究もある[山根 2005]。しかし韓国において母系出自集団も重要になってきているという議論はあくまでも周辺的な領域に関するものにとどまっている。このような議論の深度は、単系体系において出自をたどらない側の親族との紐帯に注目し、補足的親子関係の議論を分厚く構築してきたアフリカの家族に関する研究にはおよぶべくもない。韓国の家族に関する研究では、「両系制」を主張する研究を名指して、女性がいまだに「父系的家族主義の規範の圧力」を受けており、そこから戦略的に逃げることさえ難しい状況であるといった反論[김주희 2009]が根強く展開されている。

次に家父長制に注目した研究を見てみると、現代韓国の家族においては男性支配と伝統的家父長制が混在しているという論調が優勢である。現代韓国の家族の特徴は夫婦間の役割分担にあり、女性が経済的に夫に隷属していることから、これは父権の支配から夫権の支配に移ったことを示すという指摘もなされている[조혜정 1986]。また、戸主制の廃止によって「父系血統家族」は崩壊したものの、家父長制は根強く残り、むしろ産業化に伴い家父長制が強化されたという指摘もなされている[정영애 2010]。

さらに韓国の家父長制は儒教文化と結びつき、「社会の全般にわたって発生する男女・老若・上下間の、不利益をもたらす抑圧状況の大部分を家父長制と規定している」ことも指摘されている[박미해 2010: 18-19]。この側面から、朝鮮半島の家父長制は、儒教的側面と家父長制が親和力を持つ、いわば儒教的家父長制であるという論議も行われている[5][박미해 2010]。

儒教文化の影響に注目した研究の多くも、韓国の家族における父系制あるいは家父長制と、儒教文化との結びつきを論じている。その大半は、家族成員の上下関係が厳格に区別される側面や、個人の自律性が家族の中で抑圧さ

れる側面に注目している［김은희 1993］。家族に関わる儒教的行動規範の内容に関しては、特に孝の規範、長子優待、男児選好に注目するかたちで説明される。

ジャネリと任［1993］によれば、韓国の親子関係の特徴は親への依存・協調・服従であり、息子は親に頼ってきた分、親の老後扶養と祖先祭祀の義務を負う。「長子相続による永代父系直系家族」が理想とされるため、男児が選好され特に長男が厚遇される一方、女児はいずれ婚出する役立たずな存在として差別待遇を受ける。女性は嫁いでも婚入先の血縁集団の中で生涯よそ者であるが、男児を産めば夫の血縁集団とのつながりが深まる。「夫の家族の一員として死ぬことが妻としての地位を確保する唯一の道であり、ひいては自分の命日が族譜に記されて末代まで供養してもらえる道となる」［ジャネリ・任 1993: 59］。

歴史学的研究においては、一六世紀ごろの朝鮮半島で、結婚後の妻方居住や、娘とその夫が祖先祭祀を相続するケースが見られたこと、しかし一七世紀以後に儒教的家礼を尊重する傾向が強化されて祖先祭祀が父系中心のものへと変化したことが指摘されている［이이효재 2003］。

末成［1987］もまた、韓国の家族における儒教文化の影響に注目した。末成が「両班」化［1987: 45］と呼ぶその現象は、「行動様式などを「両班」の理想型に近づけることにより、一族の社会的ランクを上昇させ、両班としてのステータスを固め、さらに一層高いランクをめざす現象」［1987: 45］である。それは日常的な生活様式、祖先祭祀の様式や通婚圏、祖先祭祀および財産相続における長男の顕著な優遇傾向など、家族の規範に関わる部分にも及んだとされている。

これまで挙げた先行研究を見てわかるように、父系制、家父長制、儒教文化という三つの要素は、はっきりと区別されて論じられるというよりは、併用されたりあるいは用語の検討がなされないまま曖昧な意味合いで用いられたりしている。たしかに父系制、家父長制、儒教文化といった要素は、現代韓国における家族のありかたについて説明する一側面になりうる。これまでの研究によって理念型としてのチプの構成原理が分析されたり、あるいはその多層性・多様性が検討されたりしたことは評価できる。

しかし父系祖先の祭祀やpietasを基盤とした親子関係という現象は、フォーテス［1980（1965）］の描き出す西アフリカのタレンシ族など他地域の現象と類似しており、必ずしも父系制、家父長制、儒教文化という三つの要素だけでは説明しきれない。清水［1988a］は諸社会における親子のきずなについて考察する中で、親子結合の観念の呪術的性格とその呪縛について主張している。親子関係を分析するにあたっては、そのきずなの根拠として用いられる観念の「呪縛」に注意を払うとともに、なぜそれが当然視されてきたのか、ということ自体にも留意しなければならない。にもかかわらず韓国の家族についての先行研究は、親子関係を支える血縁的紐帯とその基盤としての儒教イデオロギー、という「呪術」をあまりにも無批判に受け入れてきたと言える。

また人類学全体の研究と照らし合わせてみたとき、韓国の家族に関する研究は、Schneiderが一九八四年に『親族研究批判』で批判した以前のレベルで行われていると言っても過言ではない。人類学の家族に関する研究は、さまざまな基準で「家族」を定義しようとするも困難に直面してきた［Needham 1971; マードック 1978; リーチ 1985］。清水［1988b］のように家族的事象を捉えるための一般的枠組みの必要性から家族の定義に向けて理論的な道筋を示す立場が見られる一方、長島［1985］のように家族の定義そのものがエスノセントリズムであるとして批判する立場も見られる。各社会の家族に類似した現象から家族という共通概念を引き出してその普遍性を論じることにどれだけ意味があるのか、という問いかけもなされている［笠原 1992］。このような議論が交わされている状況にもかかわらず、韓国の家族に関する研究では現在に至るまで、人類学者が恣意的に切り取った範囲を家族という独立した領域として扱ってきた。それでいながら個別社会の事例分析にとどまっており、人類学全体の論議に貢献していない。

さらにもうひとつの問題は、韓国の家族に関する研究が、父系制、家父長制、儒教文化という「大きな物語」から抜け出せないでいることである。男性中心的な韓国の家族に関する研究のアンチテーゼとして、韓国の女性研究者やフェミニストたちが研究を活発に展開してきたことも事実ではある。しかし先述したように、父系制、家父長制、儒教文化といった「伝統的」要素の残存のために女性が不利な位置にある、という論調が目立っている。これは韓国フェミニズムの論者たちが共通的に「欧米での留学などを経て、世界的なフェミニズム運動の影響を強く受け、韓国社会の「伝統」を相対化しようとする」［岡田 2010: 119］という傾向を持っていることに起因している。

一方、祖先祭祀や政治といった男性が担当する公的領域と対置させるかたちで、女性の担当する家内領域の多様性に注目する研究、あるいはそのノーマルな領域からはみ出した妓生（酒宴席で歌や踊りを披露する職業）についての研究も行われてきた［Kendall 1983］。しかしそれらはあくまでも女性たちの世界内部の様相を明らかにするレベルにとどまっている。

また先行研究の中には、姻戚関係の重要性に注目した研究［李・末成 1973; 丸山 1983; 末成 1986］、あるいは女性の担当する家内的領域やシャーマニズムに注目した研究［重松 1982; 安田 1997］も存在する。ただしこれらも父系制、家父長制、儒教文化という枠組みを乗り越えるものではなく、あくまでもその枠組みの中でのつながりの多様性、あるいはそこから排除される人々のありかたについて検討するものであった。

しかし韓国の家族をめぐる実態は、もはや父系制、家父長制、儒教文化という「大きな物語」では説明しきれないほど変化している。韓国の家族のリアリティを作り出しているものは、父系制、家父長制、儒教文化では説明しきれなくなりつつある。このような状況下、従来の枠組みとは異なったアプローチで、現代韓国社会を生きる家族のありかたを明らかにする必要がある。

そこで、従来の枠組みでは等閑に付されてきた女性、中でも特に母性に注目する必要がある。韓国における母性は、出産という行為によって家族成員の生命体を生産するとともに、子どもの世話だけでなく夫方の父系血縁集団の維持や繁栄のための奉仕が求められる点において、家族の問題と密接に関連している。

また Wolf［1993］の指摘したような、女性が結婚すれば出自の血縁集団の一員ではなくなり、婚入先の血縁集団の中でも周辺的な地位に置かれるという状況は、台湾だけでなく韓国の状況にも類似している。Wolfは台湾の女性たちが婚入先の血縁集団の中で「子宮家族」を形成し地位を上昇させてゆく様子を描いた。父系制によって論じられてきた台湾と韓国の状況が類似しているならば、台湾と同様に、韓国の女性たちにとっての母性について検討することが、韓国の家族を理解する上でも有用であると考えられる。

韓国においてはモソン（*moseong*: 母性）という言葉も使われるが、日常生活に即して母性イデオロギーを示す言葉は「オモニ（*eomeoni*）」である。「オモニ」とは母親を指す韓国語であるが、同時にそれはイデオロギーとしても作用している［조성숙 2002］。日常生活の中では「母ちゃん」や「ママ」といったニュアンスで母親を呼ぶ「オンマ（*eomma*）」という言葉も頻繁に用いられる。基本的には子どもを産んで初めて女性は「オモニ」となるが、「女性は特定の年齢層になれば（おそらく三〇歳代から）、あるいはいわゆる「おばさんの体型」になれば、結婚・出産の有無にかかわらず当然のように「オモニ」と呼ばれ、「オモニ」の役割を要求される」という見方もある［정희진 2012: 50］。

「オモニ」は、西洋社会の母性イデオロギーとも類似している。西洋社会の母性イデオロギーは、（1）妊娠・出産・授乳の生物学的要素、（2）養育という社会的役割の要素、（3）イメージおよび価値的要素と関連している［조성숙 2002: 54］。また西洋社会の母性イデオロギーは、新しい世代に乳と愛を与え社会規範を注入する養育者として存在するよう女性を規定するのみならず、母性の生物学的過程を象徴化し、授乳が子どもを育てるように、女性に対して人類文化の原初的発生の根源としての意味を付与するものである［조성숙 2002: 55］。

しかし「オモニ」というイデオロギーは、西洋社会の母性イデオロギーと全く同一のものではない。「オモニ」イデオロギーは、チプを継承・繁栄させるための奉仕を求める。チプとは父系制に基づいて形成される家内的集団であり、「家族構成員、家族員が生活する居住地、建物、生活共同体としての家族、それ以外に家族の範囲を超えて、同族、親戚までを含む場合もある」［李 1978: 19］。

男性が執り行う祖先祭祀に関しても、祭祀に使われる供物などを全面的に準備するのは「オモニ」たちである。嫁に来た女性が婚入先の血縁集団の中で地位を上昇させてゆく段階として、男児出産の次に重要視されることのひとつが、完璧に祖先祭祀の準備ができるようになることであるとされている［安田 1997］。

家事や育児を全面的に担って男性の対外活動を支えたり、夫と子どもの間に入って父子間の葛藤を仲裁したりするのも「オモニ」の役割である［조성숙 2002］。また先述したように、自己犠牲をしてでも教育費を稼いで子どもたちに高等教育を受けさせ、子どもたちが立身出世できるように世話を焼かねばならないというのが、「オモニ」として求められる規範である。これも「オモニ」イデオロギーが、チプを継承・繁栄させるための奉仕を求めるためである。

もちろんすべての「オモニ」たちがこのような生き方をしてきたわけではない。しかし「オモニ」というイデオロギーは韓国社会の中で存在感を持ってきた。「家族を支えるオモニの姿は、国家の発展と個人や家族をつなぐシンボルとして軍事政権によって賞賛された。これに対抗した民衆運動においても、「社会の矛盾の中で苦労して子を育てた無学なオモニ」が声なき民衆の象徴であった。いわば、オモニは民衆文化の基盤に置かれ、矛盾や葛藤を抱え続け、分裂しかねない韓国社会を今日までつなぎ止める存在であり、韓国人のアイデンティティ形成の基盤に置かれ続けてきた」［岡田 2010: 123-124］。このように、韓国の家族において「オモニ」というファクターは重要な位置を占めている。それにもかかわらず、「オモニ」についての研究は十分になされてきたとは言えない。

本研究では前半部分において、「オモニ」たちが韓国の家族の中で置かれている状況、そしてそれが変化してきた様相について論じる。そして後半部分においては、母性と深く関連する病気である乳がんに直面した「オモニ」が、自らの「オモニ」としてのありかたを振り返り、その位置づけを主体的に変化させる行為について論じる。この作業を通して「オモニ」とは何かを浮き彫りにし、韓国の家族のありかたを明らかにするとともに、母性の問題について考察する。

なお、本稿においては、チンジョンとシデクという現地語をカタカナ表記で使用する。

チンジョン（*chinjeong*: 親庭）とは、女性が結婚前に属していた、出自の血縁集団である。既婚女性が「チンジョンに行ってきた」と言うときのチンジョンとは、実の親元を指す。また「チンジョンのオンマ（*chinjeong eomma*）」と言うときには実母を、「チンジョンの姉（*chinjeong eonni*）」と言うときには実姉を指す。チンジョンという言葉は、正式な定義上は出自の血縁集団全体を指すが、実際には、出自の血縁集団全体というよりは、実の親やきょうだいを中心とする近親者を指して用いられることが多い。ここには婚出した姉妹も含まれる。すなわちチンジョンという言葉の実際的な使われ方は、父系制に基づく家族というよりは、その中でも親密な範囲の成員を指すものとなっている。同様に、夫の姉妹についても、正式な定義上は夫方の父系血縁集団であるシデクから婚出した女性たちである場合も、日常の文脈ではシデクの成員に含まれるものとして認識されている。

チンジョンの中でも、ego（性別を問わない）から見て父方の親族はチンガ（*chinga*: 親家）、母方の親族はウェガ（*oega*: 外家）と呼ばれる。本章末尾の表4を見てもわかるように、母方親族の親族名称の多くは「ウェ（*oe*: 外）」が冠される。ego の性別を問わず、父系制に則った形式的なつながりの上で重要視されるのはチンガであるが、感情的な紐帯はウェガとの間のほうがより強いとされるのが一般的である。例えば母の姉妹（*imo*）は、母親同然に気がねなく頼ることのできる存在と見なされている。同様に、母の兄弟（*oesamchon*）、母の兄弟の妻（*oesukmo*）、母の姉妹の夫（*imobu*）も一般的に親密な存在として認識される。

第二章で詳述するように、以前は女性が結婚すればもはやチンジョンの成員ではないと見なされ、チンジョンへ帰ることのできる機会は限られていた。しかし近年は結婚後も女性とチンジョンとの結びつきは密であり、子育てなどにおいて日常的にチンジョンの母や姉妹の助けを借りることが珍しくなくなっている。

一方、シデク（*sidaek*: 媤宅）とは、女性の婚入先の血縁集団を指す。同様に女性の婚入先の血縁集団を指す言葉としてはシジプ（*sijip*）もあるが、患者たちの語りの中で多用されるのはシデクという言葉であった。そのため本稿の文中では、原則としてシデクという言葉を用い、患者の語りの中でシジプという言葉が用いられた場合にはそのまま表記するものとする。

既婚女性が「シデクに行ってきた」と言うときのシデクとは、一般的には舅や姑のもとを指すが、場合によってはそれ以外の夫方の親族のもとを指す場合もある。シデクという言葉は、夫方の父系血縁集団の成員全体を含んでいる。

シデクという言葉がそうであるように、既婚女性が夫方の親族を呼ぶときの親族名称には「シ（*si*: 媤）」を冠したものが多く含まれている。例えば実父は「アボジ（*abeoji*）」、舅はそこに「シ」を冠した「シアボジ（*siabeoji*）」と呼ばれる。同様に、実母は「オモニ（*eomeoni*）」、姑はそこに「シ」を冠した「シオモニ（*sieomeoni*）」と呼ばれる。既婚女性にとって夫方の親族は一般的に、気を遣わねばならず、良好な関係を形成するのが難しい存在と見なされている。そのため、「韓国の女性はシのつくものを嫌がり、（シという文字から始まる）シグムチ（＝ホウレンソウ）さえ嫌がる」という言葉までもが一般的に流布している。

以前はシデクの成員が嫁をいびったり嫁の言動に干渉したりすることは珍しくないものとされ、嫁の苦しい婚家暮らしはシジプサリ（*sijipsali*）と呼ばれてきた。しかし都市化に伴って結婚後に複数の世代が同居するケースが減少したこと、少子化や高学歴化が進んだこと、価値観が変化したことから、公然たるシジプサリは影を潜め、逆にシデク側が嫁に気を遣わねばならない状況になっていることも指摘されている。

ここで、韓国で家内的集団を指すときに用いられる、チプ（*jip*）、シックー（*sikgu*: 食口）、カジョク（*gajok*: 家族）という三つの用語について整理しておく。

チプとは、父から長男へと引き継がれる、個人が所属する最小の社会単位を指す［嶋 1997: 102］。日常生活の中では、家庭や世帯あるいは家屋を指す言葉としてよく用いられる［伊藤 1996: 116］。チプは父系血縁を基準として構成され、「次男や三男が親元から離れて世帯をもった後でも、さらに幾世代を経た後までもその血縁関係は絶えることがない」［伊藤 1996: 116］。逆に非血縁者はチプの構成員にはなりえない。家系を継承する跡継ぎのいない者が養子縁組をする場合は、同姓同本の近親者内の、しかも子の世代に当たる者に限られた［伊藤 2003a: 421］。各チプをとりまく最近親者、特に日常生活や祖先祭祀において緊密な協力関係が見られる範囲は、チバン（*jipan*）と呼ばれる［嶋 1997: 102］。四代祖を同じくする父系親族の範囲がチバンとして扱われることもある［岡田 2012a］。従来の韓国の家族に関する研究においては、このようなチプ、チバンが主たる研究対象となってきた。

次に、シックーとは、「ひとつの家内に一緒に住み、食事を共にするという人々」［李 1978: 23］を指す。従来の研究では、シックーは「学術用語というよりはむしろ日常用語である」［李 1978: 23］として、この概念そのものが研究対象から除外されてきた。シックーは「食口」という漢字が示すとおり、基本的に共食を基準とする範囲である。李によるシックーの定義の中の「ひとつの家内に住む」という部分は、必ずしも適切ではない。既婚女性たちが一般的に、同居していなくても、チンジョンの人々を「チンジョンシックー（*chinjeong sikgu*）」、シデクの人々を「シデクシックー（*sidaek sikgu*）」と呼んでいるためである。シックーには、血縁者のみならず非血縁者も含まれうるし、逆に血縁者であってもシックーには含まれない場合もある。

シックーの範囲を決定づける共食は、毎日同じ釜の飯を食べるという狭い意味に限定されず、一時的に食事を共にして仲間意識を共有する場合においてもあてはめられる。例えば患者会のメンバーで山に登り弁当を食べる場合でも、仲間を見知らぬ他人と区別して「私たちシックー」と称する。「憩いの宿」の利用者たちも、メンバーは毎日入れ替わるが、総称して「憩いの宿のシックー」と呼ばれる。その境界は流動的である。

韓国では非血縁者に対しても親族用語を用いて呼びかける文化があることがよく知られている。これは血縁を厳格な基準とするチプの概念からすると、非常に異色で説明しがたい現象であるかのように見える。例えば非血縁者の年上の先輩に対して、後輩は血のつながった兄姉を指す「お兄さん（男性が呼ぶときは *hyeong*、女性が呼ぶときは *oppa*）」「お姉さん（男性が呼ぶときは *nuna*、女性が呼ぶときは *eonni*）」という呼称で呼びかける。筆者は「憩いの宿」で四〇歳代の女性患者に「お姉さん（*eonni*）と呼んでいいですか」と言った途端に、女性患者がそれまで使っていた敬語をやめて、親しげな言葉づかいで話しかけてくれるようになった経験がある。逆に、筆者が修士課程在学時にホームステイしていた家で、その家の息子（筆者より数歳年上）を「お兄さん（*oppa*）」と呼ぶことが照れくさくてなかなか呼べずにいたところ、息子本人のみならずその両親からも「なぜお兄さんと呼べないのか。親しさが感じられず寂しい」と言われたことがある。このように親族用語の使用は、親しさの表れと見なされる。母の姉妹を指す「イモ（*imo*）」という言葉は、自分の父母と同世代の親しい女性を呼ぶとき用いられる。食堂でより心のこもったサービスを受けるために、客が女性従業員に対して「イモ」と呼びかける光景もよく見られる。衣料品店では、（女性）客より（女性）従業員のほうが明らかに年上であっても、従業員は客に対して親しみと尊敬の意を表すために「お姉さん（*eonni*）」と呼びかける。稀な例ではあるが、男性客が女性従業員に困難な頼みごとをするとき、本来ならば女性が女性に対して使う「お姉さん（*eonni*）」という言葉で懇願するように呼びかけることもある。また、高齢の男性教授が食堂の女性従業員を呼ぶときは、弟の妻を指す「ジェスッシ（*jesussi*）」という用語を用いていた。ただし非血縁者に対して親族用語を用いるとき、父系の血縁者を指す用語はあまり用いられない。自分の父母と同世代の親しい女性を呼ぶときは、父親の姉妹を指す「コモ（*gomo*）」を用いてもよさそうなものだが、この言葉はほとんど使われず、もっぱら母の姉妹を指す「イモ」という言葉が用いられる。血縁ではなく親しさを基準として非血縁者に親族用語を用いることは、感情的紐帯を基準として流動的に形成されるシックーの考え方を基盤にしていると考えられる。

最後に、カジョクとは、韓国における「近代家族」を指すものとして用いられる。ただし韓国の「近代家族」すなわちカジョクは、family と同一のものではなく、韓国のチプと欧米の「近代家族」が接合して形成された「家内的集団」である［岡田 2012b: 140］。岡田は、近代以降の韓国の家族への「近代家族」イデオロギーとモダニティの浸透が、チプの家内的領域／公的領域の二項対立を揺るがすのではなく、むしろチプの家内的領域を前景化し、そこに「本源的自然」を仮定することで、従来の家族・親族システムの枠組みを維持する結果をもたらしたと分析している［岡田 2012b: 140］。

ただし患者たちの語りの中では、チプ、シックー、カジョクという言葉の指す範囲が厳密に限定されているわけではない。人々の日常生活において、これらの指す範囲は個人によって異なり、三つの用語がきちんと区分されないまま用いられているのが現状である。本書では患者たちの語りに出てくる用語をそのまま表記しつつも、その用語の用いられ方を問題にするのではなく、患者たちの認識や行為を理念型のチプ、シックー、カジョクとしてのありかたと照合させながら議論を進めるものとする。なお、本書中で用いる家族という用語は、韓国のローカルなカジョクではなく一般的な概念としての家族を指す。

韓国における主要な親族名称[6]およびそれらの一般的な呼称は、表4のとおりである。

表4　韓国における主要な親族名称およびそれらの一般的な呼称

| ジョブ | モ | ブ | 親族名称 |
|---|---|---|---|
| 조부（祖父） | 모（母） | 부（父） | 親族名称の韓国語表記 |
| *jobu* | *mo* | *bu* | 親族名称ローマ字表記 |
| ハラボジ、チンハラボジ | オモニ、オンマ | アボジ、アッパ | 一般的な呼称 |
| 할아버지, 친할아버지（親 ----） | 어머니，엄마 | 아버지，아빠 | 一般的な呼称の韓国語表記 |
| *halabeoji (chinhalabeoji)* | *eomeoni, eomma* | *abeoji, appa* | 一般的な呼称ローマ字表記 |
| 父方祖父 | 母 | 父 | 意味 |

| スンモ | スッブ | ペンモ | 親族名称 |
|---|---|---|---|
| 숙모（叔母） | 숙부（叔父） | 백모（伯母） | 親族名称の韓国語表記 |
| *sukmo* | *sukbu* | *baekmo* | 親族名称ローマ字表記 |
| チャグンオモニ | チャグンアボジ | クンオモニ | 一般的な呼称 |
| 작은어머니 | 작은아버지 | 큰어머니 | 一般的な呼称の韓国語表記 |
| *jakeuneomeoni* | *jakeunabeoji* | *keuneomeoni* | 一般的な呼称ローマ字表記 |
| 父の弟の妻 | 父の弟 | 父の兄の妻 | 意味 |

| | | | |
|---|---|---|---|
| ペップ | ウェジョモ | ウェジョブ | ジョモ |
| 백부（伯父） | 외조모（外祖母） | 외조부（外祖父） | 조모（祖母） |
| *baekbu* | *oejomo* | *oejobu* | *jomo* |
| クンアボジ | ウェハルモニ | ウェハラボジ | ハルモニ、<br>チンハルモニ |
| 큰아버지 | 외할머니（外 ----） | 외할아버지(外 ----) | 할머니, 친할머니<br>（親 ----） |
| *keunabeoji* | *oehalmeoni* | *oehalabeoji* | *halmeoni*<br>*(chinhalmeoni)* |
| 父の兄 | 母方祖母 | 母方祖父 | 父方祖母 |

| | | | |
|---|---|---|---|
| イモブ | イモ | コモブ | コモ |
| 이모부（姨母夫） | 이모（姨母） | 고모부（姑母夫） | 고모（姑母） |
| *imobu* | *imo* | *gomobu* | *gomo* |
| イモブ | イモ | コモブ | コモ |
| 이모부（姨母夫） | 이모（姨母） | 고모부（姑母夫） | 고모（姑母） |
| *imobu* | *imo* | *gomobu* | *gomo* |
| 母の姉妹の夫 | 母の姉妹 | 父の姉妹の夫 | 父の姉妹 |

| ヒョン | ウェスンモ | ウェスク | 親族名称 |
|---|---|---|---|
| 형（兄） | 외숙모（外叔母） | 외숙（外叔） | 親族名称の韓国語表記 |
| *hyeong* | *oesukmo* | *oesuk* | 親族名称ローマ字表記 |
| ヒョン | ウェスンモ | ウェサムチョン | 一般的な呼称 |
| 형（兄） | 외숙모（外叔母） | 외삼촌（外三寸） | 一般的な呼称の韓国語表記 |
| *hyeong* | *oesukmo* | *oesamchon* | 一般的な呼称ローマ字表記 |
| 兄（男性が兄に対して用いる） | 母の兄弟の妻 | 母の兄弟 | 意味 |

| ヒョンブ | オンニ | オルケ | 親族名称 |
|---|---|---|---|
| 형부（兄夫） | 언니 | 올케 | 親族名称の韓国語表記 |
| *hyeongbu* | *eonni* | *olke* | 親族名称ローマ字表記 |
| ヒョンブ | オンニ | セオンニ、オンニ、オルケ | 一般的な呼称 |
| 형부（兄夫） | 언니 | 새언니, 언니, 올케 | 一般的な呼称の韓国語表記 |
| *hyeongbu* | *eonnni* | *saeeonni, eonni, olke* | 一般的な呼称ローマ字表記 |
| 姉の夫（女性が姉の夫に対して用いる） | 姉（女性が姉に対して用いる） | 兄の妻（女性が兄の妻に対して用いる） | 意味 |

| | | | |
|---|---|---|---|
| オッパ | メヒョン | ジャ | ヒョンス |
| 오빠 | 매형（妹兄） | 자（姉） | 형수（兄嫂） |
| *oppa* | *maehyeong* | *ja* | *hyeongsu* |
| オッパ | メヒョン、ジャヒョン、メブ | ヌナ | ヒョンスニム、アジュモニム |
| 오빠 | 매형（妹兄），자형（姉兄），매부（妹夫） | 누나 | 형수님（兄嫂 -），아주머님 |
| *oppa* | *maehyeong, jahyeong, maebu* | *nuna* | *hyeongsunim, ajumeonim* |
| 兄（女性が兄に対して用いる） | 姉の夫（男性が姉の夫に対して用いる） | 姉（男性が姉に対して用いる） | 兄の妻（男性が兄の妻に対して用いる） |

| | | | |
|---|---|---|---|
| メ | オルケ | ジェス、ゲス | ジェ |
| 매（妹） | 올케 | 제수（弟嫂），계수（季嫂） | 제（弟） |
| *mae* | *olke* | *jesu, gyesu* | *je* |
| ヨドンセン | オルケ | ジェスッシ、ゲスッシ | ナムドンセン |
| 여동생（女同生） | 올케 | 제수씨（弟嫂氏），계수씨（季嫂氏） | 남동생（男同生） |
| *yeodongsaeng* | *olke* | *jesussi, gyesussi* | *namdongsaeng* |
| 妹 | 弟の妻（女性が弟の妻に対して用いる） | 弟の妻（男性が弟の妻に対して用いる） | 弟 |

| チョ | ジェブ | メブ | 親族名称 |
|---|---|---|---|
| 처（妻） | 제부（弟夫） | 매부（妹夫） | 親族名称の韓国語表記 |
| *cheo* | *jebu* | *maebu* | 親族名称ローマ字表記 |
| アネ、チプサラム、エギオンマ、（子どもの固有名）＋オンマ | （姓）＋ソバン、ジェブ | （姓）＋ソバン、メブ、メジェ | 一般的な呼称 |
| 아내，집사람，애기엄마，- 엄마 | - 서방（- 書房），제부（弟夫） | - 서방（- 書房），매부（妹夫），매제（妹弟） | 一般的な呼称の韓国語表記 |
| *anae, jipsaram, aegieomma, -eomma* | *-seobang, jebu* | *-seobang, maebu, maeje* | 一般的な呼称ローマ字表記 |
| 妻 | 妹の夫（女性が妹の夫に対して用いる） | 妹の夫（男性が妹の夫に対して用いる） | 意味 |

| チョナム | ドンソ | チョヒョン | 親族名称 |
|---|---|---|---|
| 처남（妻男） | 동서（同婿） | 처형（妻兄） | 親族名称の韓国語表記 |
| *cheonam* | *dongseo* | *cheohyeong* | 親族名称ローマ字表記 |
| チョナム | ヒョンニム | チョヒョン | 一般的な呼称 |
| 처남（妻男） | 형님（兄 -） | 처형（妻兄） | 一般的な呼称の韓国語表記 |
| *cheonam* | *hyeongnim* | *cheohyeong* | 一般的な呼称ローマ字表記 |
| 妻の弟 | 妻の姉の夫 | 妻の姉 | 意味 |

| | | | |
|---|---|---|---|
| チョナムデク | チョナム | ジャンモ | ジャンイン |
| 처남댁（妻男宅） | 처남（妻男） | 장모（丈母） | 장인（丈人） |
| *cheonamdaek* | *cheonam* | *jangmo* | *jangin* |
| アジュモニ | ヒョンニム | ジャンモニム、オモニム | ジャンインオルン、アボニム |
| 아주머니 | 형님（兄 -） | 장모님（丈母 -），어머님 | 장인어른（丈人 --），아버님 |
| *ajumeoni* | *hyeongnim* | *jangmonim, eomeonim* | *jangineoreun, abeonim* |
| 妻の兄の妻 | 妻の兄 | 妻の母 | 妻の父 |

# 第二章　韓国の家族をめぐる変化

## 第一節　墓の床石から見る家族の変化

従来の韓国の家族に関する研究が重要視してきたもののひとつが、父系の血縁によるつながりである。そしてそれを示す代表的なものが、墓である。後述するように韓国では、墓はその埋葬者の父系子孫の繁栄や衰退などに影響を与えると考えられている。そのため墓は族譜（家系図）とともに、重要な研究対象となってきた。

韓国における家族と墓の関係性は、以下のように論じられてきた。

まず、韓国の墓は風水と関連が深い。墓地風水、つまり地に埋められた祖先の骨がその地の生気を受けて子孫が繁盛するという考えが広く共有されている［최길성 2010: 272］。風水の考えによれば、利益や災難は、地下水や鉱脈のように地中を流れる神秘的な力によって引き起こされる。また風水においては、地の生気が子孫に影響を与えるものと考えられているため、死者との生前の人間関係や死者の人生観、子孫の孝行の度合などは考慮されない。骨に霊魂が残り、祖先の骨からの気脈が子孫に流れると考えられている。そのため、祖先の骨を埋める位置は、風

水の専門家の助言を受けて慎重に選ばれる。

そして、風水による墓の位置のよしあしは、埋葬者の父系子孫に影響を与えると考えられている［ジャネリ 1993: 103］。ジャネリによれば、墓の位置が父系子孫に及ぼす影響は二種類あり、ひとつは祖先の意志（墓の位置に対する不満）によるもの、もうひとつは機械的なもの（風水）である。「墓に突き当たった生命力は、どのような力であれ祖先の骨を貫通して流れ、やがては父系子孫に影響を及ぼす」［ジャネリ 1993: 104］。よって父系子孫一族の繁栄も、家系の断絶や多産も、このような力の影響によるものとされる。言い換えれば、風水的影響を通して、故人と父系子孫は密接につながっている。なお女性の場合、未婚のうちは父系祖先の風水的影響を受けるが、結婚してからは夫の父系祖先の風水的影響を受けるとされている［최길성 2010: 279］。

朝鮮時代以降、韓国の墓は一般的に、遺体が埋葬された地面の上に築かれた土饅頭状の墳墓と、その周辺の山林を私有して造られる形態をとってきた［田中 2010］。墳墓とその周辺の山林は「祖先への孝と礼を尽くす儒教理念の実践の場として、一族の結束と紐帯の象徴として機能してきた」［丁 2012: 273］。

さらに墳墓は、一族の富と威信を示すものでもある。経済成長期に富を成した人々によって「豪華墳墓」が築かれ、それらが一九七〇年代から一九九〇年代にかけて政府の取り締まりの対象になったこともあった［田中 2010］。上流階級にとどまらず、経済成長によって生活に余裕の出てきた一般庶民が墳墓に投資し多様な石造装飾物を置くようになったのも、同時期以降の動きであると考えられる。このことは、本稿付録1の調査データにおいて、一九七〇年代以前に建立された床石がほとんど見られないことからもわかる。

墳墓の前に置かれる石造装飾物の中で代表的なものが、床石である。床石とは「墓前でのチェサの際に〈祭需（供物）〉を載せるのに使う方形の石のことで、正面には故人の本貫・姓名・号や坐の方角、側面には床石を据えた年月と携わった子孫の名が刻まれる。従って、床石は特定の墓に眠る故人の〈名〉を後世に伝え、墓が遺失されるのを防ぐ記憶装置となる」[7]［本田 1993: 152］。

従来であれば、個々に刻まれる建立者は、故人から見て直系男性子孫のみであった。その背景には孝の考え方がある。本田は孝に関して次のように述べている。「子の親に対する敬愛を意味する孝は、世代間の序列を裏付ける規範として、韓国人の家族・親族関係の規制や村落社会の秩序維持に作用してきた」［本田 1993: 143］。死者を祀る行為は、生前の父母に対する孝を、死後の父母や祖先へ延長したものと見なされる。祖先祭祀は「原則として遡り得るすべての父系祖先に対して定期的に行なうことが、子孫としての道理と見なされてきた」［本田 1993: 143］。ここで祀らねばならない対象は父系祖先であり、祭祀を担うべき人物は直系男性子孫である。

一方女性は、「出嫁外人」という言葉にもあるように、婚出すればチンジョンのメンバーとは見なされなくなるとされてきた。また婚入先でも、家系を継承し祖先祭祀儀礼を執り行うのは男性であるため、女性は（祖先祭祀儀礼に用いる食べものを全面的に準備する存在ではあるものの）シデクの祖先祭祀に関わる地位においては周辺的な存在となる。そのため女性の名前は、祀られる祖先として（多くは生前の名前ではなく本貫および姓に「女」という表記であるが）シデクの床石の正面に刻まれることはあっても、建立者として床石の側面に名前が刻まれることは、チンジョンにおいてもシデクにおいても、ない。

しかし近年、娘や嫁など、直系男性子孫以外の人物の名前を、建立者として床石の側面に刻む現象も見られるようになっている。ここで全羅道A郡のB氏の事例を見てみよう。筆者はB氏の家にホームステイをしながら参与観察を行った。

墓の床石の検討に入る前に、まずは秋夕（*chuseok*）の行事について見てみよう。秋夕とは韓国の二大年中行事のひとつであり、太陽太陰暦の八月一五日（二〇一〇年の場合は太陽暦で九月二二日）に行われる。韓国では秋夕の当日を挟んで三連休の公休日になる。多くの人々が故郷へ帰省して祖先祭祀や墓参りをし、親族と共に時間を過ごすのが一般的である。秋夕の行事において、当日の早朝に家で行う祖先祭祀の儀礼と、朝食後に行う墓参りは最も中心的なイベントである。そのため前日までには、墓の草刈りや祖先に捧げる食べ物の準備を進めておく。

筆者が滞在したB氏の家では、B氏が草刈りを、B氏の妻（＝本章第三節で登場するS）が食べ物の準備を担当していた。都市に住む四人の子どもたち（いずれも未婚）が前日の午後までに帰郷し、夕方ごろにはこの子どもたちが父親に言われて郡内の他村に住むB氏の母親を迎えに行き、家に連れてきた。夕食後、就寝。午前二時を過ぎたころ、B氏が電灯を点け、祖先祭祀の準備を整えるよう妻を起こした。「いつもは朝五時ごろにするのに」とB氏の妻や長女が抗議したものの、B氏は「ご先祖様は暗いうちにいらっしゃるのだから」と譲らない。B氏の妻はしぶしぶ起き上がって台所に立ち、準備を始めた。B氏の次女と次男は寝たままだったが、長女と長男は起きて台所に行き、B氏に対する不満を言いながらつまみ食いをしたり、作業を手伝ったりした。長男はほとんど座ったままで、B氏の妻が食べ物を用意し、長女がそれらを運んで机に並べた。祖先に捧げる供物はB氏とその母親の寝ている横に置かれた机に並べられたが、B氏は妻への指図を終えると寝てしまい、B氏の母親は起きてくる気配すらなかった。食べ物を並べ終えると、先祖が来て食事を摂れるようにと電灯を点けたままにして、再び全員が就寝した。

午前八時ごろ起床し全員で朝食を摂った後、B氏の次女は友達に会うと言って出かけていったが、B氏もその妻も全く咎めなかった。B氏の妻は墓参り用の食べ物を風呂敷に包んだ。それを持って、B氏とその長女、長男、次男は近くの山にある墓へ向かった。先祖代々を祀る広い墓があったが、二〇〇八年に新たな墓を建ててB氏の父親を分祀したという。

墓の床石の側面には、写真1のように、墓の建立に携わった親族の名前が刻まれている。アルファベットは墓に祀られたB氏の父親を基準に、S（息子）、D（娘）、SW（息子の妻）、SD（息子の娘）、SS（息子の息子）、DH（娘の夫）、DS（娘の息子）、DD（娘の娘）、DSD（娘の息子の娘）を示した。写真1で名前が刻まれた人物の属性を床石の順序どおり表記すると、表5のとおりである。

先述したように、床石の側面には故人の直系男性子孫の名前のみ刻まれるのが一般的である。写真1では星印を付けた六人（B氏の兄、B氏、B氏の兄の息子二人、B氏の息子二人）がそれに該当する。

**写真１　墓の床石の側面に刻まれた建立者名**　筆者撮影、個人名部分は筆者編集

**表５　写真１で名前が刻まれた人物の属性（床石の順序どおり表記）**

| | | | | | | |
|---|---|---|---|---|---|---|
| S★ | SW | SS★ | SS★ | | | |
| S★ | SW | SD | SD | SS★ | SS★ | |
| D | DH | DS | DD | DS | DSD | DSD |
| D | DH | DD | DD | DD | DD | DS |
| D | DH | DS | DD | DS | | |
| D | DH | DS | DD | | | |
| D | DH | DD | DS | | | |

**写真２　秋夕当日の夜に集まった親族**　筆者撮影、顔の部分は筆者編集[7]

しかしＢ氏の父親を祀る墓の床石の側面には、Ｂ氏の兄の妻や娘、Ｂ氏の妻や娘、さらには既に婚出したＢ氏の姉妹とその夫および子どもや孫の名までが建立者として刻まれていた。つまり故人にとっての娘、嫁、娘の夫、外孫、外ひ孫の名までが刻まれていることになる。

秋夕の連休中に見られた、Ｂ氏の家の様子も注目に値する。墓参りの準備をするころには、Ｂ氏の妻の母親がやってきた。朝に自分の息子の家で祖先祭祀を見届けたあと、娘（＝Ｂ氏の妻）の家へ来たという。午後にはＢ氏の妻の姉、およびその娘一家もソウル近郊から来て、にぎやかに夕食を囲んだ。Ｂ氏の妻の兄や弟は、それぞれ自分の妻のチンジョンへついて行くため、不在である。秋夕の当日にシデクで祖先祭祀と墓参りを済ませた直後、既婚女性が夫や子とともにチンジョンへ帰り、チンジョンの女きょうだいとその夫や子どもたちで集まるという現象は、Ｂ氏の家だけに限らず韓国で広く見られるようになっている。

墓の床石に直系男性子孫以外の名前を刻む現象は、Ｂ氏の家だけに見られる特殊な現象であろうか。Ｂ氏夫婦は全羅道A郡の中心部であるA邑に居住しているが、B氏の妻のチンジョンは同じA郡内のY面K里に存在し、現在もB氏の妻の母親が暮らしている。そのため筆者はK里の墓の床石を調査した。

墓の調査では、K里の山林に散在する墓の床石のうち、筆者の探しえた二八六基について、その側面に刻まれた建立者と故人との関係を調べた。ただし床石二八六基のうち、刻まれた文字が風雨で劣化して判読不能なもの、あるいは個人名のみ刻まれていて故人との関係が不明なものなどが五二基あり、有効なデータが得られたものは二三四基であった。調査によって得られた床石のデータの内訳は、本書巻末の付録1のとおりである。

集めたデータについては、婚入女性、婚出女性、姻戚が刻まれているかどうかを基準として八類型に分類した。なお、「娘」として刻まれている者については、実際の婚姻状態は不明であるものの、婚出したか、あるいは今後婚出することが想定されている者として、婚出女性に区分した。また区分の便宜上、内孫息子は「息子」、内孫娘は「娘」、内孫息子の妻は「嫁」、内孫娘の夫は「娘の夫」のカテゴリーに入れた。

八類型は次のとおりである。

①直系男性子孫（主に息子や内孫息子、内曽孫息子など。遠い過去に亡くなった故人を祀った場合は、その故人から現在生きている子孫に至るまでの代々の直系男性子孫）の名前が刻まれたもの。つまり婚入女性、婚出女性、姻戚は刻まれていない。
②息子、娘、娘の夫などの名前が刻まれたもの。つまり婚入女性は刻まれず、婚出女性と姻戚は刻まれている。
③男性のみの名前が刻まれたもの。つまり女性は刻まれないが、娘の夫などの男性姻戚は刻まれている。
④息子、娘の名前が刻まれたもの。つまり婚入女性や姻戚は刻まれず、婚出女性は刻まれている。
⑤息子、嫁、娘の名前が刻まれたもの。つまり婚入女性、婚出女性は刻まれているが、姻戚は刻まれていない。
⑥息子、嫁、娘、娘の夫、外孫などの名前が刻まれたもの。つまり婚入女性、婚出女性、姻戚のすべてが刻まれ

表6 類型別の床石の数[8]

| | 婚入女性 | 婚出女性 | 姻戚 | 名前が刻まれている人物 | n |
|---|---|---|---|---|---|
| ① | × | × | × | 直系男性子孫のみ | 120 |
| ② | × | ○ | ○ | 息子、娘、娘の夫など | 29 |
| ③ | × | × | ○（男性のみ） | 息子、娘の夫 | 23 |
| ④ | × | ○ | × | 息子、娘 | 28 |
| ⑤ | ○ | ○ | × | 息子、嫁、娘 | 4 |
| ⑥ | ○ | ○ | ○ | 息子、嫁、娘、娘の夫など | 19 |
| ⑦ | ○ | × | ○ | 息子、嫁、娘の夫など | 0 |
| ⑧ | ○ | × | × | 息子、嫁 | 4 |
| ○の場合のn（①～⑧合計） | 26 | 81 | 72 | | |

ている。

⑦息子、嫁、娘の夫などの名前が刻まれたもの。つまり婚入女性と姻戚は刻まれ、婚出女性は刻まれていない。

⑧息子、嫁の名前が刻まれたもの。つまり婚入女性は刻まれ、婚出女性や姻戚は刻まれていない。

この八類型に基づいて床石を分類した結果は表6のとおりである。

①類型が従来広く見られた方法であり、父系制の規律に従って直系男性子孫が記載される。今回の調査でも①類型が最多であった。しかし床石が新しいものであるほど、①類型以外のものが多くなる。特に、嫁、娘、娘の夫、外孫まで広く記載する⑥類型に至っては、二〇〇〇年代以降に設立されたケースが大部分であった。

婚入女性の名前を記載する場合、息子の妻や内孫息子の妻をメンバーの一員として認めていると見なすことができる。しかし婚入女性を含むケースは二六、全体の約一一％であり、婚出女性あるいは姻戚を含むケースに比べると少ない。

婚出女性の名前を記載する場合、娘をメンバーの一員として認めていると見なすことができる。婚出女性を含むケースは八一、全体の約三五％である。つまり全体の三分の一ほどの床石が婚出女性の名前を記載している。

姻戚の名前を記載する場合、娘の婚姻によって姻戚となった娘の夫や外孫をメンバーの一員として認めていると見なすことができる。姻戚を含むケースは七二、全体の約三一％である。つまり全体の三分の一ほどの床石が姻戚の名前を記載している。

また、興味深い現象として③類型がある。これは、嫁や娘は記載されていないにもかかわらず、息子と娘の夫が記載されている。床石の設立時に息子が未婚であったため嫁の名前が刻まれていないという可能性もありうるが、二三基の床石に同じような記載方法が見られることから、嫁がいるにもかかわらず記載されなかったケースも存在しうる。また娘の夫がいるからには娘が存在するわけであり、娘の名前を刻まずに娘の夫の名前を刻むのは意図的な行為である。この類型においては、姻戚をメンバーとして認めた上で、男性というジェンダー基準で、記載される人物が選ばれたと考えられる。

調査データから明らかになったように、婚入・婚出した女性や姻戚の名前を建立者として床石の側面に刻むという、従来見られなかったケースが相当な数に及んでいる。本田［1993］は、自らが調査した床石の中で「婿」と「外孫」の名前の刻まれたものが一基あることに言及してはいるものの、あくまでもアブノーマルな事例として扱っている。しかし筆者の調査からは、婚入・婚出した女性や姻戚の名前を床石に刻むケースは、もはやアブノーマルとは言えない数に達していることが明らかになった。

故人と直接的な交流があったと思われる血縁者の名前を広い範囲で床石に刻んだり、あるいはジェンダーを基準として、娘の夫を含む男性親族の名前を刻んだりしている可能性がある。この現象からは、墓の建立者として名前が刻まれる人物の選択が、必ずしも父系制の原理にとらわれなくなっていることが指摘できる。このことは一九六〇年代以降の韓国社会における家族の変化、すなわち父系制と儒教規範に基づく男児選好が衰退してきた動き［澤野 2011］とも重なっている。

## 第二節　戸籍のデータから見る家族の変化

前節では墓の床石の変化を通して、父系制の原理にとらわれない家族の範囲が認識されつつあることについて見てきた。では、父系出自集団の系譜の継承に直接的に関わる結婚・出産については変化が見られないのであろうか。この節ではその問題について、戸籍データをもとに検討する。

韓国においては、朝鮮時代後期の「朝鮮戸籍」、大韓帝国期の「光武戸籍」、日本の植民地期以降の「民籍簿」および「戸籍簿」といった戸籍が作成されてきた［최미희 2009: 12］。本研究で扱うのは、韓国で一般的に「近代戸籍」として区分される「民籍簿」および「戸籍簿」である。「民籍簿」とは、一九〇七年に統監府の臨時戸籍調査によって始まり一九二二年まで用いられた戸籍を指す。また「戸籍簿」とは、一九二二年の朝鮮戸籍令制定（一九二三年施行）以後、一九六〇年の戸籍法制定・施行を経て二〇〇八年に戸籍法が廃止されるまで、記載内容や書式形態を少しずつ変えながら用いられてきた戸籍を指す。

これらの戸籍はこれまでにも人口史的研究に用いられ、資料としての特質と限界について論じられてきた。その中で、戸籍が国家の必要に応じて作成されたものであること、そのために情報の抜け落ちや誤記があることが指摘されてきた。その背景として第一に、戸籍は国家による徴兵・徴用や税金徴収を目的として作成されるため、それらを避けようとする人々の情報が抜け落ちたり、事実と異なる内容が記載されたりしたことが挙げられる［최미희 2009: i］。そして第二に、戸籍は国家が志向する家族観を基礎にして作成されるが、その法規定の枠組みに入りきら

ない人々が存在したことが挙げられる［최미희 2009: 69］。具体的には、日本の植民地期に作成された戸籍が一夫一婦制を基礎とするものであったため、その法規定の枠組みに入りきらない妾や私生児が戸籍から抜け落ちたり、事実と異なった内容で記載されたりした。

したがって戸籍の記載内容をそのまま事実として扱うことはできないが、その特質と限界をふまえた上で、現実の傾向を反映する資料として戸籍を活用することはできる。本研究で扱う「G里」に関しては、「G里」に含まれる二つの集落のうちのF里が一九一四年まで面事務所（役場）および駐在所の所在地であり、一九一四年以降も徒歩一五分ほどの隣村に面事務所および駐在所が存在している。そのため、戸籍に事実と異なる申告・記載をするのは難しい状況でありつづけてきたと考えられる。そのため、筆者がフィールドにおいて部分的に行った戸籍データと事実との確認作業においても、高い一致率を見せている。よって「G里」の戸籍に記載された情報を信頼性のあるデータとして扱うことが十分に可能である。

筆者は二〇〇八年三月から二〇〇九年二月までの一年間、韓国の全羅道A郡F里においてフィールドワークおよび戸籍データの収集を行った。F里は主に三つの姓（I氏、B氏、C氏）の世帯主から成る七九世帯が居住する集落であり、行政区域としては隣の集落G里とともに「G里」に属する。そのため、戸籍データを集める際はF里およびG里の住民の情報が記載された「G里」のデータを収集した。

「G里」の戸籍の状況は次のとおりである。戸主相続や転入などによって一世帯分の新しい戸籍が作成されると「戸籍簿」（一九二二年以前は「民籍簿」）に綴じられ、世帯員の出生・婚姻・離婚・養子縁組・分家・死亡などの届出があるごとに情報が書き加えられていった。そして戸主死亡や転出などによって除籍されれば、その戸籍は「民籍簿」または「戸籍簿」から外され「除籍簿」に綴じられた。しかし二〇〇〇年一二月二九日に戸籍法第一二四条の二（電算情報処理組織による戸籍事務処理）が新設されて戸籍の電算化が認められたことにより、「G里」の「戸籍簿」に綴じられていたすべての戸籍が二〇〇〇年度後半から二〇〇二年度にかけて電算処理され、それ以降は紙の戸籍簿に情報が書き加えられなくなった。一九一六〜二〇〇二年度に除籍および電算処理された「G里」の戸籍からは、一八〇〇年代後半から二〇〇二年生まれの男性一九八二人、女性二七一二人、計四六九四人分（複数戸籍に現れる同一人物は一人としてカウントする場合）の情報が得られた。

この戸籍データを用い、「G里」の女性たちがどのように家族を構成してきたのか、その全体像を見るため、次のようなグラフを作成した。

まずグラフ1は、出産を経験した女性の平均出産児数を、女性の出生年により五年ごとにまとめて計算した上で折れ線グラフに表したものである。ただし生まれてすぐに産児が死亡した場合は出生申告そのものをしないケースもあったと考えられ、そのようなケースに関しては戸籍からは把握できない。次にグラフ2は、出産を経験した女性の出産間隔の平均値を、女性の出生年により五年ごとにまとめて計算した上で折れ線グラフに示したものである。そしてグラフ3は、出産を経験した女性の第一子出産年齢、末子出産年齢、最初の子どもの初婚を経験した年齢、最後の子どもの初婚を経験した年齢の平均値を、女性の出生年により五年ごとにまとめて計算した上で折れ線グラフに示したものである。なお、「最初の子どもの結婚」とは必ずしも第一子の結婚を示すわけではなく、子どもたちのうちで最も早く結婚した子どものケースを指す。同様に、「最後の子どもの結婚」とは必ずしも末子の結婚を示すわけではなく、子どもたちのうちで最も遅く結婚した子どものケースを指す。

グラフ1を見ると、一八七〇年代から一九二〇年代生まれの女性たちは平均五〜六人を産んでいたが、平均出産児数はそれ以降になると減っていく様子がわかる。一九二一〜一九二五年生まれの女性たちの間で平均出産児数が激減しているのは、第二次世界大戦および朝鮮戦争の影響と考えられる。個別のケースを見ると一九三〇年以前生まれの女性たちの中にも子どもを一〜二人しか産まないケースがあるが、本人あるいは夫が早世している場合が多い。一九三〇年以前生まれの女性のうち平均一五％が一回以上の出産経験後に本人あるいは夫の早世を経験しており、中でも一八九一〜一九〇〇年生まれの女性については二〇％以上で本人あるいは夫の早世が見られる。[9]

グラフ１　平均出産児数の変化

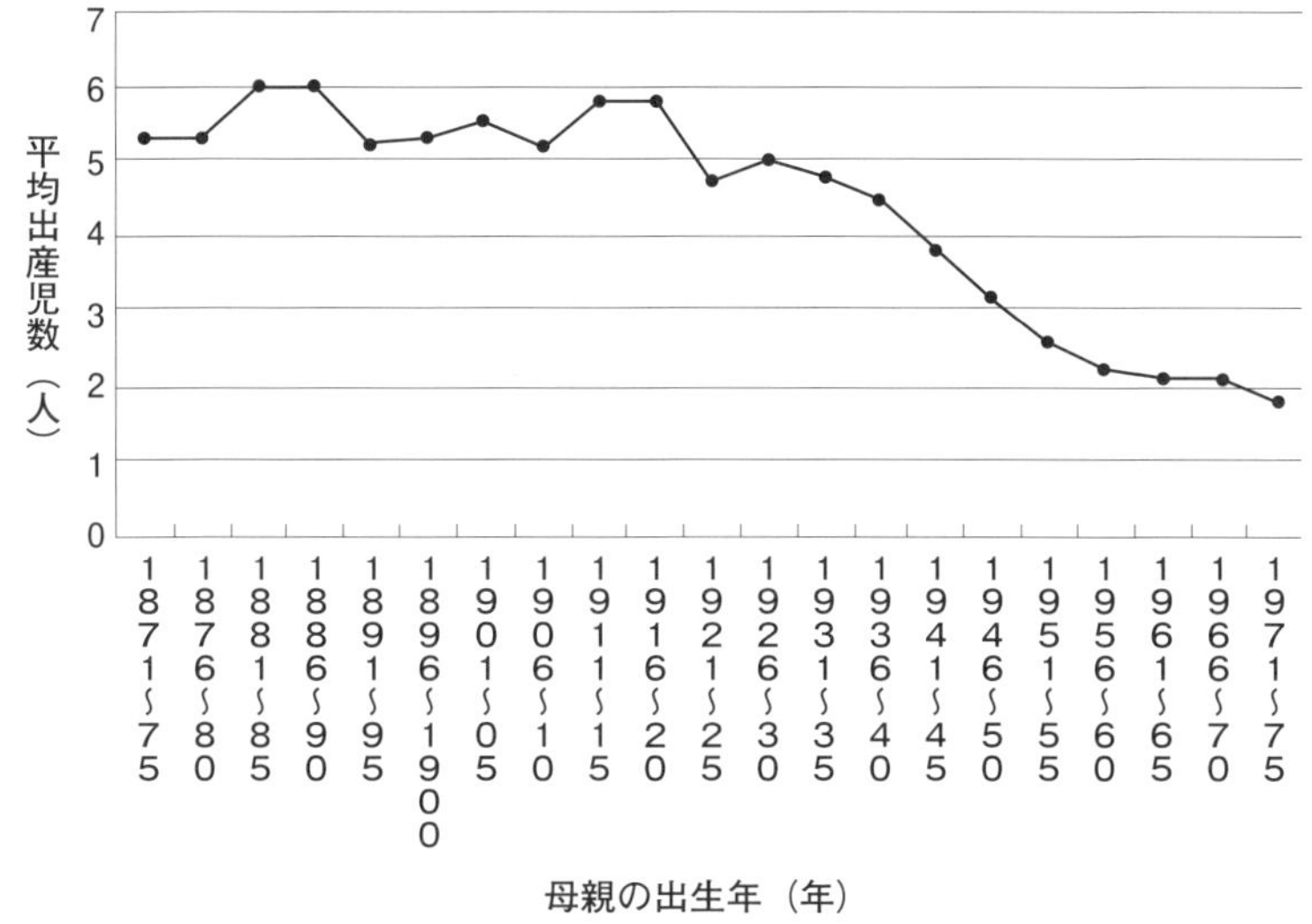


グラフ２　出産間隔の変化

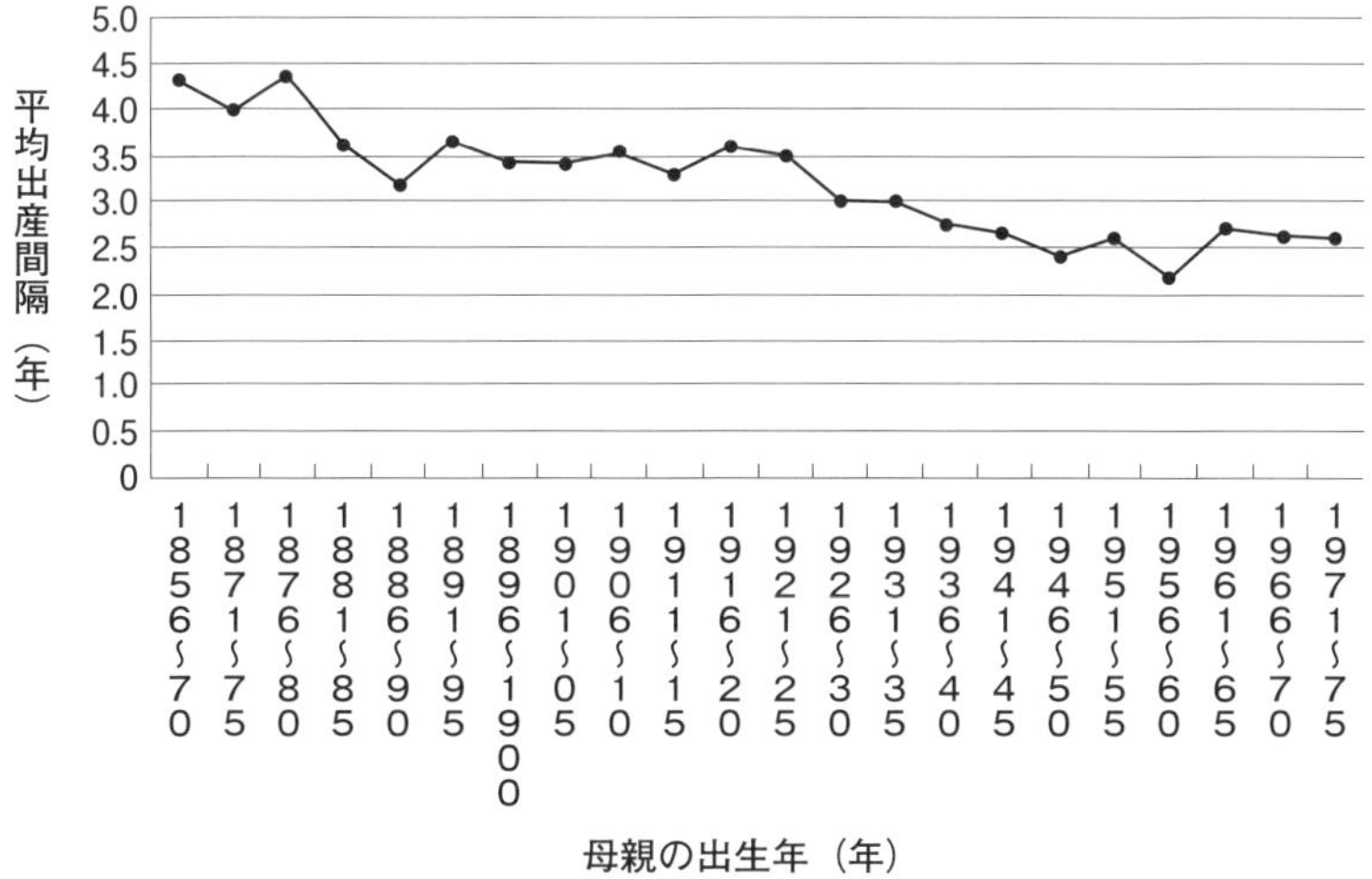

グラフ３　第１子・末子出産年齢、子どもの最初と最後の初婚を経験した年齢の変化

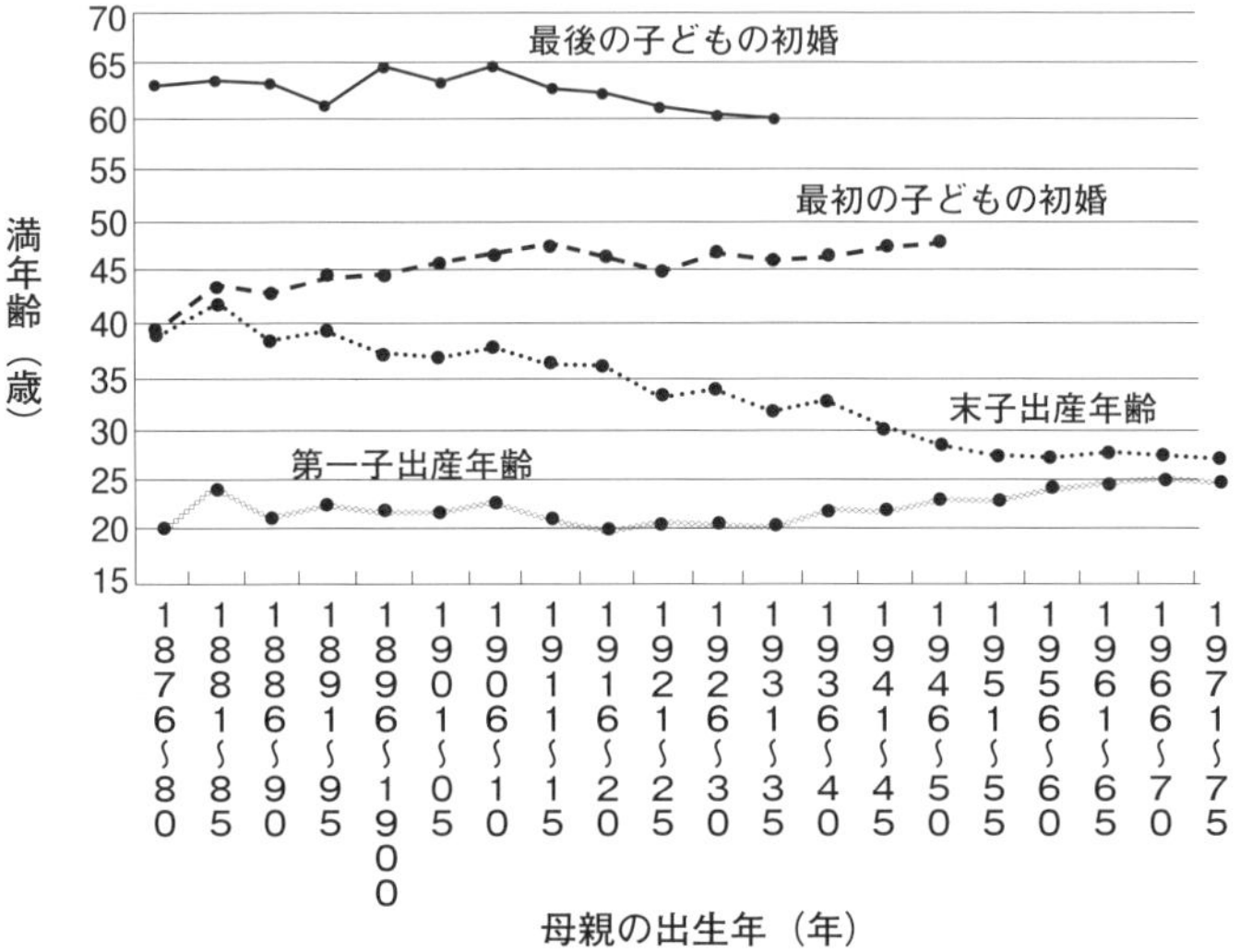


一九三一年生まれ以降になると本人あるいは夫の早世の確率は非常に低くなるが、これは第二次世界大戦終結と朝鮮戦争休戦、およびその後の衛生・栄養状態の改善や医療の発達などによるところが大きいと考えられる。にもかかわらず、一九三〇年代生まれ以降の女性たちの間では平均出産児数の減少傾向が一貫して続き、特に一九四〇年代生まれ以降の女性たちの間では一九三〇年代生まれの女性たちに比べて減少幅が大きい。

次にグラフ2および3から、出産間隔と出産期間（第一子出産から始まり末子出産によって終了する期間）の変化を見てみると、第一子出産年齢は徐々に上昇しているが、出産間隔が狭くなり、末子出産年齢が若くなることで、出産期間が短くなったことがわかる。具体的には二〇歳代前半から三〜四年ごとに一五〜二〇年ほどかけて子どもを産んでいたのが、二〇歳代後半の数年間のうちに出産を済ませるようになった。このような出産期間の短縮には、出産児数の減少も大きく影響している。つまり多くの子どもを長い間隔で産んでいたのが、少ない子どもを短い間隔で産むようになったことで、出産期間が著しく短縮されていった。出産期間の短縮化は、

一九四〇年代生まれ以降の女性たちの間で特に顕著である。

次にグラフ3から子育て期間（第一子出産から始まり最後の子どもの初婚によって終了する期間）の変化を見てみると、ゆるやかな短縮化傾向にある。最初の子どもの初婚を経験する年齢は上昇を続けている。最初の子どもの初婚を経験する年齢の平均値が出せる一九五〇年生まれまでの約七〇年間で、第一子出産年齢が約五歳上昇したのに対し、最初の子どもの初婚を経験する年齢は約一〇歳上昇している。このことから最初の子どもの初婚を経験する年齢の上昇理由として、第一子出産年齢が遅くなったためだけではなく、子どもたちの初婚年齢自体が上昇しているためであることがわかる。最後の子どもの初婚を経験する年齢の下降幅が末子出産年齢の下降幅に比べて小さいのも同じ理由によると考えられる。子どもたちの晩婚化によって、子育て期間の短縮化傾向に歯止めがかかっていると言える。

このような女性のライフコースの視点から見てみると、家族周期（family cycle）は大きく変化している。一八〇〇年代後半生まれの女性たちの場合、約二〇年間もの長い出産期間を経て、自分の末子出産が終わるのとほぼ同時に上の子どもが結婚し出産期に入っていった。すなわち、自分の末子と初孫の年齢差はあまり大きくなかった。そして自分の子育て期間の半分以上は、自分の子どもの子育て期間と重なっていた。しかし末子出産年齢と最初の子どもの初婚を経験する年齢との間隔は徐々に開き始め、一九四六〜一九五〇年生まれの世代は末子を産んで約二〇年経過してから子どもの最初の結婚を経験している。これは数少ない子どもを短期間で産み終えるようになったために起こった現象である。このことにより、自分の出産期間と子どもの出産期間との間隔が広く開き、自分の子育て期間と子どもの子育て期間との重複も短くなった。この変化は、出産期間の短縮化の著しい一九四〇年代生まれ以降の女性たちの間で特に顕著である。

さらに、世代の再生産のペースが遅れつつあることも指摘できる。個別の事例を見ると、一八〇〇年代後半生まれの女性たちの中には、最初の子どもの結婚を三〇歳代で経験するケースも存在した。一方、近年は三〇歳代で第一子を産むケースも存在し、このような例同士を比較すると、世代の再生産ペースが約一世代分遅くなっている。

次に、通婚圏について調べるため、戸籍データからグラフ4および5を作成した。「婚入前の本籍地」とは、婚姻によって「G里」の戸籍に加わった女性が、婚姻前に戸籍上所属していた場所を指す。また「婚出先の本籍地」とは、婚姻によって「G里」の戸籍から出た女性の、婚姻後に入る戸籍のある場所を指す。グラフは次のとおりである。

グラフ4を見てみると、一九一〇～一九二〇年に「G里」の男性と結婚した女性たちはすべて全羅北道内にチンジョンの本籍があり、そのうち七割はA郡内にチンジョンの本籍がある。それ以降になると、チンジョンの本籍が全羅南道にある女性たちが嫁に来るケースも見られるようになるが、それでもA郡内にチンジョンの本籍があるケースが全体の七割以上を占めている。この傾向はしばらく続くが、一九六一～一九七〇年に「G里」の男性と結婚した女性たちは、チンジョンの本籍が郡内にあるケースが全体の六割程度にまで減少する。一九七一～一九八〇年に「G里」の男性と結婚したケースからはさらに大きな変化が見られ、チンジョンの本籍地が郡内であるケースは全体の三割程度までに落ち込む。代わって増加するのが、チンジョンの本籍地が首都圏やその他の地域というケースである。この傾向は年を追うごとに強まり、チンジョンの本籍が郡内にあるケースは、一九八一～一九九〇年では全体の二割、一九九一～二〇〇〇年では一割強にまで減少する。代わって、チンジョンの本籍が首都圏やその他の地域にあるケースが一九八一～一九九〇年では全体の三割以上、一九九一～二〇〇〇年では四割近くにまで増加する。

このことから、「G里」に本籍のある（未婚）男性たちが就学・就労等で首都圏やその他の地域に移動し、他地域に本籍のある女性と出会って結婚する傾向が強まってきた可能性が考えられる。もちろん他地域に本籍のある女性がA郡に居住していて「G里」の男性と知り合った可能性はある。しかし結婚数全体の四割に上る女性たちすべてが、全羅道以外の他地域に本籍がありながらA郡に居住していたとは考えにくい。また、女性が他地域から就労

グラフ4　女性たちの婚入前の本籍地

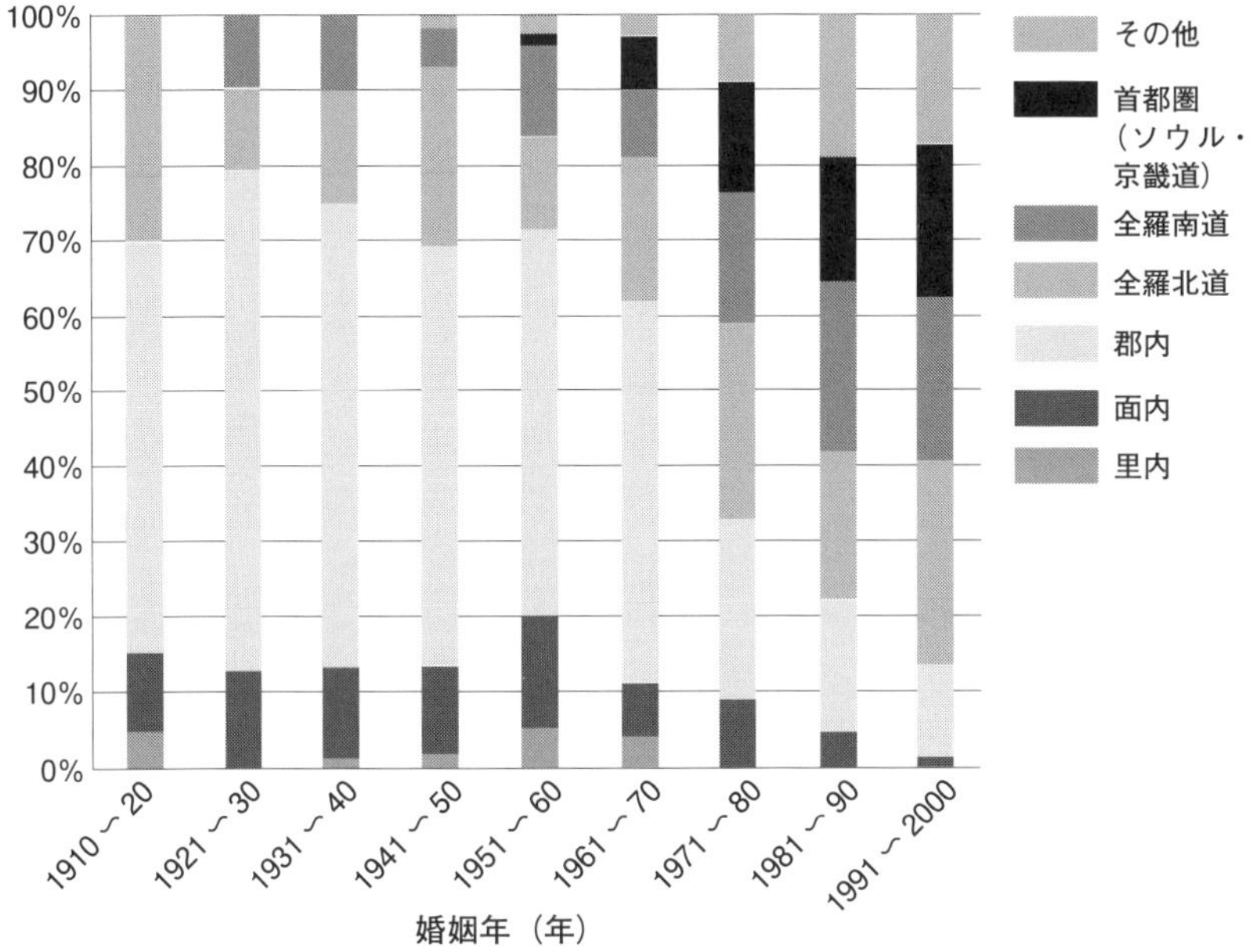


グラフ5　女性たちの婚出先の本籍地

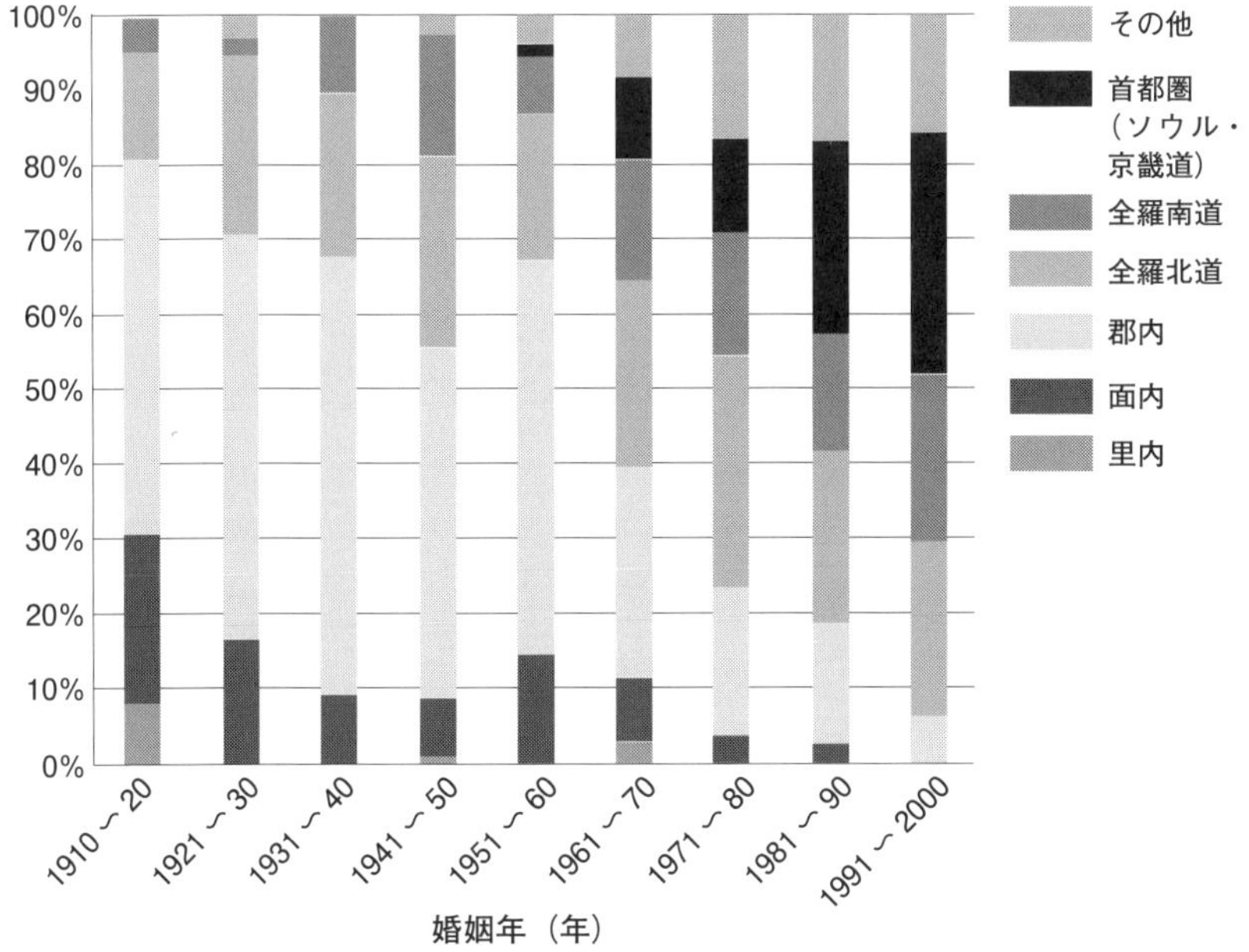

等でA郡に来てA郡の男性と知り合った可能性もある。しかし大学やレジャー施設もなく農業以外に大きな就職口のないA郡の状況を考えると、その可能性はあまり高くないと考えられる。

次にグラフ5を見てみると、一九一〇〜一九四〇年に結婚した「G里」の女性たちは、ほぼすべて全羅北道内、九割以上はA郡内に本籍のある男性のもとへ嫁いでいる。一九六〇年までは、シデクの本籍がA郡内にある割合は上下するものの、継続して全体の八割以上はシデクの本籍が全羅北道内にある。その状況が大きく変化するのが、一九六一〜一九七〇年にかけてである。シデクの本籍地が郡内であるケースは全体の四割まで落ち込む。代わって増加するのが、シデクの本籍地が首都圏やその他の地域というケースである。この傾向はだんだん強まり、シデクの本籍が郡内にあるケースは、一九七一〜一九九〇年では全体の約二割、一九九一〜二〇〇〇年では一割にも満たないほどまで減少する。代わって、シデクの本籍が首都圏やその他の地域にあるケースが一九七一〜一九八〇年では全体の三割、一九八一〜一九九〇年では全体の四割、一九九一〜二〇〇〇年では五割近くにまで増加する。このことは、「G里」に本籍のある（未婚）女性たちが首都圏やその他の地域に移動し、他地域に本籍のある男性と出会って結婚する傾向が強まってきたことを表している。

これらのグラフからは、通婚圏の広がりが指摘できる。この背景には、産業化・都市化による人々（特に若者たち）の移動があった。それに加え、仲媒婚から恋愛結婚へという、結婚に対する価値観の変化も存在した。このことに関しては次節で詳述する。

さらにグラフ4および5について、もともと「G里」に本籍のあった未婚男女を基準として比較した場合、次のようなことが指摘できる。一九六〇年以降の通婚圏の変化は、女性のほうが変化の速度が早く、また比率としても男性より大きな割合で進展した。例えば男女共に大きな変化が見られ始めたのは一九六一〜一九七〇年である。その時期に「G里」の未婚男性の六割は、A郡内に本籍のある女性と結婚していた。それに対し、同じ時期にA郡内に本籍のある男性と結婚した「G里」の未婚女性は四割しかいなかった。これは「G里」の未婚女性が配偶者を選ぶ際の状況変化が、「G里」の未婚男性よりも速かったことを示している。また、首都圏やその他の地域に本籍のある相手を配偶者に選ぶ割合を見た場合、「G里」の未婚男性の場合、一九八一～一九九〇年では全体の三割、一九九一～二〇〇〇年では四割近くである。それに対し「G里」の未婚女性の場合、一九八一～一九九〇年では全体の四割、一九九一～二〇〇〇年では五割近くに上っている。これは「G里」の未婚女性が配偶者を選ぶ際の状況変化が、「G里」の未婚男性よりも大きいことを示している。したがって、もともと「G里」に本籍のあった未婚男女を基準として比較した場合、男性より女性のほうが大きく急激な変化を経験したことが指摘できる。

これまで戸籍のデータを通して見てきたように、特に一九六〇年代以降、結婚・出産をめぐる状況は大きく変化してきた。女性のライフコースという視点から見たとき、第一に数少ない子どもを短期間で産み終えるようになったこと、第二に晩婚化によって、家族周期は大きく変化した。さらに結婚をめぐる状況についても、都市化・産業化の影響が見られ、その変化は男性よりも女性のほうが大きく急激であった。

## 第三節　「オモニ」の語りから見る家族の変化

第二節では婚姻・出産に関わる数字上の変化について検討した。それでは、人々の実際の婚姻や出産の行為においては、具体的にどのような変化が見られたのであろうか。

筆者は全羅北道A郡K里を中心にフィールドワークを行い、既婚女性たちに婚姻や出産に関する話を聞いた[10]。インタビューはK里住民のうち、一九三〇年代から一九八〇年代に結婚した、現在五〇歳代以上の女性を対象とした。インタビュー対象者の概要は表7のとおりである。

表7　K里でのインタビュー対象者の概要

| 対象者 | 調査時年齢（歳） | 結婚時年齢（歳） | 結婚年（年） |
|---|---|---|---|
| A | 92 | 17 | 1936 |
| B | 86 | 16 | 1941 |
| C | 83 | 14 | 1942 |
| D | 80 | 16 | 1947 |
| E | 79 | 18 | 1950 |
| F | 78 | 17 | 1950 |
| G | 75 | 15 | 1951 |
| H | 75 | 17 | 1953 |
| I | 75 | 17 | 1953 |
| J | 74 | 19 | 1956 |
| K | 71 | 17 | 1957 |
| L | 73 | 20 | 1958 |
| M | 73 | 20 | 1958 |
| N | 71 | 21 | 1961 |
| O | 67 | 21 | 1965 |
| P | 64 | 19 | 1966 |
| Q | 64 | 21 | 1968 |
| R | 55 | 26 | 1982 |
| S | 56 | 27 | 1983 |

K里の住民たちは結婚式を指すとき、「旧式結婚式（*gusik-gyeolhonsik*）」と「新式結婚式（*sinsik-gyeolhonsik*）」の二種類を区別する。「旧式結婚式」とは、主に自宅（全羅道の場合は通常新婦の家）において、韓服で正装した新郎新婦が拝礼を交わし盃を交換する結婚式のことである。また「新式結婚式」とは、主に結婚式場や教会において、キリスト教式などの方法で進められる結婚式のことである［宮原 2009、伊藤 2003b: 150］。なお、現在も結婚式のスタイルのひとつとして「旧式結婚式」を挙げるケースがあるが、その多くは結婚式場で開かれ、両家の親族や知人が参列する。その点では「新式結婚式」と同様であるが、新郎新婦が韓服で正装して拝礼や盃を交わす点、流される音楽がクラシックではなく民俗楽器を使った音楽である点などが、「新

式結婚式」とは異なっている。

K里のインタビュー対象者のうち五〇歳代のR、Sの二名は「新式結婚式」を、六〇歳代以上の一七名は「旧式結婚式」を行っている。結婚式を挙げた場所は、「旧式結婚式」を挙げた人のうちE、F、Hはシデク（*sidaek*）、それ以外の一四名はチンジョン（*chinjeong*）である。シデクで結婚式を挙げた理由としてEは「同じ村の人と結婚したから」、Fは「普通はチンジョンに新郎を招待して結婚式を挙げるけれど貧しい人は新郎の家に行って式を挙げたのよ」と言う。「旧式結婚式」は特別な理由がない限り原則としてチンジョンで行うものであると認識されている。「新式結婚式」を挙げた人はすべて結婚式場で式を挙げている。

結婚式のときに利用する移動手段も変化している。「旧式結婚式」を行った一七名のうち一二名が籠（*gama*）に乗って移動し、他の五名は徒歩（G、N、Q）、乗用車（B）、タクシー（M）であった。中でもBは当時珍しかった乗用車に乗って嫁に来たことが自慢であり、何度も得意げに話した。「新式結婚式」を挙げたR、Sの二名は、いずれも移動時に乗用車やタクシーを利用している。筆者がSに「籠に乗らなかったのですか」と聞くと、Sは「私がいつの時代に結婚式を挙げたと思っているの」と言い、籠に乗るのは古い方法だという態度を示した。

移動手段の変化に伴い、乗物に乗っている間の行為も変化している。「新式結婚式」を挙げ車で嫁に来た二名は車内で泣くようなことはなかったのに対し、籠に乗ったほぼ全員が籠の中で「おかあさーん、おかあさーん」と大きな声をあげて泣いたという。徒歩で嫁に来たNは「籠に乗らなかったからそんなに大声では泣かなかった」と語っており、籠に乗ることと泣くことは同伴するものとして考えられている。嫁に行く娘が泣かなければ親が恥ずかしい思いをする（娘が親元を離れるのに悲しがらないほど親子関係がよくないと見なされる）という暗黙の規範が存在したが、近所の目を気にして無理に泣こうとしなくても、親元を離れる寂しさや老いた親への気がかりから自然に泣けてきたという。

結婚式に際しての同行人としては、「旧式結婚式」で新郎が新婦の家に向かうときは新郎の父親や父方オジら二

**写真３　Ｓの夫の長姉の「旧式結婚式」（1954 年、A 郡内の新婦の家）**

写真：Ｓの夫所蔵

～三名程度が付き添った。女性が付き添ってくることはなかったという。新婦の家で結婚式を挙げたのち、新婦が新郎の家へ向かうときは、新婦の父親や父方オジら二～三名程度が付き添った。このときも付き添ってくるのは男性であり、女性が付き添うことはなかった。

しかし「新式結婚式」の場合は、両家の親族一同が結婚式場に集まるようになる。そのため結婚写真を見ると、「旧式結婚式」の写真では新婦の親族が参列者の大部分を占めているのに対し、「新式結婚式」の写真では両家の親族が同人数程度ずつ参列している。

結婚当事者であるＳの夫の長姉を基準に、写真３に写っている人物の関係を述べれば、次のとおりである。向かって一番左の黒い服の人物は不明、上段左から順に、父の姉の夫、父の兄の妻、父、父のイトコ、夫、母の兄弟、本人、不明、母、不明、父の兄の妻、不明、父の兄の娘、母の兄の妻、不明、妹二人（それぞれの背中に弟妹が一人ずつ負ぶわれている）である。また下段左から順に、父の

**写真4　Sの「新式結婚式」（1983年、光州の結婚式場）**　写真：Sの夫所蔵

イトコの子どもたち四人、弟、母方の祖父、母方の祖母、妹や父の妹ら四人である。

この人物関係の説明は、写真の持ち主である、Sの夫から聞き取った。Sの夫は当時三歳で、三番目の姉の背に負ぶわれている状態で写真に写っており、当時の様子を直接記憶しているわけではない。「不明」の人物が仮に新郎の親族であるとしても、写真に写っている三一人のうち五人にすぎず、残りはすべて新婦側の親族である。

結婚式が新婦の自宅で開かれることから、式で用意される食べものなどを通して新婦の家の経済状況を表すことになる。つまり結婚式は、新郎側に対する新婦側の家の体面を伴うものであった。また、新郎新婦ではなく新婦の祖父母が写真の中央に座っていることからも、結婚式が新郎新婦のためのものというより新婦の家の行事として行われていた様子がうかがえる。

一九八三年に撮られた写真4の向かって左半分は、新郎の親族二九名である。新郎を基準として、写真に写っている人物の関係を述べれば、次のとおりである。新郎の向かって左側に座っているのは、父と母。その左側に座っている子どもたちは、四番目の姉の長男と次男、二番目の姉の長男と次男、兄の次男、三番目の姉の娘である。新郎の隣に立っている黄色い服の女性は二番目の姉、そこから向かって左方向に、三番目の姉、四番目の姉とその次男、母の弟の娘、不明、父の従兄弟の妻（*dangsukmo*: 堂叔母）である。中段は、新郎のすぐ上にいるのが父の従兄弟の子ども（*yukchon*: 六寸）、そこから向かって左方向に、三番目の姉の夫、父の姉妹、妹、父の兄の妻である。上段は、新郎のすぐ上にいるのが二番目の姉の夫、そこから向かって左方向に、四番目の姉の夫、従兄弟、父の兄の息子、親戚の若者、父の姉妹の子どもの息子とその子ども、父の兄である。

写真4の向かって右半分は、新婦の親族二三名である。新婦を基準として、写真に写っている人物の関係を述べれば、次のとおりである。新婦の右側に座っているのは、母、父、父の弟の妻である。新婦の隣に立っている白い服の女性は姉、そこから向かって右方向、下段から順に、父の姉妹（次女）、父の弟の妻、父の姉妹（長女）、父の姉妹（末っ子）、父方オジの娘、妹二人である。上段は、新婦のすぐ上にいるのが父の弟の妻、二番目の兄、妹の夫、三番目の兄、母の兄弟の妻、三番目の兄の妻、一番上の兄の娘、弟、父方オジの娘、父の兄、母の兄弟である。

二〇一一年に撮影した写真5の向かって左半分は、新郎の親族三二名である。新郎を基準として、写真に写っている人物の関係を述べれば、次のとおりである。新郎の左側に座っているのは、父方祖母と母方祖母。新郎の隣から向かって左方向、下段から順に、母、父の姉妹（長女）、父の姉妹（次女）、父の姉妹（次女）の息子の娘、母の姉妹、母の兄弟（次男）の娘、母の兄弟（長男）の妻、母の兄弟（次男）の息子、母の兄弟（次男）の妻、母の姉妹の娘、母の兄弟（長男）の娘である。中段は、新郎のすぐ上にいるのが父、そこから向かって左方向に、弟、妹、不明、母方祖母の姉妹、父の姉妹（次女）の息子の妻、父の姉妹（次女）の息子（その子どもを抱いている）である。上段は、新郎の父の上にいるのが母の兄弟（次男）、母の兄弟（長男）の息子、父の姉妹（次女）の娘、母の兄弟、

写真5　Sの隣家の子どもの結婚式（2011年、A郡内の結婚式場）　筆者撮影

父の姉妹（次女）の息子、母の姉妹の夫、父の姉妹（長女）の娘、母の兄弟（次男）の妻である。

写真5の向かって右半分は、新婦の親族二一名である。新婦を基準として、写真に写っている人物の関係を述べれば、次のとおりである。新婦の右側に座っているのは、父方祖母。新婦の隣から向かって右方向、下段から順に、母、父の兄の妻、兄の妻、父の弟の妻、母の姉（長女）、母の姉（次女）、母の姉（三女）である。中段は、新婦の母のすぐ横にいるのが兄、そこから向かって右方向に、姉、従姉、従姉、父の末妹、母の兄弟（三男）の妻である。上段は、新婦のすぐ上にいるのが母の兄弟、そこから向かって右方向に、父の弟、（この間に立っているのは新郎の母の兄弟）、母の姉妹の夫、従兄、母の姉妹の夫、従兄である。なお、新婦の父はすでに亡くなっている。

三枚の結婚写真を見てもわかるように、「旧式結婚式」の写真では新婦の親族が参列者の大部分を占めているのに対し、「新式結婚式」の写真では両家の親族がどちらも二〇~三〇人程度ずつ参列している。結婚式の場所が新婦の家から都市の結婚式場へと変化し、結婚式の参列者も変化したことがうかがえる。

また、結婚に関連する儀礼の中でも変化が著しいのは、サルベギ(*salbegi*)とクンチン(*geunchin*: 覲親)である。K里住民たちの説明によればサルベギとは、嫁に来て四日後にチンジョンへ戻り、チンジョンで四日間過ごしてからシデクに戻る慣行のことである。またクンチンとは、嫁に来て約一年後にチンジョンに戻り、チンジョンで約一年間過ごしてからシデクに戻る慣行のことである。サルベギおよびクンチンに際してシデクからチンジョンへ向かうときは新郎と姑が、サルベギやクンチンを終えてチンジョンからシデクへ戻るときは実母が新婦に付き添うのが一般的であり、「イバジ(*ibaji*)」と呼ばれる贈り物(主に餅など)を携えて行ったという。

K里のインタビュー対象者の場合、サルベギに関しては「旧式結婚式」を挙げた人のうち四名(C、D、F、G)を省く全員が行っている。そのほとんどが結婚式後三~四日をシデクで過ごした後でチンジョンに戻り、チンジョンで三~四日過ごしている。サルベギを行わなかった人たちにその理由を聞くと、「旧式結婚式」を挙げた人たちの場合は「結婚式の翌日にチンジョンが中国へ引っ越してしまったから」(D)、「貧しかったから」(F)、「結婚当初からチンジョンで暮らし、シデクはとても遠かったから」(G)などという事情が存在した。しかし「新式結婚式」を挙げた人たちの場合、サルベギを行った人はいないものの、そこに特別な事情があったわけではなく「新式結婚式だからサルベギはせず新婚旅行に行った」と言い、旅行先としては韓国内の観光地を挙げている。また「旧式結婚式」を挙げてサルベギを行った人たちの中でも比較的若い世代(O、P)は、姑や実母が同行することなく新郎新婦だけで行ったと語っており、サルベギから新婚旅行への過渡期の状況として興味深い。

クンチンに関しては、実施したのはA、B、C、F、J、L、Oであり、結婚年がさかのぼるほど実施率が高くなっている。結婚式からクンチンまでの期間としては実施した全員が一年と答えた。クンチンでチンジョンに滞在した期間としては一ヶ月、三〜四ヶ月、一年とばらつきが見られるが、一年未満の人たちも「本当は一年するはずだけれど」やむをえない事情のために期間が短くなったと答えた。その事情としては、「一日でも長く（チンジョンに）いたかったのに姑が戻って来いと言ったから」（A）、「（シデクが）貧しくて働かなければならなかったから」（L）などである。なお「新式結婚式」を挙げた人たちはいずれもクンチンを行っていない。

このクンチンに関しては先行研究でも、一九六〇年代を境に行われなくなったこと、そしてその時期が「旧式結婚式」から「新式結婚式」への移行期および産業化の開始時期と重なっていたことが指摘されている。宮原はクンチンの消滅について、一九七〇年代以降に結婚した女性たちはチンジョンとシデクを自由に往来できるなど比較的自由な生活を享受していることから、新婦がクンチンによって嫁ぎ先での生活から逃れ緊張を解きほぐしたり、新婦の親に経過を知らせて安心させたりする機会を別に作る必要がなくなり、慣行が衰退したと論じている［宮原 2009: 165］。

出産と子どもの名付けを通しても、女性とシデクおよびチンジョンとの関係が変化している様子がうかがえる。出産に関しては、約四〇年前まではシデクで行うのが当然と考えられ、多くの場合は姑が出産の介助をしていた。インタビュー対象者のJは、妊娠中にクンチンでチンジョンに戻ったが、出産が差し迫ったのでクンチンを早く切り上げてシデクに戻り、シデクに戻った翌日に出産した。舅と姑に対して、クンチンから戻った挨拶をするとき、大きなお腹でお辞儀（*jeol*）をするのはたいへんだったという。チンジョンで子どもを産んではいけなかったのかと聞いた筆者に対しJは、「シデクの子どもはシデクで産まなくてはいけなかったのよ」と答えた。この語りからは、女性たちの産む子どもが「シデクの子ども」と認識されていること、そのため出産をシデクで行わねばならなかったことがうかがえる。

子どもが「シデクの子ども」と認識されることと関連して、シデクの家系を継承する男児を望む傾向が強かった。

そのため娘を産むと姑に小言を言われたり、夫や周囲の人たちに対して申し訳なさや恥ずかしさを感じたりしなければならなかった。娘ばかりを続けて三人産んだのち息子を二人産んだOは次のように語っている。

### 事例2―3―1：Oの語り

「（三番目の娘が生まれたとき）恥ずかしくて泣き続けて、顔が腫れ上がったわ。夫は、泣かないで、と言ってくれたけれど。内心、残念だった。娘ばかり三人も産んだ女と指をさされる気がした。お寺に通って、息子を一人でもいいから授けてくださいと祈ったわ。占い師（*saju-jaeng-i*）のところにも行って、決められた日に避妊をしなかった。そしたら息子に恵まれたの。息子が生まれたときは、この世のものが何も見えないくらいの気持ちだった。他にうらやましいものも何もない。万事が楽になった。娘しかいないときは後ろ指をさされるような気持ちで過ごしていたのに」。（二〇一一年四月二二日）。

一方、五〇歳代のRとSは病院で子どもを出産した。Sは最初の出産で娘を産んだものの、「病院で産んだから姑が小言を言うこともなかった」と語った。Rは娘一人だけを産んだが、つわりがとてもひどかったため、夫も周囲の人たちもそれを理解して、子どもはこれ以上産まなくていいと言ってくれたという。

産後の療養に関しては、シデクで出産した場合は姑が食事の支度をしてくれたものの、姑に対する気がねと農作業の忙しさから、長期間休むことは困難であった。通常は産後三日ほどで床を離れて働き始めたという。しかし五〇歳代のRとSの場合、実の姉妹が産後の療養に関わっている。Rの場合、病院で出産したのち実の妹が二日間手伝いに来て、食事の支度をしたり子どもを風呂に入れたりしてくれた。Sの場合、病院で出産したのちチンジョンで療養し、実の姉が一ヶ月ほど手伝いに来てくれたという。かつては子どもをシデクで産まなければならず、産後の療養もほとんどできなかった状況から、病院で産んで、産後はチンジョンあるいは自宅で実の姉妹の世話になりながら療養する状況へと変化していったと言える。
子どもの名付けに関しては、上の世代ほど舅が単独で担当するケース（A、D、E）が目立つ。しかし世代が進むにつれて変化が見られる。七〇歳代前半の女性たちの場合、舅と夫が名付けたり（M）、長男は舅が名付け残りの子どもたちは夫が名付けたり（J）、息子たちは夫の兄が名付け、娘たちは女性（インタビュー対象者本人）の兄弟が名付けたり（L）するケースが現れる。また夫が単独で名付けるケースも徐々に増え始め（H、I、N、O、S）、女性（インタビュー対象者本人）とその夫で名付けたり（Q）、女性（インタビュー対象者本人）が漢字字典を見ながら名付けたり（R）するケースも出てくる。子どもの父方祖父が名前の決定権を握っていた状況から、子どもの父親や母親へと決定権が移行してゆく様子がうかがえる。

結婚式および結婚に関連する儀礼の変化を通して、新郎側の家と新婦側の家の役割が変化してきたことがわかる。また出産や子どもの名付けにおいては、子どもを「シデクの子ども」としてシデクで管理する状況から、夫婦が主体となる傾向への移行が見られる。さらに、かつては娘の出産および子どもに対する干渉を行わなかったチンジョンの人々も、娘の産後の療養などにおいて重要な役割を担うようになってきている。これらの変化から、既婚女性がシデクから干渉を受ける度合いが相対的に低下してきたこと、反対にチンジョンとの関わり方が相対的に密になってきたことが指摘できる。すなわち結婚や出産に関する行為においても、父系制の原理や儒教文化の規範に忠実に則ったものから、それらにとらわれないものへという変化が見られる。

この章で検討してきたことからは、次のような指摘ができる。
墓の床石のデータからは、婚出した女性や姻戚の名前を墓石に刻むなど、従来見られなかった現象が数多く起こっていることが明らかになった。父系制の原理にとらわれないかたちで、家族の範囲が認識されつつある。

さらに戸籍のデータからは、特に一九六〇年代以降、結婚・出産をめぐる状況が大きく変化してきたことが明らかになった。女性のライフコースという視点から見たとき、第一に数少ない子どもを短期間で産み終えるようになったこと、第二に晩婚化によって家族周期は大きく変化した。また結婚をめぐる状況についても、都市化・産業化の影響が見られ、その変化は男性よりも女性のほうが大きく急激であった。

次に女性たちの語りからは、結婚式および結婚に関連する儀礼、出産や子どもの名付けをめぐる状況も変化したことが明らかになった。既婚女性がシデクから干渉を受ける度合いが相対的に低下し、反対にチンジョンとの関わり方が相対的に密になってきた。すなわち結婚や出産に関する行為においても、父系制の原理や儒教文化の規範に忠実に則ったものから、それらにとらわれないものへという変化が見られる。

このような変化は、A郡や「G里」、K里に限られたものではない。戸籍のデータからも示されるように、人々は首都圏や他地域へと移動し、そこで故郷の異なる人と出会い、新たな家族を構成している。つまりこの章で扱った現象は、韓国全体規模で起きていると考えることができる。

そして、この章で扱った現象は、父系制、家父長制、儒教文化からは説明できない。つまり従来の枠組みでは韓国の家族を説明しきれなくなっている。

韓国では、特に一九六〇年代以降の産業化・都市化により、生活のありかたが急激に変化した。現代韓国社会において、そのような生活変化がクローズアップされる場面がある。それは、がんの民間療法においてである。次章で詳述するように、人々は産業化・都市化以前のライフスタイルを「本来あるべき姿」と捉え、そこからの逸脱をがんの原因と捉える。そのためがんの民間療法においては、「本来あるべき姿」への「回帰」が行われる。

この民間療法で目指されるのは「本来あるべき姿」すなわち「伝統」的要素への「回帰」であるが、それは近代化以前の「不衛生」で「不便」な状況に戻ろうとするものではない。近代科学のデータに裏打ちされ、近代科学技術を駆使したかたちで、現代の生活様式に合うかたちで再構築される「伝統」への回帰である。

このような現象が家族に関わる部分でも起こるのが、乳がん患者が病気を治そうとする取り組みにおいてである。後に詳述するように、乳がんは「オモニ」や家族の問題と結びつけられて解釈されるためである。家族の「本来あるべき姿」から逸脱したことが乳がんの病因と考えられているため、家族の「本来あるべき姿」が目指される。ただし、それは「伝統」的とされる強固な父系制や儒教文化に基づいたものではなく、西洋由来の近代家族の要素が取り入れられ、また現代の生活様式や価値観に合うありかたが「本来あるべき姿」として指向されている。そのため乳がん患者たちが病気に対処する方法を見ることで、現代韓国社会における家族のありかたを明らかにすることができる。

このような理由から本研究では、次の第三章で韓国社会におけるがん一般の意味づけや解釈について検討し、第四章以降では乳がん患者の「オモニ」を通して家族を見るというアプローチを用いる。

# 第三章　隠喩としての病い——現代韓国社会におけるがん

## 第一節　近代科学とがん

腹部に痛みがあり、患部に手を当てると硬いものに触れる、そしてその人は長くは生きられない……。これは全羅道の農村地域に住む、薬草などの知識に詳しい七〇歳代の男性が、「昔のがん患者の姿」として語ったものである。彼によれば、バイオメディスンが浸透する以前は、このような病気に罹ることを「内腫ができる（*naejong-deulda*）」と表現していた。「内腫（*naejong*）」はかなり進行した状態で発見される病気であった。「内腫」患者は稀にしか見られなかったが、多くの人たちは自分が罹っていてもそのことを知らずに死んでいったのであろう、と男性は語る。

しかしそのような状況は、科学技術の発達に伴って変化してきた。患者本人に自覚症状がなくても、画像診断などによってがんの早期発見が可能となった。そして治療中・治療後においても、科学技術を駆使して得られた画像や数値によって、病気の進行具合や転移・再発の有無が診断される。この意味において、がんは科学技術の発達と密接に関わる病気である。

このように、がんの診断技術は、近代科学の発達によって飛躍的に進歩してきた。科学技術が発達すればするほど発見率も上昇し、がん患者数は増加の一途をたどっている。一方、治療技術に関しては、進歩してきたとはいえ、がんの再発を防いで完治させる特効薬はまだ開発されていない。そして、がんの発病や進行のメカニズムについても、いまだに近代科学では説明しきれない部分が多く残されている。

このようながんの特徴――患者数が増加し続け人々を脅かす病気、にもかかわらず近代科学ではメカニズムを説明しきれず治療も困難である――は、がんについてのさまざまな解釈をもたらしてきた。病気は「社会的世界に深く埋め込まれていて、その結果、その世界を構成している構造や過程から切り離すことができないもの」[Kleinman 1988: 186] であり多義性を持つものである。中でも、がんは発病原因についての多様な解釈を可能にするという点で、その性質が特に強い。

さらには、がんが「慢性の病い」の性格を帯びていることも、多様な解釈を引き出す要因となっている。がん患者はひととおりの医学的治療を受け終えた後も、長期間にわたって再発の不安につきまとわれる。また再発すると多くの場合、いつ終わるとも知れない医学的治療を受けることとなる。そのため「病いを生活史から切り離せなくなる」[Kleinman 1988: 8] という「慢性の病い」の特徴を持つこととなり、病いに対する解釈と病いを治すための取り組みは、長期間にわたり患者の日常生活と密着して継続する。このような特徴から、がんについての多様な解釈は人々の日常生活とも深く関わっている。

たとえばソンタグが指摘しているように、がんは正体不明の病気として神話化され、「徹底的に悪い」ものや死の象徴として「古めかしい恐怖心を掻き立てる」[ソンタグ 1983: 8]。がん治療は戦争用語を用いて説明されたりもする。ソンタグによれば、がんも結核と同様に死と結びつけられるが、結核は美しいイメージを付与されている。それに対し、がんについては「この病気を美化することは想像するだに困難」であり、がんに罹れば苦痛の果てに

「見るも無残な死」を迎えるものとイメージされている。

韓国においても、がんと死を結びつける認識は存在する。筆者が全羅道の農村地域に滞在していたとき、ある女性（八〇歳代）が食道がんの手術を受けて退院したもののまたすぐに体調を崩して再入院するという出来事があった。村の住民たちはその女性のがんの進行具合についての情報や知識は全くないにもかかわらず、その女性のいないところで「病名がそれだったら治らないわね」と噂しあった。女性本人には病名が告げられていないということであった。その女性は再入院から一ヶ月ほどで亡くなった。

がんという病名が死と結びついた恐怖心を掻き立て、そのため患者本人に病名が告げられないことは、波平も指摘している［波平 1988］。近年の韓国では、病名を知ったほうが積極的に治療に臨めるとして、患者本人へのがん告知が主流になっている。しかし発見当初からすでにがんが他臓器に転移している場合などは、先に「保護者」[11]（付き添いの近親者）に説明が行われ、患者本人には病名が隠されることもある。それは完治の可能性が低いという理由からだけでなく、がんという病名自体に「不吉なもの、感覚的におぞましく、吐き気のするようなものが感じられる」［ソンタグ 1983: 12］ために、その病名の告知が患者の生気を奪ってしまうほどの力を持つものだからである。

そのことと関連して、がんは避けたがられたり隠されたりする病気でもある。ソンタグは「ひとつの謎として強く恐れられている病気は、現実にはともかく、道徳的な意味で伝染するとされることがある」と指摘し、「癌にかかってみたら、癌は結核に似た伝染病だと言わんばかりに、親戚や友達からはのけ者にされ、家族からは消毒の必要な人間として扱われたという人々は驚くほど多い」［ソンタグ 1983: 8］と述べている。今やがん患者が珍しい存在ではなくなった韓国においても、その傾向は見られる。

乳がん患者の話をきくと、多くの人たちが他人から避けられたり、あるいは自分ががんに罹る以前はがん患者を避けたりしたという経験を持っている。

### 事例3－1－1：イ・ヒジャ（仮名、女性、五〇歳代、釜山広域市在住）とチェ・ソンジョン（仮名、女性、五〇歳代、光州広域市在住）の経験

イ・ヒジャは、化学療法で脱毛した頭に帽子をかぶった格好で食堂へ行き食事をしていた。すると、周りにいた客が遠くの席に移動していったという。チェ・ソンジョンも同じ経験を持つ。

イ・ヒジャは自分ががんに罹る以前、近所に住む乳がん患者を銭湯でたびたび見かけていた。狭い銭湯はいつも混雑していて、隣の客とぶつかりそうになりながら体を洗うような状態だったのに、その乳がん患者の周りだけはいつも広く空いていた。自分も当時は健康だったので、その乳がん患者が入ってくるとなんだか気持ち悪くて遠くに移動していたという。

### 事例3－1－2：チェ・サンミ（仮名、女性、五〇歳代、慶尚道在住）の経験

チェ・サンミは自分が健康であったころ、母親が先に乳がんに罹った。手術後の母親を連れて銭湯に行ったところ、周りの客たちが遠ざかっていくのを見て悲しい思いをし、それ以来母親は銭湯に行きたがらないという。

### 事例3－1－3：イ・ヨンヒ（仮名、女性、四〇歳代、光州広域市在住）の経験

イ・ヨンヒは、化学療法で脱毛した頭を他人に見られたくないため、客の少ない時間を狙ってマッサージを受けに行っている。しかしある日、マッサージを終えシャワーをして出てきたところ、別の客と鉢合わせた。その客がマッサージ室へ入っていき、店長に「最近はがんもうつるらしいじゃないですか」と話すのが聞こえてきた。それに対して店長が「私はこれまで何千人ものがん患者をマッサージしてきました。がんがうつるなら、一番先に私にうつるはずでしょう（一番先にうつるはずの私にうつっていないのだから、うつるものではない）」と

話すのを聞いてホッとしたという。

**事例3－1－4：パク・ジヘ（仮名、女性、四〇歳代、光州広域市在住）の経験**

パク・ジヘは、自分が健康であったころ、甲状腺がんの手術をした知人と健康な友人と三人で食事をする機会があった。そのとき味噌スープがテーブルにひとつだけ出てきたが、甲状腺がん患者の知人がスプーンを差し込んだあとは、自分も健康な友人も味噌スープに手を付けようとしなかった。がんがうつるような気がしてなんとなく気持ち悪かったから、という。

イ・ヒジャやチェ・ソンジョン、チェ・サンミの母親が他人から避けられる行為は、化学療法で脱毛した頭、あるいは乳房の手術跡といった、がん患者のステレオタイプ的な外見が根拠になっている。健康であったころのイ・ヒジャや銭湯の他の客たちががん患者を避けた行為も同様である。そしてイ・ヨンヒが他の客から避けられたり、パク・ジヘが甲状腺がん患者の食べたスープを避けたりしたといった事例からは、がんが「うつる」ものとして扱われていることがうかがえる。マスメディアなどによって医学的情報が行きわたる中、人々は、病理学的には多くのがんが伝染するものではないことを知っている。しかしそれにもかかわらず人々は「がんがうつるような気がしてなんとなく気持ち悪い」という感覚を持ち、患者との接触を避けている。このことから現代韓国の状況においても、ソンタグの言う、がんが「道徳的な意味で伝染する」ということがあてはまると言える。

このような状況は、患者自身が周囲に対してがん患者であることを隠す行為につながっている。

**事例3－1－5：イ・スミ（仮名、女性、五〇歳代、光州広域市在住）の行動**

患者六名でカフェに集まりおしゃべりをしていたとき、イ・スミは「がん」という言葉を口にするたびに声をひそめ、隣の席の客に聞こえていなかったかどうかを気にして客の顔色をうかがった。

**事例3-1-6：ジャン・ミヒ（仮名、女性、五〇歳代、ソウル特別市在住）の行動**

患者一〇名で映画館に行きロビーでおしゃべりをしていたとき、ジャン・ミヒは大きな声で話していたにもかかわらず、「私が抗がん（化学療法）をしていたときは……」という部分だけ小さな声で周囲の客に聞こえないように話した。

イ・スミやジャン・ミヒが、声をひそめたり周囲の顔色をうかがったりするのは、自分ががん患者であることを周囲の他人に知られたくないと考えているためである。さらにイ・スミの行為からは、大衆の面前で「がん」という言葉自体を口にすることがはばかられている状況もうかがえる。

また別の事例として、筆者の出会った乳がん患者たちは「周りにはがん患者など誰もいない、罹ったのは私だけ」という言葉をよく口にしていた。しかしがん患者数が男性は三人に一人、女性は四人に一人と言われている韓国において、「周りにはがん患者など誰もいない」というのは、それほどまでにがんの罹患が隠されているということを意味する。

これらのことから、次のことが指摘できる。がんは、診断技術が進歩するに従って患者数が増えるという点で近代科学と密接に結びついていながら、そのメカニズムがまだ解明しきれておらず統制もしきれないという点において、科学的合理性からは排除されている。科学的合理性から排除された部分として、がんは避けられたり隠されたりするといった周辺化の対象となっている。

## 第二節　がんの解釈

がんのメカニズムが近代科学の力で説明・統制しきれないことから、宗教や民間療法のレベルでの解釈もさかんに行われる。韓国の宗教や民間療法のレベルでの解釈において、がんは、愛情の不足、あるいは「正道」からの逸脱によって生じるものと認識される。

全羅道B郡の山奥には、キリスト教会の運営する、がん患者のための治癒施設がある。この施設は一九九四年に長老派教会の牧師夫婦によって設立された。この施設では、がんが引き起こされる原因のひとつとして、愛（*sarang*）の不足を問題視している。つまり愛の不足によって「本来あるべきはずの姿」から逸脱し、がんが引き起こされる、という考え方である。例えば、神が自分に愛を注いでくれているのに自分は神を心から信じなかったり神を愛さなかったりする行為、周囲の人を愛せなかったり許せなかったりする行為、聖書に書かれていない食べもの（農薬のかかった野菜、抗生物質を与えられ畜舎に閉じ込められて飼育された家畜の肉、化学調味料や食品添加物）を製造したり食べたりして神に背く行為が、神の設計した健康な細胞の遺伝子を突然変異させ、がんを生じさせると説明される。

よって牧師は、がんを治すために、心からの祈りを通して神からの愛を信じ感謝し、近親者や知人との間で愛情の問題があればそれを解決し、できるだけ「自然（*jayeon*）」に近い食べものを食べなければならないと説く。礼拝堂の正面の壁には「愛を受ける細胞はがんに勝つ」と書かれた大きな垂れ幕が貼られている。また正面向かって左側の壁には、この施設のテーマソングの歌詞が書かれた大きな垂れ幕が貼られている。その内容は次のとおりである。

**事例3－2－1：教会の壁に貼られている歌詞**

一　今日家を出る前に祈りましたか。今日受ける恩寵のために祈りましたか。
二　悪魔が与える心配や不安から抜け出して、主の恩寵を邪魔する雑念を払い落とそう。
三　隣人の痛みのために祈りましたか。他人のために祈るとき私も治るでしょう。
四　主の恩寵が熱く私にいらっしゃいましたね。新生活で体と心がパッと咲きましたね。
（繰り返し）祈りは愛の鍵、遺伝子が踊るね。患った私の細胞を治してくださいましたね。

この施設では、毎朝この歌に合わせて体操が行われ、体操のあとは皆でこの歌を歌いながら輪になって踊る。このテーマソングの歌詞に見られるように、神に祈り、隣人のために祈ることで、心配や不安、雑念のない状態で神からの恩寵を受け、患っていた細胞の遺伝子が変化して治癒に至る、と考えられている。神からの恩寵、神への愛、隣人への愛が治癒と結びつけられ、逆に心配や不安、雑念は、悪魔がよこす、治癒を妨害するものとして位置づけられている。

この施設では、折にふれて信者同士で抱き合い「愛しています」と言い合う機会を設けたり、患部を自分の手でなでて「愛しているよ」と言葉を掛けることを推奨したりしている。自分の患部に「愛しているよ」「かわいいね」などと言葉を掛ける方法は、この教会の関係者やキリスト教信者にとどまらず、筆者の出会った多くの乳がん患者たちが、民間療法的な治療法として実践している。

愛の不足によって「本来あるべきはずの姿」から逸脱し、がんが引き起こされる、という思考は、「正道（*jeongdo*）」からの逸脱ががんを引き起こすという、仏教信者の考え方とも類似している。たとえばクォン・ミョンジャ（仮名、女性、五〇歳代、釜山広域市在住）は、がん患者の集まるところで折にふれて仏教の教えを説いている。以下の語りは、筆者と二人で「憩いの宿」にいるとき、クォン・ミョンジャが何時間もかけて深夜に及ぶまで語り続けたものである。彼女ががんを仏教の教えと関連づけて解釈する語りを見てみよう。

**事例3-2-2：クォン・ミョンジャの語り**

「私が探し当てた原理をお話してあげましょう。細胞のひとつ一つは生きているわよね。動くから生きていると言う。正常細胞とがん細胞はどこから来たのか、それらの出てきた根拠を知ってこそ病気を治すことができるというものよ。がん細胞がすべて正常的に戻れば、「健康」と言えるでしょう。がん細胞がなぜできたのか。第一に、ストゥレッス（*steuresseu* ＝英語の stress が転化した言葉）よ。

第二に、生活習慣。これは不衛生とか悪口を言うことも含まれるし、業（＝未来の善悪の結果をもたらす原因になる善悪の素行）とかカルマとも言えるわ。正常的でない、規則的でない、正しくない生活習慣が、がん細胞を作るの。正しいという基準は誰が作るのか。意見はそれぞれ異なっているとは言えても、基準ではないわ。基準は、他人に害を与えないことよ。業が積もれば宿命になる。だから業を積んではならないわ。

第三に、食習慣。偏食するとよくないわ。食べものには、五色（黒、白、赤、黄、緑）、陰陽、五行（月、火、水、木、金）がそれぞれあるの。[12] 木は肝臓や胆嚢、火は心臓や小腸、土は脾臓や胃、金は肺や大腸、水は腎臓と膀胱。五色の調和の取れた食事をしていると、五行がうまく回転して、健康な状態。でもどれかひとつに病気が来ると、すべてが病んでしまう。どれかを与えすぎても、受ける側が受けきれなくてすべて流れてしまう。与えるものが少なすぎても、病気が生じてしまう。韓方病院では、虚でも病、実でも病、というのよ。虚でも病、というのは、与えるものが少なすぎて病気が生じること。実でも病、というのは、与えるものが多すぎて病気が生じることよ。韓方は五つすべてを徐々に治すの。洋方（＝バイオメディスン）はひとつだけ治そうとするから、残りのすべてに病気が生じるのよ。でも弱点もあって、がんは進行が速いから、韓方は追いつけないのよね。

宇宙のエネルギーを力（him）と言うわ。食べものだけじゃない。目に見えるものだけ注目しがちだけれど、そうじゃないものもある。食べものは、空気、特に酸素、土、水、太陽の光、温気からできている。宇宙万物、生命じゃないものはないのよ。椅子にも生命がある。人間だけが他人を傷つけるのね。だから業になるわけ。偉いお坊様は、人間とは何でどこから来たのか、宇宙の原理は何なのかということを理解しているわ。

仏様は、宇宙の全てのものは空っぽ（gong）である、それでも存在する、と言った。空っぽというのは、無いということよ。でも、在るというの。これはどういうことだろうかと、私はずっと考え続けてきたわ。

意識の水準には段階があって、五識や六識だとＩＱが動物の水準、自らの業はないわ。七識は、記憶を持っている。うつらうつらとした記憶で、来世まで行かない。八識以上になると、来世まで行くの。業が来世の宿命になるのよ。とてもささいな習慣がパルチャを作り出すの。習慣が積もれば運命になる。これがパルチャよ。

がんというのは生のメッセージ。ただの病気の一種じゃないのよ。人を呼び覚ますものなの。来世に業を持ち越さないようにと。すぐに死ぬわけではないから（習慣を変える時間がある）。何かひとつの原因だけでがんは生じないわ。ストゥレッスも、五～一〇年ほど積もり積もって病気になる。人の運命は、前世の業によって、五臓六腑にしみこんでいるの。

宇宙の原理には少しの隙間も無い。八正道を磨きなさい。八正道、つまり正しい道を知れば、宇宙の福と気を授かることができるわ。宇宙の気運、ここには空気も光もすべて含まれるけれど、これらの要素を広げてみると、八正道。正しく、順理的（＝道理に従った動き）に流れていくものなのよ。人以外はこの流れに逆らおうとしないわ。人は欲を持って、「私のもの」と言う。でも真理を知れば、「私」なんて無いの。空っぽがあってこそ、気運がある。すべての細胞には空洞があるわ。細胞も集まれば人だけれど、分解したら空洞。宇宙に合流するものなの。般若心経の核心に、空っぽ↓物質↓空っぽというものがあるわ。空っぽが物質だ、物質は空っぽだ。つまり生滅の繰り返し。元来の原子は生きているから、虚無ではないのよ。内面に入って「私

(na)」を探すと、チャムナ(chamna =本来の姿の自分)が見出せる。「警省(gyeongseong)した」(=自分の行動に対して気づき振り返った)ということは、チャムナを見出した、仏様の境地を知った、ということ。三昧(samme =修行の方法のひとつで、心をひとつの対象に集中させる精神力)といって、外の世界と断絶し、自由自在に出入りできるようになる。仏様に会うことができる。でもこの境地に至るまではかなりの参禅が必要で、数え切れないほど多くのものが見えるから、この過程では師匠が必要よ。私の場合、「薬師念仏、薬師念仏」と唱えながら一時間参禅して目を開き、また一時間参禅して寝る、というのを繰り返した。これを七〇日間続けたら、珍しい光景が目の前に広がった。前世も見えたわ。外の音は何も聞こえない。私はこの境地に至るまで、一〇年かかってしまった。師匠もいなかったから。能力は磨けていたけれど、理知は知らなかった。

人間の生はひとつの演劇。実際の私は病気なんてないのよ。演劇俳優と同じ。肉体に気をとられてはいけないわ。チャムナの心が重要。その心が、空っぽ。

前世の業と、私が五七年生きてきた習慣があるから、その中からストゥレッスの原因を探し出さないといけない。生活習慣を観察して。道理にかなったことをして他人に害を与えてこなかったか。よくなかったことを探し出せたら、すべてのことを反対にしなさい。

食習慣に関しては、五行が望むものを食べないといけない。五臓六腑が欲しがるものをあげないといけないの。どれかひとつだけ良い、というのは病気を引き起こす。中道をうまく守らないといけない。色などバランスよく、適当量、中道を保ちながら食べることが重要よ。食べものの系列を知って、努力しないといけない。

六道(=悟りを開けない無知な衆生が輪廻転生するに至る六種類の世界)、目、鼻、口、耳に注意しなさい。これらが誘惑する食べものと、五臓六腑が必要とする食べものとを見分けないといけないわ。

第四に、運動が大事。骨と骨の間に、空気が、つまり気運が入るように、開けてあげないといけない。宇宙の気運は、光、音、そして波動。細胞と細胞の間にも、光、音、波動が入らないといけないわ。六角水というのは、最も生命力のある水。（六角水は）波動が生じているから、腐らないの。すべてのものは波動が起こってこそ腐らない。人の体にも波動が起こってこそ腐らないの。

正常細胞が離脱してがん細胞になったわけだけれど、これも私のもの。子どものうちの一人が、教育できず傾いているのと同じ。非正常的な要因を断絶して、正常的なものを取り入れていかないといけない。参禅して集中して、警省する。正しく行動し、流れのままに、原理のままに行動するの。そうすればがん細胞が生きる道を絶たれてしまう。がん細胞と対話して、慰めるの。がん細胞や、ごめんね。私の欲のせいでおまえたちをこんなふうにしてしまったんだね。助けてあげるからね、と。天道を悟ることができずに死んでしまった祖先と私の波動が出会う。チャムナを見出そうとして理知を悟れば、祖先たちも一緒に解脱する。波動だけでは悟ることはできない。DNAの波動、エネルギーのようなものがあるのよ。巫俗たちは「憑依が来た」と表現するわね。宇宙の原理どおりに生きれば、誰も侵犯できないし、自分の思うように生きることができる。欲心や固執のせいで傾いているのよ。「私は患者だ」というのも捨てなければいけない。誰かが何かしてくれるのをもっと多く望んでしまうから。肉体は修行のひとつの道具なのよ。がんは怖くない。他の病気よりも簡単に治すことができるわ。私は真理を一七年間探し続けてきて、この四月にやっと知ることができた。宿題、話頭（*hwadu* ＝仏や僧侶の言葉や行動、問答から成るもので、修行の過程で本質に対する疑いを引き出すための質問）として、解こうとしなければならないものなの。私の探し当てた原理は、現代科学とも結びついて、神秘的。ダイアモンドの塊みたいだわ。

金剛経というお経がある。それは、我像を消せ、肉賊が好むままに装飾された我像を消せという内容よ。白と黒があるように、すべてのものは二面性がある。がん患者は冷え病（*naengbyeong*）だと言われるけれど、この冷えというのは体だけじゃなく、心も冷えているということ。暗くて冷たい気運を探し、それらを除いてあげてこそ、再発しないのよ。

第五に、呼吸が大事。呼吸によって体の中の毒を除かないといけない。肝臓が解毒をしきれるわけじゃないからね。毒はがんの成分になるの。目に見えない毒は、気体などだから、大便、小便、汗などでは出ていかない。だから呼吸で出さないといけないわ。吸うときは自然な量と時間で。吐くときはゆっくり長く、深く。そのとき毒素が出て行くの。吸うとき三、吐くとき七のペースがいいわ。腹式呼吸は、カルマをなくして、頭を澄みきらせてくれる。呼吸には胸式呼吸と腹式呼吸があって、腹式呼吸は丹田呼吸とも言われるわ。丹田というのは、おへそと陰部の間で、すべての気が集まる場所よ。しゃべるときは吐く息よね。これは大事。毒素や霊が出ていくから。死ぬときは吸う息だと言われているわね。何かを自分のものにしようとすれば死ぬということよ。

参禅は、山の中でするのが易しいけれど、世俗に入るとき再び参禅しないといけない。世俗で参禅すれば、難しいけれど、二度はしなくていい。師匠がいれば、悟りまでの時間が短縮できる。戒律、つまり私が犠牲になれる心を持つこと。心をずっと観察し続けて、他人を変えようという考えは捨てないといけない。何かあったら、まず自分のせいにしなさい。回避ではなく本心から。自分を直すの。原因は自分にもあるはずだから。そうしているうちに、懺悔して、自我のない無の境地に入るわ。幼いころからのことを思い出して消滅させると、前世のことが見えてくる。前世の懺悔も終えると、扉が開くの。そうすると他人に惑わされず、宇宙の摂理が見え始めるのよ。参禅で悟った者は大自由人。

参禅は自分の内面に入っていくこと。その方法は、座って話頭を持って、ずっとそのことを考えるの。「薬師如来仏、薬師如来仏……」と唱え続けると、吐く息で毒素を排出できるわね。集中していると、自然に雑念が出て行き、チャムナ、つまり仏様、私の本性が見えるわ。これを見るために、この世に生まれてきたのよ。私の作った業は、私がなくさないといけない。千手経という経典があって、これは元来は罪などない、基準がない、という内容なの。

輪廻についても少し説明しましょう。魂は六道を彷徨うの。六道というのは、ひとつめに、法界、つまり仏様の世界。これを悟れば永遠に生きることができるわ。二つめが、天上。ここには良い行いをした人たちが行くことができる。三つめは、神階。霊界とも言うわ。考えと理念が同じ。能力はないけれど時間と空間を超越することができる。三つめと四つめの間に、阿修羅、つまり神と人間の間のものが存在する。四つめが、人間。五つめが、動物。動物は単純だけれど、道理に従う。宇宙の気運を知っている。六つめが、地獄。罪を犯して理知のない人たちの行く所。五つめと六つめの間に、餓鬼がいるわ。

それでは、乳がんの自己治療についてお話ししましょう。でも人によって受け止め方が違うから、誰かに話すときは選んで話してあげてね。

体にはすべての部位に役割があるわ。胸の美しさとか、そういう肉体の欲望は無視しなければいけない。実際の「私」ではないからよ。胸の美しさは女性の象徴だけれど、そこに執着すると病気が生じるわ。乳房の根本は、第一に、子どもの命綱。これが最も重要ね。第二に、女性にとって大事なもの。乳房と子宮と卵巣は、生命の母胎として、つながっているわ。ひとくくりに見ないといけない。どれも女性の命綱であり、母胎の象徴なのよ。

自己治療のためには、まず、非正常的な考えや傷があると、それが刻印されてストゥレッスになる。例えば夫婦生活の不満足。胸の容姿が原因で夫婦生活がうまくいかないと、ストゥレッスになって、離婚したりもするわね。乳房や子宮は容姿を比べて「なぜ不細工なのかしら」というストゥレッスを受ける。卵巣は見えないから恨みはないけれど。乳房も細胞だから、ストゥレッスを受けると反乱を起こすわ。不細工だったということは、もともと弱かったということだから、慰めてやらなければいけないのよ。

次に、肉身の塊として、胸の重要性があるわ。胸は心の変化が起こる場所。「胸が痛い」というのは単なる比喩表現ではなく、本当に胸を痛める思いをすると胸に病気が生じるわ。胸も言葉を聞いているの。さっき波動の話をしたけれど、人の波動は烟波（*yeonpa*＝煙がかったように見える水面または波動）。話す烟波が胸に注入されて入力され、病気が生じるの。

あるいは、やりたいことがあるのにできなくて、その思いを胸に埋めていたら、それが澱になってしまう。懐（*pum*＝胸幅、比喩的に温かく迎え入れてくれる所）は、胸（*gaseum*＝肉体的な胸部）と腕で抱きしめてやらないといけない。物質だけ抱きしめるのではないわ。冷たい心というのは抱きしめることができない。冷気が取り付いているの。それが冷病となって、がんが入ってくる。宇宙の理知を知り、ストゥレッスを払い落として消滅させてこそ、根本から完治するの。

楽天的な人は、体も丸々していて、病気に罹らない。考えが多くて暗くて沈んでいる人が大病に罹るの。さっきも言ったように、波動というのは動かなければみんな腐ってしまう。すべてのものには波動がある。風も雨も、自然の摂理。人間も運動をして、空洞に気運が入るようにしてやり、老廃物を除去してやらないといけないわ。内面の運動としては、念仏か瞑想をするべきよ。瞑想は、もともと磨かれた人がやると効果的よ。瞑想するときは、長く保てる姿勢で、腰は伸ばして少しだけ曲げ、座布団を一枚お尻の下に敷くといい。あぐらをかいて、両手をひざの上に、天に向けて載せるの。手のひらの真ん中には労宮（*nogung*＝手を握ったとき中指の端が手のひらに当たる位置で、ここを刺激すればストゥレッスによって心に積もった火気を排出することができるとされている）がある。右手の労宮には気運が入ってきて、左手の労宮からは毒素が出て行く。丹田呼吸をして、少しずつ時間を延ばしていくといい。瞑想をするときは、目に見えるものや聞こえる音、意志を無視しなさい。像を見てはいけない。仏様が見えることがあるかもしれないけれど、それは偽者の仏様よ。仏様は見えないものなの。現象がないものなの。だからすべてを流してしまいなさい。呼吸は、チャムナを探すと自然に腹式呼吸になる。私はチャムナを探し当てるのに七〇日かかったけれど、個人個人で差があるから、この日数に執着すると病気が生じるわ。それから、祈福（*gibok*＝福を祈る）信仰は迷信よ。例えば入試に合格させてくださいと祈ることは、本当の信仰ではない。本当の信仰は、私の本質を探すこと。「私が誰なのか知りたいです」ということだけを必死で願いなさい。自分が祈った分だけくださるわ。お釈迦様は前世が仏様だったけれど、人間の体に再び生まれて修行し、すべての仏様の境地を成し遂げたのよ。

念仏は、細胞を動かさせてくれる。精神の意識を中断させることができる。私は幸せだ、胸があってありがたい、と思いなさい。昔、胸を憎んだことがあったなら、一週間以上懺悔し、十分に対話をしなければならないわ。口先だけで言っても、胸もそれをわかっているわ。だから仏教の教理、理知を理解してからしなさい、と言っているの。懺悔をして、大切にしてあげないといけない。修行するためには肉体が必要。肉体は偽物とはいえ、大切なのよ。病気に罹れば、対話すること。懺悔して、念仏を唱えて。菩薩にはそれぞれ役割がある。自己意識の接近のためにね。飽きてきたら、リズムに乗ること。常経の境地に入ると、自分の体も感じなくなるわ。念仏を唱えるときは、息を吸わず連続して唱えると、丹田呼吸が自然にできる。念仏自体が修行になるわね。長時間続けることが重要で、一日に四時間以上するといいわ。薬師如来仏、と唱え続けていると、細胞たちが、自分も薬師如来仏だと思い始める。洗脳教育をしてやるわけ。すると烟波が集まりだす。祖先や、私と関わりのあった故人が見えてくる。光の道を歩み、妨害するものは何もない。ある程度境地が上がれば、幸せになる。病気が消えてしまう。生活自体が修行になる。つまり生活自体、正しい道に行くことになるのね。前世の業が濃ければ、悟るまでに時間がかかるわ。逆に、前世にある程度参禅をした人なら、悟りを開くまでにあまり時間がかからない。私は、重症の患者たちが一緒に勉強することのできる場所を作るのが目標よ。他の臓器の病気も、その部位の機能や役割を考えれば、病気の原因を探し当てることができるわ」（二〇一一年一二月二日）。

クォン・ミョンジャによれば、正しくない行動や思考、正しくない食生活、正しくないライフスタイルを続けた結果、「正道」を外れて暴走したのが、がん細胞である。よって、いくら医学的な治療をしても対症療法にすぎず、病気の原因となった「習（*seup*）」（習慣）を直さないことには、がんは完治しない。がんを根本から治すためには、参禅によって悟りを開き、宇宙の理知に従った「正道」を知り、常に正しい行動や思考、正しい食生活、正しいライフスタイルを目指さなければならない、と説いている。彼女のように明確に言語化してはいなくても、筆者の出会ったほとんどの乳がん患者たちが、体にいいとされるものを食べ、体に悪いとされるものを食べないようにして食生活を「改善」し、早寝早起きするなどライフスタイルを「改善」することで、病気を治そうとしている。

ソンタグが指摘するところの、がんに罹った責任を患者本人に押しつける「懲罰的色彩」［ソンタグ 1983: 72］、あるいはがんが環境汚染などに対する「母なる自然からの復讐」［ソンタグ 1983: 105］であるとされる隠喩も、患者たちの行為に影響を与えているであろう。

このように宗教や民間療法のレベルで行われる解釈は、近代科学の力では説明・統制しきれないがんのメカニズムを、説明可能なものにし、（少なくとも理念上は）統制可能なものにしている。そしてそれらの解釈に基づき、がんを治すためのさまざまな行為が、バイオメディスンの外側で生み出されている。言い換えれば、がんを治すためにバイオメディスンの外側で行われる行為は、近代科学で説明・統制しきれないがんの「得体の知れなさ」に対し、人々が独自の「合理性」をもって対処しようとするものである。

## 第三節　がんを治すための行為

先述したように、筆者の出会ったほとんどの乳がん患者たちは、バイオメディスンの治療と併行して独自のセルフ・ヘルスケアを行うとともに、ライフスタイルを「改善」することで、乳がんを治そうとしている。患者たちのセルフ・ヘルスケアの例をいくつか挙げてみよう。たとえば、がん細胞は熱に弱いとして、体温を上げるために足湯やサウナが好まれる。

まずは、身体の冷えががんを引き起こすという語りを見てみよう。

**事例3－3－1：キム・ミジョン（仮名、女性、五〇歳代、慶尚道在住）の語り**

「お坊様は空気のきれいなところにいるし、体に悪いものも食べない。それなのになぜかがんに罹る。この前も有名なお坊様ががんで死んだので、なぜお坊様ががんに罹るのかと友人に聞いたら、寒いところで暖房もつけずにいたから、と言っていたわ」（二〇一二年一月九日）。

**事例3－3－2：イ・ミョンラン（仮名、女性、五〇歳代、ソウル特別市在住）の語り**

「日本は湿度が高くて体が冷える。だから子宮がん患者が多いのよ。韓国は昔からオンドルに火をくべて、暖かい部屋で寝たし、火をくべる作業が体を温めていた。だからがん患者がいなかったのよ。西洋医学の医者は部分的に切って薬を与えるのが全部と思っていて、民間療法を否定する。でも韓方や民間療法は昔から根付いてきた深さがあるのよ。体温を一度上げるだけで、免疫力がすごく上がる。三五度はがん細胞が最も好む温度よ。西洋人は生まれたとき体温が三八度だけれど、アジア人は三七度。それだけ韓・中・日のアジア人はがんに罹りやすいのよ。普通は耳や腋で体温を測るけれど、上半身は温かくて下半身は冷たいから、体温もおしりで測るのが正確よ。体温を上げるためには、生姜茶やよもぎ蒸しが効くわ。あと温熱治療器と、運動ね」。（二〇一二年二月九日）。

**写真6　スッカマ**　筆者撮影

キム・ミジョンは、肉食をしない僧侶ががんに罹るのは身体の冷えのためだと語り、イ・ミョンランは「アジア人」の体温が「西洋人」より低いためにがんに罹りやすいと語っている。日本でもこの言説が見られるが、韓国でも複数の民間療法家が、身体が冷えた状態でがん細胞が活性化するという内容の書籍を出版している。そのこともあって、この考えは韓国のがん患者たちの間で広く共有されている。そのため「憩いの宿」でも、節電のために部屋の温度を低くしていると、「患者が冷えた部屋にいてはいけない」という声が患者たちの間から上がり、温度が上げられる。

　がん細胞は身体が冷えた状態で活性化するという考えとともに、患者の間で共有されているのが、がん細胞が高熱で死ぬという考えである。

**事例3−3−3：コ・スミ（仮名、女性、五〇歳代、ソウル特別市在住）とパク・ヨンジュ（仮名、女性、六〇歳代、ソウル特別市在住）らの会話**

　患者会のヨガで、忘年会はスッカマ（＝炭焼き窯のサウナ）に行こうという話になる。この提案をした患者が「体が熱ければがん細胞も動けなくなるんだって」と言うと、コ・スミも「私に乳がんが見つかったとき、知り合いが、がん細胞は熱さで死ぬからアイロンで焼けばいい、と言っていたわ」と言う。

　それを聞いて他の人は笑うが、パク・ヨンジュはうなずく。

パク・ヨンジュ「間違った言葉ではないわね。方法が問題だけれど、間違ったことは言っていないわ」。

コ・スミ「風邪も一度ぐらいひいておかないといけないわ。熱が出て悪い細胞が死ぬから」。（二〇一一年一二月一六日）。

**事例3-3-4：チェ・ミョンスク（仮名、女性、五〇歳代、光州広域市在住）とチェ・ソンジョン（仮名、女性、五〇歳代、光州広域市在住）の会話**

チェ・ミョンスク「新型インフルエンザに罹ってがんが治った人がいるらしいわ。その人は高熱ですごく苦しんだけれど、がん細胞は熱に弱いから、がんが治ってしまったのよ」。

チェ・ソンジョン「私が抗がんをしていたとき新型インフルエンザが流行っていたので、罹っておけばよかった。そのときは罹らないように必死で、毛糸の帽子にマスクをして、分厚いダウンのコートを着て、目だけ出して地下鉄に乗っていたものだから、じろじろと見つめてこない人はいなかったものよ」。（二〇一一年一二月一七日）。

がんをアイロンで焼いたり、新型インフルエンザによる高熱で治療したりするという話は、患者たちの間で、冗談めいた雰囲気を含みながらも、半ば真剣に語られる。場合によってはがん細胞を「焼き殺す」目的で、患部を焼け石に押し付ける行為も行われる。患部を焼け石に押し付けると当然大火傷を負うものの、がん細胞は死ぬとされ、その大火傷に打ち勝てる者ががんに打ち勝てるとされている。

しかし火傷を負うほどの方法を実践する患者は稀であり、多くの患者たちは、日常生活の中で体温を上げるための小さな努力を続けている。

**事例3-3-5：キム・ポクジャ（仮名、女性、六〇歳代、蔚山広域市在住）の語り**

「体温を一度上げるだけで、免疫力がすごく上がるらしいので、努力しているわ。家では、なつめと生姜を煮出して飲んでいるの」。（二〇一二年一月六日）。

**事例3-3-6：イ・ヒジャ（仮名、女性、五〇歳代、釜山広域市在住）の語り**

「体温が三五度台まで下がるとがん細胞が動き出すらしいわ。だから服をたくさん着て温かくしないといけない。家でもダウンのコートを着ているわ」。（二〇一二年一月九日）。

**事例3-3-7：チョ・ジョンスク（仮名、女性、五〇歳代、慶尚道在住）の語り**

「丹田にお灸をするといいのよ。がん細胞は四二度になると死ぬらしい」。（二〇一二年一二月一三日）。

体温を上げるという民間療法のほかには、皮膚呼吸を促して免疫力を高める風浴（全身脱衣した状態で室外の空気を浴びること）や冷温浴（水風呂と温かい風呂に交互に入ること）、解毒を目的とする断食やコーヒー浣腸（有機栽培された専用のコーヒーで浣腸すること）、笑うことによって免疫力を上げる「笑い治療」も、がん患者たちの間で広く実践されている。あるいは朝起きてすぐに胡麻油かエゴマ油を口に含み、そのまま二〇分間、舌を使って口の中を掃除する、という方法を実践する患者もいる。これをすれば、寝ている間に口の中に出てきた毒が除去され、万病が治るという。きれいな空気を吸うことと運動を目的とする登山や森林浴も人気である。特にヒノキ（*pyeonbaeknamu*）は免疫力を高めるピトンチドゥ（＝フィトンチッド）という物質を多く放出するとされ、「誰それがヒノキ林で過ごしているうちにがんが治った」という噂も後をたたない。がん患者たちが田舎にヒノキ材で家を建てたがるのも、このためである。有名なヒノキ林は、週末になると駐車スペースが足りなくなるほど大勢の森林浴客でにぎわう。治療を目的として森林浴をするがん患者たちは、平日の朝から夕方までヒノキ林の中で過ごす。これをビジネスにしようとする自治体や企業、個人も少なくない。

反対に、電子レンジの電磁波やガスコンロが燃焼するときに出る物質は体によくないとされ、患者たちは電子レンジの使用を控えたり、ガスコンロを使うときには換気扇を回したりする。よりこだわる患者の中には、蛍光灯の光が体によくないといって早寝したり、水道の蛇口から出る温水には重金属が含まれているといって冷水だけ使用したり、鍋から金属が溶け出すことを憂慮してガラス鍋を使用したり、経皮毒を避けるためシャンプーや石鹸を天然素材のものに変えたりするケースも見られる。

ライフスタイルの「改善」に関しては、それが大々的に行われるのが、食生活である。韓国の国立がんセンターや大学病院ではがん患者たちに対して、肉類や小麦粉食品も含めてバランスよく何でも食べ、民間療法は控えるよう指導している。しかし多くの患者は、がん告知あるいは化学療法終了（化学療法中はたんぱく質の摂取によって血液中の白血球の数値を上げたり、口に合う食べものを摂って体力を維持したりすることが求められるため）を契機に食生活を変え始める。韓国において、がん患者たちの食生活は通常、がんの発覚以前と比べて大きく変化する。キム・ジスク（仮名、女性、五〇歳代、慶尚道在住）は「明洞の繁華街を見物したけれど、屋台はいっぱいあっても私たち（患者）が食べるものはないわね」（二〇一二年二月一一日）と語っている。この語りにも、がん患者の食べるものが患者以外のそれとは全くかけ離れていることが示されている。

患者たちが懸命に食べようとする食品は、次のようなものである。トマト、ブロッコリー、エゴマ、ナッツ類は、抗酸化作用があるとされ、患者たちは毎日のように食べようとする。また青汁や「解毒ジュース」（さっとゆでたキャベツ、ブロッコリー、トマト、にんじんと生のリンゴをミキサーにかけたもの）を作って飲んだり、カレイが乳がんに効くといって食べたり、「百草酵素」（百種類の野草を集め砂糖漬けにして三～五年にわたって発酵させるもの）ががんに効くといって漬けたりする患者もいる。スケソウダラの干物で作ったスープや小豆も解毒作用があるとされ

**写真7　森林浴の人気で混雑するヒノキ林**　筆者撮影

ているため、化学療法中は（抗がん剤ががん細胞を殺す前に体から出てしまうため）食べてはならず、化学療法が終われば（抗がん剤が体に残っていると毒なのでそれを排出するために）たくさん食べるべきだとされている。そのため化学療法後に、スケソウダラの干物を江原道の生産者から大量に買い付け、丸ごと一匹ずつ大鍋で煮て、その煮汁をお茶代わりに毎日大量に飲み続ける患者たちもいる。

「野菜スープ」（大根の葉を乾燥させたもの、干ししいたけ、大根、にんじん、ごぼうを一定の比率で煮出した汁）と「玄米茶」（よく炒った玄米を煮出した汁）を食前の空腹時に一定の時間を空けて飲むという療法を実践する患者も多く、そのため「野菜スープ」はいくつもの企業からレトルトパックになって商品化されている。免疫力を高めるとして好んで摂られるのは、寄生木の煮汁、バナナ、もち米である。紅参（高麗人参の根を蒸して乾燥させたもの）も免疫力を高めるとされる代表的な食品であるが、過剰摂取はかえって害になるという意見や、女性ホルモンの分泌を促すため一部の乳がん患者にはかえってよくないという意見もあり、患者たちの間でも好き嫌いが分かれている。大豆類とその加工食品、ざくろ、すもも、ラズベリーも、健康にはいいが女性ホルモンの分泌を促すとして、ホルモン受容体が陰性の乳がん患者には好まれ、陽性の患者には嫌われる。

きのこ類はがんに効くとされて普段の料理にふんだんに使われる。チャーガ、霊芝、メシマコブといった高価なきのこは特にがんに効くとされ、煮汁が飲まれている。最近人気が高まっているのがニガヨモギ（*gaeddongssuk*）であり、煮汁は抗がん剤の一二〇〇倍もがん治療の効果があるとして、これを自宅で栽培しようとする患者たちの間で種子がさかんに分け合われている。ツルマンネングサ（*dol-namul*）、スベリヒユ（*soebireum*）といった野草もがんに効くとされ、あえものにしたり、スベリヒユの場合は抽出液を飲んだりする。韓国には健康院（*geongangwon*）と呼ばれる店が多くあり、そこでは客の持ち込んだ動植物から抽出したエキスをレトルトパウチで少量ずつパッキングしてくれる。

日常の食生活は基本的に、白米ではなく玄米あるいは雑穀ごはんと菜食を中心にする。韓国の乳がん患者たちの間で体に悪いとされている食べものとは主に、肉類、揚げ物、砂糖、小麦粉製品、食品添加物、化学調味料、焦げたもの、精製されたもの（白米、白砂糖、人工的に製造された食塩）などである。また、塩辛すぎるものもがんによくないとされ、患者たちはおかずを塩辛くないように調理しようとする。

肉食ががんを引き起こすと考える患者は、次のように語る。

事例3-3-8：イ・ミョンラン（仮名、女性、五〇歳代、ソウル特別市在住）の語り

「アジア人は西洋人に比べて腸が一センチ長いの。だから西洋人は肉食しても平気だけれど、アジア人の腸は草食向きなの。肉が腸の中に長く滞留していると毒素が回るから。スポーツ選手が大腸がんに罹るのは、肉食に冷たいビールや冷麺を食べるからよ。そうすると腸のひだの隙間に肉の脂がこびりつくの。肉を載せた皿を冷水で洗った時みたいにね」。（二〇一二年二月九日）。

**写真８　健康院の店内（左）とレトルトパウチにされたエキス（右）**
いずれも筆者撮影

ただし肉類の中でも鶏や鴨は、牛や豚に比べて体への害が少ないとされている。その理由については「牛や豚の脂は食器やシンク台に付くとお湯をかけてもなかなか溶けずにこびりついている。人間の体の中でも同じことが起こるから体に悪い。反対に鶏や鴨の脂は低い温度のお湯でもすぐに洗い流せる」とか「鴨の脂は不飽和脂肪酸だから体にいい」などと語られる。免疫力を維持するために、肉類を全く食べないよりはときどき鶏や鴨の肉を食べたほうがいいと考える患者が多い。しかし徹底して食べものを節制する患者は、家畜は抗生物質をたくさん投与され畜舎に閉じ込められてストレスフルな状態で飼育されるため、肉類がすべて体に悪いと考えている。中には小さな魚さえも、ダイオキシン、重金属、放射性物質が含まれているといって忌避し、鰯でとった出汁さえ口にしない患者もいる。

しかし患者たちが実際に食べる様子を見ていると、食べていいものと悪いものの区分は、必ずしも食材によって決められているわけではない。たとえばパンや菓子、ピザ、スパゲティは、小麦粉や砂糖、油を使っているという理由で徹底的に排除される。その一方で、小麦粉を水で溶いたものをたっぷりの油で半ば揚げるようにして焼いたチヂミ（*jeon*）や、小麦粉と砂糖を使って作った薄いせんべい（*jeonbyeong*）、砂糖を多く使って作った餅類（*tteok*）は許容されている。

韓国においてチヂミやせんべい、餅類は、「伝統的な」「韓国固有の」食べものとして認識されている。それに対して、パンや菓子、ピザ、スパゲティは、近年になって外部からもたらされた食べものとして認識されている。そのため、後者を体に悪いものとして排除する行為は、近年起こった食生活の変化に対する、人々の否定的反応と見ることもできる。医療側から発信される、「食生活の欧米化」ががん患者数の増加を招いているという言説も、ここに影響を与えていると考えられる。

これと表裏一体の動きとして、韓国の「伝統的」な発酵食品と認識されている、醤油、味噌、キムチ、どぶろく、酒蒸し餅（*gijeong-tteok; sul-tteok*）や麦蒸し餅（*bori-tteok*）ががんに効くとされ、患者たちは積極的に食べている。酒蒸し餅や麦蒸し餅は、砂糖が多く入るのに加え、一般的に米粉だけでなく小麦粉も用いられており、日本で言うならば餅というよりは蒸しパンのような食べものである。しかし韓国では餅（*tteok*）という名称が使われ、欧米風のパン（*ppang*）とは明確に区分される。欧米風のパンも発酵させて作った食品であるにもかかわらず、体にいいイメージを持つ「発酵食品（*balhyo-sikpum*）」のカテゴリーに加えられることは決してない。

このように外部からもたらされた食べものとがんを結びつける思考は、近年の急激な食生活の変化が、がんと同様に、「本来あるべき姿」から逸脱したものである、という認識に起因すると考えられる。そして患者たちががんを治すために、近年外部から入ってきた食べものを排除し、「昔ながらの」「韓国固有の」ものとされる食べものを積極的に摂る行為は、人々の考える「本来あるべき姿」への回帰であるとも言える。がん患者たちの民間療法的な「食餌療法」には、韓国社会が経験した急激な食生活の変化と、それに対する人々の反応が投影されている。

同様の傾向は、がん患者たちが行う生活時間の「改善」にも見られる。筆者が滞在した患者会の宿所「憩いの宿」では、就寝時間が定められていないにもかかわらず、どの患者もほぼ例外なく午後九〜一〇時になると寝てしまった。地方から上京してきて疲れていたり、治療で体力が落ちていたりする患者だけでなく、元気な患者も同様である。たとえば、ある患者は筆者と夜一〇時ごろまで会話を楽しんでいたが、他の患者たちがことごとく寝床に就くのを見て、「がん患者が寝る時間になったわ」と苦笑いをして会話を打ち切った。それは患者たちの間で、夜更かしががんの原因のひとつとして考えられているからである。蛍光灯の光を長時間浴びることががんを引き起こすとか、二四時間営業の店の店員や三交代勤務の看護師は夜更かしをするからよく乳がんに罹る、とも語られる。

**事例3−3−9：チョ・ジョンスク（仮名、女性、五〇歳代、慶尚道在住）の語り**

「夜遅くまで活動する人が乳がんに罹るのよ。看護師たちもたくさん乳がんに罹るわ。彼女らは三交代制だから。乳がんはホルモンでしょう。私も大学院に行かなければよかったのに、行って二年半の間、明け方まで勉強していたのよ。田舎に入って、朝は陽が昇ると起きて、夜は陽が沈むと寝て、畑でも耕しながら、昔の生活のままに生きれば、がんは治るでしょうね」。（二〇一二年三月一四日）。

ここでは、夜遅くまで起きていることが「本来あるべき姿」ではないものとして認識されている。この背景にあるのは、産業化などによって人々が夜遅くまで活動するようになった生活変化である。「朝は陽が昇ると起きて、夜は陽が沈むと寝て、畑でも耕しながら、昔の生活のままに生きれば、がんは治るでしょうね」という語りからも、そのことがうかがえる。ちなみにチョ・ジョンスクは夜更かしによってホルモン機能が異常になり乳がんが引き起こされるという解釈をしているが、チョ・ジョンスク自身のがん細胞はホルモン受容体陰性である。よって実際に夜更かしによってホルモン機能が異常になったためにチョ・ジョンスクの乳がんが引き起こされたかどうかは不明である。しかしチョ・ジョンスクは、夜更かしが「本来あるべき姿」から逸脱したものであるためがんが引き起こされるというニュアンスを強調する。それゆえに「本来あるべき姿」になること、すなわち早寝早起きをすることで、がんを治そうとする行為が生み出されている。

このほかにも、都市に住む人々ががんの罹患を機に山間部へ移住したり、山登りをすることががん患者に必須の行為と認識されていたり、病院でのがん治療を拒否して独自の「自然治癒」を目指す施設が地方のあちこちの山奥に作られていたりする現象が見られる。つまり、がんが近代化・都市化と結びつけて認識され、患者たちは近代的・都市的なものから離れることによって病気を治そうとしている。

これらのことからは、以下のようなことが指摘できる。韓国社会では、特に一九六〇年代以降の産業化・都市化によって、人々の生活が急激に変化した。それと同時に、人々は医療技術の飛躍的な進歩を目の当たりにすることとなった。しかし医療技術の進歩は、病気からの解放をもたらしただけでなく、反対にそれまで気づかなかった微細ながんを可視化し、社会を脅かす病気としてのがんを人々の認識の中にもたらした。がんのメカニズムを説明・統制しきれないことは、バイオメディスンが万能ではないことを示すことにもなった。

そのため人々は、バイオメディスンの外側で、「得体の知れない」がんを説明・統制しようとする。この行為において、がんを解釈する際に結びつけられるのが、産業化・都市化による生活の急激な変化である。どちらも近代化によってもたらされた、生活の急激な変化とがんとが結びつけられ、それらをなんとか「合理的」に説明し統制しようとする行為につながっている。そこで具体的に見られるのが、先述した宗教や民間療法に見られる解釈であり、産業化・都市化以前のライフスタイルへの回帰志向であり、近代的・都市的なものから離れようとする傾向である。

このように、人々ががんを解釈し、がんに対処する行為には、韓国社会の状況が反映されている。そのため本研究では、人々ががんという病気を解釈し対処する様相に注目する。

# 第四章 「オモニ」の乳がん患者への注目

第三章では、人々ががんを解釈し、がんに対処する行為に、韓国社会の状況が反映されていることを明らかにした。部位を問わずがん全体に共通して、西洋化した食生活やライフスタイル、環境汚染、現代社会を生きる中で受けるストゥレッスが原因の一部として考えられている。

ただし多くの部位のがんは、完全にそのメカニズムが説明しきれないとはいえ、バイオメディスンの側から科学的な根拠に基づいた病因がある程度提示されている。この場合、人々が考える病因論においても、ライフスタイルの変化などの言説も根強いとはいえ、バイオメディスンの提供する言説も大きな力を持つ。

例えば韓国で患者数が多い胃がん（*wiam*）、肝臓がん（*ganam*）、大腸がん（*daejangam*）、肺がん（*pyeam*）は、それぞれ代表的な病因がバイオメディスンの側から提示されている。具体的には、胃がんの場合は、塩分の摂り過ぎ、不規則な食生活で胃に負担がかかること、ウイルス、飲酒、喫煙である。肝臓がんの場合は、慢性B型肝炎やC型肝炎、持続的な過量の飲酒、肝硬変、肥満である。大腸がんの場合は、高カロリー摂取、動物性脂肪摂取、食物繊維の摂取不足、肥満である。そして肺がんの場合は、喫煙、副流煙の吸引、石綿等の化学物質の吸引である。

また、女性特有の病気である子宮がん（*jagungam*）の場合も、子宮頸がん（韓国語では子宮頸部がん

*jagunggyeongbuam*）と子宮体がん（韓国語では子宮内膜がん *jagungnaemakam*）とで病因論が異なるが、いずれもバイオメディスンの側から代表的な病因論が示されている。韓国では子宮がん全体のうちの九割程度が子宮頸がんであり、その大部分がウイルスによって引き起こされると考えられている。子宮体がんの場合は、出産しないこと、閉経が遅いこと、肥満、糖尿が代表的な病因として提示されている。この糖尿という病因と関連して、パン食が子宮体がんの原因になっているという言説が流布している。具体的にはパン食によって、肥満や体脂肪増加が引き起こされ女性ホルモン濃度が必要以上に増加すること、インシュリン過多になって子宮内膜が増殖すること、小麦粉のグルテン中に含まれる物質が毒素を作って体内の血管を破壊することが、子宮体がんの発生につながるとされている。また療養病院の患者たちの間では、昔は女性たちがしゃがみこむ姿勢でかまどに火をくべていたため陰部が温められていたため子宮体がんも起こらなかったが、ライフスタイルが変化してかまどに火をくべなくなったことで陰部を温める機会がなくなり、子宮体がん患者が増えたと語られている。そのため、ある乳がん患者の話によると、療養病院では、かまどに火をくべると子宮がん患者たちが我先にと焚口の前を占領しようとしていさかいになるという。

その一方で乳がんは、患者数ががん患者全体の中で多くの割合を占めているにもかかわらず、バイオメディスンにおいても原因が不明であるとされている。バイオメディスンにおいては、家族歴、出産や授乳をしないこと、初経年齢の早期化や閉経年齢が遅くなっていることが危険要因として挙げられてはいるが、他の部位のがんのようにはっきりと病因として決定づけられているわけではない。また、乳がん患者たちは患者会活動を通して集まる中で、上の要因にあてはまらないにもかかわらず乳がんに罹った患者が多く含まれていることをよく話題にしており、乳がんの原因がバイオメディスンで解明されていないことを心得ている。乳がんが他の部位のがんと比べて患者会活動がさかんであることも、患者同士が病因を語りあい解釈しあう契機となっている。「憩いの宿」のような宿泊施設も、乳がん患者を対象とするものは大学病院が支援するかたちでいくつも作られているが、他の部位のがん患者を対象とするものはほとんど見られない。その理由として、他の多くの部位のがんは患者に男性も女性も含まれているため同じ室内に泊まることができず、また男性たちは家事を自分たちでこなせないので「憩いの宿」を作っても自治的に維持できないためとされている。あるプロテスタント教会の運営する「憩いの宿」や、医療保険に入っているがん患者が治療中に過ごす療養病院は、多様な部位のがん患者が利用しており、特定の部位のがん患者が集まるわけではない。

このような状況に基づき、乳がんの病因論においては、他の部位のがんと比べて患者たちの類推による解釈の部分が大きくなる。後に詳述するように、それは乳房のもつ象徴的な意味合いと結びつき、家族の問題によるストゥレッスと結びつけられる。

一方、男性性と関わる前立腺がんの場合は、食生活の西洋化によって肉類に含まれる動物性脂肪が引き起こすホルモン異常が原因として語られる。男性は職場などでストゥレッスを多く受けると考えられているが、それによって引き起こされるとされる代表的なものは脱毛や精力不振、脳や循環器系の疾患であり、特定の部位のがんと密接に結びつけられるわけではない。

このように韓国社会において乳がんは、その病因が家族の問題によるストゥレッスとさかんに結びつけられる点で、他の病気とは異なっている。そのため本章では、患者たちの語りが家族の問題と密接に結びつけられる乳がんに注目する。第一節では、本研究で乳がん患者に注目する理由について、韓国における胸、乳房、乳がんの捉えられ方と関連づけながら論じる。第二節では、乳がん患者の中でも「オモニ」に注目する理由について、婚姻状態と年齢による病因論の違いという観点から論じる。第三節では、「オモニ」である乳がん患者たちが、韓国独自の病気観を背景として、自らの乳がん罹患の原因を家族の問題と関連づけること、そしてそれらがチプの問題とも関連していることを指摘する。

## 第一節　胸、乳房、乳がんの意味づけ

韓国においては胸（*gaseum*）が身体部位であると同時に、感情が蓄積して詰まるところとして認識されている。まずは乳がん患者のクォン・ミョンジャの語りを見てみよう。

**事例4－1－1：クォン・ミョンジャ（仮名、女性、五〇歳代、釜山広域市在住）の語り**

「乳がん患者は胸（*gaseum*）を縮めていてはだめ。乳がん患者は（背を丸めて）胸を縮めて、考えを胸にとどめたまま主張ができない人たちなのよ。だから胸が反乱を起こしたの。胸を堂々と前に出し、愛してあげて、〈愛してるよ、本当に多くの仕事をしてくれているね〉と言葉をかけないとだめよ。そして考えをためておかず、発散しないとだめ。がんは冷えから来ると言うけれど、体の冷えだけじゃなくて心自体もあたたかくしてあげないといけないわ。心の内面に考えをとどめて発散しないでいると、心に冷えが来るの。女性が発散できないことが積もるとハン（*han*）になる。ハンが積もれば霜が降りるように冷えが来る。その冷気ががんを生じさせるのよ。何かがうまくいってもいかなくても、振り返らないこと。何か考えが縮こまっていると病気が来るわ。したいことを全部したか、考えてごらんなさい。すべてのものを抱き温める胸に病気が来たということは、何か問題があるということなのよ。すべての病気はファ（*hwa*）と欲心（*yoksim*）から来るのよ」。（二〇一二年三月六日）。

クォン・ミョンジャは、心の内面に考えをとどめたまま発散せずにいると「ハン」（*han*）が積もり、心に冷えが

来て、その冷気が乳房（*yubang*）にがんを生じさせると語っている。ここで述べられる「ハン（恨）」とは韓国に特有の「永久的な絶望が生み出すあきらめと悲哀の情緒」［최길성 1996: 14］である。さらにクォン・ミョンジャは、すべてのものを抱き温める胸に病気が来るのは心の持ちように問題があるからであると認識している。クォン・ミョンジャは「乳がん患者たちは皆、欲求不満のある人たちよ。欲求が積もり積もって病気が生じたのよ」（二〇一二年五月三一日）とも語っている。つまり胸に否定的な感情が蓄積すると、それが病気として現れると認識されている。これはクォン・ミョンジャの個人的な意見にとどまらない。チョ・ボクヒも次のように述べている。

**例4－1－2：チョ・ボクヒ（仮名、女性、五〇歳代、光州広域市在住）の語り**

「がんは心から来る病気よ。いい子ちゃんで聞き分けの良い人が、がんに罹るの。何も気にせず生きなければならないわ。何も気にせずに生きている人は、がんに罹らないのよ」。（二〇一一年五月二九日）。

では、胸に否定的な感情が蓄積すると、胸部の中でも心臓や肺ではなく、乳房に病気が生じるのはなぜか。クォン・ミョンジャによれば、臓器を物質として見てはならず、思考と臓器は連係しており、こういう考えをしたらこの臓器に影響を与えるというのは決まっている。結婚や家族の問題にとらわれていると、女性のそのような悩みは乳房、子宮、腎臓に病気をもたらす。乳房は子どもにとって命綱である母乳を出し、母胎の象徴であるとともに、女性として重要な部位でもある。子宮は見えないけれど乳房は目に見えるので、たとえば夫婦関係に問題がある場合、特に乳房の見栄えが悪いことを問題とする場合、乳房もそのストゥレッスを受けて反乱を起こす。また自分のやりたいことができずに心にとどめておくと、それが胸の中で塊になる。冷たい心を持っていると、それも胸に冷えが来る原因となり、がんが生じる、という。つまり結婚や家族にまつわる女性の悩みが、それらの問題と深く関連する乳房に病気をもたらすと考えられている。

このような考え方の背景にあるのは、女性の乳房のもつ表象性である。韓国にとどまらず、女性の乳房は複層的な意味を持つものとして表象されてきた［Yalom 1997: 275-279; 山崎ら 2011］。ヤング［2005］は女性の乳房が母性とセクシュアリティのどちらにも属するものであることを論じ、これを受けて「乳房を失うことは欲求し欲求される能力と同じくらい、母としての能力の象徴的喪失を際立たせる」［Diedrich 2007: 40］という主張もなされている。また「男性支配的な社会は女性の乳房を彼女自身のものとして考えない傾向にある」［Young 2005: 80］、つまり女性の乳房が彼女の夫やボーイフレンドや子どものものとして捉えられ、女性たちもその表象性に依存する傾向にあるため、乳房の喪失が感情的トラウマになるという指摘もなされている。またこれと関連して、乳房全摘療法による乳房の喪失を、女性性の喪失感をもたらすものと前提して論じる傾向が見られる［임인숙 2006］。なお、髪も女性性やセクシュアリティを考える上では重要な身体部位ではあるが、母性との関連は相対的にあまり密接ではないと考えられるため、詳細な検討は別稿に譲る。

筆者の出会った乳がん患者の中には、次のような語りを口にする人もいる。

事例4－1－3：イ・スミ（仮名、女性、五〇歳代、光州広域市在住）の語り

「自分が胃がんとかじゃなくて乳がんにかかったことがショックだった。乳房や子宮は女性の象徴だから。そのために苦しんだ。乳房は全世界的に女性の象徴じゃないかしら。ミチコから見れば、もう結婚もして子どもも産んで何の役にも立たない乳房なのになんでそんなに悩むのかと思うでしょうね。もし私がミチコの立場だったらそう思うと思う。でも乳房や子宮は女性だけが持つものでしょう。私は乳頭のそばにがんがあったから、最初は全摘しなければならないって言われて、乳房を失うんだと思ってすごく苦しんだ。でもX大学病院に行って、部分（切除）だけでいいって言われて、どれだけ嬉しかったことか」。（二〇一一年五月二九日）。

ただし乳房の喪失を感情的トラウマや女性性の喪失感と安易に結びつけることに関しては、より慎重な議論が必要である。なぜなら、乳房全摘療法を受けた患者たちの間でも、乳房の喪失に対する受けとめ方には個人差があるからである。乳房全摘療法を受けて以来、夫との身体的接触がなくなり、夫が浮気した、と悩む患者もいる。その一方で、オ・スクジャ（仮名、女性、五〇歳代、光州広域市在住）のように、乳がん治療によってストゥレッスを受ける部分は人によって異なると言い、自分は髪が抜けたり乳房の全摘をしたりすることはそれほどストゥレッスではなく、それよりも化学療法のつらさと再発に対する不安がもっとストゥレッスだった、と語る患者もいる。

コンネル［2008］は、自らの妻が乳がんの手術を受けたのち、乳房切除患者が利用できるサービスに連絡したときの体験を綴っている。そこで提供される主なサービスは、人工乳房やメイクアップなどによって魅力的で女性らしい外観を提示できるようにするため、あるいは妻や母としての役割を果たせるようにするために、患者を支援するものであった。これらは女性たちを異性愛の女性性の文化の中に再配置し、男性への正常なサービスを回復するためのものである。それにもかかわらず、このジェンダー・ポリティクスは感情の深い部分で作動するため、ポリティクスとして知覚されることはほとんどない。この体験を通してコンネルは、ジェンダー・ポリティクスがいかに身近で避けられないものであるかを指摘している。

これと同様に、乳房の喪失を感情的トラウマや女性性の喪失感と安易に結びつけることも、ジェンダー・ポリティクスに加担してしまう可能性があるため、慎重でありたいと筆者は考えている。その点を考慮しても、女性の乳房がセクシュアリティや母性などの意味を持つものとして表象されてきたことから、乳房が家族の問題と密接に関連づけられているという事実は指摘できる。

加えて韓国においては、女性の乳房は「オモニ」の隠喩として特別な意味を持っている。朝鮮時代、両班階級[13]を中心に、女性たちは外出時に目元以外の部分をすっぽりと布で覆って身体を隠していた。しかし朝鮮時代中期以降になると、庶民階級[14]において、出産経験後の女性たちが長いスカートと短い上着の間から乳房を大胆に露出させ

て外を出歩くようになった。この行為はセクシュアリティとは関係なく、儒教的な倫理において女性の最高義務とされる男児出産を成し遂げたことを自慢する行為であった［정성희 2009: 211］。この行為が見られるようになった一八世紀は、儒教的な倫理が社会の隅々にまで波及した時代であった。つまりこの行為は、女性に対して男児出産を義務づける儒教的な倫理が庶民階級に広まったことと関連している［정성희 2009］。この行為において可視化されるのは、女性の乳房を「オモニ」の隠喩として捉える認識である。

このような認識は、乳房を衣服で覆う現代の韓国においても同様である。たとえば筆者の友人は、以前は銭湯に行ってもタオルで乳房を隠して人目を避けていた。しかし子どもを産んだ途端に、姑らの関心が自分の乳房に向けられ、姑が「お乳がよく出そうね」などと言って乳房を見たり触ったりするようになったことに当惑している。姑は自分の息子の血を引く赤ちゃんがくわえる嫁の乳房を、嫁個人の所有物としてではなくチプの所有物として認識し、堂々と見たり触れたりしている。

この行為からも、出産を終えた女性の乳房が、セクシュアルな、隠されるべきものではなくなること、チプを支える「オモニ」の象徴として位置づけられ、公然と姑らの目に晒されることがうかがえる。同様の経験から、別の友人も出産後、「もう私の胸は神秘的な女性の胸じゃない。ただの乳瓶よ」と語っている。

このように、韓国において女性の乳房は、出産後、セクシュアルな意味を大きく排除され、可視化された「オモニ」の隠喩として認識されるようになる。その点で女性の乳房は、直接的に生殖に関わる子宮などの臓器とは異なっている。

また「オモニ」の乳房は母乳の出る時期においてのみ母性と結びつけられるわけではない。第九章第一節でライフヒストリーを扱う五〇歳代のソ・キョンスクは、風呂上り、孫娘（乳児）に自分の乳房（母乳は出ない）を吸わせる行為が見られた。また別の五〇歳代の患者も、患者会の集まりの中で「孫におっぱいを吸わせて、オンマのおっぱいとハルモニのおっぱいのどっちがおいしい？　って聞いたら、ハルモニのおっぱいのほうがおいしいって言うの」と自慢げに語る様子が見られた。この語りでは、孫がオンマのおっぱいよりもハルモニのおっぱいのほうがおいしいと言ったことで、自分が孫を満足させうる母性を失っていないことが強調されている。このように、「オモニ」の乳房は母乳の出る時期を過ぎても母性を表象するものであり続ける。

以上のような背景から、韓国において乳がんという病気は単に身体的な問題ではなく、乳房のもつ意味合いと合わさることによって、「オモニ」特有の問題と関連づけて解釈される。そしてそのことは、患者や周囲の人々が乳がんという病気に対処する方法に影響を与えている。

ソンタグは「情感に乏しく、抑制力が強く、抑圧された者こそ癌にかかりやすい性格」[1983: 58] といった心因説が、がんに罹患した原因を患者の責任にしてしまう傾向があることを指摘している。韓国の状況はそれと類似する側面もある。しかし、病気を引き起こした感情的な問題が本人の性格だけでなく周囲の人々との関係性の中で解釈される点、胸に感情が蓄積することで病気が生じると認識される点において、ソンタグの述べる心因説とは異なる独自の文脈の中で意味づけが行われている。

本書において、母性と関わる病気の中でも子宮がんではなく乳がんを扱う理由は、次のようなものである。まず、患者たちが病気に罹った原因を語るとき、乳がん患者の場合は、乳がんの原因がバイオメディスンでは解明しきれていないことから、後述するように多様な解釈が生み出されている。それに対し子宮がんの場合は、韓国における子宮がん患者の九割程度が子宮体がんではなく子宮頸がんであるという状況がある。子宮頸がんはそれを引き起こす主な原因がウイルスであることが解明されているため、病気の原因についての多様な解釈が生まれにくい。

さらに、バイオメディスンの言説では子宮頸がんに罹るリスクの高い群として「早いうちから性的関係を持った者」「多くの相手と性的関係を持った者」という説明がなされている。これらの行為は、韓国社会において公然と口に出すことがはばかられるものであり、女性に求められる貞淑さから逸脱したものである。すべての子宮頸がん患者が必ずしもこれらにあてはまるわけではないものの、言説があまりにも強力であるため、子宮頸がんは他のがんよりも隠蔽される度合いの高い病気である。このことから、患者たちが病因論を周りに発信するという行為が生み出されにくいと考えられる。

そのため本書では、母性と関わりのある病気の中でも、多様な病因論が生成され、患者たちがその病因論に基づいて周囲に働きかける行為を見せる、乳がんに注目する。

## 第二節　女性の婚姻状態および年齢による病因論の違い

乳がん患者には男性も含まれるが、本稿では女性患者の事例に注目する。韓国の女性は、婚姻状態および年齢によって、「アガッシ」「ノチョニョ」「オモニ」あるいは「アジュンマ」に区分される。「アガッシ」(*agassi*)とは、未婚で三〇歳代後半ぐらいまでの女性を指す。幼児は男女区別なく「アギ」(*agi*)、「アガ」(*aga*)、「エギ」(*aegi*)と称されるが、女児が幼児から「アガッシ」になる境界は曖昧である。本研究では「アガッシ」になる指標を初経とし、初経を迎えてから三〇歳代後半までの未婚女性を「アガッシ」として区分する。

「ノチョニョ」(*nocheonyeo*, 老處女)とは、およそ四〇歳代以上の未婚女性を指す。「老處女」という漢字から見て取れるように、この言葉には、結婚適齢期を過ぎてしまった未婚女性というニュアンスが含まれている。そのため、本人に対して直接「ノチョニョ」と呼びかけることはなく、本人のいないところでその人を指す言葉として用いられる。高齢者の中には、三〇歳を超えた未婚女性をも「ノチョニョ」と区分する人がいる。しかし近年の韓国社会では晩婚化が進んでいるため、一般的には四〇歳代以上の未婚女性が「ノチョニョ」として区分されている。

「アジュンマ」（*ajumma*）とは既婚女性を指し、「オモニ」（*eomeoni*）とは母親を指す。孫がいる場合は、おばあさんを意味する「ハルモニ」（*halmeoni*）という呼称も用いられる。しかし年かさに見られて人々から尊敬を受けることが好まれる儒教文化的な風潮は変化し、近年の韓国社会においては老若男女ともに若く見られることを好む風潮がある。そのため現在は、容姿が見るからに高齢である場合を除いては、自分の祖母以外の女性に「ハルモニ」と呼びかけることはあまりない。また容姿が見るからに高齢である場合も、あまり親しくない間柄では、「ハルモニ」より敬意のこもった「オルン」（*eoreun*）あるいは「オルシン」（*eoreusin*）という呼称が用いられる。「オルン」あるいは「オルシン」という呼称は高齢の人に対して敬意を込めて用いるものであり、男性に対しても女性に対しても用いることができる。呼称の流れを見ると、幼児期は男女の区別がないものの、幼児期を脱したときから男性と女性が区別され、老年期に入って再び男女同じ呼称、しかも最高の敬意を込めた呼称が用いられるようになる。これは韓国社会におけるセクシュアリティを考える上で興味深いが、別稿に譲ることとする。

「アジュンマ」という呼称は、厳密に既婚の女性を指す場合もあるが、日本語の「おばさん」と類似した使われ方をされる面もある。つまり、あまり親しくないあるいは見知らぬ中年女性を呼ぶとき、その女性の婚姻状態を知らなくても、容姿が中年女性らしければこの呼称が用いられる。特に市場の商人や家政婦、清掃作業員などを呼ぶときには、日本で見知らぬ女性に「おばさん」と呼びかけるよりもためらいなく、女性本人に対して「アジュンマ」と呼びかける。中年女性に対して、より親しみや敬意を込めて呼ぶときは、自分の母親でなくても、またその女性の出産経験の有無を知らなくても、「オモニ」あるいは「イモ」（＝母親の姉妹）という呼称を用いる。この点で、「オモニ」と「アジュンマ」は厳密に母親や既婚女性を指す以外に、中年女性一般を指す呼称としても用いられる。「オモニ」と「アジュンマ」の違いについて정희진は、同じ中年女性でも、家の中で家族のために働いているときは神聖な「オモニ」であり、家の外に出歩けば醜い「アジュンマ」になる、と説明している［2012: 62］。それほどまでに、「オモニ」は単に母親を指すだけでなく、家族との関わりの中で特別な意味合いを付与された呼称

である。そのため本研究では、家族との関わりの中で既婚女性を見るという観点から、「オモニ」に注目する。筆者が調査地で出会った患者たちの中には、未婚の母あるいは結婚して子どものいない女性は偶然含まれておらず、既婚女性はみな子持ちであり、子持ちの患者はみな既婚女性であった。よって本研究では、未婚の母あるいは結婚して子どものいない女性のケースをカバーすることはできないが、これらは別の機会に検討すべき課題としたい。

韓国の場合、一口に女性の乳がん患者といっても、婚姻状態および年齢によって病因論は異なる。第一に、「アガッシ」が乳がんに罹った場合、発病原因についての詮索はあまりなされず、本人や周囲の関心はむしろ将来の結婚に対する心配に向けられる。韓国において、がんの罹患は結婚に支障をきたすという見方が一般的である。それは次のような事例からもうかがえる。

**事例4－2－1：クォン・ミョンジャ（仮名、女性、五〇歳代、釜山広域市在住）の語り**

「アガッシたちが結婚もしていないのに乳がんに罹ったのを見るとかわいそう。隠して結婚するわけにはいかないじゃない。子どもを産んだオンマでも、手術したら、夫がもっときれいな女性を探して浮気したりするのに、チョンガク（＝未婚成人男性）たちがどう理解できるというの。結婚は精神的な関係だけじゃないでしょう。肉体的な関係があるものでしょう。乳房を手術するのは、他の部位とは違うわ。それにチョンガクが一人でいるわけじゃなくて、その父母もいるでしょう。そんな問題を避けられないわけよ。西洋は開放的だけれど、東洋は違うじゃない。私が入院しているときも、同じ部屋に乳がんの手術をしたアガッシがいたのだけれど、婚約したあとで乳がんが見つかったんですって。フィアンセは最初のうちは毎日病院へ来ていたけれど、だんだんと間隔が開いていったわ。アガッシが泣いて電話で喧嘩して……。そんな状態で病気が治るわけがないわよね。すでに付き合っていた男ですらそうなのだから（新しく結婚相手に出会うのはもっと難しい）」。（二〇一二年六月二一日）。

このように、がんに罹ってからの結婚は一般的に難しいと考えられており、特に女性のセクシュアリティと関連づけられる乳房に手術の傷を負った乳がん患者の場合はなおさらである。クォン・ミョンジャの語りの中でも、乳房に手術の傷のある女性と肉体関係を持つことを男性は好まず、ましてや未婚男性は到底望まないであろうことが指摘されている。

しかし乳房に手術の傷のある女性と肉体関係を持つことを男性が理解してくれさえすれば問題が解決するわけではない。クォン・ミョンジャの「チョンガクが一人でいるわけじゃなくて、その父母もいるでしょう」という語りにも見られるように、結婚においては本人のみならず親の意見が重要であると認識されている。このような認識は次の二つの事例にも表れている。

**事例4－2－2：乳がんに罹った未婚女性（二〇歳代）の経験とその母親（五〇歳代、光州広域市在住）の語り**

母親は「この子はこの先、彼氏はできるかもしれないけれど、結婚は難しいのではないかしら。韓国では二人の意志だけで結婚するというよりは、両家の父母の意見が強いから」と語り、娘の将来を心配している。娘は、乳がんの発覚を契機に、それまで付き合っていたボーイフレンドと別れた、という経験を持つ。ボーイフレンドのチバン（＝父系親族）は病気持ちの人が多いため、結婚相手には健康な女性を望んでいる、という理由からの離別であった。結婚を考えていた仲だっただけに、離別は互いにつらく、二人で泣きに泣いたという。

**事例4－2－3：キム・マルスク（仮名、女性、五〇歳代、光州広域市在住）の語り**

「うちの姪は、未婚のとき乳がんに罹って、その事実を隠したまま結婚したの。後に発覚して、シデク側から離婚を迫られるという事態に陥ったのよ」。

これらの事例からは、結婚に関しては当事者のみならずその親や親族が大きな発言力を持つことがわかる。ボーイフレンドの父系親族が結婚相手として健康な女性を望むために離別に至った事例からは、親族の発言力の強さがうかがえる。また結婚後に乳がんの罹患歴が発覚してシデクから離婚を迫られたという、キム・マルスクの姪の事例からは、結婚・離婚が当事者だけの問題ではなく、親族が大きく介入してくるものであることがわかる。

さらには乳がん特有の問題に加え、がん一般にまつわる問題も関わってくる。自分の子どもががん患者とは結婚してほしくないと思う理由について、乳がん患者のアン・グィオクは次のように語っている。

事例4-2-4：アン・グィオク（仮名、女性、六〇歳代、ソウル特別市在住）の語り

「（結婚相手を）失ってしまうかもしれないと思って反対するわよ。子どもを産んでおいて死んでしまうかもしれない。そうなれば夫も子どもも苦労するから、うちの子はがん患者と結婚しないでほしい。父母の欲心というものよ」（二〇一二年四月一六日）。

つまりがん患者は死ぬリスクが高いというイメージと、自分の子どもに苦労させたくないという「欲心」から、親が子どもの結婚に介入するのは当然であるとする考え方である。このような考え方の背景について、別の乳がん患者オ・スクジャは次のように語っている。

事例4-2-5：オ・スクジャ（仮名、女性、五〇歳代、光州広域市在住）の語り

ある患者が、がん患者が結婚することの困難さは「韓国が深刻」だと話した。オ・スクジャも同意して「がん患者も障がい者もそうよね」と言うので、筆者がその理由を尋ねた。

それに対してオ・スクジャは「韓国は儒教文化のせいでそうなの」という。そして「両班の家門（gamun）は両班家門同士で結婚していたの。虚勢を張るというのかしらね。自分を低めて頭を下げることを知らず、すごく立派なふりをするの。そういうところが今でも強いわ。だから自分の息子が第一なの。自分の息子は立派だから、それをうまく助けてくれる人と結婚することを望むわけ。だからがん患者だけじゃなくて、障がい者も結婚が難しいわ」と述べた。（二〇一二年四月一三日）。

オ・スクジャは、儒教文化のために家門の体面が重視され、また親が自分の子どもを第一に考えるために、自分の子どもをがん患者や障がい者とは結婚させたがらないと説明している。このように、「アガッシ」が乳がんに罹った場合に本人や周囲が抱く、将来の結婚に対する心配は、セクシュアリティの問題だけでなく、結婚が親族の体面の問題として捉えられたり、子のことを思う親や親族が大きく介入したりするという状況もかかわっている。

さらに、乳がんに罹った「アガッシ」の結婚への心配に関しては、もうひとつの要因がある。それは出産の問題である。ホルモン受容体が陽性の乳がん患者の場合、通常五年以上におよぶホルモン療法を受けることとなる。その期間中は薬が胎児に悪影響をおよぼすとして、妊娠してはならないことになっている。妊娠するためにはホルモン療法を中断するか、あるいは五年間のホルモン療法が終わるのを待ってから、一定期間をおかなければならない。また、稀にではあるが、化学療法の薬が卵巣に影響を与えてしまうケースもある。そのため、家系の「代をつなぐ」ことを重視する人は、乳がん治療を受けた女性が健康な子どもを出産し家系を継承することができるのかという懸念を抱くこととなる。

また、遺伝の問題も避けて通ることはできない。乳がんのうち遺伝性のものは全体の五〜一〇％にすぎない。にもかかわらず、乳がん患者の産んだ子どもは乳がんに罹る確率が高いのではないかという懸念が、患者の結婚を困難にしている。それにとどまらず、「アガッシ」本人が健康であっても、親ががん患者であることが結婚に障害となる、とまで考えられている。これもがんの遺伝を懸念するためである。

このように、がんが遺伝するという言説が子どもの結婚に悪影響を与えることを気にして、適齢期の子どもを持つ親たちは自分のがん罹患の事実を周囲に隠そうとする。結婚するときに親の健康診断書まで要求する人もいるらしいが、どうすればいいか、という話が患者会の集まりで話題になることもある。この状況を見たとき、がんに罹患した「アガッシ」にとって、がんが遺伝するという言説が将来の結婚に不利な影響をおよぼすことは言うまでもない。

これまで見てきたように、「アガッシ」が乳がんに罹った場合、本人や周囲の関心が発病原因の詮索よりも将来の結婚に対する心配に向けられるのは、がん患者の結婚をめぐるいくつもの懸念が存在するためである。ここには、セクシュアリティ、親や親族の介入、生殖と家系継承に関する問題などが複合的にからみあっている。

第二に、「ノチョニョ」が乳がんに罹った場合、本人が結婚を希望しなかったりあきらめたりしているケースが多いため、将来の結婚を心配する語りはあまり聞かれない。加えて、発病原因についての解釈もあまり多様ではない。晩婚や子どもを産まないことが乳がん発病のリスクを高めるという医療側の言説は、患者本人および周囲の病因論において支配的に作用している。

**事例4–2–6：イ・ユンミ（仮名、女性、四〇歳代、全羅道在住）の語り**

イ・ユンミは、乳がんになぜ罹ったと思うかという筆者の質問に対して次のように語る。「私が結婚していないって聞いたでしょう。遅くまで結婚せず子どもを産まなければ乳がんに罹る確率が高くなるんですって。私はそれだと思う。それ以外には思いつかないもの。家族歴もないし。姉も妹も早く結婚して子どもを産んだし、オンマもそうだったから、乳房には何の症状もないっていうのよ。だからあなたも早く結婚しなさい」。（二〇一二年五月一七日）。

**事例4－2－7：キム・ハヌル（仮名、女性、四〇歳代、全羅道在住）の語り**

キム・ハヌルは、乳がんになぜ罹ったと思うかという筆者の質問に対して次のように語る。「ホルモンのせいだと思う。妊娠したり授乳したりするとホルモンへの露出が少なくなるけれど、自分はそれらをしなかったから」。（二〇一二年六月一三日）。

イ・ユンミもキム・ハヌルも、晩婚や子どもを産まないことが乳がん発病のリスクを高めるという医療側の言説に沿った、教科書的な解釈をしている。それは彼女たちが遅くまで結婚していないという、医学的に乳がんの発病リスクが高いとされる状況に該当するからである。つまり「ノチョニョ」の病因は科学的に説明されてしまうため、病因に対する解釈の多様性はあまり見られないと考えられる。ただしこの現象については、女性のシングルが儒教的な価値観によって「周縁」に位置づけられてきたという文化的背景［岡田 2010］、さらにはそのことと関連して、近年増加しつつある女性たちの結婚・出産をしないという生き方に自己責任を求める風潮があることにも留意しておかなければならないであろう。

このように、未婚女性における乳がんの病因論には、儒教的な家族規範が色濃く影響を与えている。三〇代までの未婚女性の場合、病歴が結婚や出産に悪影響を与えることが憂慮され、また実際に乳がん罹患を理由に交際相手と別れる事態も発生する。病気を語る際に過去の出来事から病因を探そうとするのではなく未来の結婚・出産が語りの中心となることは、乳がんがいかに儒教的な家族規範を中心に解釈される病気であるかを物語っている。また四〇代以上の未婚女性の場合、結婚・出産を適齢期にしなかったということが語りの中心となる。儒教文化的に見れば「逸脱」となる非婚・子なしという選択をした彼女たちに対する批判的なまなざしに、科学的な病因論が加わり、彼女たち自身がそれを内面化していることがうかがえる。次に見る既婚女性と比較したとき最も顕著な相違点は、儒教文化的家族規範に「合格」した既婚女性が乳がんという病気を自らの武器にするのに対し、儒教文化的に「逸脱」した未婚女性にとっては逆に乳がんという病気が彼女たちの周辺性を強調し、あるいは規範からの逸脱を批判する方向に作用するということである。ここから言えることは、乳がんという病気が韓国の儒教的な家族規範と密接に結びついて解釈されるということである。

第三に、「オモニ」が乳がんに罹った場合、病因についての解釈がさかんに行われる。その過程で多く語られるのが、家族の問題によるストゥレッスの蓄積である。その背景には、先述したような、胸に感情が蓄積することによって病気が引き起こされるという認識に加え、「ファッピョン」(*hwa-byung*: 火病)という病気の存在が挙げられる。「ファッピョン」とは怒りや不満などの否定的感情「ファ」(*hwa*: 火)が蓄積して発生する病気である。その具体的な内容は、後に詳述する。

## 第三節　「オモニ」たちの語る病因論

「オモニ」が乳がんに罹った場合、病因についての解釈がさかんに行われる。その過程で多く語られるのが、家族の問題によるストゥレッスの蓄積である。ただしこのような病因論は、テレビの取材などの際には患者たちが家族の問題を話すことを憚るため口にされず、医療陣に対しても話す時間がなかったりあるいは話しても医療陣がとりたててそれに注目しなかったりするため、世間一般に乳がんの病因論として知られているわけではない。しかし患者会やインターネットコミュニティなど乳がん患者同士で集まる場では、このような病因論がさかんに繰り広げられる。

ストゥレッス（*seuteuresseu*）とは外来語のstressが転化した言葉であり、日本語の「ストレス」と類似した意味合いで用いられる。韓国において最も頻繁に口にされる外来語がストゥレッスである、という言説が存在するほど、ストゥレッスという言葉は日常生活の中でよく用いられる。それは、ストゥレッスが日本語のストレスと比べて、人間関係の問題によって受ける不快な感情を広範に含むこと、そして病気との因果関係を持たされやすいことを表していると考えられる。本書で示す患者の語りにも、ストゥレッスという言葉は頻出する。韓国社会においてストゥレッスが病気の原因として多く語られる現象については、別稿にて検討すべき課題としたい。

家族の問題によるストゥレッスの蓄積が病因として多く語られる背景には、先述したような、胸に感情が蓄積することによって病気が引き起こされるという認識がある。これに加え、「ファッピョン」（*hwa-byung*: 火病）という病気の存在が挙げられる。「ファッピョン」とは怒りや不満などの否定的感情「ファ」（*hwa*: 火）が蓄積して発生する病気である。

この「ファッピョン」と、一般人がシャーマンになるとき神憑り状態になって起こる「ムビョン」（*mu-byeong*: 巫病）あるいは「シンビョン」（*sin-byeong*: 神病）[15]はいずれも、チプの中で抑圧的状況に置かれている「オモニ」が周囲との関係性を変える機会をもたらす病気である。いずれの病気も中高年女性に多く見られ、日常生活において抑圧的な状況に置かれている「オモニ」が、病気を通して周囲の人々との関係性を変化させるための契機となってきた。

一方、乳がんは近代になって注目されるようになった、バイオメディスンにおける疾病の一種である。しかし韓国の「オモニ」の乳がん患者たちは、乳がんと「ファッピョン」を結びつけて思考している。

**資料1　韓方神経科医院のインターネット広告画像（一部編集）**
画像出典：http://blog.naver.com/akdmacndwjs/178885016

**事例4－3－1：チェ・ソンユン（仮名、女性、四〇歳代、蔚山広域市在住）の語り**

「すべての病気の原因はストゥレッス。特に乳がんはすべて「ファッピョン」だと言われているわ。私も結婚生活でストゥレッスを受けたのだけれど、まさにその場所にがんができたんだもの」。（二〇一一年一月一一日）。

この語りに見られる「まさにその場所に」というのは乳房のことを指すが、ここには二つの意味合いが含まれている。ひとつは、乳房がセクシュアリティや母性といった、結婚生活と深く関わる部位であるという意味合いである。もうひとつは、胸が「ファッピョン」の生じる部位であるという意味合いである。

否定的感情は、胸に蓄積し、胸の「詰まり」となって認識される。何か問題が膠着状態に陥って悩み事が長く解決しなかったり、じれったい思いをしたりするとき、人々は胸の詰まる感覚をおぼえ「タプタプハダ（*dapdaphada*）」と表現する。そしてその詰まりを砕こうとでもするかのように、喉に物が詰まったときのように、こぶしで自分の胸をドンドンと叩く。

資料1は、韓国のある韓方神経科医院のインターネット広告画像である。ここには、こぶしで胸を叩く様子が象徴的に映し出されている。広告の文句は「つきあげてくるファ」とある。この文句には、「ファ」のつきあげてくる場所が胸であることが示されている。また画面下部の「あなたのしこりを解きほぐしてさしあげます」という文章からは、「ファ」がしこりとなり、胸の詰まりをもたらすことがわかる。この胸の詰まりが長引くと「ファッピョン」を引き起こすと考えられている。乳がんのしこりは、この胸の詰まりを具現化するものとして解釈される。また画像の人物は顔は映っていないものの、体型や服装、手の様子から、中高年女性であることが一目でわかるようになっている。これは広告の主なターゲットが中高年女性であること、すなわち「ファ」と関連する病気が中高年女性に多く見られることを表している。

「ファッピョン」そして乳がんは、家族の問題などで長期にわたってストゥレッスに堪えなければならない状況下に置かれることに加え、そのストゥレッスを発散できない、あるいは文句を言えない性格が原因になると考えられている。

**事例4−3−2：キム・ミリ（仮名、女性、四〇歳代、蔚山広域市在住）の語り**

「ここ（＝「憩いの宿」）に来る人の共通点は、文句を口に出せない人で、長男の嫁（*madmyeoneuri*）が多いわ。姑とぶつかりながら長いこと我慢してきた人」。（二〇一二年二月一三日）。

この語りに見られるように、「長男の嫁」すなわち「姑とぶつかりながら長いこと我慢してきた人」という状況的な要因と、「文句を口に出せない人」という性格的な要因が重なったとき、乳がんが生じると解釈されている。「文句を口に出せない」性格が感情の蓄積を引き起こし、それが病気を引き起こすという考え方は、「ファッピョン」と同様である。キム・ミリにとどまらず、他の患者たちの間でも、乳がんの病因論として、性格の問題が語られる。

**事例4－3－3：カン・オクスン（仮名、女性、六〇歳代、ソウル特別市在住）の語り**

「私は手術してから性格が変わったわ。私は下ばかり向いて生きていたのよ。商売をしていたのに、どれほど印象が悪かったことか。お客さんが「何何ください」と言えば「はい」と言って、お客さんの顔も見ずに商品を渡していたの。それに私は夫をどれほど憎んだかわからない。夫が手を握ろうとしたら、手をひっぱたいたわ。火がいつも胸の中にあるのよ。だから病気が生じたのだと思う。だけど人は私が願ったとおりに変わるのは難しいから、私が変わるほうがいいと思った。不満をパッと口に出すか、そうでなければ、はい、はいと言って、よくしてあげるか。私が夫に対して、はい、はいと言って、よくしてあげるものだから、夫も喜んで、仲がよくなったわ。嫁は私を見て、自分の夫にどれほどよくしても、オモニムがアボニムによくしてあげるほどには及ばない、と言ったものよ」。（二〇一一年一一月一一日）。

**事例4－3－4：イム・ウンジ（仮名、女性、四〇歳代、全羅道在住）の語り**

「私はもともと、性格が神経質で、ストゥレッスを受けやすくて、言いたいことも言えなくて、体も弱いの。低血圧だし。朝は起きられなくて、ふらふらしているの。そんな悪い条件をみんな持っていたわ。患ってからでも性格を変えれば再発しなかったかもしれないのに。子どもが小さいから、小言を言うことにもなるし、ストゥレッスも受けるから、うまくいかなかったわ。今からでも性格を変えようと努力しているわ」。（二〇一二年二月一一日）。

**事例4－3－5：チェ・サンミ（仮名、女性、五〇歳代、慶尚道在住）の語り**

「私も患ってから姉に「あんたも言いたいこと言いなさい」と言われて、自分が文句をあまり言わなかったことに気づいたわ」。(二〇一二年二月一三日)。

**事例4―3―6:キム・ミジョン(仮名、女性、五〇歳代、慶尚道在住)の語り**

「ストゥレッス検査を受けたら、ストゥレッスに打ち勝てない性格と結果が出たわ。性格に問題があるみたい。ずっと我慢する性格なの」。(二〇一二年一月一〇日)。

カン・オクスンが「下ばかり向いて生きていた」こと、イム・ウンジが「言いたいことも言えな」いこと、チェ・サンミが「あまり文句を言わなかった」こと、キム・ミジョンが「ずっと我慢する性格」であることを問題視する語りにはいずれも、感情を表出せずにとどめる性格が病気を引き起こしたという考え方が現れている。そしてカン・オクスンの「火がいつも胸の中にあるのよ。だから病気が生じたのだと思う」という語りにおいて、乳がんと「ファッピョン」との関連づけが改めて浮き彫りになっている。

舅・姑などシデクの人々にまつわる苦労やストゥレッスを病気の原因として語るケースには、以下のようなものがある。なおソン・キョンスクとジ・ミジャの事例に出てくる「オルン」とは、この場合はシデクの、立場的にも年齢的にも目上の人々を指す。

**事例4―3―7:ソン・キョンスク(仮名、女性、五〇歳代、忠清道在住)の語り**

「夫は八人兄弟の五番目なのに、なぜか私たちがオルンの面倒を見なければならなかった。他の兄弟たちが嫌がったから。姑や舅だけでなく、シハラボジ(=夫の祖父)の面倒まで見たわ。姑は仕事を嫌い、監督だけはしっかりする人だった。私は最初は泣いてばかりいたけれど、暮らしているうちに性格が変わるものよ。強くなったわ。

夫の長兄（keunhyeong）は、子ども三人がまだ乳飲み子だったときに亡くなった。長兄の妻（keunhyeongnim）は、自分の長女が就職すると、他の子どもを私に任せて、長女のもとへ行ってしまったわ。（長兄の）長男は浪人生、次男は高校生。私は明け方に起きて高校生のためにお弁当を作って送り出したのよ。忙しくて、自分の子どもたちがどうやって大きくなったのかわからない。おむつを子どもの顔の両側に積んで、哺乳瓶を立てかけて、子どもが一人でミルクを飲んだのよ。

舅は数歩歩くごとにおしっこをして、部屋にこもっていたわ。オルンたちがみな亡くなって三年経ち、やっと生きた心地がすると思ったら、がんに罹ったの。原因はストゥレッスだと思うわ。シデクのシックー（sidaek sikgu）たちには、私ががんに罹ったことを知らせていないわ。知らせたくないの」。（二〇一一年九月二七日）。

### 事例4－3－8：ジ・ミジャ（仮名、女性、五〇歳代、慶尚道在住）の語り

「姑は、料理、洗濯、そういうことをするのを嫌がって、オルンの待遇を受けることだけを望む人だった。ごはんが炊飯器の中にあるのに、食事を整えることもしない。食事の時間になったのに私がごはんも準備しないでどこかに行ってきたと怒るものだから、私とけんかになったわ。夫の弟（sidongsaeng）が来たら、自分の息子に食事ぐらい準備してあげればいいのに、私を呼んで、食事を準備してあげろというの。

私が嫁に来たとき、姑は四九歳だった。そのとき姑はまだ生理をしていたのだけれど、昔はナプキン（saengridae）なんかどこにあるというの。自分の経血のついた下着も、私に洗えと言ったわ。姑が七九歳で亡くなるまで三〇年間、私は苦労した。うちの夫に、（姑と）別々に暮らそう、こうやってけんかしながら一緒に住んでもお互いによくない、と言ったのだけれど、そうする（＝姑と別居する）ことはなかったわね。

舅は姑が亡くなってから一年ほどは気後れがしたようだったけれど、だんだんと元気が甦ったようね。私たち夫婦が一緒に寝ることも、怒って禁止させたりしたわ。私は夫に、部屋をどこかに借りて別居しようと言ったけれど、結局は我慢したわ。そうやってストゥレッスを受けて、残ったのは病気しかない（胸に手を当てる）。シヌイ（＝夫の姉妹）たちは自分の父母がどんなことをしてきたのかよく知っているから、そのせいで私が病気に罹ったといって、私によくしてくれる。舅は同居した後、今は療養病院にいるわ」。（二〇一一年九月二九日）。

ソン・キョンスクとジ・ミジャの事例からは、シデクの人々に仕える苦労に長年耐えてきたことにより、自分の乳がんが生じたと解釈していることがわかる。

シデクの人々に仕えることによるストゥレッスは、直接的に家事や介護が大変であることや、シデクの人々との不仲あるいはシデクの人々に理不尽な用事を押し付けられるということによるものにとどまらない。家族の成員の世話に追われ、自分自身への投資をできずに暮らすということもまたストゥレッスとなる。

**事例4－3－9：パク・ジョンエ（仮名、女性、六〇歳代、ソウル特別市在住）の語り**

パク・ジョンエ「私は三〇年以上、夫の両親に仕えて暮らしたわ。二〇〇二年三月にお亡くなりになって、八月に私が病気になったの。そのストゥレッスもあるし、夫が事業に失敗して、突然私もお金を稼いでなんとか食べていこうと、何でもしたわ。私自身に対する投資をできずに暮らしていたわね。でもこれは生まれたときから決まっていた運命でしょうね」。

筆者「病気をしてからは自分への投資をするようになりましたか」。

パク・ジョンエ「いや、うまくいかない」。

筆者「投資とは具体的にどういうことですか」。

パク・ジョンエ「私が習いたいものを習って、私のための時間を持つこと。容姿を磨くこともそうだし、サウナで一日中座っていることも、時間的に私に対する投資でしょう。でもカジョク（*gajok*）を世話するために、それができないの」。（二〇一一年一一月二二日）。

このようにパク・ジョンエは、舅・姑に長年仕えてきたことや、夫の事業失敗により自分もひたすら労働しなければならなかったこと、それらによって自分への投資もできずに暮らしてきたことを、病気の原因として解釈している。しかもそれらの苦労を「生まれたときから決まっていた運命」として認識することにより、抗うことのできない天命としてひたすら耐え忍んできたことがわかる。

パク・ジョンエはまた、夫に対しても強い不満を持ちながら、舅・姑の前ではその不満を口にすることができず耐えるほかないという状況下に置かれていた。

**事例4―3―10：パク・ジョンエ（仮名、女性、六〇歳代、ソウル特別市在住）の語り**

「一九九七年、つつじの花が咲く今ぐらいの時期に、夫の事業がうまくいかなくなったわ。夫に山に連れて行かれて、衝撃的な言葉を言われた。ものすごくショックを受けて、今まで自分がカジョクのために尽くしてきたことがすべて崩れるような気持ちだった。足に力が入らなくなり、それから三日間は起き上がれなかった。そのときこの病気（＝乳がん）に罹ったのだと思う。事業に失敗して夫も精神的に参っていたからそんなことを言ったのだろうと思う。でも夫のそんな本性を知らずに今まで尽くしてきたかと思うとすごく憤りを覚えた。それまでは、夫は父母の前だからわざと甘えているのだろうと思っていたのに。本性からして非協力的だったのね。でもそうやって病気の原因を夫のせいにしているけれど、結局は私が自分自身を大切にして生きてこなかったせいでしょうね。

夫とは紹介で結婚したの。夫は八歳年上。私は父母を早くに亡くしていたので、愛してもらいたくて、歳の差が大きすぎるという周りの反対を押し切って結婚した。二二歳で結婚したの。早かったでしょう。二三歳で娘を産んだわ。自分の意志で結婚したから、一生懸命カジョクに尽くした。でも夫にも舅・姑にも尽くしたのに愛は得られなかったのよ。私は舅や姑がいたから、夫に対して不満ひとつ言えなかった。その当時の私の望みは、山に夫を連れて行って大声で悪口を浴びせることだったわ」。（二〇一二年四月二四日）。

パク・ジョンエは、夫に対しても強い不満を持ちながら、舅・姑の前ではその不満を口にすることができず耐えるほかなかったことを、自らが乳がんに罹った原因として語っている。舅や姑、夫からの「愛」を期待したのに得られなかったという点、また「自分の意志で結婚したから」苦境にも我慢せざるをえなかったという点では、本人に配偶者を選ぶ権利のなかった七〇歳代以上の世代にはあまり見られない苦悩であると考えられる。

パク・ジョンエのように、舅・姑などにまつわるストゥレッスに次いで、病因論の中で多く聞かれるのが、夫にまつわるストゥレッスである。具体的には、夫の浮気や夫に対する不満がストゥレッスをもたらし、それによって自分の乳がんが生じたという語りである。

**事例4-3-11：パク・スヨン（仮名、女性、六〇歳代、全羅道在住）の語り**

「乳がん患者を見ていると、離婚したり子どもと離別したりした人が多いみたい。私は軍隊に行った息子を亡くしたの。それから九年経ってこの病気が来たのよ。女性は夫から愛されたいという気持ちがあるじゃない。でもうちの夫は無愛想。無愛想なくせに浮気までしたの」。（二〇一二年三月六日）。

事例4－3－12：キム・ユンレ（仮名、女性、五〇歳代、慶尚道在住）、クォン・ヨンスク（仮名、女性、五〇歳代、忠清道在住）、ジャン・ジョンジャ（仮名、女性、五〇歳代、慶尚道在住）の会話

キム・ユンレ「療養病院で（がん患者たちの）話を聞いてみると、原因はみなストゥレッス。すべてのことを投げ出してしまわないといけないわ。だから私も夫と別居しているの、空気のきれいな所に住むためにね」。

クォン・ヨンスク「配偶者から来るストゥレッスが一番大きいわ。夫が先に死んだ人はロト当選。幸せに長く生きるらしいわ」。

キム・ユンレ「私の場合、夫が浮気をしたの。手術をする前から。抗がんで辛い思いをしているときも、私が食事を作ってあげないといけないし、夫は夜遅くまで帰ってこなかった。夫が浮気するストゥレッスで再発したんだと思うわ。完璧に仕事がよくできて、他人に迷惑をかけまいとする人、何かがうまくいかないとずっとそれに執着する性格の人が、がんにかかるのよ。ストゥレッスを受けたら瞬間的にホルモンや免疫に異常が起こるんですって」。

ジャン・ジョンジャ「こんな夫と結婚したのも私の業（eob）だと考えて、ストゥレッスを受けないようにしないといけないわ。家に帰ってきたら私の夫、外にいるときは他人と考えて。オーストラリアでは、ストゥレッスを受けないようにする薬も、がん患者が必須的に飲むことになっているらしい。〈植物性スクァイ〉というらしいわ」。

キム・ユンレ「韓国の医者はそんな話もしてくれず、数値だけ見て治療するわよね。だから治るはずがないのよ」。（二〇一一年一一月九日）。

上の患者同士の会話で「夫が浮気するストゥレッスで再発した」と述べたキム・ユンレは、夫との関係について、

次のように詳細に語っている。

**事例4－3－13：キム・ユンレ（仮名、女性、五〇歳代、慶尚道在住）の語り**

「最初に乳がんに罹ったときはストゥレッスの管理法がわからなかったけれど、再発してやっとわかった。夫の顔を見るのも嫌で、無関心を通しているわ。病気をしてから田舎に土地を買い、一〇坪の小さな家を建てた。私だけが住めるように。韓国の松は高いし入手が難しいので、ロシアの材木を買ったわ。ロシアではそういう家をよく建てるんでしょうね。大工さんは、小さな家はお金にならないので仕事を引き受けたがらず、夫の友人に頼んだわ。庭に黄土の部屋を建てる予定だけれど、夫は全く焦らない。私が死んだ後で建てるつもりだろうかと思う。早く建ててくれと言うと、（夫は）忙しいのにと言って腹を立てる。他に言葉はいくらでもあるのに、腹を立てるからこっちもストゥレッス。田舎では、畑にニンジンやナスやサンチュを植えて楽しい。山の中だけれど、窓からは村が見えるの。J郡のほうはもっと空気がきれいだけれど、P市内から車で三〇分ぐらいの所の方が夫も仕事に通いやすいのでそうしたわ。夫は週末だけ来て、平日はP市内のアパトゥ（高層マンション）にいる。夫一人であんな広いアパトゥは必要ないから、売ってそのお金で黄土部屋を建てたいわ。抗がんでしんどいときも、夫は「運動しないとだめだろう」と言ってきた。運動したいのは山々なのに、まるで私が怠けているようじゃない」。（二〇一一年一二月一二日）。

「夫は食餌療養に関心がなくて、菜食を出したら「肉がなくてどうやって力が出るのか」と言うのよ」。（二〇一一年一二月一五日）。

キム・ユンレは、夫の浮気、自分の病気や治療に対する夫の無理解、化学療法で体調がすぐれないときにも夫の食事を準備しなければならないことなどに対してストゥレッスを抱き、それが再発の原因になったと考えている。そチプの問題と深いつながりを見せるケースもある。ここで二つの事例を見てみよう。

姑の問題も関わっていたり、あるいはシデクの頻繁な祖先祭祀の準備を一手に担わなければならなかったりという、しかし夫に対する不満を病気の原因と考える患者の語りの中には、パク・ジョンエの事例に見られたように舅・ク・スヨンのように、夫に対する不満が、夫との一対一の関係の中で語られるケースもある。

のため今では「ストゥレッス管理」のために、夫に対する「無関心」を心がけていると語る。キム・ユンレやパ

**事例4－3－14：イ・ジニョン（仮名、女性、五〇歳代、ソウル特別市在住）の語り**

「私はシャワーしていて乳がんを見つけた。ストゥレッスが原因だと思うわ。二年間のシジプサリをしたのよ。夫があまりにも良い子すぎて、自分の母親に何も言えないのが、すごくじれったくて胸が詰まる(*dapdaphae*)。あるときは胸がドクンと鳴るぐらい憤ったわ。それを発散することができなかった。それが病気の原因だと思う。うちの夫は愛情表現ができないのではない。自分さえよければいいという性格なのよ」。（二〇一二年四月一四日）。

「でも私、夫を憎んでいるくせによくしてあげるのね、と周りの人によく言われるわ。今回もイベント会場のキーホルダー作りのコーナーで、夫のためにキーホルダーを作ったの」。（二〇一二年四月一五日）。

**事例4－3－15：パク・ヨンミ（仮名、女性、五〇歳代、慶尚道在住）の語り**

パク・ヨンミ「私は周りにがん患者なんていないのに、ストゥレッスをたくさん受けたの。夫は子どもたちが高校生のときに浮気をして家を出て行った。高校からがお金がかかるというのに、生活費や教育費なんて一銭もくれなかった」。

他の患者「それでストゥレッスをたくさんお受けになって病気が生じたんですね」。

パク・ヨンミ「それだけじゃないわ。シジプ（sijip）ではチェサが一年に一二回もあるの。それを私が全部準備したの。抗がんをしながらでも全部準備したんだから。後にシトンセン（＝夫の弟）が、あまりにもしんどそうだからといって、一部を持って行って（＝引き受けて）くれた。

私は夫の離婚の求めにも応じてこなかったけれど、数年前に夫が、妻が家を出たと理由づけて離婚訴訟を起こしたの。チンジョン（chinjeong）もシジプ（sijip）もみな、私が家を出ずに子どもたちを育て続けたことを知っているというのに。私が判事の前で、違いますと言わなきゃならないわけ？　馬鹿馬鹿しいから無視していたら、自動的に夫の訴えが通ってしまい、お金も全く受け取れなかった。やりかたが汚いったらありゃしない。でも子どもたちが私の苦労をわかってくれるから救われるわ。

がんは誰でも持っているらしい。でもある日ストゥレッスをたくさん受けたら、ある部位から集中的に病気になってがんが発生するのよ。（他の患者たちに対して）どこかの調子がちょっと悪かったら、反対側に（がんが）できたのか、頭が痛かったら頭に上った（＝転移した）のかって、不安よね。心を楽に持たなければね」。

（二〇一二年五月七日）。

イ・ジニョンがストゥレッスによる胸の詰まり感を発散できなかったために乳がんが生じたという語りにも、乳がんと「ファッピョン」との関連性が見られる。それにとどまらず、二つの事例において、病因論として語られるストゥレッスがチプの問題と関わってくる点においても、「ファッピョン」との関連性を見せている。

イ・ジニョンは、夫に対する不満を主な病因として語るが、そこにはシジプサリの中でも「あまりにも良い子すぎ」る夫が妻ではなく常に母親の言いなりになるという問題が関わっていた。またパク・ヨンミの場合も、夫の浮気を主な病因として語るが、夫が家を出た後もシジプの頻繁な祖先祭祀の準備を一手に担わなければないという負担を抱えていた。すなわちこれらはチプに婚入してきた女性が嫁として担うべき任務（姑への服従、祖先祭祀の準備）を遂行するものの、夫が（物理的あるいは精神的に）不在になることで、「オモニ」の婚家での立ち位置が孤独かつ不安定なものになるという状況を示している。パク・ヨンミが夫の不在後も必死で子どもたちを育て、子どもたちが自分を理解してくれることに何より大きな救いを感じているのも、子どもがチプにおける「オモニ」の立ち位置を安定させる重要な存在であることに起因している。パク・ヨンミの「チンジョンもシジプもみな、私が家を出ずに子どもたちを育て続けたことを知っているというのに」という語りからも、子育てに忠実な姿を見せる行為を通して、チンジョンからもシジプからも夫の非と自分の無罪を認められ、両方での立ち位置を確保していることがわかる。このことはパク・ヨンミにとって、裁判所で判事から自分に非のないことを認めてもらうよりも重要なこととして認識されている。これらの点で、イ・ジニョンとパク・ヨンミのいずれの事例も、チプにおける女性の問題と関連している。

これらのような民俗的な病気の解釈に加え、バイオメディスンの言説で語られる環境や生活習慣といった要因も、「オモニ」たちの乳がんの病因論に影響を与えていることは事実である。それは以下のような語りで表現される。

事例4‐3‐16：イ・ヒジャ（仮名、女性、五〇歳代、釜山広域市在住）の語り

「がんに罹る六ヶ月前、よくないことがたくさんあったの。両親が来て布団を全部使い、部屋の暖房も入れなかった。今なら押入れから布団をもう一枚出すところだけれど、当時はそんな考えはなく、薄い布団で丸まって寝たわ。そして仕事が忙しく、毎晩一一時まで事務室に座っていた。職場での生活だけして、天地もわからず暮らしていたわ。今は一〇時半には寝るようにしているの。私は家を建てて二年六ヶ月後に手術したわ。壁も塗り、シンク台も替えたので、換気しないといけないのに、窓を閉めて出勤し、帰宅して食事を作るときだけ窓を開けて、また閉めて寝たから、どれほど体に悪かったことか」。（二〇一二年一月九日）。

イ・ヒジャが過去の生活を振り返って問題視しているのは、身体を冷やしたこと、多忙、就寝時間が遅かったこと、家を建てたときに換気をせず化学物質を吸い込んでしまったことである。他の患者たちもこれらと類似した要因を病因として語る。中には、就寝時間が遅かったことを最も大きな原因として考える患者もいる。ここで三人の患者による病因論を見てみよう。

**事例4－3－17：ムン・ヒョンミ（仮名、女性、四〇歳代、慶尚道在住）の語り**

「私はこの病気に罹ってから、原因は何だろうと考えた。インスタントラーメンが好きだったからかと思ったけれど、インスタントラーメンを好む人はたくさんいる。家族歴もなく、祖母は九五歳で少し痴呆気味だけれど体はぴんぴんしている。父母も元気。私の考えでは、私が私自身をあまりにも大切にしなかったのだなぁと思う。運動もしていなかった。保険も、夫や子どもの分はきちんとかけていたのに、自分の分はかけていなかった。ストゥレッスも病気の原因になると聞いたので、前までは子どもたちを大声で叱っていたけれど、そうしないようにしたわ。私が家族歴を作ってしまったから、子どもにストゥレッスを与えないようにしているの」。（二〇一一年一〇月一三日）。

「私は患う前、学習塾の講師をしていた。中高生たちは遅くまで勉強するから、私も塾の仕事をしながら生活パターンが完全に昼夜逆転してしまったの。一二時より前には寝たことがなくて、遅くまで仕事をして。それがよくなかったんだと思う」。（二〇一二年五月七日）。

**事例4－3－18：ソン・ヒョンジュ（仮名、女性、五〇歳代、全羅道在住）の語り**

「ストゥレッスをたくさん受けて、疲れるほど仕事したから。二〇〇二年に大きな建物を買ったの。借金でね。そのために毎月利子を返すために必死で働いた。それまでは借金もなかったのだけれど。一階は韓服の店で、結婚式の集中する時期はすごく忙しい。二階はスクリーンゴルフ場。一階の店で仕事をした後、二階の様子を見に行くと、（客の）おじさんたちが「奥さん、一ゲームしましょう」と言ってきて、付き合わないといけない。おじさんたちが四人で来たら自分たちだけで楽しむけど、二人で来たおじさんたちは退屈だからね。おじさんたちはタバコをたくさん吸うから、その煙もよくなかったと思う。気分がいいといってはタバコを吸いまくり、気分が悪いといってはタバコを吸いまくるんだから。おじさんたちと一ゲームしたら、時間がすごく取られる。夜一二時に閉店して、家で用事をしたらすぐに一時二時。毎日遅く寝た。金銭的にも苦しくて、ストゥレッスをたくさん受けたわ」。（二〇一二年五月八日）。

**事例4－3－19：ジャン・オクヒ（仮名、女性、四〇歳代、光州広域市在住）の語り**

「（乳がんに罹った原因は何だと思うかと筆者が尋ねたのに対し）私は患者会でみんなに尋ねたけれど、共通点があったわ。すごくびっくりした。第一に、夜遅くまで寝ていなかったこと。二四時間営業の食堂で働いたとか、そういう人が多いの。蛍光灯の光を浴びると発病率に七〇％差が出ると言うじゃない。私も大学院に入って論文を書くために夜遅くまで寝なかったわ。昔から夜に集中できたものだから、夜に勉強して午前一時二時まで寝なかったの。でも本当は一二時までには寝なければいけないのよ。第二に、小麦粉の入った食べものを好むこと。第三に、水をあまり飲まないこと。私も一日にコップ一杯二杯程度、あとはコーヒーを飲むくらいだったわ。私の乳がんが発覚したのは三八歳の時だったけれど、悪い生活習慣のせいで、がんを長い間抱えていたんだと思うわ。

私はストゥレッスをうまく発散できずに抑え込んでしまう性格だったの。そこにも問題があったでしょうね。最近はファが出ても（＝腹が立っても）、ああ、その人はそういうものなんだと思って、すぐ忘れてしまうわ。私も患ってから道を磨いたものよ。

考えてみると、私はよくない生活習慣があったわ。私が病気に罹るほかなかったんだなあという考えが浮かぶ。夜にフライドチキンやピザを食べたり、コーヒーを飲んだりするのが好きだったし。運動もしなかったし。外食もよくしていたし。外食は家で作るように清潔じゃないのよね。私は二人目の子どもを産んでからかなり太って、母乳の授乳も短くしたの。（育児のために）休職したら気楽で、それまで食べられずに我慢していた食べものを一気に食べて、運動もしなかったから、太るほかなかったわけよ。

その当時、職場の上司がものすごいストゥレッスを与えてきたの。そのときとてもしんどくて、大丈夫と言いながら大丈夫じゃない状態、あるじゃない。ある日、服を着替えているときに手が胸をわずかにかすったんだけど、ものすごく痛くてうずくまってしまった。痛くて泣いてしまったわ。これは普通じゃないと思って病院へ行ったわ。でも私は疼痛を治療しに行ったのであって、がんという考えは全く浮かばなかった。でも（医師に）、形がよくないですね、保護者を呼んでください、と言われたの。その言葉を聞いて、私も（大きな病気であることが）少しわかったわ」。（二〇一二年一月一五日）。

これらの語りにおいて、ムン・ヒョンミは仕事のために生活が昼夜逆転していたこと、および就寝時間が遅かったことを病因として考えている。ソン・ヒョンジュは金銭的なストゥレッス、タバコの受動喫煙に加え、就寝時間の遅さを自らの病因と認識している。またジャン・オクヒは、就寝時間の遅さ、小麦粉食品の嗜好、水分摂取不足、ストゥレッス、食生活の乱れ、運動不足、よく外食をして不衛生な食品を摂っていたこと、授乳期間の短さ、出産後の肥満などを病因として挙げている。ジャン・オクヒの語りに現れる危険因子の網羅ぶりは、まるで病院のがん予防ガイドブックと民間療法家の啓発書を同時に読んでいるかのようである。

ジャン・オクヒのように小麦粉製品を好んで食べたことを病因として考える思考は、他の患者たちの語りにも見られる。

事例4－3－20：チェ・ソンジャ（仮名、女性、五〇歳代、慶尚道在住）の語り

「まず家族歴があった。一番上の兄が肝臓がんで亡くなったの。私は七人きょうだいの末っ子で、一番上の兄と末っ子の自分だけががんに罹ったの。アボジは私が幼いときに亡くなって、昔のことなので医学技術が発達していなくて死因ははっきりしないけれど、たぶんがんだろうと兄たちが話していたわ。私は性格のせいでがんになったのではないと思う。外向的な性格だから。でも両面性があって、ある面では小心者。食べ物のせいでがんになったのでもないと思う。肉や脂っこいものはもともと好きじゃなかったし、味噌や大豆など体にいいものが好きだったから。でも小麦粉食品が好きだったのはよくなかったかもしれない」。（二〇一二年四月二八日）。

チェ・ソンジャは、自身の性格は「外向的」なので病因ではないと考える。また肉や脂っこいものを摂らず、味噌や大豆などの「体にいい」食品を好んで食べていたことから、普段の食事も病因ではないと考える。そして、バイオメディスンの言説の中で有力な病因として挙げられる家族歴、および韓国の民間療法で槍玉に挙げられる小麦粉製品の嗜好を、病因として考えるに至っている。

この節で検討してきたように、民俗的な病気の解釈に加え、バイオメディスンの言説で語られる環境や生活習慣といった要因も、「オモニ」たちの乳がんの病因論に影響を与えている。このことは、「オモニ」たちが病気を治すための「ハンプリ」を行う行為に影響を及ぼすこととなる。すなわち、病因のひとつであるストゥレッスをなくすために周囲の人々との関係性の変化が図られるが、その際には主に、もうひとつの病因と考えられる生活習慣の改善や食餌療法に周囲をまきこむ行為を通して行われる。このことについては後章で検討する。

# 第五章　乳がんに罹るということ

## 第一節　治療段階ごとの経験の語りから

この節では、乳がんに罹るとどのような状況になるのか、治療段階ごとの患者たちの経験の語りを通して明らかにする。ここでは、（1）発見、（2）告知、（3）周囲に話す、（4）病院選択、（5）手術、（6）化学療法、（7）放射線療法、（8）ホルモン療法、（9）分子標的療法、（10）治験、（11）定期検診、（12）再発、という一二段階に分けて患者たちの語りを検討する。なお、治療法は個々人の症状によって異なるため、あらゆる患者がこれらすべての段階を経るわけではない。また、治療の順序も個別に異なるため、患者たちは必ずしもここに示す順序で治療を受けるわけではないことを断っておく。

### （1）発見

乳がんを発見する代表的な方法としては、本人が乳房のしこりや乳頭からの出血に気づいて病院を受診する場合と、がん検診で発見される場合がある。

**事例5-1-1：グ・ミヒャン（仮名、女性、四〇歳代、慶尚道在住）の語り**

「がんがあるとは思っていなかったけれど、健康検診に行ったとき、そういえば胸にしこりがあったなと思い出して、そこも診てくれと言ったの。そうしたらがんであることがわかったのよ」。（二〇一一年九月二七日）。

**事例5-1-2：イ・スンヨン（仮名、女性、四〇歳代、ソウル特別市在住）の語り**

「私は元々、線維腫（=乳腺線維腺腫、乳腺の良性新生物）があり、六ヶ月後に再検査しようと言われ、その検査で一年後に再検査しようと言われた。その検査を数ヶ月サボったの。大丈夫だと思っていたから。そしたら次の検査で組織検査をしようと言われ、乳がんと診断されたわ」。（二〇一一年一一月一五日）。

**事例5-1-3：イ・スミ（仮名、女性、五〇歳代、光州広域市在住）の語り**

「私は六ヶ月ごとに健康検診を受けていた。だからがんは六ヶ月でできたのよ。がんは見えにくい位置にあって、X大学病院に画像のCDを持って行ったら、教授も「よく見つけましたね」と驚いていたわ。いい医者に見つけてもらえたのね」。（二〇一二年一月九日）。

これらの方法以外に、飼い犬がかぎわけたり、占い師が言い当てたり、銭湯の従業員があかすりをしていて発見する場合もある。

**事例5-1-4：ユ・ウニョン（仮名、女性、三〇歳代、海外在住）の語り**

「飼い犬がしきりに胸の辺りのにおいをかぐものだから、おかしいと思って、あんた何してるの、と言ってよく触ってみたら、しこりがあったの。犬がかぎわけるのね」。（二〇一一年九月二七日）。

**事例5－1－5：キム・スクジャ（仮名、女性、五〇歳代、全羅道在住）の語り**

「高三の息子が入試に合格するかどうか、占い師のところに見てもらいに行ったら、占い師は、あなたががんに罹ったどろう、と言い当てたの。手術跡があるだろうと言われ、昔に膀胱の手術をしたことを言っているのだろうと思っていたら、占い師は言いにくそうに、左の胸がなくなるだろう、と言ったわ」。（二〇一二年一月九日）。

**事例5－1－6：パク・ヨンミ（仮名、女性、五〇歳代、慶尚道在住）の語り**

「あかすりのおばさんががんを発見したの。「お姉さん、どうもおかしいわ。最近疲れない？」と言ってきた。私が「ちょっと疲れるけど、仕事をしすぎて疲れてるんだと思う」と言うと、「ここ（＝乳房）がおかしいから、病院に一度行ってみなさい」と言われた。病院へ行くと、エコーを撮ってみようと言われ、さらに組織検査をしてみようと言われたわ」。（二〇一二年五月七日）。

病院を受診すると、触診やエコー検査、マンモグラフィー撮影などが行われ、その結果を見て乳がんの疑いが強いと医師が判断すると、組織検査が行われる。組織検査は主に、注射の針のような器具をピストンのように患部に打ち込んで組織の一部を採取する方法が取られる。病院によっては組織検査の結果が出るまでにさほど時間がかからない場合もあるが、長い場合は一週間ほどかかることもある。検査結果を待つ間は、多くの患者にとって不安や苦悩の時間となる。

事例5－1－7：ジ・ミジャ（仮名、女性、五〇歳代、慶尚道在住）の語り

「もともと右に比べて左の胸が大きかった。五、六年前からしこりには気づいていたのよ。でも病院へ行っても、石灰質が多いだけで、良性だと言われていた。二年前の検診で、六ヶ月後に再検査しましょうと言われたわ。六ヶ月後に行っていたら初期に治療できたはずなのに、なぜか病院へ行かなかった。普段は少し風邪を引いても病院へ行くのに、なぜ行かなかったのか、自分でも不思議に思うわ。忙しいわけでもなかったのに。

そのまま病院へ行かずに過ごしていると、ものすごく疲れやすくなって、夜の疲労感はひどかった。しこりのある部分も痛くなってきたの。夫の弟の嫁（*dongseo*）が乳がん患者で、彼女が「がんの場合は痛くない」と言うものだから、そうなのかと思ってまた病院に行かなかった。あのとき行っていればよかったのに、そのまま過ごしていたわ。

友人たちと、検診の年齢になったから皆で受けに行こうといって、予約を入れた。私は土曜日ごとに親しい友人と銭湯へ行っているのね。それで検診が迫った土曜日も、友人と銭湯へ行って、体を拭いていたら、乳頭から真っ黒い血が出てきたの。あわてて総合病院へ行ったら、組織検査をしないといけないと言われたわ。組織検査の予約をするのに一週間待ちだといわれて、釜山の大きな病院に電話したの。電話で予約ができるかと聞いたらできるというので、予約した。釜山の病院では、医師が触っただけで「乳がんです」と言ったわ。

組織検査をして、結果が出るまで一週間かかった。この一週間がどれだけ長かったことか。一週間後、夫と、釜山に住む姉と兄と一緒に、結果を聞きに行ったわ。Ⅱ期末からⅢ期だと言われた。X大学病院で検査技師をしている知り合いがいたので、連絡して（乳腺外科の診療）予約を入れてもらった」。（二〇一一年一〇月六日）。

この語りからは、しこりの経過観察から乳頭出血の発見を経て慌しく組織検査に至るまでの流れ、そして組織検査

の結果を待つ間の不安感や緊張感がわかる。知人などのコネクションを使って有名な病院の診療予約をなるべく早い日時に入れてもらうという行動については、（4）病院選択の箇所で詳述する。

ジ・ミジャのように再検査すべき日を過ぎても病院へ行かなかったなどの場合、がんを早期に治療できなかったことを自分の責任として捉えている。一方、乳がんの発覚以前から検診を受けていたにもかかわらずがんを早期発見できなかった患者の場合は、検診をした医師や病院に対する不満の語りもよく口に出される。しかし実際に医療側を相手取って訴訟を起こすまでにはなかなか至らない。

**事例5―1―8：イ・ヒジャ（仮名、女性、五〇歳代、釜山広域市在住）の語り**

「私は一年ごとに健康検診を受けていた。最初〇・八センチで見つけたのに、釜山の病院の医師が「乳がんではない」とずっと言い続けたので、その間に一・五センチまで大きくなり、リンパ節にも転移してしまったわ。最初に手術していれば上皮内がんでスッキリ治療できたでしょうに、くやしいわ」。（二〇一二年一月九日）。

**事例5―1―9：キム・ミリ（仮名、女性、四〇歳代、蔚山広域市在住）の語り**

「発見の一年前に健康検診を受けていたのに、そのときは異常なしと言われたの。一年後に別の病院でがんの診断を受けて、元の病院で写真をもう一度見るよう医師に言ったわ。医師が見たら（がんがあるかどうか）わかるだろうけれど、私にはわからない。訴訟しようかとも考えたけれど、「医師とやりあったらダメ」と周囲に言われて、あきらめたわ」。（二〇一二年二月一三日）。

**事例5―1―10：健康検診を受けていたのにがんを早期発見できなかったという、ムン・ヒョンミ（仮名、女性、四〇歳代、慶尚道在住）とパク・ヨンミ（仮名、女性、五〇歳代、慶尚道在住）の会話**

ムン・ヒョンミ「健康検診をした病院を訴えようと思ったけど、やめたわ。(X大学病院の) H医師が「がんは数ヶ月で大きくなることもある」と言ったから。地元の病院で二・二センチと言われたけれど、X大学病院で検査してみたら二・七センチ、手術してみたら三センチだったの。数日の間にこれだけ大きくなったのよ。三センチのうち一・二センチだけががんだったから、Ⅰ期なんだけど」。

パク・ヨンミ「私は姉に告訴しろと言われたけれど、(医療事故で) 死なない限り何も (賠償金が) 出ない、卵で岩を割ろうとするようなものだからやめておけ、と言ったの」。(二〇一二年五月七日)。

このように、さまざまな方法でしこりが発見され、病院での組織検査へと進む。多様な経緯を経た患者たちであるが、全員が経験したのは、乳がん患者になる瞬間、すなわちがん告知である。

## (2) 告知

韓国でも日本と同様に、ほとんどの場合は患者本人に対して、がんであることが告知される。これは患者本人が正確な病名を知ることで積極的に治療に関われると医療現場で考えられているためである。しかし本書の前半部分で検討したように、がんは現代韓国社会においても死と結びつけられる病気であるため、病名を告知された患者たちは多かれ少なかれショックを受ける。

**事例5-1-11:パク・ジョンユン (仮名、女性、六〇歳代、海外在住) の語り**

「(一九九二年) 当時、がんにかかった人は周囲にもいなかったし、がんに罹ったら死ぬと思っていた。がんの診断を受けた日は、道端にしゃがみこんで、おんおん泣いたわ。二時間ぐらい。通りすがりの人たちが私を見ると「何見てるのよ」と啖呵を切ったわ。こんなしんどい治療をなぜ私が受けなければならないのか、なぜ私ががんに罹ったのか、そんなことをいつも言うものだから、放射線科の先生が私を小児病棟へ連れて行ったわ。三歳、五歳、七歳、幼いがん患者を見ると、胸が痛んだ。私はこの子たちよりマシなんだなぁと考えて、それからは何も言わず治療を受けたわ」。（二〇一一年一〇月二七日）。

**事例5－1－12：ソン・ミジン（仮名、女性、五〇歳代、大田広域市在住）の語り**

「がんの診断を受けたとき、一一時ごろ病院を出て、歩いて帰ったわ。どうやって帰ったのか思い出せない。午後四時ごろ家に着いたのよ。自分は死ぬんだと思って、カジョクに宛てて手紙を書いたわ。カジョクがその手紙を偶然見つけて、病気のことがばれたのよ。直接話さなかったけれど、手紙のせいでばれたの」。（二〇一一年九月二七日）。

**事例5－1－13：イ・ヒジャ（仮名、女性、五〇歳代、釜山広域市在住）の語り**

「私はがんの診断を受けてから一五日間、眠れなかった。海雲台にガラスの壁でできた展望のいいビルがあって、多くの人が見物に来る。私も行ったけれど、こんなにたくさん人がいるのに、がんに罹った人は自分一人だ、胸の片方を失うのは自分一人だ、という考えにさいなまれたわ。周りにがんに罹った人はいないのよ」。（二〇一二年一月九日）。

**事例5－1－14：クォン・ヨンスク（仮名、女性、五〇歳代、忠清道在住）とユン・キョンミ（仮名、女性、六〇歳代、慶尚道在住）の会話**

クォン・ヨンスク「最初に大田で組織検査をしたとき、Ｉ期だって、初期だって言っていたのよ。一週間泣いたのだけれど。Ｘ大学病院へ来てみると、Ｉ先生が、リンパ節に行ったら（＝転移したら）無条件にⅢ期だと言うじゃない。再発もしやすいとか、そういう話をするから、夫と一緒に聞いていたのだけれど、ショックが大きくて気絶したわ。音がボーっと遠のいて。そのときカルテに「気絶」と書かれてしまって、今もそのまま残っているわ（笑い）。がんの診断を受けてからは、一日は台所の整理をして、一日は冷蔵庫の整理をして、一日はたんすの整理をして、通帳も整理したわ。そんなことするから、うちの夫が腹を立てたわ」。

クォン・ヨンスク「一週間だけ？（笑い）」。

ユン・キョンミ「私はがんの診断を受けたとき、Ⅲ期末だと聞いて、一週間泣き続けた」。

ユン・キョンミ「たんすも通帳も全部整理して、アパトゥの一二階から飛び降りようとしたところを、息子に止められたの」。（二〇一一年一一月二二日）。

ソン・ミジンやイ・ヒジャのように、がん告知を受けて、自分がもうすぐ死ぬと思ったり、自分だけががんに罹ったような気になったりしたという語りは、患者たちの間でよく聞かれた。そしてそのために、クォン・ヨンスクやユン・キョンミのように、告知直後は衣類や通帳の整理をするという行動が見られる。次の事例は、患者会の集まりで、闘病歴の長い患者たちが笑い話として語ったものである。

**事例5－1－15：チョ・ボクヒ（仮名、女性、五〇歳代、光州広域市在住）とチェ・ミョンスク（仮名、女性、五〇歳代、光州広域市在住）の会話**

チョ・ボクヒ「最近になって乳がんの診断を受けた人が長電話をかけてくるのよ。その人は「手術を早く受けたいのに待ち時間が長くて気が狂いそう」とか言うの。私は「がん細胞はそんなに早く大きくならないから落ち着いて待つように」となだめたんだけど。あまりにも長電話なので夫が「何をしゃべることがそんなにたくさんあるんだ」と言ったわ」。

チェ・ミョンスク「最初はみんなそうよ。自分だけががんに罹っているような気になるの。たぶん今ごろは服の整理をしているはずよ」。

チェ・ミョンスクの言葉に、その場にいた患者たち全員が笑った。みな自分も身に覚えがあるという笑い方であった。（二〇一一年一二月一七日）。

告知を受けた後、自分だけががんに罹っているような感覚を持った患者は、後に病院の待合室で他の患者と知り合ったり患者会活動に関わるようになったりすれば、幾分かの安心感を得られる。しかし逆に、告知直後は大きく動揺しなかったものの、他の患者たちの話を聞く中で徐々に不安感を増してゆく場合もある。

**事例5－1－16：ソン・ヨンスン（仮名、女性、六〇歳代、大田広域市在住）の語り**

「大田で健康検診をして（乳がんを）発見したの。しこりにも触れないし、信じることもできなかった。誤診だろうという考えばかり浮かんだわ。周りの人たちが「驚いたでしょう」と心配してくれたけれど、驚きはしなかった。だけど涙がぽろぽろとこぼれた。手術してからも、さばさばして明るいといって周りの人たちがほめてくれたけれど、私は本当に心配していなかったの。でもここ（＝「憩いの宿」）に来てから、（治療の）しんどい話、再発した話をたくさん聞いて、怖くなってしまったわ」。（二〇一一年一一月一七日）。

このような告知を経て乳がん患者となった人々は、治療以外でもさまざまな課題や悩みに直面する。そのうちのひとつが、自分が乳がんに罹ったことを周囲に話すという行為にまつわるものである。

## （3）周囲に話す

乳がんに罹ったことを周囲に話したくないという語りは多く聞かれる。そのような思いを最もよく表している語りを見てみよう。

### 事例5－1－17：チョ・スンヒョン（仮名、女性、五〇歳代、大邱広域市在住）の語り

「ジムでやたらと疲れるので、トレーナーに、病院へ行ってみてはと言われたわ。大丈夫な人もいるけれど、病気が隠れている可能性もあるからって。病院で組織検査を受けて、結果が郵送されてきたけれど、そこには詳しい検査を受けろと書かれてあった。何も考えずに一人でルンルンと結果を聞きに行ったわ。診察室に入ったら、女の先生が何も言えないでいるの。手術の日を早く決めなければならないと言われて、日を決めたわ。それからどうやって家に帰ったのか覚えていない。家は遠いのに、歩いて帰ったのよ。もう私の人生も終わりなんだな、と変なこともたくさん考えた。二日間は誰にも言えずにインターネットで乳がんのことを調べて、二日後に長男に話したわ。他人に話すのは嫌。三人に一人ががんに罹ると言われているけれど、私の周りにはいないもの。みな他人のことをあれこれ言うのが好きだから、人には言いたくないわ。

私は（がんに罹ったことを）どれほど言いたくなかったか。チバンのシックー（*jipan sikgu*）だけに言うことは言ったけれど、ドンソ（＝夫の弟の妻）が心配してあちこちに尋ねて回るから、やめてと言ったの。病院にも誰も来させなかった。私はもともとジムに通って健康だったの。周りの人たちからも健康だという言葉を聞いていたから、自負心があるじゃない。だから言うのがすごく嫌なわけ。五年経てば言ってもいいだろうと思ったけれど、五年経ってみると、言う必要もないし。こんなふうに（乳がんのことを）しゃべるのは初めてだわ。

私は治療後一年で復職した。仕事をするのはかえっていいらしいわ。病気のことを考える時間が減るから。

私は服屋をやっているから、私のことを知っている人が多いの。いつか誰かが「あんた患ってるの」と聞いてきた。「患ってないけど、なんで」って言うと、「X大学病院であんたを見かけた人がいるらしい」と言うの。「そう？　見間違いじゃないの」って言ったけれど、その人はまざまざと見ていたわけね。私は知らなくても私を知っている人が多いのよ。それに大邱の人はソウルによく来るの。

地方で採血してX大学病院に送って検査するというシステムがあるんだけど、私はそこでも血だけ抜いたらさっさと出てきてしまう。知っている人に会いそうだから。X大学病院側としては、地方にいる人が便利なように、こういうシステムを作ってくれたわけだけれど、私は嫌なの。

復元（＝乳房再建）が終わったというのに、二年間は大衆銭湯に行けなかったわ。ずっと家でシャワーしていたけれど、銭湯に行くのが私の願いだった。二年経って、銭湯が店を開ける朝五時半にぴったり行ったら、お客さんが誰もいなかった。湯船にプハーッと体を沈めたのがどれほど気持ちよかったことか。もう死んでも心残りはないという考えまで浮かんだわ。どれほど幸せだったことか。今も昼間は銭湯に行けず、早朝に行くの。ジムでも、誰とも仲良くなっていない。しゃべって仲良くなると、下のお風呂にも一緒に行かなければならないから。それが嫌なのよ。大邱の人たちはかなり保守的だからね。ジムで着替えているとき、掃除のおばさんたちが私の胸を見て「大丈夫ね」とささやきあっているのまで聞こえてくるんだから」。（二〇一二年二月一三日）。

乳がんに罹ったことを周囲に話したくないと患者たちが思うのは、先述したように、韓国社会においてがんという病気が死と結びつけられるためである。そして、表立っては周囲から、乳房を意識する視線、あるいは同情や悲哀のまなざしが向けられ、陰では好奇心に満ちたおしゃべりのネタとなることが、主な理由として挙げられる。

事例5－1－18：イ・ヨンヒ（仮名、女性、四〇歳代、光州広域市在住）の語り

「乳がんを患ったと言うとみんな胸から見てくるのがすごく嫌なの」。（二〇一一年五月二九日）。

事例5－1－19：ムン・ヒョンミ（仮名、女性、四〇歳代、慶尚道在住）の語り

「夫と一緒に参加しているモイムがあるけれど、他の人たちが私の体を心配して見てくる視線が嫌。慰めにならず、自尊心が傷つく。だから最初は誰にも病気のことを言わなかった。夫の弟の妻（*dongseo*）たちにも黙っていたけれど、夫が私にチェサの準備に行かなくていいというので、理由を説明するために話したの」。（二〇一一年一〇月一三日）。

事例5－1－20：ユン・ジョンオク（仮名、女性、三〇歳代、慶尚道在住）の語り

「治療中、仲のいい友達がカジョク（*gajok*）よりも支えになってくれた。カジョクからストゥレッスを受けることもあるのよ。友達四人は高校以来の友達で、何でも話せる仲なの。今年の忘年会も（私が治療のために滞在している）ソウルで開いてくれるらしいわ。他の友人たちには話していない。心配してくれるのも気分が悪いし、気の毒そうな目で見られるのも嫌。四人の友達は本当に心配してくれるのがわかるけれど、アパトゥのおばさんたちは心配する言葉はかけてくれるけれど話のネタにしかならない。おばさんたちは他人のことをとやかく言うのが好きだから」。（二〇一一年一一月二四日）。

事例5－1－21：イ・スンヨン（仮名、女性、四〇歳代、ソウル特別市在住）の語り

「最初は友人たちに病気のことを話すのが嫌で、話さなかったわ。がんに罹ったと言ったら死ぬと思われて「まあどうしましょう」と心配されるのも嫌だった。それに、もし逆の立場なら、私が健康で友人ががんに

罹ったら（死ぬと思って）「まあどうしましょう」と思ったでしょうね。でも職場には休職する関係で話さなければならず、友人たちにも話したほうがむしろ楽になったわ」。（二〇一一年一一月二八日）。

**事例5－1－22：パク・チュンジャ（仮名、女性、六〇歳代、ソウル特別市在住）の語り**

「一〇年前はがんに罹ったら死ぬと思われていたから、「がん（*am*）」という言葉を口に出すのも嫌だった。テレビの取材を受けたときも、（がんという言葉を口に出すのが嫌で）「ガたすン（*a deohagi mieum*）」と言った。その言葉がそのまま放映されたわ。近所の人たちにも病気のことを話さなかった。抗がんで髪が抜けたら、ほとんど家から出なかった。ごみも深夜に捨てに行った。知人の中にがんの経験者がいて、当時の私を見て「私は経験したからわかるけど、あなた病気でしょう」と言ってきた。でも私は「違うわ」と否定した。友人たちには病気のことを話さないほうがいいと思う」。（二〇一一年一二月三日）。

これらの事例のように、周囲から同情や悲哀のまなざしが向けられたり、好奇心に満ちたおしゃべりのネタとなったりすることを避けたいという理由以外にも、がんがまるで伝染病であるかのように忌避の対象になるという理由も背景に存在する。

**事例5－1－23：イ・ヒジャ（仮名、女性、五〇歳代、釜山広域市在住）の語り**

「私が患ってからは、誰も遊びに来ると言わない。私も健康なときそうだったけれど、がんはうつるものではないけれど、なんだか気持ちが悪い。今うちに誰も来ないのもそうなのでしょう。私も、誰か風邪を引いた人が来ればその人が家の中のものを触るのは嫌だし、同じスプーンを使うのも嫌だし、この調子だから家に人を呼ばなくなったわ。「がん」という言葉を、うちのチバンではものすごく悪く考えていたわ。がんなんて、私が最初なのよ」。（二〇一二年一月九日）。

患者の中には、配偶者や親には病気のことを知らせても、友人や親戚たちには知らせないという方針を採る人もいる。

**事例5－1－24：イ・スミ（仮名、女性、五〇歳代、光州広域市在住）の語り**

「私は一人娘ではないけれど、一三歳離れた弟との二人きょうだいよ。いまも両親は電話口で泣くわ。私は、私の子どもじゃなくて自分が病気でよかったと思った。そのぶん、私の両親も同じことを考えているはずよ。盛りの歳である私じゃなくて自分が代わりに病気になることができればって。だから、ああ、この方たちのために私が生きなければならない、と思った。だからごはんもがんばってたくさん食べているの。もともと週末夫婦[16]で、週末に夫が帰ってくると料理など作ってあげていたけれど、今では夫が週末に帰ってくると料理をしたり掃除をしたりしてくれる。友人や親戚たちには知らせなかった。電話も受けなかった。一緒に病気になってくれるわけでもなく、してくれることといえばごはんを一食おごってくれることぐらいだから」。（二〇一一年五月二九日）。

しかしがんに罹ったことを周囲に話さずにいて、後から周囲の人たちが事実を伝え聞いたとき、周囲の人たちは「なぜ話してくれなかったのか」と不満に思う。それは重大事に自分が頼りにされない存在なのではないか、あるいは重大事を話してくれるほど信頼されていないのではないかと思うためである。親しい血縁者であればあるほど、その思いは強い。チンジョンはもちろん、シデクの人たちにも、遅くなったとしても事実を伝えるべきであると考えられている。

事例5－1－25：ジャン・ミヒ（仮名、女性、五〇歳代、ソウル特別市在住）の語り

乳がん罹患の事実を五年間もシデクに話さず、新聞の取材を受けたことで初めてシデクにばれて大騒ぎになった患者のことが、患者会の集まりで話題になる。

ジャン・ミヒ「結婚して夫の唐辛子（＝性器）を見たことがないのと同じじゃない。どうすればシデクショックーが知らないようなことになるのかしら」。（二〇一一年一一月二二日）。

事例5－1－26：ヤン・スクジョン（仮名、女性、六〇歳代、ソウル特別市在住）とジョ・ブンジャ（仮名、女性、六〇歳代、ソウル特別市在住）の会話

ヤン・スクジョン「うちのサウィ（＝娘の夫）は私の病気のことを知っているし、いつ病院へ行くかということまで知っているけれど、サドン（＝娘の夫の親）は知らないわ。伝染病でもないんだから、機会を見て話してしまえ、隠すことない、と娘やサウィに言っているの」。

ジョ・ブンジャ「でもわざわざ話すことはないわよ」。

ヤン・スクジョン「私は元々すごく涙もろいので、他人の結婚式でも泣いてしまう。夫はそれを知っているので、結婚式があると数日前から「泣くなよ」と冗談半分で念押しするの。自分の子どもの結婚式のときは特にそうだった。でもそのときは、私は泣かないようにした。私は乳がん患者だから、そのことを知っている人が見たら、子どもが結婚してさびしいからというよりも物足りなくて泣いていると思われるから。そして子どもの結婚相手の親たちは私の病気のことを知らないから」。

ジョ・ブンジャ「私の場合、病気のことをサドンたちも知っている。病気が見つかったとき、娘の彼氏の叔母がX大学病院の事務員として働いていたので、そのつてで予約を取ってもらったの。事務の人というだけ

あって、空いているところに効率よく予約を入れてくれたわ」。（二〇一一年一一月一五日）。

乳がん罹患の事実を周囲に話さないことで、周囲との間ではわだかまりが生じうる。周囲に話したくないという患者の心情を真に理解するのは、周囲の人が後に自らも患者となった場合においてである。

**事例5－1－27：ムン・ヒョンミ（仮名、女性、四〇歳代、慶尚道在住）の語り**

「私は患って最初のころは、イモ（母の姉妹）たちに話さなかったんだけど、後で知れてしまって、すぐに話してくれなかったのが寂しいと言われたの。でも治療しているとき、母の姉妹の一人が肺がんに罹ったの。ソウルに住んでいらっしゃる方なんだけど、風邪が治らなくて近所の病院へ行ったら、レントゲンを一度撮りましょうと言われて、撮ったら、肺がんがはっきりと写ったらしいの。最初は私に対して（がんに罹ったことを話してくれなかったのが）寂しいと言っていたけれど、自分が罹ってみて、その心境が理解できたと言ったわ」。（二〇一二年五月七日）。

**事例5－1－28：キム・スンミ（仮名、女性、三〇歳代、全羅道在住）の語り**

「最初に患ったときは（友人たちに）話さなかったけれど、再発してから話したわ。ずっと隠し続けられないと思ったから。話を聞いてすごく気遣ってくれる友人もいたし、あまりにも軽く考える友人もいて、私がちょっとばかり整理をしたわ（笑い）。でも仕方ないと思う。私も万一、自分が患っていなくて友人がこのように患ったら、よく理解できないと思う」。（二〇一一年五月二九日）。

キム・スンミは、病気のことを知らせることによって周囲の人々の本質が露呈したことから、いわば、病気（この場合は再発）を契機とする人間関係の「整理」を行っている。このような行為はキム・スンミにとどまらず、複数の患者において見られる。

周囲に話すことと並んで、がん告知から治療を始める前の大きな悩みの種となるのは、病院選択である。病院選択は、後述するように、病気のことを周囲に話すことと深く関わってくる問題である。

## （４）病院選択

患者たちの多くは、最初は個人病院や地域の総合病院などで検査を受け、がんの診断を受ける。これは日本と同じように、大学病院など高度な治療を行う医療機関に重症の患者だけを集め、さほど高度な技術を必要としない検査や治療は地域の病院で行うようシステム化されているためである。地域の病院でがんの診断を受けた後、患者は治療をどこの病院で受けるか選択せねばならず、このことが患者たちの大きな悩みの種となる。患者たちの選択肢としては大きく分けて、地域の乳腺外科のある総合病院、地方にある大学病院、ソウルにある大学病院の三つがある。

**事例５－１－29：乳がんに罹った二〇歳代の未婚の娘をもつ女性（五〇歳代、光州広域市在住）の語り**

全羅道の患者会Ｐは年齢層が高くて未婚者がいない、と筆者が話したのに対し、女性は次のように述べた。「若い人はソウルで治療を受けようとするからね。もし私が罹っていたらＪ大学病院（＝全羅道にある国立大学病院）で治療を受けていたと思う。でも娘は若いから、ソウルの病院で治療を受けさせたの」。（二〇一一年九月二八日）。

この語りに見られるように、ソウルの病院は地方の病院よりも医療技術が進んでいるという認識が人々の間で広く共有されており、特に若年の患者や再発した患者などリスクの高い場合は、地方からソウルの病院へ通院するケースも珍しくない。

**事例5―1―30：イム・ウンジ（仮名、女性、四〇歳代、全羅道在住）とキム・ジスク（仮名、女性、五〇歳代、慶尚道在住）の会話**

イム・ウンジは何度も再発しているが、手術や治療はずっと地方で受け続け、治療の難しい皮膚への転移まで見られるようになってから初めてソウルのX大学病院を受診した。その話を聞いて、「憩いの宿」に居合わせた患者のキム・ジスクが非難めいた疑問を投げかけた。

キム・ジスク「最初の手術はともかく、二度目の手術はソウルでするべきでしょう。なんで地方でしたの」。

イム・ウンジ「周囲からもさんざんそう言われるわ。でも、子どもを見てくれる人がいないし、最初に手術した所で（治療）するのがいいと思ったから」。

キム・ジスク「X大学病院には、地方にはない新薬もあるから、もう大丈夫よ」。（二〇一二年二月一二日）。

このようにソウルの大学病院には新薬や新しい医療技術がいち早く導入されるという認識に基づき、患者たちはソウルの大学病院を選好する。

これに加えて手術に関しても、地方の病院では乳房を全摘するような場合でもソウルの病院では温存手術をしてもらえるとか、ソウルの病院で手術したほうが手術跡がきれいであるという認識が患者たちの間で共有されている。例えば次のような会話が、「憩いの宿」に居合わせた患者同士で繰り広げられる。

**事例5－1－31：イ・スミ（仮名、女性、五〇歳代、光州広域市在住）とイ・ヒジャ（仮名、女性、五〇歳代、釜山広域市在住）の会話**

イ・スミ「光州では全摘しないといけないと言われて、怖くなって、ソウルの病院へ来たわ」。

イ・ヒジャ「来て正解だと思うわ。うちの知り合いも肝臓がんの手術をソウルでして、三〇年間再発しなかったんだから」。（二〇一二年一月九日）。

**事例5－1－32：チェ・ソンユン（仮名、女性、四〇歳代、蔚山広域市在住）とキム・ミジョン（仮名、女性、五〇歳代、慶尚道在住）の会話**

チェ・ソンユン「手術と抗がんはここ（X大学病院）でしたけれど、当時は「憩いの宿」もなくて、（長期にわたってソウルで通院するのが）しんどかったので、地方の病院で放射線（療法）を受けたわ」。

キム・ミジョン「地方で放射線（療法）を受けたのが再発の原因になったんじゃないの？」。

チェ・ソンユン「そうかもしれないわ」。（二〇一二年一月一一日）。

**事例5－1－33：ソン・ヨンスン（仮名、女性、六〇歳代、大田広域市在住）の経験**

ソン・ヨンスンは、地方の病院では無条件に乳房を全摘されると思ってソウルの病院へ上京した。地方の病院での検査結果をCDに記録してX大学病院へ持参したものの、「地方で検査したものをどうやって信じるのかと、ソウルで再検査されたわ」という。（二〇一一年一〇月二七日）。

**事例5－1－34：「憩いの宿」での事例**

ある患者が、地方の病院で手術した跡を、他の患者たちに見せる。手術跡が窪んでいる。それを見て他の患者たちが「地方で手術したら確実に違うわね」「(遅くからでも)ソウルの病院に来て正解でしたね」と言いあった。(二〇一一年一一月一〇日)。

医療技術の地方格差の実態は把握できないが、少なくとも患者たちによる言説、およびソウルの医療スタッフが地方の病院を見る態度によって、医療技術の地方格差ははっきりと形作られ、患者たちの行動を決定付けていることがわかる。

しかし地方からソウルの大学病院へ来るといっても、患者たちは無条件に一般的な電話予約やインターネット予約といった方法で病院の門をくぐるわけではない。親戚や友人・知人の中に大学病院の関係者はいないか探し回り、そのコネクションを使って一日でも早く診療や検査の予約を入れてもらおうとする。このようなコネクションは「ッベグ(ppaek: 英語の back ground に由来)」と呼ばれており、例えば「病院にッベグがある」などと表現される。

**事例5-1-35:カン・ユニ(仮名、女性、五〇歳代、大田広域市在住)の語り**

「病院にはッベグがないとダメ。ある肝臓がんの人が、人脈がなくて手術を三ヶ月待たされて、がんが大きくなってしまったらしいわ」。(二〇一二年三月一二日)。

**事例5-1-36:パク・ヨンミ(仮名、女性、五〇歳代、慶尚道在住)の語り**

「病院へ行くと、エコーを撮ってみようと言われ、さらに組織検査をしてみようと言われたわ。そして、ここで手術するか、あるいはソウルに知っている所があるかと尋ねてきた。ないとは答えづらくて、ソウルに上ってきたけれど、誰も知らない。それで友達に連絡して、知り合いを通して(X大学病院の)M先生を紹介してもらったの」。（二〇一二年五月七日）。

**事例5−1−37：キム・ミリ（仮名、女性、四〇歳代、蔚山広域市在住）とチェ・サンミ（仮名、女性、五〇歳代、慶尚道在住）の会話**

キム・ミリ「普通は個人病院で組織検査をしてから大きな病院へ行かなければならないけれど、その順序を守るのは、私たちのような無知な人。組織検査をしたらがんが大きくなる。（がんがあるという）予感のする人は個人病院で組織検査をせず、ッベグを使って、ここで全部するのよ」。

チェ・サンミ「無条件に、病院にはッベグがないとダメよ。掃除のおばさんでもいいから知り合いになっておけと言うじゃない。うちのオンマが乳がんに罹ったときは、院長に直接頼み込んで、一週間も待たずに手術したのよ」。（二〇一二年二月一三日）。

これらの語りに見られるように、病院に予約を入れる際にはコネクションが最大限に利用される。乳がんに罹ったことを周囲に話したくなかったが、大学病院にコネクションを持つ人を探すために多くの親戚や知人に事情を話すことになった、と述べる患者もいる。

治療を受ける病院を選択し、診療や検査をひととおり済ませると、医師によって治療方針が決定される。他臓器に広く転移が見られる場合などは手術を行わないケースもあるが、ほとんどの場合は、化学療法の前あるいは後に外科的手術が行われる。

### (5) 手術

組織検査で乳がんと診断された患者たちが、先述したようなコネクションを使ってまで手術を急ぐのは、「がん細胞を組織検査でいじってしまうと、その後は急速に大きくなる」あるいは「がん細胞をいじると他の臓器に転移する」という考えが患者たちの間で共有されているためである。その考えは、例えば次のような語りに表れている。

**事例5－1－38：ジャン・オクヒ（仮名、女性、四〇歳代、光州広域市在住）の語り**

「がん細胞は発見されてから手術を待つまでの間にぐっと大きくなるらしいわ。だから名医を探すよりも早く手術しなきゃいけないのよ。私も最初は一・五センチだと言っていたのに、手術を一ヶ月半待って、手術して取り出したがん細胞は、すごく大きかったの。五センチまでいっていなくても、ⅡB期になるぐらい。私と同じ病室にいて同じ日に手術を受けた人は、最初は〇・八センチぐらいの小さなしこりが三つぐらい散在していたんだって。でも手術してみたら、三つがつながっていて、すごく大きながんの塊になっていたんですって。結局その人は先に行ったわ、天国へ」。（二〇一二年一月一五日）。

**事例5－1－39：チョ・ボクヒ（仮名、女性、五〇歳代、光州広域市在住）の語り**

「メスを入れるとがんは広がるわ。がんにメスを入れると、他の臓器にあるがん細胞たちが早く繁殖しようとするから、早く広がるんですって」。（二〇一二年三月七日）。

手術日の決まった患者の多くは、乳房の全摘あるいは温存に関して医師の決定に従い、心の準備をする。しかし中には、乳房を全摘と言われた後も温存手術をしてくれる他の病院を探したり、逆に、温存手術をすれば必須となる放射線療法を避けたいがために全摘しようかと悩んだりする患者もいる。[17]

**事例5－1－40：ジャン・ミヒ（仮名、女性、五〇歳代、ソウル特別市在住）の語り**

「私は忠武路にある病院で診断を受け、手術や検査の予約も全部入れた。でも全摘と言われて、X大学病院へ行ったの。X大学病院では温存でいけると言ってもらえたわ」。(二〇一一年一一月一五日)。

**事例5－1－41：イ・ヘソン(仮名、女性、四〇歳代、釜山広域市在住)とイ・ソンジュ(仮名、女性、五〇歳代、慶尚道在住)の会話**

イ・ヘソン「私は放射線治療に耐えうる体力がないので、温存ではなく全摘にしようかと思います」。

イ・ソンジュ「全摘しないほうがいいわよ。全摘をしたら後になって気になるわよ。胸が片方ないのも一種の障がいじゃない」。(二〇一二年三月一二日)。

ジャン・ミヒが温存手術をしてくれる病院を探したり、イ・ソンジュが他の患者に全摘しないほうがいいと勧めたりしているのは、乳房を全摘すると外観上の変化によるショックも大きく、また体の左右のバランスが崩れるなどの後遺症も出やすくなるためである。

**事例5－1－42：キム・ジョンミ(仮名、女性、五〇歳代、慶尚道在住)の語り**

「今日は日帰りのつもりで来たのに明日また病院へ行かなければならなくなった。化粧道具を持ってきていないから今夜は化粧を落せないわ。全摘した後、しばらくは手術跡を見ることができなかった。しばらくしてからシャワーするとき見たけれど、醜かった。今シャワーするときは見ずに洗っているわ。乳房再建はやっぱりしなくちゃならないと思う。様子を見ながら、再発しなければ二年後ぐらいに」。(二〇一二年六月四日)。

キム・ジョンミは、化粧道具を持ってきていないから化粧を落とせないという語りからもわかるように、自身の容姿を非常に気にする性格である。化学療法を受けに病院へ来るときもミニスカートにブーツ姿である。また脱毛した頭を他の患者にすら見せたくないがために、「憩いの宿」でも他の患者たちが寝静まるまでかつらを外さず、朝は誰よりも早く起きてかつらをつけ顔に化粧をしているほどである。そのような彼女にとって、乳房全摘による容姿の変化は他の患者たちにも増して大きなショックであったと考えられる。彼女ほど自身の容姿を気にする性格でなくても、患者たちは手術による外観上の変化にショックを受ける。全摘手術をした場合のみならず、温存手術をした場合でも、乳房の形の崩れや左右の大きさのアンバランスが生じたり手術跡が残ったりするため、患者たちは外観上の変化と向き合わねばならないことを追記しておく必要がある。さらには転移・再発して何度も手術を行う患者の場合、乳房以外の部位にも手術跡が生じることとなる。

**事例5－1－43：チェ・ソンユン（仮名、女性、四〇歳代、蔚山広域市在住）の語り**

「体が回復してくるころになるとまた再発するの。手術しなかったところがないわ。女性である私が見ても見苦しいのに、男性が見たらどれほど見苦しいことか」。（二〇一二年一月一一日）。

チェ・ソンユンは度重なる手術によって、もはや異性には見せられない「見苦しい」身体になってしまったと感じている。このように、手術によって、自分自身が目を向けたくない、そして異性を含む他者に見せることができない身体になってしまうということは、本書の後半部分で検討する乳がん患者のセクシュアリティの問題にも深く関わってくる。

以上では手術による部分的な葛藤に注目してきたが、手術前後の心境、および本人や周囲の人々の動きはどのような様相を見せるのであろうか。次の語りを見てみよう。

### 事例5－1－44：ムン・ヒョンミ（仮名、女性、四〇歳代、慶尚道在住）の語り

「最初に手術したとき、長女が小学校に入学して間もないころだった。三月一四日に入院して、三月一六日に手術したの。[18] だから持ち物などに気を遣ってやれないから、先生に言っておかなければと思った。学校に行って、先生に「こういう事情なので持ち物を忘れてきてもあまりひどく叱らないでください」と話しながら泣いたわ。先生は、同じクラスにそういう子がもう一人いると言い、手術がんばってください、と言ってくれた。今年次女が小学校に入り、私は一ヶ月に一度の掃除も一生懸命に行って参加しているわ。

手術の前日は、夫の祖母のチェサの日だった。私は行きたくなって行ったわ。お墓の前で、本当にたくさん泣いた。心は落ち着いていた。おばあさんが生きておられたときにお会いしていたから。夫は子どもたちを連れて下にいて、子どもたちは「オンマどうしたの」と言ったけれど。オルンたちがなぜお墓に行くのか、理解できたわ。

手術のときは弟が、仕事が終わってから早朝に、遠くから上京してきてくれた。私に会うために。でも一〜二時から手術と言われていたのに、予定より早まって、一二時に手術室に入ったの。だから手術前は弟に会えず、手術が終わって出てきたら弟もいたの。姉は子どもたちを見てくれていたので、病院には来られなかった。手術後、足が痛かったので、夫が足をもんでくれて、それより弟が一生懸命に足をもんでくれた。男なのにね。私が患ってから、きょうだい仲がよくなったわ。患ったことは嫌だけれど、シックーたちがまとまるから良いわ。

手術後、一〜二日は憂鬱だった。でも三日目からは、いろんな病室を訪ね歩いて、同じ日に手術した人と仲良くなって、元気になっていったわ。私が明るくなる姿を見て、夫が「患者は患者同士で一緒にいなくちゃならないんだな。お互いに話をしたり聞いたりできるから」と言っていたわ」。（二〇一二年五月七日）。

この語りに見られるように、手術は患者本人や周囲の人々に緊張をもたらし、生涯における一大事あるいは転機として捉えられる。一部の乳がん患者たちの間で手術日を「第二の誕生日」と表現し、毎年その日が巡ってくるごとに祝う行為が見られるのも、同様の背景に基づいていると考えられる。

### （6）化学療法

化学療法を経験した患者たちの間で「抗がんを経験していない患者はニセモノの患者だ」という言葉が口にされるほど、化学療法は一連の治療の中でも最も辛いものとして、さらにはがん患者の一種の通過儀礼のようなものとして認識されている。なお「抗がんを経験していない患者はニセモノの患者だ」という言葉は、化学療法を受けない患者たちの心情にはそぐわず、化学療法を受けた患者と受けていない患者の間で心理的な溝が形成される場合もある。このことについては（7）放射線療法の箇所で詳述する。

これほどまでに化学療法が辛いものとして認識されるのは、その副作用のためである。副作用の出方は薬剤によって、また個々人の体質によっても異なる。

**事例5－1－45：チェ・ソンヒ（仮名、女性、五〇歳代、慶尚道在住）の語り**

「赤い薬は思い出すのも嫌。何も食べられず吐いて、血まで吐いた。タクソル（＝パクリタキセル[19]）は全身の節々が痛くて、全身の皮膚がかゆくてたまらなかった。皮膚が木の皮のようになったの。血が出るほどかきむしったわ。（中略）。抗がんを受けた後は元気がなくなって、寝てもいないのに電車を乗り過ごすの。だから抗がんを受けるときは、最初は夫が、後に娘が、付き添ってくれたわ。抗がんのしんどさから、自殺も考えた。六三ビルや漢江から飛び降りることも考えたのよ」。（二〇一二年五月三日）。

チェ・ソンヒの語りにも見られるように、「赤い薬」（韓国での呼称は「アドゥリアマイシン」、日本での商品名はアドリアシン、一般名はドキソルビシン）の代表的な副作用である吐き気は、多くの患者たちが最も辛かった副作用のひとつとして語る。

**事例5－1－46：クォン・ヨンスク（仮名、女性、五〇歳代、忠清道在住）とチェ・ソンミ（仮名、女性、五〇歳代、京畿道在住）、ユン・キョンミ（仮名、女性、六〇歳代、慶尚道在住）の会話**

クォン・ヨンスク「抗がんするときは、つわりのように気持ちが悪くなって、一週間何も食べられなかったけれど、一週間が過ぎて体調が回復してくると、涙を絞りながらごはんを食べたわ。白血球の数値を上げようという一心でね。病院の院内食堂を見るだけで吐き気がするし、病院のトイレを見るだけで吐き気がする」。

チェ・ソンミ「話を聞いているだけで吐き気がするわね」。

クォン・ヨンスク「甘いものだけ食べたくなって、餅とか、苺のようなものばかり食べた」。

チェ・ソンミ「私は酸っぱいものだけ食べたくなったわね」。

クォン・ヨンスク「抗がんより恐ろしいものはないし、それをやり遂げたのだから、もう怖いものはないわ。何でもやり遂げられると思う」。

ユン・キョンミ「私も。夕方に山に登ると、周りの人が怖そうだと言うけれど、私は怖くない。抗がんをやり遂げたのだから、怖いものなんてないわ」。（二〇一一年一一月二二日）。

**事例5－1－47：クォン・ヨンスク（仮名、女性、五〇歳代、忠清道在住）とチェ・ソンミ（仮名、女性、五〇歳代、京畿道在住）の会話**

ある患者が、抗がん剤の点滴を刺すとき針を腕に四回刺し直された話をしていると、クォン・ヨンスクが口を挟んだ。

クォン・ヨンスク「その話はもうおしまい。話を聞いているだけで吐き気がする。X大学病院の薬の袋を見ただけで吐き気がするから、全部捨ててしまったわ」。

チェ・ソンミ「私も、病院へつけていっていたマスクを見ると吐き気がするから、捨ててしまった」。

（二〇一一年一一月二四日）。

**事例5−1−48：イ・ユンミ（仮名、女性、三〇歳代、全羅道在住）とユン・ジョンオク（仮名、女性、三〇歳代、慶尚道在住）の会話**

イ・ユンミ「検査はオンマと一緒に通ったけれど、抗がんは一人で通った。五時間バスに乗って、それまでしたことのない車酔いをしたわ」。

ユン・ジョンオク「私は抗がんしてから二時間経つと気持ちが悪くなる。だから夫の車でできるだけ早く帰宅した。吐き気は思い出すのも辛いわね」。（二〇一一年一一月二一日）。

上に挙げた事例の語り手のうち、ユン・ジョンオクは吐き気以外の副作用はなかったが、クォン・ヨンスクもチェ・ソンミも口の中の粘膜がはがれて痛く、チェ・ソンミは消化器系すべてがひりひりしたという。クォン・ヨンスクは「つわりと似ているけれど、違いは、何の味も感じなくなること。白血球の数値を上げて、生きるために、泣きながら無理にごはんを食べたわ。こんなに美味しく食べられるようになるなんて考えることもできなかった」（二〇一一年一一月三〇日）とも語っている。また吐き気と関連して、患者たちの多くは匂いに敏感になったと語る。なお、右の事例の中で語られる「点滴を四回も刺し直される」というのは、長期間継続して腕に注射や点滴を刺していると血管が見えにくくなるためである。このため、何度も再発して化学療法を継続しなければならない患者は、腕に注射針が刺しにくくなると、首元に「ポーター」[20]（poteo）（日本での呼称はCVポート、正式名は皮下埋め込み型ポート）を埋めることもある。

患者たちの集まる場、あるいはインターネット上では、副作用の吐き気をうまく乗り越えるために役立つ情報が飛び交う。

**事例5－1－49：グ・ミヒャン（仮名、女性、四〇歳代、慶尚道在住）の語り**

「抗がんのとき、生のむき栗を長い時間をかけて噛んでいたら吐き気がマシになるわ。においも気にならないし。インターネットに書いてあるのを見つけて、自分でもやってみたの。抗がんのときは制吐剤も打つけれど、吐かなくても胃の調子は気持ち悪くて、胃の中のものが上がったり下がったりするわけ。明日最後の抗がんを受けて、夫が病院へ迎えに来てくれるの。最後だと思うと、いつもはしんどかった「憩いの宿」前の坂道が、今日は楽に登ってこられたわ」。（二〇一一年九月二七日）。

吐き気を乗り越えるこのような方法以外にも、患者たちは抗がん剤の点滴を受ける長い時間、あるいは点滴を受けて帰宅してから副作用に苦しみながら過ごす時間をなんとか乗り越えるために、さまざまな独自の方法を駆使する。例えば、抗がん剤の点滴を受ける間に他の患者とおしゃべりしたり冗談を言ったり、趣味に打ち込んだり、お金を払って他人に食事を作ってもらったりするなどである。

**事例5－1－50：イ・ヨンヒ（仮名、女性、四〇歳代、光州広域市在住）の行動**

イ・ヨンヒは、抗がん剤の点滴を七時間しなければならないことに飽き飽きして、看護師に「これ（＝抗がん剤）飲んでしまったらダメですか」と言い、同室にいた患者たちを笑わせた。（二〇一一年一二月二〇日）。

**事例5-1-51：キム・ミジョン（仮名、女性、五〇歳代、慶尚道在住）の語り**

「隣のベッドの人と話していたら、抗がん注射を受ける六時間もすぐに過ぎる。でも横に人がいないと、座ったり横になったりしても時間がなかなか経たないわ」。（二〇一二年一月九日）。

**事例5-1-52：イ・ヨンヒ（仮名、女性、四〇歳代、光州広域市在住）の行動**

イ・ヨンヒは、抗がんのときは気を紛らわせるために、パッチワークをする。前回はポーチ、今回はナップザック。ポーチは一日でできる。作品はパッチワーク好きの人にあげている。そうでない人はあげても使わなくて気分が悪いので、あげないことにしている。パッチワークをするのは好きだからだが、生きている間に何か形になるものを作りたいという思いも込められているという。（二〇一一年一二月二〇日）。

**事例5-1-53：イ・ヒジャ（仮名、女性、五〇歳代、釜山広域市在住）の語り**

「私は抗がんのとき、自分で作ったごはんを食べるのが嫌で、知り合いで料理の上手な人に一ヶ月六〇万ウォンを渡して、その家にごはんを食べに行っていたわ」。（二〇一二年一月九日）。

ただし、他の患者と親しくなるという方法は、患者によってはわざと避ける場合もある。それは他の患者と親しくなると、その人の訃報を聞く可能性も生じるためである。

**事例5-1-54：キム・ミリ（仮名、女性、四〇歳代、蔚山広域市在住）の語り**

「患者会のホームページで、私と同じ新薬を使っている人がいるのを知って、人づてに連絡先を聞いて電話してみたら、その人のチンジョンのオンマが電話を受けたわ。「娘は行きました」と言うので、病院に行ったのかと思って「どこに行ったんですか」と聞いたら、「天国に行きました」と言うの。オンマが泣きながら「急に容態が悪くなって」と話すのを聞いて、すごく憂鬱になったわ。病院で抗がんを受けるとき知り合いになった人にも、連絡先を聞かないようにしているの。知り合いの患者に連絡するのも怖いわ」。（二〇一二年二月一三日）。

化学療法によるさまざまな副作用を経験した患者たちは、一様に「抗がんは毒々しい（*dokhae*）」という。例えば上の事例に上げたイ・ヨンヒは、腕につけた銀のブレスレットを見せながら「これが抗がんをすると真っ黒になるのよ。抗がんがどれだけ毒々しいことか」（二〇一一年一二月二〇日）と、薬剤の毒々しさを視覚的な例を用いながら語っている。

このような「毒々しい」副作用が語られる化学療法は患者たちにとって、当然ながら受けたくないものである。しかし避けたいものであると同時に、受けなければ不安をもたらすという、両面性を持つものである。化学療法を受けないことによってもたらされる不安とは、すなわち再発に対する不安である。

**事例5-1-55：ジャン・ジョンジャ（仮名、女性、五〇歳代、慶尚道在住）の語り**

「（化学療法を受けに）病院へ行く日は、黒いスケジュール。吐き気がする。白血球の数値が低すぎて抗がん剤を打てなかったら、物足りない気もするけれど、気持ちが軽くなりもするわ」。（二〇一一年一〇月二七日）。

**事例5-1-56：チェ・サンミ（仮名、女性、五〇歳代、慶尚道在住）の語り**

「（医師が）抗がんはしなくてもいいというから、気分がいいことはいいんだけど、不安でもあるわ。ひとまず抗がんは、正常細胞も殺してしまうから、しないほうがいい。でも私の体のどこかに潜んでいるがん細胞があるんじゃないかと、心配になるの。だからといって、医師がしなくてもいいと言った抗がんをわざわざしたいとも言えないし」。（二〇一二年二月八日）。

**事例5－1－57：ムン・ヒョンミ（仮名、女性、四〇歳代、慶尚道在住）の語り**

「抗がんをしている方たちを見ると尊敬する。私は抗がんをしなかったけれど、しなければしなかったで不安だわ」。（二〇一一年一〇月一三日）。

**事例5－1－58：チェ・ソンユン（仮名、女性、四〇歳代、蔚山広域市在住）の語り**

「明日のPETの結果を見て、抗がんを続けるかどうか決めるの。（抗がんを）しても心配、しなくても心配。止めた途端に数ヶ月でがんがまた大きくなるからね」。（二〇一二年二月一九日）。

化学療法による副作用の中で、患者たちが吐き気と並んで最も辛かったと語るものは、脱毛を始めとする容姿の変化である。「憩いの宿」のおしゃべりの中でも、脱毛にまつわる辛い話は枚挙にいとまがない。

**事例5－1－59：クォン・ヨンスク（仮名、女性、五〇歳代、忠清道在住）とチェ・ソンミ（仮名、女性、五〇歳代、京畿道在住）、クォン・ミョンジャ（仮名、女性、五〇歳代、釜山広域市在住）、ジ・ミジャ（仮名、女性、五〇歳代、慶尚道在住）の会話**

クォン・ヨンスク「看護師が「（抗がん剤投与から）一週間ぐらいで髪が抜けるから、がっかりせずに髪を剃ってしまってください」と言うので、夫と美容室へ行ったわ。いつも行く美容室じゃなくて、遠くの町の美容室へ。泣かないと思っていたのに、髪を刈られながら涙と鼻水がすごく出てきた。夫が涙や鼻水を拭ってくれたけれど、追いつかないほどだった。美容師が自分には刈ることができないと言うので、夫が刈ってくれた。家に帰って、夫がさらに剃刀で剃ってくれたわ」。

チェ・ソンミ「私も髪が抜けたときは泣いた。でも刈らずに、最後に前髪だけが残って変になったときに刈ったわ。かつらをつけると暑くて顔まで赤くなって、汗がダラダラ出るものだから、ほとんどかつらをつけない」。

クォン・ミョンジャ「私は体がとてもしんどかったからか、髪のことは気にならなかった。手ぐしを入れるたびに抜けていくので、くせのように常に手ぐしで抜いていたら、周りの人たちが「やめて」と言ってきたわ。髪を洗うとどっさり抜けた。外出するときは、トイレでかつらを少し上げて汗を拭いたわ」。

クォン・ヨンスク「私もそうだった」。

クォン・ミョジャ「私は二一日ごとに一度ずつ髪を刈ったので、うまく伸びてきたのよ」。

ジ・ミジャ「夫は、髪はまた生えてくるから問題ない、問題は再発しないことだ、と言ったわ」。

クォン・ヨンスク「体の部位のどこかが欠けても不便だということを、病気になって初めて知った。病気になってみて、人らしくなるようね。髪がないと頭が冷える。ほんの少し生えているだけでも違うのよ。毛の重要性を感じるわ。」（二〇一一年一〇月三一日）。

**事例5-1-60：クォン・ヨンスク（仮名、女性、五〇歳代、忠清道在住）の語り**

「毛という毛は全て抜けた。まゆげが抜けるから、顔が真っ白になった。まゆげの刺青をした人がうらやましかったわ。鼻毛もすべて抜けるから、ごはんを食べたら鼻水がダイレクトで出てくる。涙も出るし鼻水も出るから、ティッシュペーパーをいつも持ち歩かないといけないわ。抗がんをするときはとてもしんどくて、夫が体を洗ってくれたし、手の爪も足の爪も切ってくれた。抗がんをした後は、顔色のトーンが変わってしまって、そばかすのようなものもたくさんできてしまった」。(二〇一一年一一月一七日)。

**事例5−1−61:イ・ユンミ(仮名、女性、三〇歳代、全羅道在住)とユン・ジョンオク(仮名、女性、三〇歳代、慶尚道在住)の会話**

イ・ユンミ「私は髪の毛が抜けたのが一番辛かった」。

ユン・ジョンオク「私もよ。髪が抜けることを娘には話したけれど、息子は幼いので話さなかったの。そしたら息子が予定外に早く帰ってきて、驚かれたわ。なんでそんな髪型にしたの、友達には見せないで、と言われたわ」。(二〇一一年一一月二一日)。

**事例5−1−62:キム・ミジョン(仮名、女性、五〇歳代、慶尚道在住)の行動**

「ここ(=「憩いの宿」)では帽子を脱いでいいのよ、脱ぎなさい」と他の患者たちが言うものの、キム・ミジョンは「自分で自分の頭を見るのが嫌だから」と言って脱ごうとしない。家でもずっと帽子をかぶっているという。(二〇一二年一月九日)。

**事例5−1−63:ミン・ヘジン(仮名、女性、五〇歳代、釜山広域市在住)とソン・キョンスク(仮名、女性、五〇歳代、忠清道在住)の会話**

ミン・ヘジン「髪がないと汗がそのまま落ちてきて不便でしょう。少し髪が生えてきたら全然違う。夏はかつらが暑いし、冬は部屋でも帽子をかぶっていないと寒い」。

ソン・キョンスク「帽子なしで寝ていると、枕元を誰かが通っただけで頭に冷たい風が来て冷えるので、帽子をかぶって寝ないといけないのよね」。（二〇一一年九月二八日）。

**事例5－1－64：キム・ジョンへ（仮名、女性、五〇歳代、釜山広域市在住）の語り**

「手術のときは元気に乗り越えたけれど、そのあとがしんどかった。抗がんで髪が全部抜けたのが一番辛かった。まゆげもまつげも抜けるので、人間の顔じゃなかった」。（二〇一二年五月二一日）。

**事例5－1－65：イ・スミ（仮名、女性、五〇歳代、光州広域市在住）の語り**

「行きつけのサウナに、このまえ手術後初めて行った。まだ胸を隠す布をつけたまま。頭巾もかぶっていたけど、どうしても髪がないのはわかるわよね。いつもあかすりをしてくれていたおばさんには病気のことも話していたけれど、そのおばさんはいなかった。違うおばさんがいたけれど、そのおばさんも話を聞いていたみたい。私を見つけると「大丈夫かい。今は医療技術が発達しているから、怖い病気じゃないわよ。大丈夫、大丈夫」って大声で言うの。他の客たちがいるのに。洗い終えて服を着ていると、知らないおばさんが来て、「どこを手術したの」って聞いてくるの。全然知らない人なのに。その瞬間、カーッと腹が立って、「なんなのさ」って言った。そして、もうこのサウナには来ないでおこうと思った。抗がん治療で皮膚もよくない状態になるから、顔のマッサージにも久しぶりに行った。そしたら院長が私に隠れて泣いたらしい。行きつけの美容院のおばさんも泣いたらしい。周りの人を悲しませる病気よね」。（二〇一一年五月二九日）。

これらの語りからは、脱毛による辛さには機能面と美容面の二種類があることがわかる。機能面では、汗や鼻水が滴り落ちたり、頭が冷えたり、かつらが不便だったりすることである。美容面では、頭髪やまゆげ、まつげが抜けることによって容姿が変化してしまうことである。

かつらに関しては、暑くて不便だからかぶらないと言って帽子や頭巾のみで過ごす患者もいるが、大部分の患者は、使い勝手が良く、かつ自分に似合うかつらを求めて試行錯誤する。

**事例5－1－66：イ・ヨンヒ（仮名、女性、四〇歳代、光州広域市在住）の行動**

イ・ヨンヒは、最初は肩につくくらいの長さのかつらを注文した。しかし襟のある服を着ると、襟がかつらの下部にふれて、かつらが浮き上がる。それが不便なので、かつらをカットした。でもかつらは不便だから、どうしても必要なとき以外はかぶらないという（この日も頭巾に帽子姿）。（二〇一一年一二月二〇日）。

かつらの購入には一般的に六〇万ウォンほどかかり、この金額は大卒初任給（月給）の三分の一ほどに相当する。そのため多くの患者たちにとっては高価な買い物であり、髪が再び生えてきてかつらが不必要になってもなかなか簡単には捨てにくい。しかし「髪が生え揃えば、かつらは捨てなければならない」という運担ぎのジンクスが患者たちの間で語られている。それは、かつらを取っておいたらまた使う羽目になる、すなわち再発して化学療法を受ける羽目になるという考え方である。

化学療法による脱毛を経験した患者たちは、街を歩いていても、かつらをかぶっているらしき人や、脱毛した頭に帽子をかぶっているらしき人をいち早く見つける。化学療法で脱毛した患者がよく使用する、布製やニット製の柔らかい帽子は、患者たちの間で「抗がん帽子（*hang-am moja*）」と呼ばれている。患者たちは一度脱毛を経験すると「帽子に敏感になる」、すなわち脱毛でかつらや帽子をかぶっている人を目ざとく見つけるという。

**事例5－1－67：オ・チスク（仮名、女性、五〇歳代、慶尚道在住）の語り**

「放射線治療中は、療養病院にいたの。近くに公園があって、運動に行くといつも帽子をかぶったおばあさんが一生懸命運動していた。私たちは帽子に敏感でしょう。おばあさんもどこか体が悪いのかと思って見ていた」。（二〇一一年一〇月一七日）。

筆者自身は化学療法による脱毛を経験したことはないが、患者会活動や「憩いの宿」で多くの患者たちと接するうちに、意識していなくても既述の患者のように「敏感」になり、健康な友人たちは気づかないような状況でも、化学療法を受けている患者らしき人を大衆の中から見つけるようになっていった。具体的には、「抗がん帽子」の形や、かつらに特有の髪質、まゆげやまつげの状態、顔色、顔にできた細かいそばかす、あるいは脱毛後に再び髪が生え揃い始めるときに特有のくせ毛などに対して、目ざとく反応するようになった。

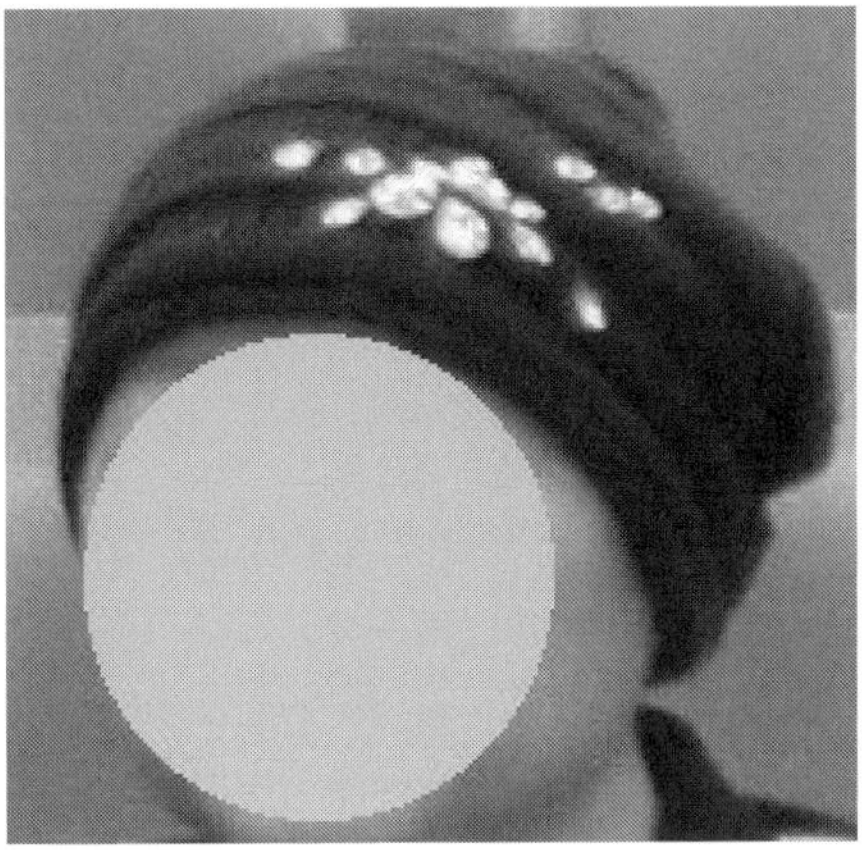

写真９　「抗がん帽子」の一種

筆者撮影、顔部分は筆者編集

脱毛にまつわる辛い語りが多く聞かれる一方で、脱毛にまつわる笑い話も患者同士のおしゃべりの中で多く披露される。患者会Ｗの全羅道支部をまとめるチョ・ボクヒは、「みんな脱毛したときの面白い話をひとつは持っている」と言う。チョ・ボクヒ自身も、家にいきなり宅配便の配達人が来たら、あわててかつらをかぶり、人工乳房も装着しなければならず、玄関のドアを開けるまでに忙しい、という話を面白おかしく披露して、他の患者たちを笑わせる。特に患者会の旅行では、このような笑い話に花が咲く。

事例５－１－68：チョ・ボクヒ（仮名、女性、五〇歳代、光州広域市在住）とイ・ヨンヒ（仮名、女性、四〇歳代、光州広域市在住）

の会話

チョ・ボクヒ「山茱萸がきれいに咲いているところに友人二人と遊びに行ったとき、おじさん三人連れに写真を撮ってと頼んだのをきっかけに親しくなったの。話が盛り上がりかけたとき、風が吹いて私の帽子が飛んでいってしまい、おじさん達は去っていったわ」。

イ・ヨンヒ「私は引っ越し作業で忙しくしているときにかつらをかぶらないままエレベーターに乗ってしまい、エレベーターのドアが途中の階で開いた時に、エレベーターホールにいた男性が「ハッ」と息をのんで目を見開いたまま硬直してしまったのよ」。

イ・ヨンヒが、目を見開いたまま硬直する様子を実際に演じて見せるので、みな笑う。チョ・ボクヒは「私は抗がんをしているとき、鏡を見て自分で驚いたわ」と言って皆をさらに笑わせる。（二〇一一年五月二九日）。

事例5－1－69：チェ・ウンソ（仮名、女性、四〇歳代、慶尚道在住）の語り

「私は脱毛した頭でも抗がん中に銭湯へ行ったわ。あるおばあさんは私を僧侶だと思ったらしく、「あらまあ、お坊様」と言って手を合わせてきたの」。（二〇一二年五月二一日）。

事例5－1－70：ハン・ヒヨン（仮名、女性、五〇歳代、釜山広域市在住）の語り

「以前、かつらをかぶって病院で抗がん注射を受け、KTX（＝高速鉄道）に乗って帰ったときのことよ。ひどく疲れてKTXで死んだように寝ていたのだけれど、ふと目が覚めると通りすがりのおじさんが私を見て「ヒッ」と息をのんだの。なぜだろうといぶかしんだけれど、トンネルに入って窓ガラスに映った自分の姿を見て驚いたわ。かつらがずれておばけのようになっていたの。それ以来、かつらはかぶっていないわ。抗がん後、髪が伸びて、風が吹いたときに髪が頬をなでる感覚は、涙が出る。だからわざと風の吹くところにずっと

立って、髪が頬をなでる感覚を楽しんだわ」。（二〇一二年二月八日）。

**事例5―1―71：患者同士の旅行中の出来事**

ある患者が家から大量に持ってきた食べ物を、高速道路のサービスエリアにある屋外ベンチで食べることになった。わりばしを買おうと、一人の患者が売店へ行くが、環境保護のため使い捨て用品は置いていないという。「じゃあビニール手袋でもあれば」と別の患者が言い、先ほどの患者が再び売店へ行った。

売店から走って出てきたその患者は、手袋も売っていなくて、食堂のおじさんに箸を借りられないか聞き、だめだと言われたので、おじさんが向こうを向いている隙に食堂の箸をかっぱらってきた、と言う。

他の患者が「もしおじさんに見つかっても、帽子を脱いで見せたら何も言わないはずよ。（化学療法中で髪のない）スミちゃん（仮名）が行けばもっと効果があるわね。監獄から出てきたか、お坊さんと思われるかも」と言い、みな笑った。箸をかっぱらってきた患者は、化学療法を終えて数ヶ月経ち、短い毛が生えてきた頭に帽子をかぶっている状態であった。（二〇一一年五月二九日）。

このように患者個人にとっては辛い経験となる脱毛も、患者同士のおしゃべりの中では笑い話として表現することが可能となる。ある患者は「こんな笑い話を他の所では誰が理解してくれるというの」と言い、患者同士の場でこそ語ることができると述べている。

吐き気や脱毛に次いで辛い副作用として語られるのが、手足の爪のはがれや化膿である。これは「タクソル」（パクリタキセル）という薬剤の副作用として現れ、再発して長期間この薬剤を投与する患者には特にひどく現れる。

**事例5―1―72：キム・ミリ（仮名、女性、四〇歳代、蔚山広域市在住）の語り**

「赤い薬は髪が抜けて吐き気がする。タクソルは節々が痛むし、手足が死んでしまう。そのせいで私は家事ができなかった。洗顔で手を使っても爪がはがれてきてしまうぐらいだったんだから」。（二〇一二年二月一三日）。

**事例5－1－73：チェ・ソンユン（仮名、女性、四〇歳代、蔚山広域市在住）の語り**

「抗がんの副作用で、手指の爪から膿が出て、食卓の向かいに座った人にまでにおいが行くの。足も同様で、五本指の靴下を履いてから登山用の靴下を履くと少しはマシだわ。運動量が少ないから、七キロ太っちゃった」。（二〇一二年二月一九日）。

このように手足の爪のはがれや化膿は、機能面で日常生活にも支障を及ぼす。そのため患者同士のおしゃべりの中でも笑い話として語られることはなく、辛さや不便さの訴えとして語られる。

化学療法後に物忘れがひどくなるという症状も同様に、深刻に語られることはある。例えばパク・ヨンミ（仮名、女性、五〇歳代、慶尚道在住）は、「昔は携帯電話番号も入力せず全部覚えていたのに、治療後は突然全く思い出せないこともある。完全にバカになっちゃったわ」（二〇一二年五月七日）と辛そうに語っている。

しかし物忘れは一方で、笑い話として語られることもある。

**事例5－1－74：チェ・ソンジョン（仮名、女性、五〇歳代、光州広域市在住）とチョ・ボクヒ（仮名、女性、五〇歳代、光州広域市在住）の会話**

チェ・ソンジョンが「物忘れがひどくなった」と言い、他の患者が「抗がんをしたら、みんなそうよ」と言う。これに対してチョ・ボクヒが「うちの夫は抗がんもしなかったのに、そうよ」と言い、みな笑う。（二〇一一年一二月一七日）。

事例5―1―75：パク・ヨンジュ（仮名、女性、六〇歳代、ソウル特別市在住）の言動

パク・ヨンジュが「抗がんをしたてのころは、薬の気運が残っていて確実に頭がボーっとしたけれど、最近まぬけなことをしてしまうのは、老いたからでしょうね」と言う。しかしみな抗がんのせいにして言い訳する、という。その後、パク・ヨンジュがまぬけな発言をすると、他の患者が「ここはまだ抗がんが残っているわ」と言って笑う。（二〇一二年一月一〇日）。

患者たちが化学療法の副作用による物忘れを笑い話として語るのは、手足の爪のはがれや化膿などに比べて日常生活への支障が少ないこと、そして患者たちの間で共有している辛い治療体験の記憶から少しでも笑える話題を見つけようとしているためであると考えられる。

以上に見てきたように、化学療法の副作用は患者の身体や日常生活にさまざまな影響を及ぼす。そのため化学療法を通じて、患者と周囲の人々との関係も変化することがある。

事例5―1―76：イム・ソンヒ（仮名、女性、五〇歳代、光州広域市在住）の語り

「患ってからは私がどこに行こうと夫は心配しないわ。電話もしてこない。髪もないし、こんな姿で、浮気のしようがないからってね」。（二〇一一年五月二九日）。

事例5―1―77：パク・ヨンジュ（仮名、女性、六〇歳代、ソウル特別市在住）の語り

「抗がんをしていたとき、夫のすることがどれほど憎かったかわからないわ。私はごはんも食べられずにいるのに、あの人はなぜあんなにごはんをよく食べるのかしらと苛立つし、夫が息をしていることさえも憎かった。

家出しなくちゃ、家出しなくちゃ、とばかり考えていたわ。それを見て夫が、帰宅時に「ごはんが帰って来たぞ」と言うようになった。自分をごはんだと考えろという意味よ。私も、ああ、ごはんがなければ生きていけないなと思って、考えを変えたわ」。(二〇一一年一一月一一日)。

イム・ソンヒの場合は肯定的に語られるが、化学療法による容姿の変化を、患者本人のみならず配偶者も、セクシュアルな魅力の減退として捉える場合がある。あるいはパク・ヨンジュのように、副作用の体調不良によって配偶者との間に感情的な溝ができる場合もある。

このような辛い化学療法を終えると、患者たちはひとまず解放感と達成感を得る。しかしチョ・ボクヒは「抗がんが終わってからが、がんとの闘いの始まりよ」(二〇一一年五月二九日)と語る。その語りに込められている意味のひとつは、化学療法中は薬剤ががん細胞を殺してくれているという考えから気楽に「体に悪い」食べものを食べてもよかったのが、化学療法が終われば食餌療法や運動など自分の努力によってがんと向き合わねばならなくなるということである。そしてもうひとつの意味は、がんの再発に対する不安や恐怖がこの先ずっと続くということである。

### (7) 放射線療法

放射線療法を受けることになった患者が治療の前に経験することは、放射線技師によって身体に線を描かれることである。これは放射線をできるだけ患部以外の部位に照射しないよう、照射位置を常に一定の場所に定めるために行われる。患者たちはこの作業を「お絵描き (*geurim geurigi*)」と呼んでいる。「お絵描き」はサインペンや油性ペンで行われ、その後は放射線療法が終わるまで一ヶ月ほど、線が消えないように注意するよう忠告される。夏に放射線療法を受ける患者は、汗を多くかくにもかかわらず「お絵描き」が消えないように神経を使わねばならない。

「お絵描き」は、照射位置を正確に定めるため、患部のみならず胸部全体にわたって描かれる。患者向けのガイドブックでは、放射線療法に際して身体に線が描かれるという説明書きはあるものの、どのような線が描かれるのかといった具体的な説明や、イラスト、写真などは掲載されていない。そのため多くの患者たちは腫瘍のあった狭い範囲のみに線が描かれることを想像しており、実際に治療を受ける際に、予想以上に胸部全体が線だらけになることにショックを受けることもある。

韓国における乳がんの放射線療法は、患者の体質にもよるが、少なくとも一九九〇年代初頭ごろまでは化学療法にも劣らないほどの副作用を伴うものであったという。一九九二年に放射線療法を受けた患者は次のように語っている。

**事例5－1－78：パク・ジョンユン（仮名、女性、六〇歳代、海外在住）の語り**

「当時は放射線もあまりに毒々しくて、輸血まで受けたわ。抗がんも毒々しくて、這ってまわったものよ。歩くことができなかった」。（二〇一一年一〇月二七日）。

現在も個人の体質によっては、放射線療法の副作用がひどく現れる場合もある。また脳などへ転移したがんに対する放射線療法の場合は、一般的に副作用も大きい。しかし乳房のみに放射線を照射する場合、一般的な副作用は白血球の数値が低下したり疲労感が増したりするというものである。そのため、化学療法を経験した患者たちの大部分は「化学療法のひどい副作用に比べれば放射線療法は楽なものだ」と口を揃える。しかしこのような意見が多数派を占めるほど、放射線療法の副作用がひどかったり放射線療法に不安を抱いていたりする患者の意見は疎外される。特にその患者が化学療法を経験していない場合、「こんな軽い放射線療法をそこまで苦しがるのは、化学療法の苦しみを経験していないからだ」と他の患者たちから言われることになる。

ここで、「憩いの宿」で起きた事例を見てみよう。ジャン・ソナは上皮内がんのため化学療法を受けず、放射線療法に対して強い不安と苦痛感を抱いている。しかしそれを口に出したところ、化学療法を経験した他の患者たちから一蹴されてしまった。そのためジャン・ソナは「憩いの宿」内の小部屋に筆者を呼び入れ、部屋のドアまで閉めてから、不安な心情を語った。

**事例5－1－79：ジャン・ソナ（仮名、女性、五〇歳代、京畿道在住）の語り**

「今、放射線治療を続けるべきか、やめるべきか、悩んでいるの。今日一〇回目を受けてきたんだけれど、ものすごく疲れるし、胸も痛いし、すごく火照るし、しんどいの。幼いころから放射能が怖いという話をよく聞いていたものだから、放射線を受けて害がないのか、心配になるの。私がⅠ期やⅡ期なら、悩んでいないでしょうけれど、上皮内がんだから悩むの。教授も、必ず受けなければならないものではなくて、受けることを勧めるとおっしゃったの。私が国立がんセンターに電話をして聞いてみたら、そこは上皮内がんは放射線をしないんだって。その言葉を聞いて、耳がキーンとしたわ。Y病院やU病院は、本人に会ってみないとわからないから直接来いと言うばかりで、教えてくれなかった。

私はリンパ節の切除にも腹が立つわ。他の人たちはひとつや二つ、三つほどセンチネルリンパ節を取っただけなのに、私は七つを取ったというの。リンパ浮腫がとても恐ろしいし、蚊にも刺されちゃダメだというのに、どうして七つも取ったのかしら。それに関しては、今日話を聞いてきたわ。センチネルリンパ節は人によって位置が違って、ぎゅっと集まっている人もいれば、ぽつんぽつんとある人もいるんですって。私はぎゅっと集まっていたから、取ったら七つも取れてしまったというの。

放射線治療を受けたら熱いお風呂に入れないの？　一生？　日本ではどのように説明しますか。昨日ある患者が、一生熱いお風呂に入れないと言っていたわ。病院へ行けば、患者たちが抗がんの話をたくさんするわ。

その人たちは腫瘍内科の教授と会うようね。どの薬は髪が抜けて、どの薬は抜けないとか、よく知っているわ。ここでも（多くが）抗がんを受けた人たちだから、私が放射線を受けるべきかやめるべきか、こんな悩みを話せそうにないわ。でも上皮内がんには上皮内がんの悩みがあるんだってば。私のカジョク（gajok）の間では、一〇回受けてみて、とうてい続けられそうになかったら止めよう、と合意ができているの。今日一〇回目を受けてきたけれど。どうするのがいいと思いますか。先生は一〇回受けてやめるのは、まるっきり最初から受けないよりもよくないと言うけれど、少しでも受けたのだから受けないよりもマシじゃないかしら。そして日本の原子力発電所から出ている放射線と、私たちが受けている放射線は、同じものなの？　違うものなの？　ある人は違うと言うけれど、理解できないわ。私が一番重要なことを医師に聞いていなかったのね」。（二〇一一年一一月一六日）。

しかしジャン・ソナが退所した後、化学療法を経験した他の患者たちがジャン・ソナのことを非難した。それは「副作用の軽い放射線療法をそこまで苦しがるのは、化学療法の苦しみを経験していないからだ」という認識に基づいている。

**事例5–1–80：クォン・ヨンスク（仮名、女性、五〇歳代、忠清道在住）の語り**

「なんでもない放射線治療をなぜそんなにしんどがるのかしら。私たちは抗がんをどれほどしんどい思いをして耐えたことか。放射線（治療）は、ちょっと疲れはするけれど、食べて遊んでいるだけ。医師の言うとおりにしたらいいじゃない。何を悩むのかしら。死が目の前にあればこそ、すべてを受け容れるようね。上皮内がんは、がんじゃないじゃない。あの人は私たちとは違うと考えているようね。むかつく。あの人も、いつ私のような姿になるかわからないのに」。（二〇一一年一一月一七日）。

ジャン・ソナの語りの中に出てきた「熱いお風呂に入れない」というのは、X大学病院の放射線腫瘍科の有名医師Hの「放射線を照射した部位を風呂などで熱くすると硬化する」という説明に基づいている。そのためX大学病院で放射線療法を受ける患者の大部分は、放射線療法後に胸部まで熱い湯につからないようにしている。しかしX大学病院の乳腺外科の有名医師Mは「放射線療法後、熱い湯につかってもサウナに行っても大丈夫」と患者たちに説明している。また韓国で患者向けに出版されている複数の乳がん治療ガイドブックを見ても「放射線の照射部位を熱い湯につけるな」という記述は見られない。そのため患者たちの間でも意見が錯綜しており、患者によっては独自の折衷案を見出す。

**事例5－1－81：チョン・ジンスク（仮名、女性、五〇歳代、ソウル特別市在住）の語り**

「放射線治療後にサウナへ行っていいかどうか医師に聞くと、M先生はいいと言うし、H先生はダメだと言うので、二人の中間をとって自分なりの処方箋を出したわ。サウナに行きたくなったら、冷水で濡らしたタオルを患部に当ててサウナに入るの」。（二〇一二年四月二八日）。

この患者は「放射線を照射した部分を熱くしてはならない」というH医師と「熱くしても構わない」というM医師の意見を折衷させて独自の方法を見出している。

このように、現在では一般的に副作用がひどくなくなったとされる放射線療法においても、患者たちは迷いや悩み、あるいは周囲との葛藤に直面する。

## （8）ホルモン療法

ホルモン療法においては、薬剤や患者の体質などによって、治療との向き合い方も多様である。腹部に注射を打つ方法が取られる場合、患者は決められた日に病院を訪問して注射を受ける。一方、飲み薬を服用する方法が取られる場合、患者は毎日決まった時間に、しかも通常五年以上という長期間にわたって、欠かさず薬を飲み続けなければならない。その分、注射よりも日常的に自己管理能力が求められると言える。油断すると薬を飲み忘れるので、飲み忘れないための方法を各自で考案し実践している患者もいる。

**事例5－1－82：ムン・ヒョンミ（仮名、女性、四〇歳代、慶尚道在住）の語り**

「タモクシペン（＝ホルモン療法の飲み薬、タモキシフェン）は一日に二回飲んでいるわ。一二時間の間隔をあけろと言われたので、携帯電話のアラームを鳴らしているの。最近はアラームが鳴ると子どもが「オンマ、薬を飲んで」と言う。ジョルラデクス（＝ホルモン療法の注射、ゴセレリン）を打っているせいか、更年期症状がひどいわ。夜寝ていると必ず夜中にカーッと暑さに襲われて目が覚め、それから眠れないの。朝方に眠れるけれど、子どもたちのために起きないといけないのでとてもしんどい。これが毎日続くわけ。睡眠剤を出してもらおうかと思っているわ」。（二〇一一年一〇月一三日）。

閉経前であるムン・ヒョンミは、ホルモン療法の飲み薬と注射を併用しており、これはホルモン療法の中でも最も強力な方法のひとつである。そのため、月経停止や更年期症状（ほてりや発汗）あるいは不眠などといった副作用も強く出やすい。一方、既に閉経した患者に対して投与される「ペマラ」（レトロゾール）という薬剤は、代表的な副作用として関節痛が起こる。

しかし他の治療法の場合と同様に、副作用が辛いと患者が訴えても、医師がその治療を打ち切ることはめったにない。それどころか患者が副作用の辛さを訴えると、医師が怒ることもある。

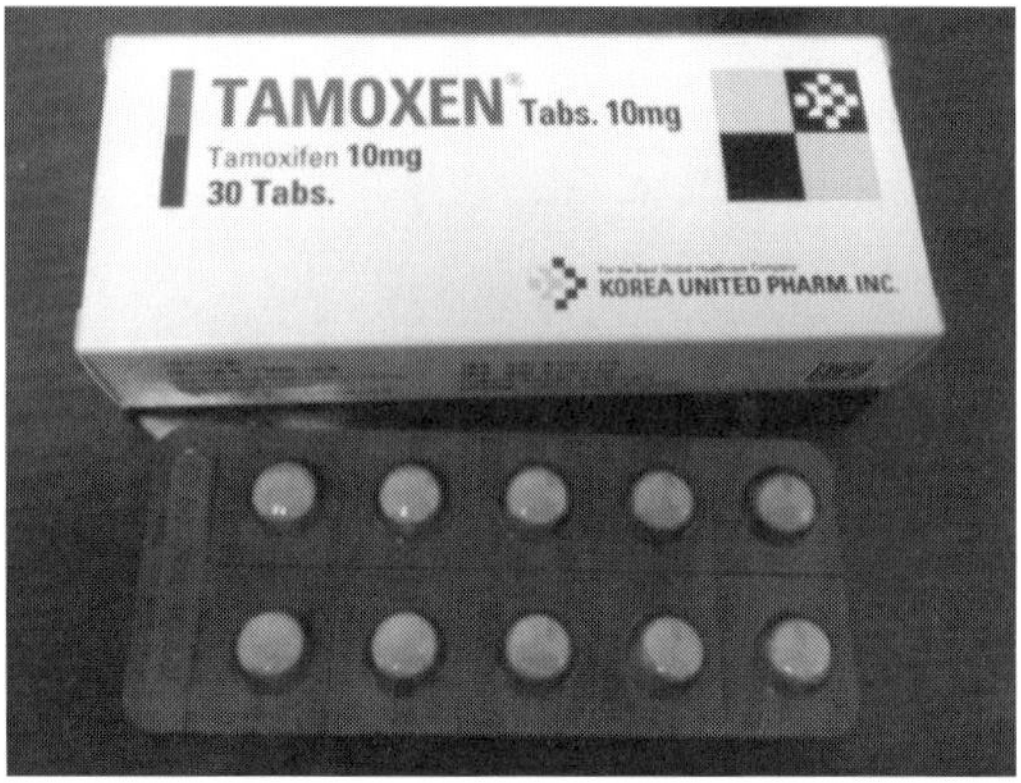


写真10　「タモクシペン」10mg　筆者撮影

事例5－1－83：オ・ヨンナム（仮名、女性、六〇歳代、光州広域市在住）の語り

「ペマラの副作用で節々が痛い。でも主治医のI先生は患者の泣き言を受け付けず「副作用より、がんが問題です」と怒るのよ」。（二〇一一年一二月一七日）。

このように、副作用がひどいものの、その辛さを医師に訴えると怒られる、という状況から、医師には内緒で勝手に薬を飲み止める患者もいる。

事例5－1－84：ソ・ソンウン（仮名、女性、五〇歳代、ソウル特別市在住）の語り

「タモクシペンを五年飲んだ後、ペマラに切り替えたけれど、飲んでいないの。医師には内緒でね。ペマラを飲むと関節が痛い。タモクシペンのときの副作用もひどく、眠れなくて、ほぼ夜を明かすような状態だったの」。（二〇一二年五月二〇日）。

事例5－1－85：イ・ミョンラン（仮名、女性、五〇歳代、ソウル特別市在住）の語り

「私は（五年間服用すべき）タモクシペンを二年半飲んだけれど、全身が痛むので勝手に飲むのを止めた。でもそのことを、医師には怖くて言えなかった。I先生はとても怖いし無愛想。患者の言葉を遮るの。O先生も怖い。今回、O先生が研修で海外へ行き、K先生が代診したから、薬を飲まなかったことをK先生に告白したわ。

K先生は、私のほかにも同じようなことを告白してくる患者が多いと言っていた。O先生には言えなくて、K先生が代診してくれた途端に言い出したのね」。(二〇一二年二月九日)。

しかし自分の判断で勝手に薬を飲み止め、後に再発してしまった患者に対しては、他の患者たちは同情するものの「医師の言うことを聞かなかったからだ」と批判的なまなざしで見る。

**事例5－1－86：ある患者の行動をめぐる他の患者たちの評価**

ある患者は、処方されたホルモン療法の薬を飲まず、アロエが体にいいといってアロエばかり飲んだ末に、再発した。その患者のいないところで他の患者たちは「ホルモン薬を飲まずアロエばかり飲んでいたからよ。ホルモン薬も抗がんなのよ」「医師が飲めというものは飲まなきゃねぇ」と口々に言い合った。(二〇一二年三月二七日)。

上の語りに見られる「ホルモン薬も抗がんなのよ」という言葉は、ホルモン療法の薬もがんを抑制する効果があるという点で抗がん剤と同じようなものであり、だから再発を予防するためには飲まなければならない、という意味合いで発せられている。患者たちの大部分は、多様な民間療法を試しながらも、医師の言うとおりにするのが最も長く元気でいられる方法だ、と認識している。

### (9) 分子標的療法

「ホセプティン」(トラスツブマブ)という薬剤を用いて行われる分子標的療法は、脱毛などの目立った副作用がないので、症状に関してはあまり話題に上らない。「ホセプティン」が話題に上るのは、費用、特に国民健康保険との関連においてである。具体的には、国民健康保険が適用されるのは腫瘍の大きさが二センチ以上の場合だけだとか、保険が適用されるのは一年間のみだから途中で治療日を延期してはならないとか、近年まで保険が適用されなかったため高額だった、という語りである。

**事例5－1－87：チェ・ソンヒ（仮名、女性、五〇歳代、慶尚道在住）の語り**

「昔はホセプティンとタクソルを同時に受けるとき、片方にしか保険がきかなかった。ホセプティンは二三〇万ウォン、タクソルは六〇万ウォンだったから、タクソルの方を実費で受けたけれど、後に九〇万ウォンを請求されるようになった。わけを聞くと、タクソルの値段が上がったと言われたわ」。（二〇一二年五月三日）。

この患者が最初に治療を受けた当時は、「ホセプティン」（トラスツブマブ）と「タクソル」（パクリタキセル）のうちの片方に保険が適用されるというシステムであった。それよりも前に治療を受けた患者は、「ホセプティン」は保険が適用されず、全額自己負担で一回につき二〇〇万ウォンだったという。この金額は大卒初任給の月給に相当する。そのため治療費を捻出するために家を売ったなどという話も聞かれる。現在は「ホセプティン」も国民健康保険が適用されるようになっている。

### (10) 治験

病院選択の箇所で述べたように、患者たちがソウルの大学病院を選好するのは、新しい医療技術や薬が、治験というかたちで地方よりも早く取り入れられるためである。いち早く新薬を投与してもらえることはソウルの大学病院で治療を受ける長所であると一般的に考えられているが、一方では治験への参加に否定的な見方をする患者もいる。

**事例5－1－88：ユ・ウニョン（仮名、女性、三〇歳代、海外在住）の語り**

「患者は病院の門をくぐりさえすれば研究対象者。人じゃなくて、奴ら（＝医療者）が論文を書くための物体なのよ」。（二〇一二年四月一九日）。

この語りに見られるように、ユ・ウニョンは治験を、患者に利益をもたらすものではなく、医療者の実験台になるものと捉えている。しかし医療者の認識の上では一般的に、新薬をいち早く使えることは患者にとって利益になり、治験は患者からありがたがられて然るべきものと考えられている。そのため、治験を途中でやめる患者に対しては、医療者も冷たい態度を示すことがある。

**事例5－1－89：ジ・ミジャ（仮名、女性、五〇歳代、慶尚道在住）の語り**

「臨床（治験）に参加したのに途中でやめると言ったから、看護師たちが親切じゃなくなったのよ」。（二〇一一年一〇月二七日）。

ジ・ミジャの場合のように、治験に参加したのに途中でやめ、医療者との関係が悪化するなどのトラブルが起こることがある。しかし多くの患者は新薬を試せることをメリットとして捉え、治験に積極的に参加している。

**⑾　定期検診**

X大学病院の乳がん患者の場合、治療後の定期検診は、最初の五年は六ヶ月ごとに、再発なく五年経過した後は一年ごとに行われる。この定期検診は「もしかしたら再発が見つかるのではないか」という考えから患者に緊張と不安をもたらす。

ある患者は定期検診で異常なしと言われ、「六ヶ月稼いだ」と言って喜んだ。「六ヶ月稼いだ」というのは、次の検査までの六ヶ月間は辛い治療などと直面することなく過ごせるという意味合いである。別の患者はこれを「六ヶ月人生」と表現する。

定期検診に対する不安や緊張を、患者たちは次のように語る。

**事例5−1−90：ジャン・オクヒ（仮名、女性、四〇歳代、光州広域市在住）の語り**

「ピザやフライドチキンのようなものを食べて、運動も登山をしたり学校の運動場に行ったりしていたのが寒くて三ヶ月ぐらいさぼっちゃったから、今回の検査が怖いわ。六ヶ月ごとにきちんきちんと検査を受けるけど、そのたびにドキドキするの」。（二〇一二年一月一五日）。

**事例5−1−91：イム・ウンジ（仮名、女性、四〇歳代、全羅道在住）とキム・ジスク（仮名、女性、五〇歳代、慶尚道在住）の会話**

イム・ウンジ「病院に来ただけでも胸がドキドキするの」。

キム・ジスク「そうでしょう、私もソウルに来る数週間前から胸がつまるよう（*dapdaphada*）で、消化もよくできないわ」。（二〇一二年二月一二日）。

**事例5−1−92：パク・ヨンジュ（仮名、女性、六〇歳代、ソウル特別市在住）と他の患者たちの会話**

パク・ヨンジュ「最近はどこか体の調子が悪かったら、死ぬ考えから先に浮かぶ。知人の中で私より早く

（乳がんの）手術をした人がいて、その人が最近、容態がよくないらしい。それを聞いてとても怖くなったわ。検診のたびにドキドキするの」。

他の患者たち「わたしたちみんなそうよ」。（二〇一一年一〇月一四日）。

これらの語りに見られるように、定期検診は患者たちに不安と緊張をもたらす。定期検診は「受けなければならないもの」と認識され、そこから一方的にもたらされる結果に患者たちは一喜一憂させられる。

しかし長く闘病生活を続けている患者の中には、他の患者に対して、医師の言いなりになるのではなく自分の判断で病院との付き合いかたを決めるよう促すケースも見られる。

**事例5－1－93：「憩いの宿」での患者たちの言動**

放射線療法から四年ほど経過し、放射線腫瘍科の定期検診には別に行く必要がなさそうだけれど診療予約が入っているから行くつもり、という患者に対し、治療歴八年の患者が次のように諭す。

「放射線科は行く必要ありませんよ。もし悪い所があれば外科や腫瘍内科で見つけてくれるでしょう。医師が来いと言ったからといって引きずられていくのではなく、自分で判断して動かないと」。

諭された患者は「一晩よく考えてみる」と言い、翌朝、放射線腫瘍科の診療を受けずに帰っていった。

（二〇一二年五月二三日）。

この事例に見られるように、治療歴の長い患者の中には、医師の言いなりにならず主体的に病院と付き合うケースも見られる。「放射線科には行く必要ありませんよ」と諭した患者は、再発して長く治療を続けている患者であり、化学療法によるさまざまな副作用のために一〇の科を受診している。そのためすべての科の医師の言うとおりにしていると身体がもたない。また、再発した患者の場合、医師も治療方針に迷って「抗がんを続けますか、やめますか」と患者に判断をゆだねる場合がある。「医師が来いと言ったからといって引きずられていくのではなく、自分で判断して動かないと」という言葉は、このような背景から生み出されたものである。

しかし再発していない患者の多くは、医師の言うとおりにすればこそ再発も防げるのではないかという考えから、あるいは医師の言うことを聞かないで再発したら医師に再び顔向けがしにくいという理由から、医師の言うとおりに定期検診に通う。患者たちを動機づけているのは、再発に対する強い不安である。

### (12) 再発

乳がんの治療をひととおり終えた患者が最も恐れているのは再発である。それは、再発すると完治が難しいと認識されているためである。そのため再発が見つかった際には、最初に乳がんが発覚したとき以上に死を意識することとなる。

**事例5－1－94：チェ・ソンヒ（仮名、女性、五〇歳代、慶尚道在住）の語り**

「最初二〇〇六年にがんが見つかったとき、姉や兄たちが来て、泣きまくったわ。私が末っ子だから余計にね。私はむしろ姉や兄たちに「大丈夫よ」と言って慰めてあげるぐらいだった。二年前に再発したときも、悲しみはあったけれど、堂々と乗り越えたわ。

でも今回（の再発）は違う。心細さに涙が出た。手術に加えて抗がんもしようと言われたからよ。抗がんをしようという言葉がなければ、ここまで落ち込まなかったと思う。抗がんに対する恐怖心で、夜も眠れない。私が声も出せずに泣いていたら、隣で夫も声を出さずに涙を流していた。その夜は眠れなかったので、夫と夜中まで長くしゃべったわ。

夫の誕生日のときも、眠れないので前夜にすごくたくさんの料理を作った。チャプチェも作り、チヂミも焼いたわ。翌朝の食卓を見て夫が「なんでこんなにたくさん作ったの」と言った。私は「後に作ってあげたくてもできないかもしれないから、できるときに作ってあげる。私があんたよりも長く生きるという保証はないから」と言ったわ」。（二〇一二年五月三日）。

### 事例5－1－95：イム・ウンジ（仮名、女性、四〇歳代、全羅道在住）と他の患者の会話

イム・ウンジ「うちのウェスンモ（＝母の兄弟の妻）と（患者会Wの）支部長が同じ教会に通っていて、紹介してもらってここ（＝「憩いの宿」）を知ったの。子どもが幼いし世話してくれる人もいないから地方で治療していたけれど、よくならないからX大学病院へ来たのよ。子どもが七歳と五歳で、やっと小学校に入るの。二〇〇九年に最初の手術をして、このとき四・七センチだった。抗がんもしたわ。二〇一一年度に喉に転移して、そこも手術した。どちらも光州のH病院でやったわ。ホセプティン（＝分子標的療法）もしたしジェルロダ（＝経口抗がん剤）も飲んだけれど、喉のしこりや胸のしこりが再発して急に大きくなったのよ。喉から皮膚を伝って広がっていっているの。骨や肝臓にも何かが見えると言われているわ。今日、I先生の初診だったけれど、私の言葉を遮って冷たく「完治が難しいのはおわかりでしょう」と言い放たれて、ショックを受けたわ。少しでも希望になることを言ってもらいたかったのに。「すっかり治ったと考えなかったんですか」と非難めいたことも言われた。そう考えていれば治ったはずなのに、とI先生は考えているのでしょうね」。

他の患者「私たちは完治なんてないのに、どうやってそんなふうに考えろというの」。

イム・ウンジ「完治なんてないから、生涯の友達にして、一緒に生きていかないとね。私はもともと胸にしこりがあったわ。若いときからね。女性はみんな胸にしこりがあって、それがいいものもあれば悪いものもある、そう聞いていたわ。上の子を産んだとき、胸がすごく腫れて炎症もできて、炎症を除去する手術を受けた

わ。そのときはがんではないと言われた。下の子を産んだとき、また胸が腫れて炎症ができたの。そのときは医師が組織検査をしてみようと言ったわ。そしたら、乳がんですって。下の子が八ヶ月のとき、がんの診断を受けたのよ。子どもたちの保険は入っていて、私たち夫婦も入らなきゃと言っていた一ヶ月後に、がんの診断を受けたの。私たちが先に入っておくべきだったのに」。（二〇一二年二月一一日）。

再発は通常、定期検診で発見される。しかし定期検診で異常なしと言われても、患者自身で異常に気づいて他病院で検査を受けなおし、再発を発見する場合もある。

**事例5－1－96：ジョン・キルレ（仮名、女性、六〇歳代、全羅道在住）の語り**

「術後一年ちょっとで、腫瘍内科で「完治したからもう来なくていい」と言われたの。先生に言われたら聞き返すこともできたけれど、診察室を出てから看護師に言われたのよ。異常に疲労感があったので、「変だ」と正門前の石に座って考えて、腫瘍内科に引き返して先生に話したけれど、「大丈夫ですよ」と言って検査すら入れてくれなかった。でも私の体は私が一番よく知っているじゃない。だから娘の勧める病院で検査したわ。綜合がん検診。ＣＴを撮り終えて、帰ろうと病院を出たところで、電話がかかってきた。よく見えないところがあるから撮り直すと言われたわ。そのとき娘にはもう本当のことが告げられていたらしい。私は「ＣＴを撮ったのにまた撮るのかしら」といぶかしんだけれど、実はＣＴに異常があったのでＰＥＴを撮るということだった。ＰＥＴを撮ると、肝臓に四センチの転移が見つかった」。（二〇一二年三月一二日）。

この患者は「私の体は私が一番よく知っている」という考えから、体調の異常をいぶかしんで別の病院で再検査を受け、定期検診で医師が見つけられなかった再発を発見している。

治療に関しても、再発した場合、患者がより主体的に治療方針を決めるという状況が見られる。初発の場合は、治療法がある程度マニュアル化されている。患者やがん細胞の体質によって治療法にいくつかの選択肢があるものの、その選択肢を超える治療がなされることはあまりないため、医師も自信をもって患者の治療法を決める。一方、再発が続く場合、医師にとっても治療法の決定は困難を極めることがある。合う薬も、患者の体質も、がん細胞の広がり方や速度も、個人差が大きいためである。そのため患者が自らの治療法の決定により主体的に関わることもある。

**事例5－1－97：キム・ユンレ（仮名、女性、五〇歳代、慶尚道在住）の語り**

「最初に手術したときは、リンパ転移もなかった。二〇〇九年に、のどのリンパ節に再発し、医師はホルモン薬をとっかえひっかえ試させた。まるで実験をしているようだと思った。今思うと、あのときすぐに手術するべきだった。でも医師はそんなこと一言も言わなかった。手術できるときには手術ほど強力な治療法はないというのに。

一年以上もダラダラと抗がんをしたわ。その前もタモクシペンを飲んでいたのに再発したから、ホルモン薬を替えて飲んでも意味がないんじゃないかと言ったのに。ホルモン薬を飲んで、そのあと抗がんをした。抗がんでのどのしこりは消えたけれど、抗がんが終わったらまた出てきた。抗がんではがんの根は消えない。また出てきたので「手術をするのはどうですか」と提案して、やっと医師が手術してくれることになった。

腫瘍内科のK先生はコンピューターの画面ばかり見て、こっちが提案するまで治療法を考えあぐねているの。先生を替えたいけれど、病院を替えない限り不可能だと言われた。のどに甲状腺がんも見つかったのに、それも教えてくれず、耳鼻咽喉科の先生が教えてくれた。その先生に感謝しているわ。甲状腺がんの手術はまずおいといて、再発したのを先に三つ取ったから、スッキリした。甲状腺にもついでに放射線を当ててみるのはどうかと先生に提案して、先生も試しにやってみようと言ったわ」。(二〇一一年一二月一二日)。

上の語りに見られるようにキム・ユンレは、「コンピューターの画面ばかり見て、こっちが提案するまで治療法を考えあぐねている」医師にしびれを切らし、自ら主体的に治療法を提案している。医師のほうでも治療法の決定に困難を極める状況下、患者が治療法に口出しすることに対して怒らず、患者の意向に沿っていることがわかる。再発が見つかると、最初に乳がんが発覚したときと同様に、病気の原因探しが行われる。

**事例5－1－98：イ・ヘソン(仮名、女性、四〇歳代、釜山広域市在住)の語り**

「最初にがんに罹ってから七年七ヶ月は、私の生涯で最も幸せに暮らしたわ。神様(*hananim*)との関係が深まった。今回、再発した原因を探し当てなくてはね。何か答えをくださると思うわ」。(二〇一二年三月六日)。

**事例5－1－99：キム・スクジャ(仮名、女性、五〇歳代、全羅道在住)の語り**

「私は最初の手術から一〇年経って再発した。最初は釜山のK病院で手術して、注射の抗がんを二〇回したわ。リンパ転移もなかった。一年に一度定期健診を受けていたけれど、二回さぼったの。家を建てるのに必死で過ごしていたとき、首に触れるものがあり、病院に行くと再発だと言われたわ。再発してから二日間は、死ぬかもしれないと考えて、眠れなかった。再発するのもすべて私のパルチャ(＝出生年月日時によって定まっている運命)よ。抗がんはいつまで続くかわからない。今で七回終えた。でも副作用は脱毛以外ないのよ」。(二〇一二年一月九日)。

イ・ヘソンは再発の原因を神からの何らかのメッセージだと受け止め、神の意図を探ろうとしている。これに対しキム・スクジャは、再発も出生年月日によって定まっている運命であると捉えている。場合によっては、他の患者たちが自分は再発したくないという一心で、再発した患者に対して、再発の原因を尋ねることもある。

**事例5－1－100：ミン・ヘジン（仮名、女性、五〇歳代、釜山広域市在住）の語り**

ミン・ヘジンが「四〇歳代で最初の手術をして、もう四回目の再発。子どもがまだ幼いから、すごく心配（涙ぐむ）。私は結婚が遅かったからね。藁にもすがる思いで、いろいろな体にいいものを摂るようにしているわ。何度も抗がんをしたから、髪もなかなか生えないの。まだ（髪が）生え揃っていないのにまた再発したの」と落ち込む。他の患者たちが「食事もちゃんと管理していたのですか」「運動していたのですか」と再発の原因を尋ねる。ミン・ヘジンは、「体にいいとされるものをことごとく試したのに。もう何を食べていいかわからない」。（二〇一一年九月二七日）。

この語りに見られるように、食生活に気をつけていたにもかかわらず再発した場合には、それまで自分が良いと信じて行ってきた行為が役に立たなかったという考えから、今後どうすればいいのかわからなくなるという状況も見られる。

患者たちが再発の原因を自分なりに探した結果、その原因として多く語られるのは、ストゥレッスである。

**事例5－1－101：ハン・ヒヨン（仮名、女性、五〇歳代、釜山広域市在住）の語り**

「再発するときはいつも、よくない感じがある。ストゥレッスをたくさん受けたとき」。（二〇一二年五月三日）。

**事例5-1-102：ソン・キョンスク（仮名、女性、五〇歳代、忠清道在住）の語り**

「健康食品より食べもので栄養を摂るようにしないといけない。健康食品はがん細胞が好む。食べるものを管理しない人がよく再発している。あと再発した人に話を聞くと、大きなストゥレッスを受けたとき再発しているわ。子どもが就職する歳になっても就職せず、結婚する歳になっても結婚しないのでストゥレッスを受ける。早く家から追い出してしまわないといけない」。（二〇一一年一〇月四日）。

再発で治療が長引くことによって、周囲の人との関係も変化しうる。韓国には「長い病気に孝行者なし（*gin byeong e hyoja eoptda*）」という諺があり、再発した患者もよくこの諺を口にする。この諺の意味は、周囲の人々が最初はよくしてくれるものの、治療が長引くにつれて疲れ、だんだんよくしてくれなくなる、ということである。

**事例5-1-103：キム・グィニョ（仮名、女性、六〇歳代、慶尚道在住）の語り**

「最初の五年は夫がよくしてくれた。五年も介抱して元気になるだろうと思ったらまた再発したので、最初は怒らなかった夫も怒るようになった」。（二〇一一年一〇月五日）。

再発すると、周囲の人々との関係にとどまらず、患者会のメンバーとの関係も変化しうる。それは再発した患者が、再発していない患者からの哀れむような視線を嫌うためでもあり、再発していない患者の「再発したらどうしよう」という心情とは相容れなくなって話題が合わなくなるためでもある。

**事例5-1-104：イ・ヨンヒ（仮名、女性、四〇歳代、光州広域市在住）の言動**

イ・ヨンヒは、骨盤に転移したがんを切除する手術を終えたばかりであり、杖をついてやっと歩ける状態である。今回の患者会の集まりは雪の次の日で地面が凍っていて、杖がすべって転倒したら大ごとなので行かなかった。それでなくても「再発すれば集まりに行かなくなる」という。その言葉を聞いて、再発した別の患者も「そうよね」と同意した。（二〇一一年一二月二〇日）。

**事例5－1－105：キム・ミリ（仮名、女性、四〇歳代、蔚山広域市在住）の語り**

「前はかつらをかぶって帽子をかぶって、人々がみんな私を見つめているようで、「若い人がかわいそうに」という視線で見ているみたいで、食堂には行けなかった。今は食べなきゃ生きられないという考えで、一人でも食堂に行ってごはんを食べるわ。再発して患者会の集まりにも行くのをやめようかと思ったけれど、もしかして私のような人がいたらダメだけれど、こうなるかもしれないから、そんな人が集まりに出てこられなかったらダメだから、ただもう元気に集まりに出ていくことにしたわ」。（二〇一二年二月一三日）。

この節で見てきたように、患者たちは治療段階ごとにさまざまな経験をし、そのたびに自らの身体の変化や周囲との関係変化に直面する。

乳がんを発見する代表的な方法としては、本人が乳房のしこりや乳頭からの出血に気づいて病院を受診する場合と、がん検診などで発見される場合がある。検査結果を待つ間は、多くの患者にとって不安や苦悩の時間となる。再検査すべき日を過ぎても病院へ行かなかったなどの場合、がんを早期に治療できなかったことを自分の責任として捉える。一方、乳がんの発覚以前から検診を受けていたにもかかわらずがんを早期発見できなかった患者の場合は、検診をした医師や病院に対する不満も口に出される。

患者たち全員が経験するのは、乳がん患者になる瞬間、すなわちがん告知である。病名を告知された患者たちは多かれ少なかれショックを受け、告知直後は衣類や通帳の整理をするなどの行動が見られる。

告知を経て乳がん患者となった人々は、治療以外でもさまざまな課題や悩みに直面する。そのうちのひとつが、自分が乳がんに罹ったことを周囲に話すという行為にまつわるものである。がんに罹ったことを周囲に話したくないと患者たちが思うのは、がんという病気が死と結びつけられるためである。そして、表立っては周囲から、乳房を意識する視線、あるいは同情や悲哀のまなざしが向けられ、陰では好奇心に満ちたおしゃべりのネタとなることが、主な理由として挙げられる。病気のことを知らせることによって周囲の人々の本質が露呈したことから、病気を契機に人間関係の「整理」を行う患者もいる。

周囲に話すことと並んで、がん告知から治療を始める前の大きな悩みの種となるのは、病院選択である。患者たちの選択肢としては大きく分けて、地域の乳腺外科のある総合病院、地方にある大学病院、ソウルにある大学病院の三つがある。

ソウルの大学病院には新薬や新しい医療技術がいち早く導入されるという認識に基づき、患者たちはソウルの大学病院を選好する。これに加えて手術に関しても、地方の病院では乳房を全摘するような場合でもソウルの病院では温存手術をしてもらえるとか、ソウルの病院のほうが手術跡がきれいであるという認識が患者たちの間で共有されている。

患者たちは親戚や友人・知人の中に大学病院の関係者はいないか探し回り、その「ッベグ」を使って一日でも早く診療や検査の予約を入れてもらおうとする。乳がんに罹ったことを周囲に話したくなかったが、大学病院に「ッベグ」を持つ人を探すために多くの親戚や知人に事情を話すことになった、と述べる患者もいる。

治療を受ける病院を選択し、診療や検査をひととおり済ませると、医師によって治療方針が決定される。ほとんどの場合は外科的手術が行われる。患者たちは手術による外観上の変化に多かれ少なかれショックを受ける。乳房全摘手術をした場合のみならず、温存手術をした場合でも、乳房の形の崩れや左右の大きさのアンバランスが生じたり手術跡が残ったりするため、患者たちは外観上の変化と向き合わねばならない。さらには転移・再発して何度も手術を行う患者の場合、乳房以外の部位にも手術跡が生じることとなる。

手術は患者本人や周囲の人々に緊張をもたらし、生涯における一大事あるいは転機として捉えられる。一部の乳がん患者たちの間で手術日を「第二の誕生日」と表現し、毎年その日が巡ってくるごとに祝う行為が見られるのも、同様の背景に基づいている。

化学療法は、一連の治療の中でも最も辛いものとして、さらにはがん患者の一種の通過儀礼のようなものとして認識されている。これほどまでに化学療法が辛いものとして認識されるのは、その副作用のためである。化学療法は患者たちにとって、避けたいものであると同時に、受けなければ不安をもたらすという、両面性を持つものである。化学療法を受けないことによってもたらされる不安とは、すなわち再発に対する不安である。

吐き気は、多くの患者たちが最も辛かった副作用のひとつとして語る。また患者たちの多くは匂いに敏感になったと語る。患者たちの集まる場、あるいはインターネット上では、副作用の吐き気をうまく乗り越えるために役立つ情報が飛び交う。

化学療法による副作用の中で、患者たちが吐き気と並んで最も辛かったと語るものは、脱毛である。脱毛による辛さには機能面と美容面の二種類がある。機能面では、汗や鼻水が滴り落ちたり、頭が冷えたり、かつらが不便だったりすることである。美容面では、頭髪やまゆげ、まつげが抜けることによって容姿が変化してしまうことである。大部分の患者は、使い勝手が良くかつ自分に似合うかつらを求めて試行錯誤する。

脱毛にまつわる辛い語りが多く聞かれる一方で、脱毛にまつわる笑い話も患者同士のおしゃべりの中で多く披露される。患者個人にとっては辛い経験となる脱毛も、患者同士のおしゃべりの中では笑い話として表現することが可能となる。

吐き気や脱毛に次いで辛い副作用として語られるのが、手足の爪のはがれや化膿である。手足の爪のはがれや化膿は、機能面で日常生活にも支障を及ぼす。そのため患者同士のおしゃべりの中でも、辛さや不便さの訴えとして語られる。

化学療法の副作用は患者の身体や日常生活にさまざまな影響を及ぼす。そのため化学療法を通じて患者と周囲の人々との関係も変化することがある。例えば化学療法による容姿の変化を、患者本人のみならず配偶者も、セクシュアルな魅力の減退として捉える場合がある。あるいは副作用の体調不良によって配偶者との間に感情的な溝ができる場合もある。

放射線療法を受けることになった患者が治療の前に経験することは、放射線技師によって身体に線を描かれることである。この「お絵描き」は、照射位置を正確に定めるため、患部のみならず胸部全体にわたって描かれる。乳房のみに放射線を照射する場合、一般的な副作用は白血球の数値が低下したり疲労感が増したりするというものである。そのため、化学療法を経験した患者たちの大部分は「化学療法のひどい副作用に比べれば放射線療法は楽なものだ」と口を揃える。しかしこのような意見が多数派を占めるほど、放射線療法の副作用がひどかったり放射線療法に不安を抱いていたりする患者の意見は疎外される。

ホルモン療法においては、薬剤や患者の体質などによって、治療との向き合い方も多様である。閉経前にホルモン療法の飲み薬と注射を併用する方法は、月経停止や更年期症状（ほてりや発汗）あるいは不眠などといった副作用が出やすい。一方、既に閉経した患者に対して投与される薬剤は、代表的な副作用として関節痛が起こる。

しかし他の治療法の場合と同様に、副作用が辛いと患者が訴えても、医師がその治療を打ち切ることはめったにない。それどころか患者が副作用の辛さを訴えると、医師が怒ることもある。副作用がひどいものの、その辛さを医師に訴えると怒られる、という状況から、医師には内緒で勝手に薬を飲み止める患者もいる。しかし自分の判断で勝手に薬を飲み止め、後に再発してしまった患者に対しては、他の患者たちは批判的なまなざしで見る。患者たちの大部分は、多様な民間療法を試しながらも、医師の言うとおりにするのが最も長く元気でいられる方法だ、と認識している。

分子標的療法は、脱毛などの目立った副作用がないので、症状に関してはあまり話題に上らない。話題に上るのは、費用、特に国民健康保険との関連においてである。

患者たちがソウルの大学病院を選好するのは、新しい医療技術や薬が、治験というかたちで地方よりも早く取り入れられるためである。新薬を投与してもらえることはソウルの大学病院で治療を受ける長所であると一般的に考えられているが、一方では治験への参加に否定的な見方をする患者もいる。

医療者の認識の上では一般的に、新薬をいち早く使えることは患者にとって利益になり、治験は患者からありがたがられて然るべきものと考えられている。そのため、治験を途中でやめる患者に対しては、医療者も冷たい態度を示すことがある。

X大学病院の乳がん患者の場合、治療後の定期検診は、最初の五年は六ヶ月ごとに、再発なく五年経過した後は一年ごとに行われる。この定期検診は患者に緊張と不安をもたらす。定期検診は「受けなければならないもの」と認識され、その結果に患者たちは一喜一憂させられる。

長く闘病生活を続けている患者の中には、他の患者に対して、医師の言いなりになるのではなく自分の判断で病院との付き合いかたを決めるよう促すケースも見られる。しかし再発していない患者の多くは、医師の言うとおりにすればこそ再発も防げるのではないかという考えから、あるいは医師の言うことを聞かないで再発したら医師に再び顔向けがしにくいという理由から、医師の言うとおりに定期検診に通う。

乳がんの治療をひととおり終えた患者が最も恐れているのは再発である。それは、再発すると完治が難しいと認識されているためである。そのため再発が見つかった際には、最初に乳がんが発覚したとき以上に死を意識することとなる。

再発は通常、定期検診で発見される。しかし定期検診で異常なしと言われても、患者自身で異常に気づいて他病院で検査を受けなおし、再発を発見する場合もある。治療に関しても、再発した場合、患者がより主体的に治療方針を決めるという状況が見られる。

再発が見つかると、最初に乳がんが発覚したときと同様に、病気の原因探しが行われる。場合によっては、他の患者たちが自分は再発したくないという一心で、再発した患者に対して、再発の原因を尋ねることもある。

再発で治療が長引くことによって、周囲の人との関係も変化しうる。また再発すると、患者会のメンバーとの関係も変化しうる。

次節では、乳がんに罹るとどのような状況になるのか、患者たちのライフヒストリーを通して明らかにする。

## 第二節　ライフヒストリーから

この節では、治療段階別の語りの検討では扱いきれなかった、個人の生の変化などを中心に、乳がんに罹るとどのような状況になるのか、患者たちのライフヒストリーを通して明らかにする。ここではまず三人の患者のライフヒストリーを記述し、その後、まとめて分析を行う。三人はいずれも地方（二人は慶尚道、一人は全羅道）からソウルのX大学病院へ通院し、X大学病院の乳がん患者会の運営する「憩いの宿」へ宿泊しに来た既婚女性の患者たちである。

チョ・ジョンスクは、背も高くがっしりとした体格をしている。四年前に最初の乳がん治療を行った。そのとき病期はⅡA期で、リンパ節への転移も見られなかった。しかし術後一年から一年ごとに再発し、継続的に治療を続けている。二回目までは腋と首のリンパ節に再発していたが、三回目は肝臓にも転移が見つかった。

化学療法で脱毛した頭には、かつらはかぶらず、季節に合わせたおしゃれな帽子をかぶってくる。「憩いの宿」の室内では何もかぶらない。「憩いの宿」に来るといつもすぐに服をパジャマ上下に着替え、足の冷えを防ぐために分厚いモコモコ靴下を履いて過ごす。足の冷えを防ごうとするのは、がんが冷えによって生じると考えているからである。

チョ・ジョンスクは落ち着いた話し方をするが、表情豊かでユーモアのセンスにあふれている。他の患者をよく笑わせ、自らも大声でよく笑う。しかし化学療法の効果があまり上がらないことに焦りを感じており、父親や友人から励ましの電話をもらった後はトイレにこもって大きな声を上げて泣く様子も見られた。

チョ・ジョンスクは六人きょうだいの一番上であり、「憩いの宿」に泊まるときはいつも妹のうちの誰かが慶尚道から上京してくる。その間、上京してくる妹の子どもの世話は、別の妹が引き受けるという。本人も妹も、乳がん患者しか宿泊できないという「憩いの宿」の規則を知っていながら、健康な妹も「病院へ乳房の検査を受けに来た」と嘘をついて「憩いの宿」に泊まる。なぜなら、「憩いの宿」では規則上は各自で食事を解決することになっているが、実質上は炊事や食器洗いなどを共同で行って一緒に食べるという形式がとられており、体力的に炊事をする自信のないチョ・ジョンスクの代わりに妹が働くためである。チョ・ジョンスクは、自分だけ炊事を手伝わずにいると他の患者たちに申し訳なくて気楽に泊まれないが、代わりに妹が働いてくれれば自分は楽に休んでいられるという。妹たちも姉を心配する気持ちから、率先して上京し、姉の世話を焼く。チョ・ジョンスクは化学療法の効果があまりよく上がらないことから、時には高価な韓方薬に頼り、時には「体質食餌」（東洋医学の体質分類に合わせた食べものを摂ることで体調の改善を図る食餌療法）を徹底して行う様子が見られた。そしてその都度、妹は姉の方針に合わせて食事を用意していた。

チョ・ジョンスクも妹も、他の患者たちに対して配慮する性格ではあるものの、治療の効果が上がらない焦りに起因して、貪欲さを見せる一面もあった。例えば「憩いの宿」の経費で購入した果物を宿泊者全員で食べるとき、妹は真っ先に一番おいしい部分を取って、他の患者に勧めることもせずチョ・ジョンスクに渡す。チョ・ジョンスクが「体質食餌」のためにトマトときのこ類しか食べられないと宣言すると、宿泊者全員で食べるために「憩いの宿」の経費で購入してあったトマトときのこ類は、妹によって一気に調理され、チョ・ジョンスクによって食べつくされる。そのため化学療法の周期から見てチョ・ジョンスクが来そうだとわかっている日には、他の患者たちがトマトや果物をベランダのキムチ冷蔵庫に隠しておくこともあった（それでもチョ・ジョンスクと妹はそれらを見つけた）。

チョ・ジョンスクは「憩いの宿」で折に触れて自らの境遇を語った。以下はそれらの語りを、語りの内容の時系列に沿って並べたものである。

### 事例5－2－1：チョ・ジョンスク（仮名、女性、五四歳、慶尚道在住）のライフヒストリー

「私が青年期に急に成長したのも（乳がんのリスクとして）よくなかったと思う。今の若者たちのように高たんぱくの食事をしていたの。小学校六年生のときハンドボールの選手になって、アボジが生卵を一日五個も食べさせたのよ。中学生時代にかけてものすごく急に大きくなったわ。初経は小学校六年生のとき。周りはまだ誰も（初経が）来ていなかったのに、私だけ早く来たの」。（二〇一二年六月二一日）。

「当時、地方では女の子まで大学にやるのは珍しかった。うちは六人きょうだいだけど、全員大学まで行かせてもらったの。末っ子なんて、末っ子だからといって（甘えて）、浪人までして（お金のかかる）美大へ行ったのよ。うちの両親は事業をしていたけれど、お金をどうやって工面したのかと思うわ。私ともう一人だけが国立で、あとのきょうだいはみな私立の大学に行ったのに。しかも私は両親にお金をもらうのが当然だと思っていたわ。アルバイトもせず、大学を卒業してすぐ（中学教師の）発令を受けて働き出したら、週末に映画やショッピングやグルメを楽しんでお金を使い果たしたわ。私が子どもを育てるようになってから両親のすごさ

に気づいて、孝行しようと思ったら乳がんになったの。私が乳がんに罹りさえしなければ、うちのアボジは子育てを本当にうまくやったと安心できたでしょうに」。（二〇一二年八月一一日）。

「私は学生時代から体格が良く、健康で、運動選手だった。ハンドボール、バレーボール、バスケットボール、サッカー。当時は女子で大学に進学する人は六、七％ぐらいしかいなかった。大学の学科では女子学生の中で唯一、「女史」という呼称を使われて、「チョ女史」と呼ばれたわ。アプローチしてくる男子学生が多くて、特に軍隊から帰ってきた年上の人にモテたわ。

私は大学時代に歴史を専攻していたから、史跡を巡る旅行もたくさんしたものよ。中学校の先生になってからは、学期中は仕事で忙しく、長期休暇も生徒たちを連れて史跡の踏査に行ったりして、恋愛をするヒマがなかったわ。それで三〇歳まで結婚が遅れたの。

三〇歳のときお見合いをしたわ。私は知らなかったけれど、舅が息子の結婚候補として私をマークして、三年間アプローチしていたらしいの。気づいていなかったけれど、知らないうちに引きずり込まれていったんだと思うわ。私は背が高くてかっこいい男性を望んでいたけれど、夫は背も高くてハンサム。家柄も職業も申し分ないし、将校出身だし、文句をつけるところがなかった。当時、夫はソウル、私は釜山にいたけれど、週末ごとに三回会って、四回目に結婚したわ。四週間で結婚したということよ。もっと付き合って性格を知ってから決めるべきだったのに。

結婚してみると、夫は浪費癖があったわ。事業に失敗すると、自尊心が傷ついて余計に浪費に走ったの。性格が合わないことがすごくストゥレッスだった。でも子どもができて、子どもができるぐらいの縁なんだから、なんとか一緒に生きていこうと思った。子どもはすごくいい。今でも外出前や帰宅後には、「愛してるよ」といってキスをしながら背中をポンポンするの。男の子なのに。それが習慣になっているから。私は夫との関係がよくない分、子どもたちに補償を見出していたのかもしれない。離婚したらよかったのに、特に子どもができる前に決断するべきだったのに、と今になって思うわ。でも当時は考えられなかった。離婚したらアボジの顔に泥を塗り、周りから指を指されると思ったから。私が賢明ではなかったのね。

私は仕事と家事の両方を完璧にこなしたわ。どちらかを優先させて、こう（左手の人差し指を傾け、右手の人差し指でそれを下から支える動作をする）すればよかったのに、こう（左手と右手の人差し指を離してそれぞれ上に向ける動作をする）しようとしたのよ。仕事を完璧にこなして、帰ってきたら二時間かけていろんな種類のおかずを作って食卓に並べた。そのことは後悔していないわ。息子たちが健康に成長したから。でも夜の一時二時までアイロンかけや掃除をしたのは過労だった。当時は疲れることを知らなかったけれど。

私は長男の嫁で、（夫の両親と）同居はしていなかったけれど、週末ごとに舅と姑を外食に連れ出した。明日出勤しないといけないから休みたい、と言えば理解してもらえたでしょうに、それが言えずに我慢していたのよ。祖先祭祀があるとその数日前から材料を準備したわ。胸にグッと押し込めて病気が生じたのよ。友人たちと集まればユーモアを発揮して、友人たちにも人気があった。それほどすべてを完璧にこなしたの。スーパーウーマンだった。今でも友人たちは、モイムにあなたが来ないと面白くない、と言ってくれる。でも昔のことを振り返ると何も記憶にないわ。それだけ虚無な時間を過ごしていたということよ。

最初に乳がんの診断を受けたとき、別に動じなかったわ。八〇歳のおばあさんの人生と五〇歳の私の人生を比べたとき、同じくらいの量の経験をしたと思った。三〇年分凝縮した人生を生きてきたと思った。でもそのときは初期だったしすぐ治ると思っていたわ。

夫は自分のせいで妻が病気になったと考えて、チンジョンのシックー（*chinjeong sikgu*）に対して申し訳ながった。でも再発して、チンジョンのシックーがワーッと（下から上に煽る手振り）なったから、夫は立ち位置がなくて一歩うしろに引き下がっている感じ。私が患って、夫に対する要求を解いたから、夫も嬉しがっているわ。夫はもっと大雑把な女性と結婚していたら、一緒に浪費して楽しく過ごしていたでしょうに。私も、もっとキツネのように（ずるがしこく）ふるまえばよかった。

私たちきょうだいを育ててくれたアボジのことはすごいと思っていたけれど、最近はオンマがもっと可哀想という考えが浮かぶわ。私のような子どもの世話をして育てろと言われてもできない。それにオンマはアボジからすごく干渉されているの。電話の受け答えも自分の思いどおりにさせようと横にくっついているし、食べているときも「そんなにたくさん食べたら消化不良になる」とオンマを牽制するの。食べるときまで干渉されるなんて、オンマはどれほどストゥレッスを受けていることか。オンマも賢い人だけれど、アボジがそれ以上に鋭利だから、干渉を受けることになるの。

（お母さんの世代はストゥレッスを受けても乳がんに罹らないのかという筆者の質問に対し）昔の人たちは早くに死んでしまったじゃない。そしてストゥレッスを受けても川で洗濯をしながらぶちまけてしまったでしょう。子どももたくさん産んで、お乳をごくごく飲ませたから、（乳房に）残る滓がないでしょう。そして朝早く起きて夜は早く寝て。今は昼も夜も区別なく、みんな夜更けまで寝ないじゃない。だからホルモンがおかしくなったのよ。食べものも高たんぱくに食べて。昔はたんぱく質なんかどこにあったというの。

オンマを見ていると、オンマより先に死んではならないと思うわ。夫のことも子どものことも全部投げ出したから、楽よ。八月三一日で（自分の）校長の任期が終わるけれど、退任式はしないことにしたわ。迷ったけれど、自分の治療を優先したいから。元気になったら先生たちと会食でもしようと思うわ。形式的なことも重要だから。

患う前は病人に配慮するといっても自分が経験していないからわかっていない部分も多かったけれど、今ならわかる。ある先生が甲状腺がんの手術をしたというので、十分に休暇を取らせたわ。その先生が三〇歳代と若いから。甲状腺がんは（乳がんより）もっとロト（当選）だけどね（笑い）。

前は鬱病の話を聞いてもどういうものかわからなかったけれど、再発してからというもの、雨の日には気分が沈んで、これが鬱病なのかと思うわ。夕方、看護師の回診が終わって、外のベンチに一人で座っていると、なんで自分はこんなところに一人でいるのだろうと思って泣けてくる（と涙を流す）。私が何を失敗してこんなふうになったんだろうと思って。がんには答えがないわ」。（二〇一二年八月一八日）。

「特に乳がんはストゥレッスから来る病気だから、乳がん患者は、シデクの人たちがよくしてくれて、夫がよくしてくれて、っていう人はほとんどいないわ。私も夫が事業に失敗して、それでも自分の自尊心のせいで（昇進のための）勉強をやめられなかった。朝は時間がないからカジョクのご飯を作った後、自分用に果物と餅を容器に詰めて、車を運転しながら食べたものよ。今は玄米ご飯を一〇〇回ずつ噛んでゆっくりご飯を食べられるから幸せ」。（二〇一二年七月一〇日）。

「子どもが男ばかり二人だから、魚を四匹焼いて、全部私が骨を取ってあげて、まず夫、そして子どもたちに魚の身を渡していたわ。私は落ち着いてご飯を食べる時間もなく、行ったり来たりしていた。今考えるとすごく後悔するわ」。（二〇一二年八月一一日）。

「私は三つの仕事をこなして朝の三時まで勉強するのが熱情的な生き方だと思っていたけど、愚かな考えだったわ。がんになるのに一〇年かかるというけれど、きっちり一〇年経ってがんが見つかったのよ。患う前から、体にいいものを食べて、野菜も（残留農薬を除去するため）お酢に浸してから洗っていたというのにね」。（二〇一二年五月三〇日）。

「最初に乳がんに罹ったとき、こんな恐ろしい病気とは知らずに無理をしてしまった。愚かな判断で仕事を続けてしまったことを後悔しているわ。再発しちゃだめなのよ。再発したら、まず完治は難しいし、治療もとてもつらい。私は早く昇進して、教頭にも校長にもなったけれど、健康を失っては何の意味もないわ。ヒラの教師が一番よ。今になってオンマが「普通にヒラの教師をして、（昇進するための）勉強をしていなければ……」と言うけれど、そんな言葉が出るくらい、（乳がんに罹ったことを）どんなに残念がっていることか」。

（二〇一二年八月一一日）。

「私が乳がんに罹ったのはストゥレッスと過労が原因だと思う。過労に関する部分はだいぶ直したわ。今日も、友人が白血病でソウルの病院に入院したと聞いて、以前の私ならすぐ荷造りしてお見舞いに行くところだけれど、今回は行かなかった。でもストゥレッスに関する部分は難しいわね。がんのことを忘れて普通の人と同じように生活するのが一番いいとわかっていても、再発したらそれが難しいわ」。（二〇一二年六月二一日）。

「私が一粒三万ウォンの韓方薬を飲むと言ったら、夫は「本当に飲む必要はあるのか」と言ったわ。その言葉を聞いてものすごく腹が立った。夫は効能が確実じゃないと考えるからそうなのよ。私が見たら効能は確実なんだけど。でも私の場合、まだ自分で稼いだお金があるから自分の好きなようにできるわ。夫の稼いだお金で治療する人だったら難しいでしょうね。そういう女性たちは病院で二人部屋にいるだけでも気を遣って眠れないんですって。一日に（部屋代が）一六万ウォンも出ていくから。いつ大部屋に空きが出るのか心配していたわ。私はまずこういう韓方薬があることを知れたのも幸運だし、この薬を知っていても経済的に余裕がなくて飲めない人たちがいるのに私は飲めるから、それも幸運。（別の患者が「うちの夫は五〇〇〇万ウォンでも一億ウォンでも使えと言うだろう」と言ったのに対し）そういう人は早く治るわ。ストゥレッスを受けないから」。（二〇一二年三月二一日）。

「がんは原因の八〇％がストゥレッスらしいわ。韓方病院の先生が言っていたもの。心を空っぽにすれば病気は治るって」。（二〇一二年三月一四日）。

「私がこの数年間がんについて勉強した結果わかったことは、原因も薬もないのががんだということよ」。（二〇一二年三月一四日）。

次に注目するイ・スンジャは、乳がんが発覚してからまだ日が浅く、最初の化学療法を受けている最中である。背はあまり高くなく、体型は丸く、顔も鼻も丸い。愛想のいい顔立ちをしており、全羅道の方言を使って話す。「憩いの宿」に来たのが初めてということもあって、最初は口数もあまり多くなかった。しかし夕食後に宿泊者の皆で談話しているとき、話しかけられるのを待っていたかのように、ライフヒストリーを全羅道の方言で語りだした。その内容は、次のとおりである。

### 事例5-2-2：イ・スンジャ（仮名、女性、四九歳、全羅道在住）のライフヒストリー

「私はなんでがんに罹ったのかわからへんわ。そんな理由あれへんもん。家族歴もあれへんし。（他の患者が「ストゥレッスも受けられませんでしたか」と尋ねたのに対して）ストゥレッスはめちゃ受けたわ。私はチンジョンのオンマのせいで「ファッピョン」になってしもてん。（他の患者が「チンジョンのオンマがどうしたの」と尋ねたのに対して）うちのきょうだいは二男五女やねんけど、私が二五年間、オンマと一緒に暮らしてきてん。チンジョンはT製鉄所のある五〇〇戸以上ある集落で精米所（*bang-atgan*）を営んでて、すごいお金持ちやってん。うちのオンマは男もののランニングシャツを着て、男勝りで精米所の仕事をする人やった。スカートをはいてへんかったら、誰が女と見たやろか。罵声を浴びせるし気も強いから、うちのアボジも全然頭が上がらへんかった。兄も姉も兄嫁も、うちのオンマに殴られたことない人はおらんわ。オンマはカジョクに対してファプリ（＝発散）する人で、足で蹴ったり頬を叩いたりするねん。

長兄は釜山に、次兄は光州に、姉たちも釜山に住んでて、職場がT市にある私が一番近いから、オンマを迎えて暮らすことになってん。オンマがあまりにも気質が強いから、他のきょうだいたちはみんなオンマを避けててん。

オンマは「長男、長男」言う人で、八七年度の措置法[21]のとき、T市にあった広い土地をすっかり二人の息子たちに分け与えてしまって、他のきょうだいは何ひとつもらわれへんかってん。姉たちも、三番目の姉は結婚

するとき長持をひとつこしらえてもらったけど、それ以外は全くやった。兄たちは二〇億、三〇億という財産があって、きょうだいのなかで社会生活をした経験のあるのは私だけ。兄たちは釜山に不動産をたくさん持ってるから、その貸し賃だけで食べていけるねん。それやのにオンマは、歯の治療で五〇〇〇万以上かかったときも長兄に電話して、「ぼうや（aya）、歯の治療五二〇万ウォンかかったけど、心配せんでええで。末っ子が出してくれるらしいわ」とか言うねん。

私は結婚する前からオンマと暮らしてたんやけど、結婚したあともオンマがくっついてくるねん。離れてもタクシーに乗って追いかけてきてしまう。私と夫が週末夫婦やから、余計にオンマが居座ってしまってん。うちの夫は建築業で、晋州市で仕事してて、何度かT市で住もうとしてんけど、「お母さんのせいで無理そうやわ」って。それに晋州市で仕事のお得意さんを確保してるからね。

三、四年前、オンマと私が激しくぶつかったことがあったわ。私も自分の子を育てるためにT市に土地を買って不動産の投資をしようとしててん。その土地はまだ大きく値上がりしたわけやないけど、オンマの目には魅力的に映ったらしいわ。土地の半分を長兄にあげろって言うねん。ゆくゆくはT市に家を建てて住むやろうからって。長兄は二〇億、三〇億ある人やねんで。そやから私は、それはでけへんって言った。自分で買った土地やのに、そんなことでけへん、って。そしたらオンマは怒り狂って、アパトゥのベランダから二週間ずっと大声で私の悪口を叫びたててん。私は恥ずかしくてアパトゥのエレベーターに乗られへんかった。うちは九階やのに、階段で上り下りしてんで。そのときちょうど秋夕で、長兄が来たから、数日でええからオンマを預かってって頼んだ。数日経てばオンマも少しは落ち着くやろうし、私の怒りも少し収まるやろうから、って。でも長兄は、それはでけへん、って。以前に長兄がオンマを家に連れて帰ったとき、近所でオンマが罵声を浴びせて大変やったらしいわ。

長兄に拒否されたけど、このままオンマと一緒に暮らしてたら私のほうがおかしくなりそうやったから、私が出て行かなあかんわ、と思って、順天に引越してん。オンマはT市に自分の家があったから、そこで一人で暮らすことになった。当時オンマは八五歳。でも心の内をみんなファプリ（＝発散）するから、めちゃ健康。とはいえ一人では不便なことも多いし、見かねた長兄がオンマを引き取ることにしてん。でも兄嫁が、温かいけど炊き立てではない、炊飯器で保温してたご飯を出したら、「ワテに死ねって、冷めたメシを食わせとんか」って罵声を浴びせたらしいわ。

だから長兄はオンマを療養病院に入れることにした。でも兄は社会生活をしたことがないから、療養病院へ入れる手続きがわからんねん。それに釜山に姉たちがおるのに、オンマは私ばっかり捜すねん。そやから私が仕事を終えてから車を運転して、午前二時に釜山に着いた。眠くて眠くて、どないして運転してたんかわからんわ。到着したんやけど、兄たちが前もって準備してなくて、オンマを沐浴させたりしたから、出発までに三時間かかった。五時に出発して、一一時にT市にある療養病院へ入院させた。

そやけど入院してからも、オンマは気が強すぎて、看護師や他の患者と喧嘩して、私がしょっちゅう病院に行かなあかんかった。二五年間、夢を見たら必ず、背中に赤ん坊を負ぶって頭に重い荷物を載せてる夢やった。[22]

そんなある日、胸にしこりが触れてん。更年期やからこういうこともあるかと思ってたけど、その夜は変に痛んでん。娘も触ってみて「病院に行ったほうがええんちゃう」って言うし、夫もそう言うから、病院へ行ってん。そしたら、あーりえへん、乳がんやて。

でも二〇一二年五月一二日、乳がんって診断されたときから、私はオンマから抜け出せた。他のきょうだいたちの態度も変わったよ。もし乳がんに罹ってへんかったら、今もオンマに振り回されてたやろうね。だから、がんに感謝してるねん。

その三年前から、脂肪肝の診断は受けててん。ストゥレッスで大食いするから、一年に二、三キロずつ太ってた。脂肪肝って言われても、頭の中が常にごちゃごちゃしてるから、自分の健康のために何もできへんかった。もし乳がんに罹ってへんかったら、もっと大きな病気に罹ってたかもしれへんわ。

オンマから離れてからは、心が楽。私ががんになって、他のきょうだいも心配してはくれるけど、お金をくれた人は一人もおらへん。一番上の兄嫁なんか、電話一本よこさへんねんで。抗がん（＝化学療法）で身動きがとれへんかったとき、一番上の兄が犬を一匹おごってくれたぐらい。でも犬肉を食べたおかげで、白血球の数値は一気に上がってん。それまでは夫が仕事を休んで、がんに効く食卓を整えるとか言って、毎食つくってくれてんけど、肉なんか皆無で、毎日雑穀ご飯と水キムチ。ほんま、飽っき飽きやで。それが三ヶ月続いて、その間、抗がん剤も白血球の数値が低いまま受け続けてん。たんぱく質といえば、豆腐と、ごはんに混ぜた豆だけ。それで白血球の数値があまりにも低かったから、このままやと次の抗がん剤は打てませんよって看護師に言われてん。それを兄に話したら犬を一匹おごってくれてん。犬肉を二週間食べ続けたら、体の状態が一気に回復して、医者にほめられたわ。

私は風邪ひとつひかへん健康な体質やったから、夫と子どもの保険はきっちり入ってたのに、自分の保険は全く入ってへんかってん。」（二〇一二年九月一三日）。


次に注目するキム・グィニョは、背も高く、肉付きもいい。六年前に最初の乳がん治療をした後すぐに再発し、それ以来継続して化学療法を続けている。度重なる化学療法の副作用で手足に麻痺が見られ、杖をついて歩く。歩く以外の動作も鈍く、ゆっくりしている。同じく化学療法の副作用で、耳も遠くなり、そばで大声で話さないと聞き取れない。耳が遠いために、話し声も大きく、テレビも大音量で視る。声はしゃがれているが、化学療法前はこのような声ではなかったという。歩く様子や話す様子は、実年齢の六四歳よりかなり老けて見える。

しかし化学療法中も食欲が落ちたことがないのが自慢であり、化学療法の点滴を何時間も受けてから「憩いの宿」に来ても、ごはんをよく食べる。しっかり食べる者ほど長期間の治療にも耐えて長く生きられる、というのがキム・グィニョの持論である。

キム・グィニョが「憩いの宿」に着てくる服は、カーディガンにズボンといったスタイルである。左の乳房を手術したあと、左側の腕に浮腫が現れ、腕が大きく腫れあがっている。そのため、腕の通る服があまりないと言う。患う前はおしゃれだったと言い、今も香水のにおいをさせている。化学療法で脱毛した頭には、かつらや帽子をかぶってくる。「憩いの宿」の室内ではかつらや帽子をかぶらず、頭にバンダナを巻いている。

キム・グィニョが「憩いの宿」を退所して帰宅するとき、迎えに来るのは、いつも長女である。仕事の合間を縫って来るという。キム・グィニョが病院から「憩いの宿」へ来るときは、一人でタクシーに乗って来る。化学療法の点滴を受けた後は水をしっかり飲むようにという医師の指示に従い、水をたくさん飲むので、「憩いの宿」では夜通しトイレに通う。足が不自由な状態で暗い中をトイレまで行き来するため、つまずいて転びかけたりもし、誰か保護者が付き添って来るべきだと他の患者たちがささやきあったこともあった。

耳が遠いこともあって、キム・グィニョは他の患者たちとおしゃべりを楽しむことは少なかった。しかしある日、「憩いの宿」に筆者と二人でいるとき、長い時間をかけて自らのライフヒストリーを語りだした。

### 事例5－2－3：キム・グィニョ（仮名、女性、六四歳、慶尚道在住）のライフヒストリー

「私は五八歳のとき乳がんを発病して、それ以来六年間ずっと苦労してきたわ。六年間、空虚に生きてきた。最初はII期にもなっていないと言われるぐらい初期だったのよ。乳がんは大したことないと軽く見ていたら、最初の手術から二、三ヶ月で再発したの。最初の手術で、左腕の浮腫も現れたわ。右胸に転移して手術し、胸部の中央に再発してまた手術した。右胸の手術跡の皮膚には帯状疱疹が現れて、皮膚科に二ヶ月通っても治らないからまた手術したの。八時間の手術を四回もしたのよ。皮膚を取る手術のときは、太ももの皮膚を切り取って移植したの。

抗がん（＝化学療法）は三〇回以上した。アドゥリアマイシン（ドキソルビシン）[23]という赤い薬を最初にしたけれど、吐くからずっと便器を抱えていないといけなかった。薬を打つたびに一〇キロ痩せたわ。次に打ったタクソルという薬は、全身の骨が痛むの。あまりにも多く抗がんをしたから、自律神経が麻痺し、目も悪くなり、歯も悪くなり、耳も聞こえにくくなり、喉も変になって元々の声ではなくなったわ。病院で行かない科はないわよ。耳はほとんど聞こえないほどになって、横で娘が通訳してくれていたの。耳の薬は一日三回注射をしなければならず、入院が必要だったから、処方箋をもらって地方の協力病院へ行って治療したわ。すると前よりは聞こえるようになった。それでも横で大きな声で話してもらわないと聞こえない。ホセプティン（＝分子標的療法薬、トラスツブマブ）は副作用がないから良いけれど、昔は保険がきかなくて、私の体重だと一回に二二〇万ウォンかかったわ。二〇回ほど受けたけれど、経済的に苦しいので中断して、タクソルという薬に替えたわ。今も鎮痛剤と睡眠剤を飲みながら、タクソルを続けているのよ。（新薬の）臨床試験もやってみたわ。お金がかからなくてよかったけれど、薬が合わなくて、がん数値（＝腫瘍マーカー）[24]が悪くなったので中断したの。

昔病院で同室だった患者は、最初は初期だというので抗がんをしなくてよかったんだけど、再発してタクソルを受けなければならなくなったの。タクソルを打つと一週間ぐらいで髪が全部抜けるから、髪を剃らないといけない。ある日、その人は友人と山へ運動に行って、途中で用を足しに行くと言ってどこかへ行った。でもいつまで待っても戻ってこないから、友人が警察に連絡して大騒ぎになったわ。結局、山の中で首をつって死んでいるのが見つかったんですって。女性にとって髪が抜けるというのはそれほどのことなのよ。私も最初の一年は外に出るとき必ずかつらをつけていたわ。普通かつらは七〇万ウォンぐらいだけれど、私は頭が大きくて合わないから、一〇〇万ウォン払ってオーダーメイドしたのよ。使い続けているうちに伸びてきたので、娘が釜山で七〇万ウォン払って作ってもらってきてくれた。人造ブラ（人工乳房）も安いのはあるけど、本物の胸のような感覚で使える物はひとつ五〇万ウォングらいする。そういうお金がかかるのよ。今は外に出るとき帽子だし、部屋の中では帽子さえかぶらないわ。昔はズボンが嫌いでスカートばかりはき、ストッキングをはいていたのに、今はずっとズボン。娘が「オンマも昔はかっこよく着こなしていたのに、今は田舎のハルモニみたい」って言うの。

がんという病気は、お金がかかる。がんの治療には第一に経済力がないとだめで、第二に本人の意志がないとだめで、第三に夫や子どもなど周囲の人たちの協力がないとだめ。抗がんは高い薬もあるから、いくら政府が保険でいろいろ助けてくれるといってもお金がかかるわ。経済力がないと高い薬が使えないのよ。そして本人の意志も大事。あまりにもつらくて途中でやめてしまう人が多いわ。そしたら死ぬのよ。いくらつらくても、治療を続ける意志さえあれば、今は薬がいいから、なんとかもちこたえるものよ。そしてカジョクの協力も必要。病院で見ていると、ほとんどの人が娘の世話を受けているわ。

うちの長女も、私のせいで苦労して、したいこともできないでいるのよ。今日も私がKTX（＝高速鉄道）に乗って一人で帰ると言ったのに、抗がん注射を打った後に一人で帰るのは危ないからといって、明日の朝迎えに来てくれるというの。朝九時に来るというから、早朝に家を出て運転してくるのよ。ソウルの本社で働くほうがいいのに、オンマの具合が悪いからしょっちゅう会いに行ける所で働かないといけない、といって、地方にいさせてもらっているらしいわ。でも今度辞令が出たら、あんたの行きたいところに行きなさいって言おうと思っているの。長女は仕事ができて、理事たちにすごくかわいがられているの。だから休みたい日に休めるのよ。そのかわり前日には仕事を片付けるために夜更かしをするわ。長女は次女より顔立ちもきれいだし背も高いのに、結婚していないの。長女さえ嫁にやれば、私は死んでもかまわない。長女は夫の還暦のとき、夫婦で旅行に行ってと一〇〇〇万ウォンくれたし、古くなった冷蔵庫や車も長女が全部買い替えてくれた。私が患ってからはすごく世話を焼いてくれる。でも腹を立てたときなんかは、「私はしたいこともできずに……」って不満を言ったりするわ。長女は私が何か失敗しようものならキーキーうるさいの。夫に付き添ってもらうほうが楽。でも夫は医者が来たら病室を出て行くような人なの。それに今もタバコをやめられなくて、病院内は禁煙だからすごく遠くまでタバコを吸いにわざわざ歩いていくのよ。

私は患う前はすごく丈夫だった。外で仕事もして、教会の仕事も引き受けて勧士[25]をしていた。だから牧師さまも、なぜあんなに丈夫だった人がこんな病気に罹るのかわからない、と言ったわ。手術するときはバスを借りて、教会からみなが祈りに来てくれた。祈りの力が強いのか、今でも胸には何度も再発しても、他の臓器には転移していないの。信仰によって心も落ち着くわ。

教会では日曜日ごとに昼食を作って食べるから、患ってからは余ったおかずを届けてくれるの。だから自分でおかずを作る必要がないのよ。ドンソ（＝夫の弟の妻）やクンオモニム（＝舅の兄嫁）もおかずを届けてくれる。夫は白粥とあわび粥だけ作れるの。私が抗がんで具合の悪いときに作ってくれるわ。シヌイ（＝夫の姉妹）は温熱治療器を買ってくれた。チンジョンの姉たちは山で採れたくるみ、松の実、なつめを送ってくれる。他の人たちも、霊芝やメシマコブ、紅参などを送ってくれる。でも医者は抗がん中にそういうものを飲んではいけないと言うし、くるみは食べる気がしないから、夫が体にいいものを全部食べているわ。

姉二人とヒョンブ（＝姉の夫）たちは、勧士と長老[26]で、私の代わりに禁食祈祷や徹夜祈祷をしてくれる。私が恩を返さなければならない人たちは多いわ。早く治るか逝くかしなければならないと思う。抗がんがこんなにつらいなら、早く死んだほうがいいかもしれないと思う。死のことを考えると、生は本当に短い、と実感するわ。以前チンジョンの一番上の姉が亡くなったとき、もっと私が何かしてあげられたんじゃないかと思ったわ。チンジョンのアボジは私が看病して、アボジが「病院よりもおまえが世話をしてくれるほうがよっぽど気持ちいい」とまで言ってくれるほどだった。チンジョンのオンマは姉が引き取って看病していたけれど、もっと私にできることがあったのではないかと思うわ。死ぬことを考えると、昔もっとああしてあげればよかった、こうしてあげればよかった、という考えが浮かぶの。

昔はがんに対する認識も低かったから、がんに罹ったということを隠すのが普通だった。でも牧師さまにお祈りしてもらうためには話さないわけにはいかず、話したところ教会中に広まったの。シデクにも隠しておきたかったけれど、夫が「そんなことして手術で万一のことがあったらどうするんだ」というので連絡したわ。手術のときシデクの人（*sidaek sikgu*）たちが来て、大騒ぎだったわ。遠くに住んでいて来られない友人たちも、三〇万ウォンずつ送金してくれた。長女はS大学の政治学科で修士号を取ったけれど、大学院の指導教授までもが一〇〇万ウォンくれたのよ。

私が乳がんに罹った原因は、ストゥレッスと、すごく疲れていたこと。仕事の関係でストゥレッスを受けたのと、息子の結婚式の準備に追われて疲れていたの。二〇〇六年五月に息子を結婚させて、六月に乳がんが発覚したのよ。がん細胞は誰でも体内にあるけれど、正常細胞が殺すからがんとして発病しないのよ。でもストゥレッスを受けたり疲れたりして正常細胞がうまく働かなければ、がんになるの。

私の場合はそうだったけれど、長く入院してがん患者たちを見ていると、特徴があるのよ。それは家庭に問題があるということ。多くのがん患者は、夫が浮気していたわ。入院していた病院が海のそばにあって、男たちが船に乗る仕事をすることが多いからかもしれないけれど。子どもたちが看病に来ると、そういう家庭の話をよくするのよ。いろんな情報が耳に入るから、娘が「オンマ、本を一冊書いたら」と言ったわ。

入院していた病院は釜山のG療養病院で、がんの病院として知られていて、がん患者ばかり八〇〇人ぐらいが入院していたわ。（入院希望者が多いため）六人部屋に入れてもらうことなどとても無理で、二人部屋に入ったんだけど、保険のきかない部屋代だけでも一日一一〇万ウォンぐらいかかったのよ。

もともと住んでいたM市内の家を維持するのが経済的に苦しかったのと、きれいな空気を求めて、H郡の田舎に移り住んだわ。そこでヨモギを摘んだり、夫は定年退職してから、それまでしたこともない農作業をしたりしているの。夫は何かすることがあったほうがいいのよ。神様がくださった治癒は三つあるわ。自然、これは清らかな空気や水、陽光を含むわ。そして憤怒を心にためこまないこと。そして清潔。布団はちょくちょく天日で乾かさないといけないわ。

私のチンジョンは面（行政単位のひとつ）で一番のお金持ちだった。アボジは知名人（*yumyeong-insa*）だった。きょうだいは九人だけれど、幼くして多くが亡くなったわ。お金持ちなのに、アボジは子どもたちに仕事をさせた。牛のえさを集めてくるのが一番嫌だった。うちの使用人は五人、牛も五頭いたわ。使用人たちが「ぼくたちが仕事をして、あんたらがやったとお父さんに言ってあげるから、遊びに行きなさい」と言ってくれることもあったわ。田んぼの水の様子を見に行くときも、アボジは私を連れて行った。寒くて外に出たくないし、夜で真っ暗なのに。でもそれだけ私に目をかけてくれていたのでしょうね。当時女の子たちは小学校しか卒業できなくて、私の姉たちもそうだったけれど、私は大学までやってもらったの。大学時代は、本当に節約して過ごしたわ。お金を使う人は他にいるのよ。

昔は学校まで二キロの道を歩いたわ。知り合いにバスの事業で成功した人がいて、ある日、その人がバスにタダで乗せてあげるというの。喜んでタダで乗って学校に行ったわ。でも家に帰ってそのことをアボジに話したら、「お金持ちと言われる人もただお金持ちなのではなく、相当の苦労があってお金持ちになれたんだ。明日学校に遅れてでも、そのバスを待って、ちゃんとお金を渡してきなさい」と言われたのよ。

私は二八歳のとき結婚した。二九歳になる前に結婚しようと必死で、二八歳のうちにしたのよ。チンジョンの姉と夫の姉が友達で、公務員試験の準備をしている有望な男性だから会ってみろと言われたの。結局その試験には落ちたけれど。シデクはすごく貧しかった。でも結婚するまでそのことを知らなかったの。礼物（＝婚資）は何が欲しいかと聞かれたので、いろんなものをリクエストしたら、そのとおりにしてくれた。でも後で知ったところ、全部借金で買っていて、全部私が返済しなければならなかったのよ。結婚前、ベッドは必要かと聞かれて、チンジョンでも寮でもベッド生活だったからベッドがいい、と言ったの。そしたら、ベッドを用意した、ということだった。でもいざ家に行って見てみると、丸太四つを足にしてベニヤ板を渡し、その上に三つ折りの敷布団を敷いたベッドだった。舅は夫が九歳のときに亡くなっていて、姑は私たち夫婦が引き取って一緒に暮らしたわ。うちの夫は三男だったけれど。

ハネムーンベイビーではないけれど、結婚してから生理を一回して妊娠した。つわりがひどくて何も食べれなかった。姑が気を遣って果物を買ってきてくれたけれど、小さくて萎びているのよ。私はもともとそういうのを食べないの。姑は萎びたものの方が甘くておいしいと言うけれど。チンジョンはチェサが一年に一二回もあるから、果物も最上級のものしか買わなかった。シデクは釜山、チンジョンは蔚山。大都市のほうがいい生活をすると思っていたのに。でも姑は人がよかった。魚を焼いたら頭と尻尾は自分が食べて、私たちに身の部分をくれた。そして私が夫と一緒に出かけるときは、女性は身支度に時間がかかるので、「食器洗いは私がするから早く準備してついていきなさい」と言ってくれた。シデクの貧しさに家を出ようと思ったこともあったけれど、こんなによくしてくれる姑を捨てて、貧しさのために家を出るのは間違っているだろう、と思って踏みとどまったの。

姑は人がよく、誰でも家に呼び入れてご飯を食べて行けと言う性格だった。だからいつもごはんは多めに炊いたわ。残ったら冷やご飯は自分が食べる羽目になるし、冷やご飯は嫌いだったので、ごはんを残さないようにきっちり炊きたかったのに、姑のせいでそれはできなかった。そして息子のおむつを替えるときも、姑はすぐにそれを洗いに行くの。姑がそうするから、私がじっとしているわけにはいかないでしょう。私としては、ある程度洗濯物がたまってから洗いたかったのに。あと、姑は気まぐれなところがあったわ。夫の弟夫婦二組がうちからそれぞれ一〇〇メートル以内に住んでいたけれど、美味しいものを作ると姑は片方の家だけに届けようとするの。両方の家に届けるか、あるいはどちらにもあげないかどちらかにしましょう、と言って両方に届けたら、姑が「こっちによくしてくれる人とよくしてくれない人に対して同じようにするのかい」と不満げだったわ。それと、姑はサイビ宗教を信じていて、子どもたちが病気になっても病院に連れて行こうとせずに、包丁をボウルに投げ込んだりしていたわ。姑は、子どもたちがけがをしたらそこに土や味噌を塗ったりもした。

そういう面では姑と一緒に暮らす難しさはあったわ。でも姑が亡くなった後、お葬式を出した家は一度、壁紙の張り替えをするので、そのために家を片付けていたら、姑が絨毯の下に隠していた通帳が三つ見つかったの。それらはそれぞれ、うちの子どもたちの名義になっていたわ。金額はそれほど多くはなかったけれど。私たちのことを考えてくださったんだなぁと思った。

当時は子どもを二人だけ産む時代だったけれど、私は三人産んだから、姑はとても喜んでくれた。子どもたちは田舎で学校に通って、ずっと全校一等。息子はソウル大学に入り、そこで大学院まで出てアメリカに渡り、ハーバード大学の教授になったのよ。祈りの力はすごいと思うわ。息子がハーバード大の教授になれますようにと祈っていたら、本当に叶ったのだから。息子がハーバード大の教授になったとき、うちの教会でも垂れ幕を掲げて祝ってくれたわ。今は息子がノーベル物理学賞を取れますように、と祈っているの。自分の病気の次に息子のことを祈っているの。韓国ではまだノーベル物理学賞を取った人はいないから。チンジョンのアボジが生きていたら、息子がハーバード大の教授になったことをさぞかし喜んでくれていたでしょうね。チンジョンのアボジは頭がよくて、本を三回読んだら内容を全部覚えてしまうような人だったわ。息子は母方のハラボジに似たのかしらね。息子が韓国にいたときは教会に通いなさいと言ってもあまり行きたがらなかったのに、アメリカに渡ってからは教会に通って、青年部の教区長をしているみたいで、嬉しいわ。孫がもうすぐ満一歳を迎えるのよ。

次女は結婚して六年ぐらいになるわ。次女はソウルにある大学にも入れるぐらいの実力があったのに、動物が好きで獣医になりたいと言って、(地方の)G大学の獣医学科に入ったの。今は獣医として仕事をしているわ。院長先生は四〇歳の女医さんで、仕事はうちの娘に任せてあちこちに旅行しているらしいの。だからうちの娘はすごく忙しくて、私が手術するときも来られなかったのよ。うちの娘の腕は評判がよくて、電話でうちの娘が病院にいるか確認してきて、うちの娘がいなければ病院に来ない人までいるぐらいなんですって。次女の夫も獣医よ。大学院で勉強して、今は軍の服務のために研究所にいるの。軍の服務が終わったらたぶん教授になると思うけど、アメリカに行くかもしれない。そうしたら娘もついていくことになるでしょうね。私としては、アメリカに渡ってほしいと思っているの。アメリカでは獣医はすごく認められた職業で、お金が稼げて、最初のうちから一戸建ての家を買うらしいから。

昔、次女は「お金を稼ぐようになったら通帳ごとオンマにあげる」って言っていたわ。なのに就職してから一度もお金をくれたことがないの。長女は還暦旅行に一〇〇〇万ウォンくれたというのに。「昔、通帳ごとオンマにくれるって言ったじゃない」と言うと、開業するためにお金を貯めているんですって。実はその方が賢いのかもね。父母に開業するお金をちょうだいと言わないのがより賢明かもしれないわ。」(二〇一二年五月四日)。

彼女たちのライフヒストリーから見えてくることは、乳がんの罹患を契機に、生き方が大きく変化することである。その変化には、周囲の人々との関係の変化、身体的な変化との直面とそれへの対処、ライフスタイルの変化、副作用や治療にできるだけスムーズに対処するための技術の習得などが含まれている。

周囲の人々との関係の変化に関しては、まず患者たちの語る病因論に注目する必要がある。患者たちの語る過労やストゥレッスといった病因の多くは、夫やシデク、チンジョンにまつわる問題と関連づけて認識されている。たとえばチョ・ジョンスクは、夫の浪費癖に対するストゥレッスや、勉強と仕事と家事を完璧にこなしたことによる過労を病因として挙げており、その過労を上乗せしたのは法事や週末ごとの舅・姑との食事であった。イ・スンジャは、気性の激しいチンジョンの母を二五年間にわたり一人で世話しなければならなかったことによるストゥレッスを病因として挙げている。キム・グィニョは、自分についてはシデクの貧しさや姑と生活する難しさ、過労などを語り、他のがん患者の例としては夫の浮気を病因として挙げている。このように病因の多くは家族の問題と結びつけられて認識されている。そのため乳がんを契機とする人間関係の変化も、家族との関係を中心に語られる。たとえばチョ・ジョンスクは、夫が自分のせいで妻が乳がんに罹ったと思って申し訳ながったことや、自分が夫の浪費に対する干渉をやめたことについて語っている。またイ・スンジャは、母の束縛から解放されたこと、他のきょうだいたちが心配してくれるようになったこと、夫が仕事を休んで食事を作ってくれたことについて語っている。

家族との関係に加え、友人との関係についても変化が見られる。チョ・ジョンスクの語りからは、友人とのモイムに参加しなくなっている様子がうかがえる。チョ・ジョンスクに限らず、他の患者たちの口からもそのような話が聞かれる。モイムに行かなくなる経緯には、治療による体調不良や、病名を聞くとまるで死にゆく者のように見なされてひどく心配されるのが嫌だからなどの理由に加え、食べ物の問題も大きな影響を与えている。一般的に、モイムでは肉を食べたり酒を飲んだりする。しかしがん患者たちは肉や酒を避ける傾向にある。そのため食べものが合わず、モイムに行きにくくなる。ある患者は、友人が気を遣ってわざわざ菜食の食堂でモイムを開いてくれたが、毎回そうするわけにはいかないし、こちらも気を遣うので嫌だという。さらにこだわる患者は、食堂の食べものは化学調味料や質の悪い油を使っているとか、食堂の皿や食べもの自体が不衛生であるとか、食堂では食器洗いを簡単に済ませるため毒々しい薬品に皿を漬けて洗浄しているという理由で、外食そのものを好まない。そのため患者たちはモイムに行きにくくなり、友人たちとの関係も変化せざるをえなくなる。

身体的な変化に関しては、まず患者によって語られる、自身の乳がん発覚以前の様子に注目する必要がある。チョ・ジョンスクは、少女時代はスポーツ選手であったこと、結婚してからは疲れ知らずで仕事も家事も完璧にこなしていたことを語っている。またキム・グィニョは、仕事に加えて教会の役割も担い、のちに乳がんに罹ったことを牧師に不思議がられるほど、以前は健康であったと語っている。またチョ・ジョンスクは大学生時代に多くの男子学生たちからアプローチされたこと、キム・グィニョは乳がんが発覚する以前はズボンなどはかずとてもおしゃれだったことを自慢している。このようにチョ・ジョンスクとキム・グィニョは、乳がん発覚以前はいかにも健康であったこと、そして女性として魅力があったことを強調し、乳がん発覚以後の状態と対比させている。逆にイ・スンジャの語りの中では、乳がん発覚以前はいかに不健康な状態であったかが強調される。具体的には、常に母親からストゥレッスを受けていたこと、そのストゥレッスから大食いして太り続け、脂肪肝の診断を受けたものの自分の健康を省みる余裕がなかったことが語られる。しかし乳がん発覚後は母の束縛から抜け出し、夫が健康食を用意してくれたりきょうだいたちが心配してくれたりして、自分の健康を省みる状態になったことが語られる。つまりチョ・ジョンスクやキム・グィニョにしても、あるいはイ・スンジャにしても、乳がん発覚の前と後では身体的な状態が大きく変化したということが強調されている。

また身体的な変化に関しては、治療による変化を見逃してはならない。患者が乳がんの手術（乳房全摘療法）を受けることによって、乳房の片方あるいは両方を失いうることはよく知られている。近年さかんに行われる乳房温存療法でも、手術側の乳房が従来どおりの大きさや形できれいに残せるわけではなく、乳房の変形は免れ得ない。また乳房温存療法を受けた場合は、放射線療法が必須である。放射線を照射することによって乳房が変色したり、汗腺の機能もダメージを受けるため、治療後長期間にわたって照射部位の皮膚が乾燥したりもする。

しかし乳がん治療による身体的な変化は乳房にとどまらない。手術で腋のリンパ節を切除することによって、キム・グィニョのようにリンパ浮腫が起こり、腕が大きく腫れあがるケースもある。一度大きく腫れあがると、元の状態に戻すのは困難だとされている。また化学療法による身体的な変化は、脱毛だけでなく、爪の変色・変形や顔の黒ずみなどとしても現れることがある。場合によってはキム・グィニョのように、耳や喉がダメージを受けて話し方が変わってしまったり、手足の麻痺が起こって歩き方や動作の仕方が変わってしまったりもする。自らの身体のこのような変化に直面し、患者たちはマニキュアで爪の変色を隠したり、キム・グィニョのように人工乳房やかつら、帽子を活用したりして対処している。患者たちの乳がん治療の語りは、身体的な変化との直面とそれへの対処についての語りでもある。

次に、ライフスタイルの変化に関しては、チョ・ジョンスクのように従来の多忙な生活から、過労を避けるように気をつける生活への変化が挙げられる。チョ・ジョンスクの「夫のことも子どものことも全部投げ出した」という語りからは、夫や子どもの世話を焼き干渉していた従来の生き方を変えたことがうかがえる。チョ・ジョンスクは他にも、自分の退任式を取りやめたり、白血病の友人の見舞いに行かなかったりすることで、体力を温存しようとしている。

このほかキム・グィニョのように、もともと住んでいた都会の家を離れ、清浄な空気を求めて田舎に移り住むといった、大規模なライフスタイルの変化も見られる。キム・グィニョの場合は「夫は定年退職してから、それまでしたこともない農作業をしたりしている」というように、夫までがライフスタイルの大きな変化にまきこまれている。がん患者が空気の清浄な地域に土地を買い、体にいいとされるヒノキと黄土で家を建てて移り住むことは、近年の韓国でブームになっている。そこまで経済的条件や家庭状況に余裕のないがん患者たちは、「自然治癒」施設に数ヶ月から一年程度滞在することもある。「自然治癒」施設は空気の清浄な地域にあり、ヒノキと黄土で建物が作られているケースも多い。「自然治癒」施設では基本的に玄米菜食が出され、施設によって多様な民間療法のプログラムが提供される。施設の大部分は、個人がビジネスのために経営しているものである。近年のがん患者の増加に伴い、そのような施設は韓国各地に次々と作られている。キム・グィニョのように空気の清浄な地域に移り住む行為は、がんに罹った者が経験する「典型的」なライフスタイルの変化として定着しつつあるとも言える。

次に、副作用や治療にできるだけスムーズに対処するための技術の習得に関しては、イ・スンジャの語りに見られる、「白血球の数値（*baekhyeolgu suchi*）」を上げるための行為が挙げられる。化学療法や放射線療法を受ける際には定期的に血液検査を行い、もし「白血球の数値」が基準よりも低ければ、治療は数日から一週間程度延期される。患者たちはこのことを「バックさせられる（*bakku dang-hada*）」と呼んでいる。延期した後も「白血球の数値」が基準以上にならない場合は、数値を上げる薬が投与される場合もある。しかし地方から治療のためにわざわざ上京してくる患者たちにとって、交通費をかけ時間と労力を使って病院へ来たにもかかわらず治療が延期になるというのは避けたい事態である。

そのため、患者たちは「白血球の数値」を上げるのに効果的であるとされるものを食べる。その代表的な食べものは、犬肉と鶏の足である。犬肉は蒸したり鍋にしたりして食べ、鶏の足は甘辛く煮付けて食べたり、あるいは長く煮出して白いゼリー状になった煮汁を飲んだりする。また、犬肉や鶏の足に限らず牛や豚、鶏、鴨などの肉であっても、たんぱく質を十分に摂れば「白血球の数値」が上がると患者たちは考えている。「憩いの宿」に来る患者たちは、化学療法中や放射線療法中の患者たちに「たんぱく質を摂れ」「治療中は肉を食べろ」としきりに勧める。ただし「白血球の数値」を上げるのに必要なたんぱく質は、魚介類や大豆、卵、乳製品ではなく肉類の摂取によって得られると考えられている（例外的にドジョウ鍋（*chueotang*）は魚介類の中でも「白血球の数値」をよく上げるとされている）。この現象は、がん患者たちが治療後の食餌療法において肉類を避けるのとは対照的である。

また、患者たちの関心の高い部分として語りの中に見え隠れするのは、保険の存在である。乳がんが発覚する前に医療保険やがん保険に加入していたかどうかは、治療中の患者の経済状態を大きく左右する。保険に加入していた患者の場合、がんと診断されたときの一時金をもらえたり、「実費（*silbi*）」と呼ばれる制度で加入していた場合は治療費、入院費、交通費などがもらえたりする。「実費」に加入していた患者の場合、大学病院に通院して化学療法や放射線療法を受ける間も、別の療養病院に入院し、入院代は保険会社に負担させる上に一日五万〜一〇万ウォンの保険金をもらうという方法が一般的になっている。患者たちは化学療法や放射線療法の副作用による体調不良を口実に療養病院へ入院し、そこから大学病院へ通院する。「実費」の制度はできてからまだ一〇年も経っていないが、そのような患者たちをターゲットに、近年韓国の各地にがん患者用の療養病院が次々と作られている。現在「憩いの宿」で長期滞在する患者たちは、ほぼすべてがそのような保険に入っておらず、治療期間中にソウルでの長期逗留が必要であるにもかかわらず療養病院に入れなかった人たちである（短期滞在する患者はこの限りではない）。そのような患者の多くがイ・スンジャのように、夫と子どもにはきっちり保険を掛けていたのに自分にはかけていなかった、と悔しそうに語る。

一方で、保険に加入していた患者の場合、いくつもの保険会社からもらえる金額を合計すれば入院費だけで一ヶ月一〇〇〇万ウォンになるとか、がんと診断されたときにもらった保険金でアパトゥを買ったなどという話も聞かれる。「憩いの宿」が設立された当初は「実費」も療養病院も一般的ではなかったため、地方の患者たちが大勢「憩いの宿」に長期滞在していた。しかしがんと診断されたときの一時金をもらった患者は多かったため、皆で毎日デパートへ出かけ、それまで持ったこともなかったブランド物のバッグなどを買っていたという。

乳がん患者たちは、乳がんで保険金をもらうことを「ロト当選」と呼んでいる。それは、手術後にものが食べられなくて苦労する消化器系のがんに比べ、乳がんの手術後は、痛みも少なく、食べものも支障なく食べることができ、活発に動き回れるからである。乳がん患者たちが自分たちよりもっと「ロト当選」だと言うのは甲状腺がんである。これは甲状腺がんの転移が乳がんに比べて少なく、治療後の生存率も九割を超えることに起因している。甲状腺がん患者は手術後の疲労感などに悩まされることもあるが、乳がん患者たちの間ではそのようなことはあまり知られていない。そのため甲状腺がんは乳がんより楽に保険金をもらえると考えられており、チョ・ジョンスクの語りの中でも「甲状腺がんは（乳がんより）もっとロト（当選）」と語られている。それほどまでに患者たちの保険に対する関心は高く、その背景には保険加入の有無によって治療中の経済状態が大きく左右されるという状況がある。

このように患者たちの語りからは、乳がんの罹患を機に、大小さまざまな変化を経験し、それまでとは違った状況や価値観の中で生きるようになることがわかる。

# 第六章　病気を治すための「ハンプリ」

## 第一節　「ファッピョン」と「ハンプリ」

「オモニ」が乳がんに罹った場合、病因についての解釈がさかんに行われる。その過程で多く語られるのが、家族の問題によるストゥレッスの蓄積である。

その背景には、胸に感情が蓄積することによって病気が引き起こされるという認識に加え、「ファッピョン」(*hwa-byung*: 火病)という病気の存在が挙げられる。「ファッピョン」とは、怒りや不満などの否定的感情「ファ」(*hwa*: 火)が蓄積して発生する病気であり、韓国の文化結合症候群として米国の精神科協会で認定されている。「ファッピョン」は「環境によって誘発された憤怒感情を我慢するところから始まり、類似した経験を繰り返すことで〈ファ〉が積もって発生する、ある種の心因性、反応性、慢性神経症的障害」〔민성길 2009: 23〕と定義され、「対人関係において主に憤怒が即発されるが、社会環境上これを抑制しなければならない状況において、最も多くファッピョンが発生する」〔민성길 2009: 194〕。「ファッピョン」の症状としては、精神症状(憤怒など)と身体症状

（息詰まりなど）がある。「ファッピョン」は性別や婚姻状態に関わらず起こりうるが、特に「オモニ」に多いとされている。

**事例6―1―1：「男性は「ファッピョン」に罹らないのですか」という筆者の質問に対する、クォン・ミョンジャ（仮名、女性、五〇歳代、釜山広域市在住）の語り**

「男は発散するところがたくさんあるじゃない。友達と遊んで発散し、お酒で発散し、ある人はカジョクたちにむかって（殴る動作）発散し。それに比べたら女は発散するところが少ないわ。最近は女たちも遊んで発散する人が多いけれど。発散できずに胸にグッと押しこんで生きている人も多いわ。だからがんも男より女がよく罹るらしい。男は職場でストゥレッスをたくさん受けるでしょうけどね」。（二〇一二年八月八日）。

このように、男性に比べて女性は感情を発散する機会が少なく、そのため女性に「ファッピョン」ひいてはがんの罹患が多いという見方がされている。さらに「ファッピョン」は、「オモニ」のおかれた状況を通して説明される。

**事例6―1―2：「ファッピョン」とは何かという筆者の質問に対する、チョ・ボクヒ（仮名、女性、五〇歳代、光州広域市在住）の語り**

「女性たちがシオモニ（＝姑）に対するファを発散できず、夫に対するファも発散できず、ずっと我慢していたらそれが病気になるの。ずっと我慢して我慢して過ごすから、ある日いきなり爆発するようにファを出すわけ。シオモニに対してファがあっても言えないじゃない。夫が浮気しても何も言えないし。アメリカなんかでは我慢せずに離婚してしまうでしょう。だから病気にならない。でも韓国では違う。私が離婚したら私の父母はどうなるかしら、私の弟妹が結婚するときに「離婚した姉がいる」ということで障害にならないかしら、そんな考えで自分を犠牲にして我慢するの」。

このように「ファッピョン」は、姑に対しても夫に対しても不満を口に出せずに我慢せざるをえないという、「オモニ」のおかれた状況から説明される。そしてこの語りには、シデクだけでなくチンジョンも、病気の要因として見え隠れしている。つまり、チンジョンの両親の体面や、弟妹の結婚のことを考えると、自分の意志で離婚することができない、という状況である。これは先述したように、結婚が親や親族、つまりチプやチバンの介入する問題であるという状況を反映している。

文化結合症候群が「文化的にパターン化された苦悩の表出表現」[池田・奥野 2007: 19] であること、そして「ファッピョン」が「オモニ」に多く見られることを考慮すると、「ファッピョン」は韓国の「オモニ」の状況を表出するものであると言える。

「オモニ」の乳がん患者たちが形成する病因論も、「ファッピョン」と非常に類似した特徴を持っている。胸に感情が蓄積するという認識と、「ファッピョン」という病気観が結びつき、否定的感情の蓄積によって胸部に病気が生じるという解釈が形成されている。「ファッピョン」とは何かという筆者の質問に対し、乳がん患者のクォン・ミョンジャ（仮名、女性、五〇歳代、釜山広域市在住）は「ファが積もり積もって生じる病気。火は熱いけれど、まんなかはものすごく冷たいのよ。炎（*bul*）も、見ると一番まんなかは青いじゃない。がんも冷えから来る病気って言うじゃない」と語っている。

さらには否定的感情の蓄積される胸部の中でも、呼吸器や心臓ではなく乳房に病気が生じたということから、韓国で既婚女性の乳房が表象する「オモニ」、ひいてはそれらと密接に関わる家族の問題が、乳がんの病因論に結びついてゆく。中には直接的に「ファッピョン」という言葉を用いて乳がんを解釈するケースも見られる。

**事例6－1－3：パク・ファジャ（仮名、女性、六〇歳代、大邱広域市在住）と筆者の会話**

パク・ファジャが日本と韓国の乳がん患者の違いを尋ねるので、筆者が「日本ではストゥレッス発散によってがんを治そうとはあまりしないと思います」と答えた。それに対しパク・ファジャは、「日本には「ファッピョン」がないの？　日本もすごく家父長的だって聞くけど」と言う。そして「最近は息子一人、娘一人しかいないから、みんな勉強して（＝高等教育を受けて）、やりたいことを全部やって暮らしているけれど。オンマ世代の心情は理解できないでしょう？」と言った。（二〇一二年八月四日）。

パク・ファジャは、「家父長制」が「ファッピョン」の原因になっていると考えている。そして自分たちの世代の女性は「家父長制」のせいで、高等教育を受けたり、やりたいことをやって暮らしたりできなかったと考えている。さらに注目すべきは、「ファッピョン」とがん治療のストゥレッス発散を類似したものとして関連づけていることである。

このように乳がんの病因論は「ファッピョン」という病気観と結びついている。そして乳がんを治すために、「ファッピョン」治療の民間療法的な方法である「ハンプリ」（*hanpuli*, 恨-*puli*）あるいは「ファプリ」（*hwapuli*, 火-*puli*）と呼ばれる方法（以下これらを総称して「ハンプリ」と表記）が試みられる。「ハンプリ」の内容は、蓄積した感情の発散や、否定的感情の原因となった問題の解決などである。家族の問題を病気の原因と考える「オモニ」の患者の場合、「ハンプリ」も家族をまきこんで行われる。次節以下では、この様相について検討する。

## 第二節　「ハンプリ」にまきこまれる家族

乳がんの発病原因についてはいくつもの要因が指摘されているが、まだはっきりと特定されていない。そのため患者たち自身によって原因探しが行われ、患者たちが集まる場では必ずといっていいほど発病原因についての話題が出る。

患者たちによって語られる病因論の多くは、家族の問題と関連づけられる傾向にある。中でも特に夫やシデクにまつわる問題が多く、チンジョンにまつわる問題が語られることもある。「憩いの宿」に二ヶ月ほど滞在した経験をもつパク・ヨンジャ（女性、五〇歳代、釜山広域市在住）は、他の患者が来訪するたびに「なぜ乳がんに罹ったと思いますか」と尋ねたという。そしてその結果、患者一〇人中八人が長男の嫁であり、残りの二人は身分は長男の嫁ではないにもかかわらず長男の嫁の役割を担わなければならない立場にある人たち、あるいは舅や姑の干渉から逃れられない立場にある人たちであったという。その割合を実際に追跡確認することはできないものの、患者自身による乳がんの病因論の中で家族の問題が重要視されていることを表していると言える。そして患者による病因論には、自身のための時間、労力、経済的投資などを家族のために犠牲にしてきたという、自己犠牲感が伴っている。

先述したように、乳がんの病因論は「ファッピョン」という病気観と結びついている。つまり「ファッピョン」の考え方に基づき、乳がんに罹った原因を長期間にわたる否定的感情の蓄積に求める。そのため韓国の乳がん患者たちは医学的治療と並行して、「ハンプリ」を行うことで病気を治そうとする。「ファッピョン」治療の民間療法的な方法としての「ハンプリ」は「嘆くこと、愚痴、復讐のような一時的な方法もあるが、より長期的で広範囲な方法として、望みを叶えたり、創造的に生産し表現する方法で憤怒・くやしさ・憎悪などに対処する方法」［민성길 2009: 111］である。

乳がん患者の中には、手術後に腕のリンパ浮腫が生じたり、化学療法の副作用である手足の痺れなどの後遺症が長く残ったり、がんの転移・再発によって長期間の医学的治療を受けたり身体が衰弱したりして、周囲からのケアを多く必要とする人たちもいる。一方、大部分の患者はひととおりの治療を終えた後、ほぼ支障なく日常生活をおくることが可能であるが、それにもかかわらず長期間にわたって自身のケアに家族をまきこもうとする。[27]

その背景にはまず、乳がんの再発に対する不安を長期間抱えなければならないという状況がある。このような状況について、チェ・ソンミ（仮名、女性、五〇歳代、京畿道在住）は「（がんは）私の友達だ、カジョク（*gajok*）だ、と考えて暮らさないと。がんをきれいさっぱり消してしまおうと考えはせずに」（二〇一一年一一月九日）と語っている。さらには、乳がんの発覚以前に自らが担ってきた自己犠牲的なケア負担を病気の原因と関連づける考え方が存在する。このため患者たちは、病気を治しかつ再発させないために、日常生活の中でも自分自身のケアを優先させる動きを見せる。

事例6－2－1：キム・ポクジャ（仮名、女性、六〇歳代、蔚山広域市在住）の語り

「（乳がんに罹った原因をどう思うかと尋ねると）それが宿題なの。私はわからない。私は六〇歳だけれど、もともと揚げ物も脂っこいものも好きじゃなかったし、肉も食べなかった。肉を食べてもおやつ程度に一～二切れ食べるぐらい。だからうちの夫は偏食して病気が生じたと言うの。うちの娘は、オンマは塩辛い味付けで食べるから病気が生じたと言うわ。私は食べものを塩辛くして食べていたからね。でも私が自然治癒を学ぶ所（＝G自然治癒センター）に行ってみたら、胃がん患者、すい臓がん患者、みんな食べものを徹底して制限してきたのにがんがよく広がって（＝転移して）いる。だから食べものは違うみたい。何を作って食べればいいのかわからないし、作ってもらったものも食べるのが嫌だし、外食するのはもっと嫌だし。そこに来る人たちはいろんな施設に行ってみたらしくて、Ｋ郡にある所がいいと言うのだけれど、そこは一ヶ月に二三〇万ウォンもするから高くて行けそうにないわ。今いるところは一ヶ月に一五〇万ウォン。私はもともと空気にも神経を使っていたわ。少しでも空気がきれいでなければくしゃみが出るから。それなのに病気が生じたの。私

は、ストゥレッスはたくさん受けたわ。それがよくなかったと思う。ストゥレッスを受けたら体のエネルギーの八〇％がそこに行って、免疫力が落ちるらしいわ。私はずっと自然治癒の施設にいて、週末は家に帰ったり、娘が遊びに来たりする。夫は一人でごはんを作って食べているわ。夫はそんなことできない人だったけれど、どうしようもなく、するようになった。私もずっと施設にいることはできないので、出ることを考えているわ。施設では、朝食は七種類。サツマイモかジャガイモ、玄米餅、リンゴひとつ、蒸したカボチャ、ナッツ類など、加工したものではなく自然そのままのものが出るの。昼食は野菜、特に生野菜が中心よ。おなかいっぱい食べても四〇〇キロカロリーぐらいにしかならないらしいわ。夕食は非常に簡単で、野菜と玄米をミキサーにかけて煮たお粥だけ。太陽の光をたくさん浴びてウォーキングすると、大腸がんと乳がんの再発率は確実に低くなるらしいわ。なので一〇時以降に外を歩くといいのよ。どのがんの人でも、医者は何でもバランスよく食べろと言うらしいわね。見ていると、徹底的に食べものを制限する人も再発しているわ。肉も食べて力をつけないと病気に打ち勝てないと思う。ゆくゆくは田舎に土地を買って、黄土で家を建てて、野菜を育てて自給自足したい。病気に罹る前に、黄土でできたペンションに泊まったことがあるわ。黄土で作った甕に、黄土と水を混ぜておき、黄色になった水を飲んだ。これを地醤水というわ。その水のせいか、いつもは朝なかなか起きられないのに、そのときは朝五時になると体が起きたがって起きた。あれは不思議だったわ。地醤水を飲んでがんを治した人もいて、この前テレビに出ていたわ。家を建てるときは、混じりけのない黄土と、松の木で作るといい。松の香りがとてもいいのよ」。（二〇一二年一月七日）。

家族をまきこんで生活を自分中心に変えようとする態度は、食餌療法や「自然治癒」への投資にとどまらない。家事の手を抜いたり、家事を夫に手伝わせたり、自分のために時間を使うようになったりする変化も見られる。ここで二人の患者の語りを見てみよう。

### 事例6－2－2：イム・ミヨン（仮名、女性、五二歳、慶尚道在住）の語り

「病気をする前は、外で仕事をしながら家事も全部一人で完璧にこなしていたわ。潔癖症の傾向があって、夫が手伝ってくれても気にいらないので頼みもしない。トイレも毎日掃除しないと気が済まなくて、次の日の朝食の準備まで整えてから寝たの。一二時より前に寝たことがないわ。真夜中まで掃除したりして。それに子どもが高三で、学校から夜一二時に帰ってくるから、子どもが一時二時まで勉強しているところに夜食を持っていってあげたりして、自分も二時ごろ寝たわ。そして翌朝は六時に起きて準備するの。ほとんど寝られない状態だった。週末も家事をしだすときりがなくて、必要ないのに皿セットを磨いたり、家具の上を掃除したりして、一日が過ぎてしまった。でも今は全部投げ出してしまったわ。夫がお皿を洗ったのが気に入らなくても、部屋が少々汚くても、放っておくの。トイレも一週間に一回ぐらい掃除すればいいいと気づいたわ。子どもも夫も早朝に出かけて深夜に帰ってくるから、トイレを使うこともあまりないし。子どもと夫を早朝に送り出したら、野菜をお弁当箱に詰めて山に行くの。三、四時間ほど登山したら、びっしょり汗をかいて、老廃物がすべて出ていく気分。ヒノキの森に座って、夕方までそこにいてから、五時ごろ帰宅するの。以前は食べものも、子どもの好きなもの、夫の好きなものを用意していたけれど、今は自分の体にいいものを食べて、それが余ったらカジョクにあげる。一八〇度変わったのよ。カジョクで外出するときも、子どもたちが私に合わせてくれて、〈オンマが食べられるもの〉を選んでくれる。（体にいいとされる）納豆汁（*cheonggukjang*）とか、韓国食を中心にね。子どもたちは、本当は肉を焼いて食べるのが好きなんだけれど」。（二〇一二年九月三日）。

### 事例6－2－3：オ・チスク（仮名、女性、五〇歳代、慶尚道在住）の語り

「病気をする前は潔癖症で、このような（＝「憩いの宿」のような）場所では眠れないくらいだった。仕事の前

に一日の準備をして、仕事から帰ってきたら掃除して明日の準備を整えないと寝られなかった。一二時より前に寝たことがない。それが過労になったのだと思う。今は仕事（公務員）にも復帰したけれど、部屋が汚くて掃除しなければと思っても、体がしんどかったら部屋は放置しちゃう。夫に指図したりね。今では夫も主体になって（掃除を）してくれる」。（二〇一一年一〇月一七日）。

これらの語りの中では、乳がんの発覚以前は仕事も家事も完璧にこなして非常に多忙であったこと、家事や子どもの世話のため睡眠時間も十分に取れなかったことが語られる。そして、乳がんの発覚後は家事の手を抜くようになったこと、夫に家事を手伝わせるようになったこと、自分のために時間を使うようになったこと、食生活も夫や子ども中心から自分中心へと変化したことが語られる。これらの語りに見られるように、家族をまきこんで生活を自分中心に変えようとする動きが見られる。

そしてこのような動きは、行為として表れる部分に限らず、感情面についても見られる。パク・ヨンジャは、「憩いの宿」に来た他の患者たちにも家庭内で自己中心的になるよう説きつつ、次のように語っている。

**事例6–2–4：パク・ヨンジャ（仮名、女性、五〇歳代、釜山広域市在住）の語り**

「子どもたちが大学に上がっても、韓国のオンマたちは（子どもの行動に干渉して社会で成功させようとする）欲を捨てられないじゃない。（でも私は）全部投げ出してしまった。（子どもたちが）何かをしてもしなくても（放っておく）。この病気を追い出したかったら、根源を早く探さないといけないのよ。家庭を壊さないように自分だけ我慢すればいいってみんな考えるけど、我慢している場合じゃないのよ。

私の知り合いの乳がん患者は、肝や肺だけじゃなく脳まで転移して、自分自身の言動をコントロールできなくなってしまった。一緒に食事の準備をしていたらいきなり片手を挙げて〈助けて、助けて〉と大声を上げたのよ。救急車を呼んで病院へ連れて行ったけれど、病院でも処置の仕様がないと言われたわ。

こんな話をしてあなたたちを脅した理由は、夫や子どもよりも自分が治らないといけないからよ。夫は一食二食抜いたって死にはしないわ。子どもたちは自分の力で大きくなるものよ。まずは私の気分がよくないとだめ。それに考えを溜めていたらだめ。話さないといけないわ。めちゃくちゃにしても家庭は壊れないものよ。

男は自分が王様だと思っているけど、私は自分が病気になってからは、我慢したらいけないと思うようになった。あんたのほうが頑固か、私のほうが頑固か、って、張り合う姿を見せてやった。最初は夫も〈この女は気が狂ったのか、病気になっておかしくなったのか〉と思ったみたいだけど、結局男が折れたわ。時間がかかったけれど。男が折れた瞬間、私が楽になった。私のストゥレッス解消法は、洗濯物を投げること。お皿と違って割れないからいい。それと、夫のいないところで〈××野郎（*saekki*）〉と叫ぶこと。それだけでも脳から快楽物質が出てくるわ」。（二〇一二年八月三〇日）。

この語りの中でパク・ヨンジャは、夫や子どもの心配よりもまず自分の欲求を大切にすべきだということ、家庭を壊さないために自分さえ我慢すればいいという考えを捨てねばならないこと、感情を溜めておかずに発散せねばならないことを説いている。そして自分の実践として、従来は自分が我慢して夫の欲求を聞き入れていたところを、家庭が壊れることも覚悟で自分も夫に対して欲求を押し通すようになったこと、その結果として夫が妻の欲求を聞き入れる態度に変化したことを挙げている。

とは言え、夫らの態度を変えるのは易しいことではない。パク・ヨンジャの語りを横で聞いていた二人の患者は、治療中で体調がすぐれなくても、ついつい自分自身が体調変化の要領を得て家事をこなしてしまうと語る。大邱広域市在住の患者（女性、四〇歳代）は「夫が外で仕事をして帰ってきてからまた家事をするのはどれほどしんどいことかと思って、私は（今は休職中で）一日家にいるから、しんどくても無理して家事を少しずつしたの。そうしたら夫は私の体調がいいと思ってしまうのよ。だから〈あなたが疲れているだろうから気遣って無理しているのよ〉と伝えたわ」と言う。その言葉を聞いて慶尚道在住の患者（女性、四〇歳代）も「私も最初のころは夫が心配して、私をお姫様のように扱ってくれて、何もするなとか、一人で外に出たら転ぶとか言って世話を焼いてくれたの。でも日が経つにつれて、だんだんそうじゃなくなってきているわ。テレビで見る抗がんは吐きまくってしんどそうだけど、（実際に受けてみると）一回目の抗がんは少し吐き気がするぐらいだった。回を重ねるごとにしんどくなったけれど。でも一回目の抗がんで、私も夫も気が抜けたわ。私も回を重ねるごとに要領を得て、抗がんの前日にキムチを漬けておかずを作っておいて、抗がんの後ですぐ取り出せるようにしておくの」と話す。それに同意するように先の大邱の患者も「私も要領を得て、抗がんの二、三日前に家の大掃除をしておくようになったわ」と言う。この二人の患者の言葉を聞いていたパク・ヨンジャは、「家事をしたら体調がいいと夫に思われるから、してはだめよ。特にあなた（慶尚道の患者を指して）はまだまだね。口を開けば夫の心配、子どもの心配。まずは自分のことを考えないとだめなんだってば」と諭した。

このように、実行するのは難しくても、患者が自分自身の欲求を優先させることが望ましいと考えられている。それは「ファッピョン」の考え方に基づき、乳がんに罹った原因を家族にまつわる否定的感情の蓄積に求めることから、「ハンプリ」を通して病気を治そうとするためである。程度の差はあれ、家族は患者の「ハンプリ」にまきこまれる。ただし大邱や慶尚道の患者の行動に見られるように、それはあくまでも家族成員からのケア欲求とのせめぎ合いの中で、相互に折り合いをつけながら行われている。

## 第三節　「ハンプリ」とチンジョン／シデク

先に論じたように、患者は乳がんに罹った原因を家族にまつわる否定的感情の蓄積に求め、その多くは夫や子どもだけでなくシデクやチンジョンも関わっている。前節では、患者が自分自身の病気を治すために、夫や子どもをまきこんで生活を自分中心に変えようとすることについて論じた。では患者たちが病気に対処するとき、シデクやチンジョンに対してはどのような態度をとるのであろうか。

患者たちの中には、チンジョンの親やきょうだいが健在である場合、治療中に助けてもらうケースが見られる。具体的には、おかずを作ってもらったり、化学療法中にチンジョンで過ごさせてもらったり、病院へ付き添ってもらったりするなどである。たとえば光州広域市在住のオ・スクジャ（仮名、女性、五〇歳代）は化学療法中、全羅道内にあるチンジョンで過ごさせてもらったという。また放射線療法のために一ヶ月余りソウル市内の「憩いの宿」で過ごしている間も、母親（七〇歳）が同窓会のため上京したといって、オ・スクジャのためにキムチやおかず類を大量に作って持ってくる様子が見られた。オ・スクジャは次のように語っている。

**事例6－3－1：オ・スクジャ（仮名、女性、五〇歳代、光州広域市在住）の語り**

「目に見えるものだけでも、私のチンジョンのオンマ（*chinjeong eomma*）がキムチを漬けてくれて、私が抗がんをするときチンジョン（*chinjeong*）で過ごせたのも、私は幸せをそれほど感じられなくても、周りの人たちはものすごくうらやましがるじゃない。カジョクは生きているだけでも力になるのよ。オンマも、私の母方の祖母（*oehalmeoni*）が九八歳になるけれど生きていらっしゃるから、チンジョンに足を向けてカジョクに会うことになるでしょう。オンマがいなかったらチンジョンにはあまり行かないものよ」。（二〇一二年四月二二日）

この語りでは、オ・スクジャが治療中にチンジョンの母に非常に助けてもらったこと、またオ・スクジャの母親もその母親のおかげでチンジョンとの往来を保てていることが語られる。つまり女性が婚出後もチンジョンに対して、困ったときに心配してくれたり助けてくれたりすることを期待すること、そしてチンジョンの母は婚出した女性とチンジョンをつなぐ存在であることがうかがえる。

しかしチンジョンの親が心配してくれるからといって、患者がチンジョンの親に堂々と依存するわけではない。心配してくれるだけに、かえって余計な心配をかけないため、乳がんに罹った事実をチンジョンの親に話さないという状況も見られる。

**事例6－3－2：クォン・スンジャ（仮名、女性、四〇歳代、大邱広域市在住）の言動**

クォン・スンジャは、自分が乳がんに罹ったことを、シデクの人々とチンジョンのきょうだいには知らせたが、チンジョンの母（七五歳）には知らせていない。シデクに話した契機は、手術日が太陽太陰暦の正月（*seolnal*）と重なりそうになり、シデクへ正月の準備を手伝いに行けないと説明するためであった。チンジョンの母に話していない理由は、母が年老いていて、心配をかけるといけないと思うからである。

しかし化学療法中に、父の一回忌のためチンジョンへ行く機会があった。そのときは体調がすぐれないことを母に知られないよう、隠すのが大変であった。自分のきょうだい構成は姉二人と弟一人だが、母は嫁が一人で立ち働くことをよしとしない。嫁が立ち働いていると娘たちの膝をつつき、一緒に立ち働くよう促す。そのため自分も台所に立たざるをえなかったが、体調が非常に悪く、姉らが勧めるままに台所の隅に座って休んでいた。それを見て母が「どこか具合が悪いの」と聞いてきたが、なんともないと言って平気を装った。その夜には母が一緒に寝ようと言ったため、かつらをかぶったままで母の横に寝た。しかし、かつらがずれないかどうか気になって一睡もできなかったという。（二〇一二年八月二八日）。

この語りからは、チンジョンの年老いた母に心配させないため、乳がんの罹患については無理をしてでも徹底して隠すという態度がうかがえる。クォン・スンジャは台所で具合の悪そうな様子を母親に指摘されても、母親の横でかつらがずれそうな状態で寝る段階に及んでも、乳がんの罹患について母親に打ち明けていない。これは、シデクに対して乳がんのことを早く知らせたこととは対照的である。シデクに早く知らせた理由は、正月の準備を手伝いに行けないことを説明するためであった。

乳がんに罹ったことをシデクに早く知らせ、チンジョンの親に遅くまで知らせないことは、クォン・スンジャに限らず他の患者たちにも見られる傾向である。「憩いの宿」の雑談の中で「シデクにはできるだけ早く、チンジョンにはできるだけ遅く（乳がんに罹ったことを）知らせろ」という話が出たことも、一度や二度ではない。

**事例6―3―3：乳がんが発覚してまもないキム・ソンジュ（女性、四〇歳代、光州広域市在住）の言動**

キム・ソンジュは「チンジョンにもシデクにも（乳がんに罹ったことを）できるだけ遅くまで知らせたくないんです、老人たちが心配するから」と、「憩いの宿」に来ていた他の患者たちに話した。それに対し、ある患者（女性、四〇歳代）は「シデクには早く知らせないとだめよ」と言い、別の患者（女性、五〇歳代）も同意して「（シデクの行事や法事などに）行けないことも多いと思うから」と言った。

キム・ソンジュは乳がんに罹ったことを、チンジョンの姉には先に知らせてあるとのことであった。キム・ソンジュはチンジョンの兄にも話す決意をし、「憩いの宿」の部屋の隅で電話をかけた。兄が電話に出るとキム・ソンジュは「お兄ちゃん、驚かないで聞いてね」と言い置き、乳がんに罹ったこと、リンパ節への転移も見られ病期が初期ではないことを話したが、「オンマやアッパにはできるだけ遅くまで話さないで」と頼んだ。

（二〇一二年五月二一日）。

ここでは他の患者たちの「シデクには早く知らせないとだめよ」「行けないことも多いと思うから」という言葉から、シデクに対しては行事や法事に行けないことを説明するため早く知らせたほうがいいと考えられていることがわかる。そしてこの事例からも、チンジョンの親には心配をかけないため乳がん罹患の事実を隠しておこうとする態度が見られる。ただしキム・ソンジュも、先に事例を挙げたクォン・スンジャも、チンジョンのきょうだいには早く知らせている。これはチンジョンのきょうだいたちの助けを借りることを期待するためである。実際にキム・ソンジュは、チンジョンの姉には乳がんに罹ったことを早く知らせ、X大学病院を訪れるとき姉に付き添ってもらっている。また名医や大学病院の職員とのコネクションを持つ人物を探して、検査や手術を他の患者より早くしてもらえるよう融通を利かせるためにも、きょうだいの人脈は活用される。

このように、チンジョンの人々は心配してくれたり助けたりしてくれるべき存在として認識されている。それだけに、逆にチンジョンの人々が助けてくれない場合、患者たちの不満は大きくなる。最も頼りにできるはずであるチンジョンの親が逆に患者に不快な思いをさせる場合は、なおさらである。キム・キョンジャは次のように語っている。

事例6－3－4：キム・キョンジャ（仮名、女性、五〇歳代、慶尚道在住）の語り

「再発するなんて夢にも思っていなかった。昔離婚して、チンジョンのオンマと暮らし始めて一七年になるの。私は一人娘で、ハルモニ・ハラボジにもかわいがられて、大切に育てられたわ。だから外で仕事を長くしていても、心は幼いの。オンマとは事あるごとにぶつかって反目し合うわ。それでも韓国文化のせいで、親に孝行しなければいけないと頭にしみついているから、私が折れる。それにオンマは歳をとっているから、家事

など私が動いてあげないといけないの。

オンマは年寄りだからか現実的で、誰それが乳がんで死んだらしいとかいう話をするの。イモ（＝母の姉妹）もそういう話をよくする。私はそれがすごく嫌なの。最初の手術をしてから、教師の仕事も退職し、教会でボランティア活動をして楽しく過ごしたけど、家に帰ると沈んだ顔で過ごしたわ。

オンマは年寄りだから、肉はがんによくないから食べるなと言って、私に食べさせまいとする。でも私は言うことを聞かずに鶏の胸肉などは食べていた。今回の再発で、オンマに「言うことを聞かなかったからだ」と言われたわ。ウェスンモ（＝母の兄弟の妻）とも相談して、慶州の郊外にある自然治癒センターに行こうかと考えているの。家を離れたほうがよさそうだと思って。まずは自分が生きなくてはならないから。

オンマも勧士だけれど、私が教会の行事に行こうとしたら「行くな」と言うので、「ちょっと用事があるから出かけてくる」と言って行くようにしているの。オンマは神様に対する信心がそれほど深くないのよ。

今日、標的治療の因子があるかどうかの検査結果を聞きに行ったら、因子なしだったので、オンマは「だめだこりゃ」と言った。これ（分子標的療法）ができなくても他の治療方法はあるのに。

でも私も、結果を聞きに行くとき「良い結果をもたらしてください」ってお祈りしてしまった。だから神様はわざと因子なしの結果を下されたのだと思う。望みを叶えてくださいという祈祷は本当の祈祷ではなく、信仰はもっと深いところにあるものだから。

ウェスンモの娘と息子は三〇歳代だけれど、いつでも神様のもとへ行ける心の準備ができていて、私もそうなりたいと思う。オンマとの関係はよくなり始めていたのに、再発を機にまた悪化したわ。うちのオンマは子どもを胸に抱いて愛するということをしないの。私はそれがすごく不満なのよ」。（二〇一二年八月二七日）。

キム・キョンジャは、母親が乳がんで死んだ人の話をしたり、肉を食べさせまいとしたり、教会の行事に行かせまいとしたり、分子標的療法ができないと知って希望を奪うような発言をしたりすること、また子どもを胸に抱いて愛さないことにストゥレッスを感じている。チンジョンの母親が、本来ならば最も愛してくれて頼りにできるはずの存在であるにもかかわらず、自分の母親はそうではない、という考えから、キム・キョンジャの不満はより大きなものになっている。それゆえに、母から離れて病気を治すため、キム・キョンジャは「自然治癒センター」へ行くことを考えている。

チンジョンの人々が自分の期待したとおりに助けてくれない場合、患者たちは不満を持つ。具体的には、チンジョンの母ががん患者の食餌療法に無関心で食生活に注意を払ってくれなかったり、チンジョンの親やきょうだいたちが見舞金をくれなかったりする場合などである。

前者の例としては、先出したオ・スクジャの事例が挙げられる。オ・スクジャは、家に滞在させてくれたりキムチを届けてくれたりするチンジョンの母のありがたみを語っていた。しかし、母がキムチを漬ける際に化学調味料を使うことや、野菜を綺麗に洗わないことなどに対しては強い不満を持ち、何度も母と口論したという。また後者の例としては、ジャン・ハヨンの事例が挙げられる。

事例6－3－5：ジャン・ハヨン（仮名、女性、四〇歳代、海外在住）の言動

ジャン・ハヨンは昔、大学へ行きたかった夢を断念して就職し、チンジョンの家計を支えてきた。結婚後もチンジョンの親やきょうだいに小遣いを渡していた。それにもかかわらずチンジョンの人々は、ジャン・ハヨンが乳がんに罹ったことを知っても見舞金などくれない。チンジョンの母は亡くなっており、父は年老いて子どものようになり自分のことしか考えない。「私が父母からお小遣いをもらったのはいつよ（もう長くもらっていない）」とジャン・ハヨンは不満気に言う。姉と弟一人、妹三人も、ジャン・ハヨンがお金をよく稼ぐと思っているので、お金をくれる考えすら浮かばない様子である。もし姉や弟妹がお金をくれようとしても自分の性

格上、受け取らないだろうけれど、一〇万ウォンでもくれようとする心がけが重要で、それがないと物寂しい、とジャン・ハヨンは言う。（二〇一二年五月九日）。

海外で仕事をするジャン・ハヨンは治療のため韓国に一時帰国し、化学療法中は姉の家に滞在していた。姉は家に泊めてあげることを見舞金の代わりだと考えていたらしく、後にジャン・ハヨンが生活費を渡したところ、姉は最初受け取りを拒んだものの結局受け取り、別の封筒に入れ直して見舞金として返してくれたという。しかしジャン・ハヨンは、姉の家にいると姉の夫や子どもたちに気を遣うため気楽に過ごせないと言い、放射線療法を受ける期間中はX大学病院の患者会が運営する「憩いの宿」に滞在していた。

ジャン・ハヨンの事例に見られるように、患者たちは、ソウル市内に親戚がいる場合でも「憩いの宿」を利用する。チョ・ボクヒ（仮名、女性、五〇歳代、光州広域市在住）もソウルに弟の家があり、治療のために上京したら家へ来いと弟が言ってくれる。しかし弟の家といっても手ぶらで行くわけにいかず、果物などを買っていくから、お金がかかる。それだけではなく気も遣うので、弟の家には行かないという。またキム・ジスク（仮名、女性、五〇歳代、慶尚道在住）は「ソウルにも親戚の家はあるけれど、そこに泊まろうとは思わないわ。何よりも「かわいそうに」というまなざしで見られるのが嫌なの」（二〇一二年二月一一日）と語っている。ジャン・ハヨンやチョ・ボクヒ、キム・ジスクの行為からは、チンジョンのきょうだいが頼れるだけでなく気を遣わねばならない存在でもあること、感情面での相互理解が必ずしも得られないことがうかがえる。

シデクの親戚に対する場合はなおさらである。ソン・ヨンスンの事例を見てみよう。

**事例6－3－6：ソン・ヨンスン（仮名、女性、六〇歳代、大田広域市在住）とその夫の弟の妻の言動**

ソン・ヨンスンは放射線療法のため、「憩いの宿」に一ヶ月以上滞在した。ソウルには夫の二人の弟とその妻子が住んでいるが、治療期間中、一度も彼らの家を訪れなかった。ソン・ヨンスンは「患っているから他人（*nam*）の家に行ってはだめよ。いくら弟妹の家だといっても」という。

その代わりに、夫の弟の妻が果物や手作りのおかずを大量に用意して「憩いの宿」へ持ってきた。その四日後と一八日後、夫の弟の妻は再び「憩いの宿」へ、果物や手作りのおかずを届けに来た。

それを見てソン・ヨンスンは「あの人も申し訳ないと思っているはずだわ。家に来いって言えなくて。だけど行かないのが私も楽。私が行ったらあの人たちの生活がみんな崩れるから」と言った。（二〇一一年一一月五日、一一月九日、一一月二三日）。

この語りの中でソン・ヨンスンは「患っているから他人の家に行ってはだめよ」と言う。しかしソン・ヨンスンは病期が初期のため化学療法も受けず、放射線療法の副作用もほとんどなく、「憩いの宿」での滞在期間中は毎日ショッピングに出歩くほど元気な身体状態であった。それにもかかわらず、乳がんという重篤な病名を持つ病気の治療中であることから、もし誰かの家へ行けば、ホスト側は気を遣って体にいい食べものなどを用意せねばならない。またホスト側の家の私生活を侵犯することにもなる。これは「私が行ったらあの人たちの生活がみんな崩れる」という語りからも読み取れる。ホスト側に気を遣わせ、ホスト側の家の私生活を侵犯することが容易く予想できるため、ソン・ヨンスンは夫の弟の家に行かない。

またソン・ヨンスンは夫の弟の家について「他人（*nam*）の家」という表現を用いている。ここには、気を遣いあう、気楽ではない間柄であるというニュアンスが込められている。夫の弟の妻は、ソン・ヨンスンを一度も自宅には呼ばず、果物やおかずを何度も「憩いの宿」に届けた。この行為からも、シデクの人々は、気を遣わねばならず、私生活を侵犯したりされたりすることは避けたい存在として認識されていることがわかる。

夫の弟の妻が持参したおかずは、練り製品の炒め物やトンカツなど、がん患者たちが一般的に「体に悪い」と考えて避けているものが多く含まれていた。後にそれらは、「憩いの宿」の患者たちがほとんど手をつけないまま古くなって処分された。それでもソン・ヨンスンは「このようなものは、がん患者は食べない」などとは一言も夫の弟の妻に伝えなかった。そのため夫の弟の妻は続けて同様のおかずを持参した。ソン・ヨンスンが「このようなものは、がん患者は食べない」と言わなかったのは、好意に感謝していたためでもあり、シデクの人々との間で余計な波風を立てるのを避けるためでもある。また夫の弟の妻も、がん患者の食生活について尋ねたり調べたりすることもなくトンカツなどを届けている。このことからは彼女が、親身にソン・ヨンスンの健康をサポートするためというよりは、ソン・ヨンスンを自宅に呼べないことへの埋め合わせを行い、良好な人間関係を維持することを主目的として、食べものを届けていることがわかる。この行為を見ても、両者の関係は互いに遠慮がちで形式的なものである。

さらには、シデクにまつわる苦労が乳がんの原因になったと考える場合、患者がシデクの人々との接触を意図的に避ける行為も見られる。イ・セヒの事例を見てみよう。

**事例6－3－7：イ・セヒ（仮名、女性、四〇歳代、慶尚道在住）の言動**

イ・セヒは結婚当初から、シデクには尽くさなければならないと考えていた。チンジョンには何かしてあげたくてするが、シデクにはしてあげたくなくてもしていた。舅・姑の誕生日には絶対に自宅に招かねばならないと考え、二〇種類余りの料理を手作りしていた。夫の姉妹が結婚するときも、なぜか舅・姑の家ではなくイ・セヒの家で食べものを準備した。すごく大変だったが、そのときは何もわからなかったため、そうするものだと思っていた。

最初からシデクに尽くすと、時間が経つにつれてシデク側はより多くのことを期待するようになった。例えば小遣いを多くくれることや、何かを買ってくれることを期待する。これまでテレビや七〇万ウォンのキムチ冷蔵庫を舅・姑に買ってあげた。しかし一度何かを買ってあげると習慣化して、姑が「テレビが壊れたんだけど」と電話してくるようになってしまった。

乳がんが発覚したとき、イ・セヒは、シデクのせいでこうなったんだと言って夫を責め、これからは好きなように生きると夫に宣言した。それまでは雨が降ってきたら「雨が降ってきましたからお出かけにならないでくださいね」と姑に電話していたが、今は姑の声を聞きたくなければ電話すらしない。チンジョンの母に対しては本当に心配で「雨が降ってきましたからお出かけにならないでくださいね」と言うが、姑に対しては本心からその言葉が出ない、という。（二〇一二年一〇月八日）。

この事例からは、イ・セヒが、舅・姑にまつわる苦労が原因で乳がんに罹ったと考え、乳がんの発覚以後は舅・姑との望まない接触を意図的に避けるようになった様子がうかがえる。イ・セヒにとって舅・姑は、雨が降ってくれば本心では心配していなくても電話しなければならないほど、日常生活の些細な部分にまで、望まない気遣いをせねばならない相手であった。しかし乳がんの罹患を機に、日常的に気を遣わねばならない範囲からシデクの人々を排除し、望まない接触を避けている。イ・セヒに限らず他の患者たちの間でも、乳がんの罹患を機にシデクとの接触を避けるようになったという語りが聞かれた。

この節で見てきたように、患者たちはチンジョンとシデクに対して、夫や子どもとは異なる接し方をしている。チンジョンのきょうだいは頼れるが気も遣う存在である。またチンジョンの親は最も心配してくれる存在ではあるが、それだけに心配をかけたくない存在でもあり、そのため乳がんに罹ったことを話せないケースもある。しかし全般的に、患者はチンジョンの人々に対して、一定の距離は置きつつも心配してくれたり助けてくれたりすることを期待し、それだけに助けてくれない場合には大きな不満が生じる。一方、「オモニ」の患者にとってシデクの人々は、気を遣わねばならず、私生活への侵犯をしたりされたりしたくない存在である。それゆえ、病気を治すために、シデクの人々との望まない接触を避けることもある。

これは前節で検討したような、患者が病気を治すために周囲の人々をまきこんで生活を自分中心に変えようとする積極的な様相とは異なり、消極的な様相を見せている。病気を契機として人間関係が再構築されるとき、接触を望まない人々とは距離を置くようになる側面があることが指摘できる。そしてこの区分に際しては、本章ではチンジョンとシデクに関する代表的な傾向を扱ったが、個々人のレベルで見たとき、必ずしも対象の属性が基準となるわけではない。このことに関しては第九章で詳しく論じる。

その議論に入る前に、「オモニ」が家族との関係を変化させる上で重要となる要素について見ておく必要がある。それは、セクシュアリティおよび「モギギ」（食べものを食べさせる行為）である。次章ではまず、セクシュアリティに関連する行為を中心として、「オモニ」が乳がん罹患を契機に家族との関係を変える様相について検討する。

# 第七章　「オモニ」のセクシュアリティ

本章では、セクシュアリティに関連する行為を中心として、「オモニ」が乳がん罹患を契機に家族との関係を変える様相について論じる。

朝鮮王朝時代以来、韓国における女性の性規範は、儒教経典の中の「三従之道」に集約されてきた。ここには、女性は結婚前には父親に従い、結婚すれば夫に従い、老いては息子に従うべきであるという、「女性の従うべき三つの道」が明示されている。「夫は妻の天であるから、当然敬い仕え〔……〕ただおとなしく従っていよ。少しも逆らってはならない〔……〕本当に夫に過ちがあれば理解を示しつつ諭し、温和な表情を浮かべ穏やかな言葉を使わなければならず〔……〕夫が激しく怒ったら進んでいさめ、たとえ竹でできたむちで叩かれたとしても、少しも怨んではならない〔……〕たまに叩かれたり叱られたりすることは分相応であるからして〔……〕怒ってはならない。謙虚に素直に身を修め、たとえ小さなことでも自尊することなく、必ず聞いてから行わなければならない」（内訓、夫婦章）［조성숙 2002: 29 から再引用］。このように内訓には「嫁として、妻として、母としての義務を積極的に遂行する道だけが女性の道理であると同時に、自らの人生を豊かにする唯一の道であることは自明の理と記録されている」［조성숙 2002: 29］。

現代韓国社会においては若い女性たちの性規範は開放的になったとされているが、中高年の「オモニ」たちは日常生活の中でセクシュアリティを抑圧されがちな状況にある。第一節では現代韓国社会における「オモニ」のセクシュアリティの抑圧・干渉について検討し、乳がん患者の場合はセクシュアリティの問題がさらに深刻化しうることについて論じる。そして第二節ではまず、韓国社会において女性たちが同性だけの領域の中でセクシュアリティを表出する場が存在してきたことについて検討する。そして、乳がん患者の場合はさらにそれが治療に必要な「ハンプリ」や「笑い治療」の名目を伴って組織化され、患者会活動の中で「オモニ」たちがセクシュアリティの規範を覆すことについて論じる。

## 第一節　抑圧・干渉されるセクシュアリティ

韓国のセクシュアリティに関する先行研究では、朝鮮時代以来、男女間に非対称的な二重の性倫理が存在してきたことが指摘されている［조성숙 2002: 149］。それは、男性に対しては婚前性交や婚外性交が許容あるいは黙認される一方、女性に対しては結婚前の処女性と結婚後の貞操が厳しく求められるというものである。また夫は妻から離婚を求められることが稀であったのに対し、妻は「七去之悪」に該当する場合、一方的に夫から離婚を求められることがあった［정성희 2009: 94］。「七去之悪」とは、舅や姑に従順でない女性、息子を産めない女性、淫乱であったり嫉妬したりする女性、悪い疾病のある女性、口数の多い女性、盗癖のある女性を指す。ただし実際には、朝鮮王朝時代は両班が正式に離婚するにあたって王の許可を得なければならず、また離婚すれば夫婦双方の出身家門の名誉に傷がつくという考え方が近年に至るまで根強く存在してきた。そのため、一般的には夫婦間に問題が

あっても離婚せず、同じ家に住みながら顔を合わせないようにする方法がとられてきたとされている［정성희 2009: 97］。

このような状況は現代韓国社会においては変化しているものの、今日でも男女にそれぞれ異なった性規範が求められ、結婚後の女性に「性的従属状態」を維持させていることが指摘されている［손승영 2011: 77］。加えて、韓国社会では夫婦間の性に関してはほとんど表立って口に出されない。その背景として、夫婦関係は定められた決まりに従えばよいものであると信じて公開的に夫婦関係を論じること自体を忌避する儒教的な考え方があるとされている［손승영 2011: 69］。実態として、儒教的な性規範が、中高年世代を中心として今日でも色濃く影響を及ぼしているケースがある。例えば、ある患者は次のように語っている。

**事例7−1−1：キム・ミジョン（仮名、女性、五〇歳代、慶尚道在住）の語り**

「私は夫に服従してきた。結婚してからというもの、ほとんどのことを夫に合わせて、私の主張がなくなったみたい。夫は私よりも考えが深いから、私が合わせなくちゃと考えもするし、たまには抑鬱な（*eokulhan*）気分になることもあるわ」（二〇一二年一月一〇日）。

キム・ミジョンの「夫は私よりも考えが深いから、私が合わせなくちゃ」という言葉からは、夫のほうが道理をわきまえているものと考え、夫に服従すべきであるとする規範を自ら内面化させていることがわかる。

加えて、女性がたやすく離婚できないという規範は、女性の置かれた社会的・経済的に脆弱な立場によっても強化されてきた。ある患者は次のように語っている。

**事例7−1−2：患者K（仮名、女性、六〇歳代、ソウル特別市在住）の語り**

「うちの夫が浮気をよくするから、私は苦労したわ。私は結婚して以来、三度の食事の度にご飯を炊いてきた。炊飯器を使わず圧力鍋でね。仕事をしているから朝出勤する前に昼のお米を洗っておいて、昼休みの一時間で家に戻ってご飯を炊いて、夫と二人で食べたわ。それでも夫がお昼時に出て行くこともあった。（話を聞いていた他の患者が「女の感覚で（浮気ということが）ピンと来るでしょう」と言い、それに対して「うん」と答える）。夫の肌に触れることすら嫌だったけれど、離婚したら子どもたちはどうなるのかと考えると、私が我慢するしかなかった」。（二〇一二年六月二六日）。

「私は学べなかった（高等教育を受けられなかった）から離婚もできなかった。学んでいたら（高等教育を受けていたら）離婚していたことでしょうよ」。（二〇一二年八月七日）。

この語りからは、夫が浮気しても我慢しなければならなかったこと、離婚も簡単にできなかったことがうかがえる。この女性が離婚できなかったのは、子どもへの影響や、離婚後に予想される生活難を考えてのことであった。特に高等教育を受けていない女性の就労できる職種は、食堂のパート従業員や行商など不安定なものに限られる。

女性が家庭でセクシュアリティから一歩引いた姿勢をとるのは、夫との関係にとどまらない。ある患者は次のように語っている。

事例7－1－3：カン・オクスン（仮名、女性、六〇歳代、ソウル特別市在住）の語り

「久しぶりに息子が長期出張から帰ってきたので嬉しくて、息子夫婦の住む家へ遊びに行ってそこで食事したわ。普通なら泊まっていくところだけれど、息子と嫁の気持ちを考えて自分の家へ帰ってきたの。もし泊まっていたら、どれだけセンスがなかったことか。姑といえども場の空気が読めないといけないわよね。夜中に

帰宅したので、娘は「なぜ帰ってきたの」と聞いてきたけれど、娘は未婚なのでそんな話はできなかったわ」。
（二〇一一年一一月一一日）。

筆者は最初、カン・オクスンが、姑である自分が息子夫婦の家に泊まると嫁が寝具や朝食の準備などで大変であろうことに気を遣って退出してきたものと解釈しながら話を聞いていた。しかし「娘は未婚なのでそんな話はできなかったわ」という言葉を聞いて、カン・オクスンが息子夫婦の久しぶりの性交に差しさわりがないように気遣って退出してきたことが理解できた。「嫁の気持ちを考えて」帰宅したのではなく「息子と嫁の気持ちを考えて」帰宅したという言葉にも、そのことが表れている。またこの語りからは、未婚の娘が、母親からであっても性的な話を聞かせられない存在であることもわかる。

このように「三従之道」の規範は日常生活に浸透し、程度には個人差があるものの多かれ少なかれ内面化されている規範である。そして女性たちの言動からは、セクシュアリティの面でもこの「三従之道」が規範として作用してきたことがうかがえる。つまり結婚前は親の監視下で貞操を守り、親の許した相手と結婚し、結婚後は夫に服従して夫の浮気にも耐え、息子が結婚してからは息子夫婦の性生活に配慮して行動する。

さらにこのような女性が乳がん患者になることで、セクシュアリティの問題はより深刻化しうる。ここで、乳がん患者たちの語るセクシュアリティの問題に注目してみよう。事例7－1－1で先述したキム・ミジョンは、患者会Wの運営する宿所「憩いの宿」で、釜山から来た患者Qに対して、次のように悩みを打ち明けている。

**事例7－1－4：キム・ミジョン（仮名、女性、五〇歳代、慶尚道在住）と患者Qの会話**

キム・ミジョン「（乳がんの）診断を受けてから、夫とは一度もやっていないの。夫が我慢しているんだと思う。いくら（関係が）近い夫婦といえども、言い出すのはちょっと難しいじゃない。男が、妻が前にいるのにずっと自制しているのも、ちょっとねぇ」。

Q「知人は抗がん（化学療法）を受けているときでも（性交を）やりたくて、釜山にいる夫に、ソウルへ来るよう言ったらしいわよ」。

キム・ミジョン「抗がん一〜二回目は私もムラムラしたけれど、今はそうじゃないわ」。

Q「ホルモン薬を飲んで、分泌物が出ないから下が痛い。膣が乾燥するよね」。

キム・ミジョン「やらなかったらいいというものでもないでしょう。病院で聞いたら、やっても問題ないらしい、って夫に言ったのよ。でも夫は、もし異常が起こったらどうするんだ、って言うの」。

Q「私はやりたいから、やるのが薬になる、って言ってみたら。やりたくなったら我慢せずに言いなさい。でも抗がんをするときはみんなやらないみたいね。髪もないし、胸も片方ないし、夫もやりたくなくなるかもね」。

キム・ミジョン「立場を変えて考えてみたら、そうかもしれないわね」。（二〇一二年一月九日）。


「もし異常が起こったらどうするんだ」という夫の心配は、キム・ミジョンの乳がん細胞が女性ホルモンによって増殖するタイプであるため、性交によって女性ホルモンが刺激され乳がんが再発しないかという懸念によるものである。このような懸念に加え、化学療法による脱毛などの外見上の変化、手術による乳房の変形または喪失が原因となって、夫が妻に対する性欲を減退させたり、妻が自分の身体を夫に見せることをためらったりし、夫婦間の性生活に支障が出る場合がある。乳房は母性の象徴であると同時に、セクシュアリティと関連づけられる部位でもあるため、乳がん患者は「オモニ」であることと妻であることという二重の意味で困難に直面しうる。これらの要因と、先述したような「オモニ」のセクシュアリティを抑圧する規範があいまって、乳がん患者である「オモニ」のセクシュアリティの問題は深刻化しうる。

さらに上の事例で患者Qが述べているように、ホルモン療法によって膣乾燥などの副作用が出る場合、これもセクシュアリティの問題を複雑化させる要因となる。乳がん治療の一環としてのホルモン療法は、がん細胞の増殖に女性ホルモンが関わっているタイプの患者（全体の約七割）に対して、がんの進行や再発を防ぐために行われている。

ホルモン療法を受ける患者に顕著に観察されるのが、膣乾燥などの副作用による性生活の支障のみならず、医療者からセクシュアリティに介入され服従させられる状況である。この介入は、一方では、ホルモン療法の副作用による子宮への異常の有無を検診する必要性から、そして他方では、ホルモン療法の副作用などによる夫婦生活への支障を問題視して「治療」しようとする医療側の使命感から、行われる。このことは、患者となった女性のセクシュアリティが儒教的な性規範に加えて医療者にも従わなければならない状況を生み出している。

まず、子宮の異常の有無を観察するための婦人科検診について見てみよう。X大学病院の婦人科では、検診・診察前に基礎情報の聞き取りが行われる。若い女性医師が「答えにくいと思いますが治療のためなので正直に答えてくださいね」と前置きしてから、初経は何歳のときだったか、月経は規則的か、性交の頻度はどのくらいか、最後に性交したのはいつか、避妊にはどのような方法を用いているか、妊娠・出産は何度したか、人工妊娠中絶はしたことがあるか、細かに質問し、患者はひとつひとつそれらに答えなければならない。その回答が書き込まれたカルテは婦人科の担当医（その多くは中年男性）に回され、担当医は患者に対して、診察時に口頭で再び内容を確認する。担当医の傍に、実習中と見られる若い男性が白衣を着て座っていることもある。この男性は名札こそつけているものの、患者に挨拶したり身分を説明したりすることもなく、黙って患者と担当医のやり取りを見つめている。検診では、子どもの握りこぶしほどの大きさのエコーカメラを膣（処女の場合は肛門）から挿入する超音波撮影と、医師が肉眼で膣の中を覗く視診、場合によっては膣から器具を挿入して子宮の頸部あるいは体部の細胞組織を採取する子宮がん検診が行われる。視診や細胞組織採取は担当医が診察室で直接行い、超音波撮影は別室で検査技師が行う。検査技師の多くは若い女性である。患者が緊張や恥辱感から力を入れていて、エコーカメラを膣にうまく挿入できないことが何度も続くと、技師は「ハー」とわざとらしく嫌そうなため息をつきながら、ベッドに横たわった患者（その多くは技師よりも年上）の横に立ち、上から見下ろすようにして冷淡な視線を投げかけ、苛立った声で「これでは検査できませんよ」と言い放つ。子宮エコー検査費用は、韓国では国民健康保険が適用されないため、患者は二〇万ウォンほどを自己負担せねばならない。患者は高額な代金を先払いした検査自体を放棄するのでない限り、技師の言葉に従うしかない。

次に、ホルモン療法の副作用による夫婦生活への支障を問題視して「治療」しようとする医療側から、患者のセクシュアリティへの介入が行われる場合を見てみよう。ある五〇歳代の患者は、ホルモン療法を受けるようになって以来七年間、膣が乾燥しているため、一度も夫と性交していないと語っている。このような副作用は、婦人科から「治療」すべきものとして考えられ、症状を緩和させるための薬品の開発が行われている。すでに流通している薬品の場合、製薬会社が患者会に一〇〇〇個もの「膣洗浄剤」（膣内環境を改善し夫婦関係を円滑にするという謳い文句のジェルおよび携帯用スプレー）を寄付してきたこともあった（患者たちは「私たちに何をしろといってこんなにたくさんくれるの」と笑った）。このような薬品の開発過程で患者たちは治験の対象となる。ある患者は次のように語っている。

**事例7-1-5：ムン・ヒョンミ（仮名、女性、四〇歳代、慶尚道在住）の語り**

「婦人科の検診で、性関係は以前と比べてどうですか、と看護師が聞くので、前に比べると少しやりにくいです、と答えたの。そしたら、研究スタディーをしている良い薬があるとか言うの。私は断ったけれど、看護師は、塗ったら良いですよって、しつこく勧めてくるのよね。だから同意書にサインして薬を受け取った。その同意書には、研究テーマ自体は良いと思ったわ。その治験は、三ヶ月ごとにPH測定の検査をするものだった。その同意書には、夫と性交してから検査に来るように、と書いてあったのよ。家に帰って考えてみると、なんだかいやな感じが増したわ。その日は病院で、しろと言われたとおりに、注射を受けて診察も受けてMRIまで撮ったのに、私はさらに何をしているのかしら、って。姉に相談したら、姉も（病院の）悪口を言ったわ。だから薬を返却して、もう（X大学病院の）婦人科には行かなくなった。婦人科は地方で検診を受けようと思って」。（二〇一二年五月七日）。

ムン・ヒョンミの言う「診察」とは先に述べた婦人科の診察のことであり、性的な事項を細かく聞かれたり陰部を医師に見せたりしなければならないものであることから、ムン・ヒョンミも肉体的・精神的に大きな負担を感じている。これに加えてムン・ヒョンミは、膣内環境を改善し夫婦間の性交を円滑にする薬を半強制的に勧められ、「夫と性交してから検査に来る」という同意書にサインさせられた。ムン・ヒョンミは医療側からのセクシュアリティへの介入にも度が過ぎると考え、「研究スタディー」を断り、X大学病院の婦人科受診をやめるに至っている。

この節で検討したように、女性のセクシュアリティは抑圧あるいは干渉されるものとなっている。そして乳がん患者の場合は、セクシュアリティの問題がさらに深刻化しうるのに加え、医療者からセクシュアリティに介入され従わせられるという状況にも直面しうる。このように抑圧・干渉される女性のセクシュアリティに変化をもたらすのが、次節で検討する患者会活動である。

## 第二節　セクシュアリティの規範を覆す「オモニ」たち

韓国社会においては、支配される立場の者だけが集まる場において、支配する立場の者の滑稽な行動を、遊戯の中であげつらって笑うという営みが存在してきた。たとえば韓国の民俗芸能のひとつである仮面劇（*talchum*）には、役者が朝鮮王朝時代の支配階層である両班の滑稽な行動を風刺的に演じる場面が存在してきた［伊藤 1996: 205；李杜鉉 2003: 48］。

これと類似した形で、厳しい性規範のもとに置かれてきた女性たちが、同性だけの領域の中でセクシュアリティを表出する場が存在してきた。その代表的な例がシャーマニズムである。韓国では朝鮮王朝時代に儒教が国教とされ巫俗が抑圧されたが、実際にはこの禁令は守られず、かえって儒教思想によって抑圧された女性の信仰として盛行してきた［崔・依田 2003: 187］。巫俗など女性によって形成された下位文化の特徴として조성숙は、（1）生活の中で女性が感じる矛盾を解き明かす点、（2）女性の葛藤や抑圧を解消するという点を挙げている［2002: 39-40］。巫俗で行われるクッ（*gut*）という儀礼は、特定の霊を慰めるだけでなく、神憑り状態になったシャーマンの踊り、豊富な食べもの、シャーマンによるセクシュアルな語りなどによって、「オモニ」たちに非日常的な気分転換のできる時空間を提供するとともに、日常生活における抑圧状況を解消してきた。

現代韓国社会においては、かつてのように大々的にクッが行われることは少なくなっている。しかし「オモニ」たちが同性だけの領域の中でセクシュアリティを表出する営みは、かたちを変えて存在し続けている。例えば中高年女性たちは、友人たちと携帯電話の文字メッセージを交換する中でセクシュアルな笑い話を教えあい、新しいネタを親しい女友達との会食の際に披露している。某女優の性的な動画がインターネット上に流出した際には、その画像も携帯電話を使って広められ、女性だけで集まる場において皆で覗き込むように鑑賞される。またカラオケ教室では一般的に、歌のレッスンの合間に多かれ少なかれセクシュアルな笑い話が繰り広げられることが定番となっている。例えば筆者が修士課程在学時に滞在した全羅道の農村でも、村の「オモニ」たちを面事務所（村役場）に集めて開かれたカラオケ教室で、来賓の男性たちが退出したのちに、女性講師がセクシュアルな笑い話を披露して村の「オモニ」たちを喜ばせていた。これらは、セクシュアルな言動を同性間でのみ共有する点、また特別な時空間でのみ楽しむ点において共通している。

さらに乳がん患者の場合は、上のような共通点を維持しつつも、セクシュアルな言動が治療に必要な「ハンプリ」や「笑い治療」の名目を伴って組織化される。前章以前で詳述したように、「ハンプリ」とは否定的感情の蓄積によって生じた病気を感情の発散や願望の実現によって治そうとする行為である。また「笑い療法」とは、笑うことによって体内のナチュラルキラー細胞を増やし免疫力を上げようとする民間療法である。

まずは患者会Wのカラオケ教室の事例を見てみよう。このカラオケ教室は月に一度、土曜日に、病院近くの公共体育館内の小ホールを借り切って開かれる。このカラオケ教室の資金は大部分が製薬会社からの寄付金によってまかなわれている。

患者会の役員たちは、朝から会場の設営や配布物の準備をボランティアで行う。昼ごろになると、会員たちはよそゆきの服装をまとって会場に集まってくる。参加者が入口で参加費五〇〇〇ウォンを払うと、海苔巻きとペットボトルの水とバナナ、そして「幸運券（くじ引きの券）」が役員たちによって渡される。いつも最後の時間にくじ引きが行われ、歯磨きセットなどの簡素な賞品が一〇名程度にプレゼントされる。カラオケ教室の開始時間は一一時半と公示されているものの、いつも講師は一三時ごろに到着し、それから教室が始められる。講師は、中高年女性たちがよく知っている曲を次々と大音量で流して一緒に歌わせたり、その音楽に合わせて体を動かさせたりする。講師が到着するまでの間、会員たちはおしゃべりに興じたり、海苔巻きを食べたり、時には音響設備のスタッフが先導して患者たちがカラオケを始めたりすることもある。自主的に通路に出てきて踊りだす会員もいる。

会員たちは、歌って踊ることもさることながら、それらの合間に繰り広げられるセクシュアルな笑い話を非常に楽しみにしている。患者たちの間で繰り広げられるセクシュアルな笑い話は多様なバージョンがあるものの、その大部分が男性の滑稽な性的行動をあげつらう点で共通している。会員たちは息をつくのも苦しいといった様子で腹を抱えて大笑いし、手を打ったり歓声を上げたりしながら話に聞き入る。笑い話を聞いていると、まるで女性たちが日常の性生活においても主導権を握っているかのようである。しかし実際はそうではない。笑い話を披露したXは次のように語っている。

**事例7-2-1：患者Xの語り**

「夜中に寝ていたら、夫が目を覚まして私に「寝てる？（*ja?*）」って聞いてくるの。夜中なんだから当然寝てるでしょう、他に何をしてるっていうの。夫がやりたくなったのね。もっとかっこよく「ベイビー、愛してるよ」とか言って起こせば雰囲気もあるというのに、「寝てる？」って一言よ。夫が私の上に馬乗りになると、私の横で寝ていた犬もびっくりして飛び起きたわ（犬が目をむいて飛び起きる様子を再現する）」。

この語りにおいて、性生活の主導権を握っているのはXではなくその夫である。Xはこの語りを他の会員たちの前で披露したため、面白くしようとして脚色したかもしれない。しかし会員たちがXの話に聞き入っていたところを見ると、このような状況はリアリティがあるものとして受け止められている。つまり女性たちが非日常的な場面で男性の滑稽な性的行動をあげつらう笑い話を楽しむのは、実際の性生活において女性が主導権を握っているからではなく、むしろ逆に、日常生活においては性生活の主導権を男性に握られているためもしれない。

この時空間が非日常的なものであることは、次のことからもわかる。笑い話の共有を通じて、女性たちは日常的には禁忌とされる言葉を口にする。例えば、「むかつく奴（*ssibal-nom*）」という言葉の中の *ssibal* は、英語で言うところの fuck と同じ意味で用いられる。この言葉は放送禁止用語になっており、ドキュメンタリーの喧嘩の場面などで誰かがこの言葉を発すると、「ピー」という音声で隠されて放送される。男性は喧嘩するときに口にすることはあるが、女性は日常的には絶対に口にしない言葉である。「縁起でもない（*jaesu-eoptneum*）奴」「おろかな（*byeongsin gateun*）奴」「腸チフスにかかってほしい（*yeongbyeong-hal*）奴」という言葉も、日常的には男性やあけすけな高齢女性のみが口にするものである。女性がこれらの言葉を口にすることは、年齢が若いほど厳しく憚られ、老いるほど許容される。会員たちがこれほどまでに嬉々として下品な言葉を楽しむのは、日常生活の中では特に女性たちはこれらの言葉を堂々と表出することが憚られているため、そしてこのカラオケ教室が日常的な規範の適応されない非日常的な時空間として、普段は抑圧されている感情を表出・発散することが許容されるためである。

そもそも女性が歌って踊ること自体、中高年世代では、男性が混じればあまり行われない。例えば筆者が学んだ韓国の複数の大学において、また韓国の各種学会において、学期末試験後や学会後の食事会が終わったあと、男性の教員たちは積極的に学生を率いて居酒屋やカラオケボックスへ繰り出すのに対し、女性の教員たちは未婚・既婚に関わらず例外なく帰宅してしまう。韓国のある学会に招聘された日本の五〇歳代くらいの女性教授が二次会のカラオケに参加し、積極的に歌って踊る様子を見せたとき、韓国の教員や学生たちは珍しいものを見るまなざしで彼女を見つめていた。

また別の例として、筆者が修士課程在学時に長期滞在した全羅道の農村での事例が挙げられる。この村では誰かが数え年で六〇歳、七〇歳、八〇歳のお祝いを迎えると、その子どもや孫がお金を出し合って村人たち全員にご馳走をふるまうという習慣がある。多くの場合は村の近くの食堂で昼食をふるまうが、子どもや孫の中には気を利かせて食後に「カラオケ」を企画する者もいる。「カラオケ」の会場となるのは、村にある「ハルモニ老人堂」である。この村では、「マウル（村）会館」（公民館）と「ハラボジ老人堂」がひとつの建物にまとめられて村の中心に建ち、ここには普段、女性はめったに出入りしない。一方、「ハルモニ老人堂」は村の中心からやや外れた場所に建っており、ここには村の男性は出入りしない。「カラオケ」はこの「ハルモニ老人堂」で開かれ、男性の入ってこられない空間で、高齢女性たちがのびのびと歌って踊る行為を楽しむ。逆に男性のいる空間では、中高年の女性たちが歌って踊る行為はめったに見られない。

例外的に男性のいる空間で中高年の女性が踊るのは、都会のダンスホールにおいてである（舞踊を職業とする女性や社交ダンス教室の生徒などはこの限りではない）。中高年向けのダンスホールは、若い男女がのびのび踊るナイトクラブとは雰囲気が異なる。ソウルで開かれた患者会のイベントの後、ある積極的な会員が「踊りに行こう」と誘い、筆者と一〇人ほどの会員たちがついていった。平日の午後のことである。

ダンスホールは、ややさびれた繁華街の地下にあった。薄暗いホールの中に大音量でトゥロトゥ音楽がかかり、天井のミラーボールからは木漏れ日のようなカラフルな光がホール全体を回るように流れ出ていた。そしてホールの中では、ほぼ六〇歳代以上と見られる客たちが男女ペアになって、三〇組ほどがゆっくりとステップを踏んでいた。男性客は大半がスーツ姿、女性客はキラキラ光るたくさんのビーズで装飾された派手なセーターにスカートといったよそゆきの服装であった。その合間を縫うように、五〇歳代くらいの無愛想な女性職員がジーンズのズボンに無地の白セーター姿で歩き回り、ペアのいない男性客と女性客を探し出して一緒に踊るよう仲介していた。ホールの奥には食堂や売店もあった。筆者がホール内部の写真を撮ろうとすると、このホールに筆者らを案内した会員が「（不倫の人たちもいるので）撮ったら罵声を浴びせられるよ」と注意した。

会員たちの大部分はダンスホールに来るのが初めてとのことで、ホールの隅に座って見物に徹していた。数人の会員は男性に誘われてホールの中央に出て行きステップを踏んだが、「変な感じ」「タイプじゃない」と、しかめ面で言いながらすぐに戻ってきた。会員たちは到着後三〇分ほどで早々とダンスホールを出た。その後カラオケボックスに繰り出し、自分たちだけの空間で夜遅くまでのびのびと歌や踊りを楽しんだ。

これらの事例からは、中高年の女性たちは女性だけの領域かつ非日常的な時空間においてのみ歌や踊りを堂々と楽しめること、男性を交えた踊りにはいかがわしい雰囲気あるいは気楽でない雰囲気がつきまとっていることがわかる。この点から見ても、患者会のカラオケ教室は、女性だけの非日常的な時空間として、「オモニ」たちがのびのびと歌って踊り、セクシュアルな笑い話や下品な言葉を楽しめるよう組織化されていると言える。

このため、特にセクシュアルな笑い話やあけすけな言葉は、外部には隠される。いつも患者会のカラオケ教室でセクシュアルな笑い話を披露するXも、テレビ局の取材陣がカラオケ教室の取材に来ているときは「カメラ、カメラ」と小声で言いながら指さし、通常どおりにセクシュアルな笑い話が披露できないことを他の会員たちにアピールする。

外部に隠されることを示す別の例として、ある患者会のバス旅行での出来事が挙げられる。その旅行の貸切観光バスは、ある会員が夫の知り合いのバス会社に直接頼んで安く手配したものであった。バスを運転する男性は、運転しながらしきりにセクシュアルな笑い話を披露した。会員たちは面白がりながらも、その話が男性から発せられることに対して不快感を抱いてもいた。バスを手配した会員は、夫を通じて知り合いのバス会社に手配してもらったため、帰宅したら夫に今日の様子を報告しなければならないが、運転手がセクシュアルな話ばかりしたと夫に言うこともできないし、どうしたものだろうか、と頭を悩ませていた。

これは朝鮮王朝時代に男女の関係を支配するようになった「内外《ネーウェー》」の慣習によるものと考えられる。「内外」の慣習は、女性と男性はそれぞれ陰と陽の原理を象徴しており両者は決して混ざり合うことはない、という思想に基づき、家の中でも男女の空間区分が厳格に行われるものである［조성숙 2002: 29］。もともと慣習であった「内外」の規範は、朝鮮王朝時代に「内外法」として法律化され、男性と女性が同じ席で食事をしただけでも「姦通」と見なされるようになった［정성희 2009: 120］。現代韓国社会においては、若い世代を中心に「内外」の慣習も薄れているが、中高年世代は多かれ少なかれ、「内外」の慣習を自然なものとして内面化している。

しかしこれとは逆に、「オモニ」たちの大勢集まる場に単身あるいは少数で含まれることになった男性は、「オモニ」たちのセクシュアルな遊戯にひどくまきこまれることがある。患者会のカラオケ教室ではいつも同じ男性スタッフが音響設備を整備するが、Xは頻繁にこの男性に性器の大きさを聞くなどしてからかい、他の会員たちの笑いを誘う。ただしXは日常的にはこの男性とビジネスライクな関係を維持しており、セクシュアルな言動は非日常的な時空間にとどめておかれる。

同様の現象は、ある患者会の旅行においても観察された。この旅行には毎年、五〇～一〇〇名ほどの会員に加え、患者会の設立に携わった乳腺外科の男性教授、および乳腺外科の若い医師らが同行する。二〇一二年の旅行には、ある銀行から旅行資金の援助をしてもらう代わりに金融商品を宣伝する時間を設けるという試みが行われたため、銀行員の男性も一名加わっていた。

### 事例7－2－2：患者会旅行中のお楽しみ会の様子

旅行一日目の夜、夕食後に宿泊施設近くのホールを借り切って、お楽しみ会が開かれた。そこではまず、患者会の会長と乳腺外科の教授が挨拶した。次に、銀行員の男性が舞台に上がり、金融商品を宣伝するプレゼンテーションを行った。続いて会員たちが宿泊する施設の担当者も、宿泊施設を宣伝するプレゼンテーションを行った。

それらが終わったあと、ようやくお楽しみ会は「本番」を迎えた。舞台上に現れた蝶ネクタイ姿の芸人は、まず歌で会場の雰囲気を盛り上げた。そのあと芸人は、乳腺外科の教授、若い医師たちの中に一人含まれていた男性医師、および銀行員に、前に出てくるよう呼びかけた。三名の男性は前に出てきて、並んで立った。

芸人は、かねてから準備していたブラジャーや女性用の服を掲げて見せ、これらで三名を女装させるよう、会員たちに促した。一部の積極的な会員たちは嬉々として舞台に駆け寄り、笑いながら三名の男性の着付けを始めた。自分のショールや帽子を外して三名の装飾に用いる会員もいた。ある会員は自分のポーチから化粧道具を取り出して、口紅や頰紅を医師らの顔に塗った。座ったままの会員たちは、大きな声で笑いながらその光景を眺めていた。

三名の「女性」が出来上がると、会員たちは彼らを携帯電話のカメラで撮影するため前方に群がり、我先に良い位置から撮影しようと押し合った。芸人は三名を舞台に上がらせて、一名ずつ自己紹介させた。芸人が教授に「得意なことは何ですか」とマイクを向けたとき、ある会員が座席から「乳房を触ること」と叫び、会場からどっと笑いが起きた。芸人は「医療を目的とするものなのに、患者が感じちゃダメでしょう」と、笑いながら会員をたしなめた。会場からはさらに大きな笑いが起きた。

芸人が三名に「ダンスを見せてください」といってテンポの早い音楽をかけると、若い医師と銀行員は恥ずかしそうに控えめに踊った。一方、教授は恥らう様子もなく、穿かせられたロングスカートの裾をたくしあげ（教授のすねが見えると会場からキャーと歓声が上がる）、傾けたマイクスタンドに足をからませてロック歌手の真似をして踊り、会員たちは息をつくのも苦しいといった様子で大笑いした（二〇一二年六月五日）。

ここではセクシュアリティに関して二つの逆転現象が観察できる。まず、男性から「女性」への逆転が見られる。女性用の衣装や下着を身につけた男性というよりは、たくしあげたスカートからすねが見えると歓声が上がる点で、「女性」として扱われていることがわかる。医師たちは男性から「女性」へと変化させられるが、彼らは女性になりきれていないという点で、女性よりも下位に置かれうる存在である。女性らしくするにはどうしたらいいかわからない彼らのために、化粧品や小物類を用いてできるだけ女性らしくさせようとこまごま世話を焼く患者たちの様子から、そのことがうかがえる。

次に、権力関係の逆転が見られる。医師は現代韓国社会における医療体制の中で権力を持ち、患者たちは普段は彼らに身を任せるしかない。医師は患者たちの身体に触れ、身体を改造し、身体に関して絶対的な発言力を持ち、生命をも左右しうる。しかしこの場に限っては、患者たちが医師の身体をセクシュアルな遊戯にまきこみ、自分たちの思うままに触れて改造することができる。

これらのイベント会場と並んでセクシュアルな言動が多く表出されるのは、患者会の遠足や旅行におけるバスの車内である。特定の患者会にとどまらず、筆者が参与観察を行ったどの患者会でもこの現象は見られた。具体的な事例を見てみよう。

**事例7-2-3：患者会Pのバス旅行での出来事**

乳がん患者会Pの日帰りバス旅行では、観光地を巡り終えた後の帰りの車中で、テンポの早いトゥロトゥ音楽が大音量で流された。会員たちは立ち上がり通路に出てきて踊りだし、積極的な会員は座っている会員の手を引いて立ち上がらせ踊らせることまでして、高速で走るバスの中は興奮した雰囲気で満ちていた。

ある会員はマイクを股間に斜めに突き立てて男性器に見立て、それを左右に揺らしながら腰を振って踊り始めた。それを見た会員たちは手を打って笑いながら大喜びした。

この事例からは、日常的には憚られているセクシュアルな言動の表出現象だけでなく、性生活における疑似的な逆転現象が見られる。つまりここでは、日常生活の中ではセクシュアリティが抑圧されている「オモニ」たちが、自らのセクシュアリティを自覚的に行動に移す動きが見られる。

その際に恥ずかしさを和らげ、行為を正当化するのは、女性ばかりが非日常的な時空間に集まっているという患者会の特性であり、また「ハンプリ」や「笑い療法」が治療に役立つという名目である。遠足の車中におけるセクシュアルな言動について、ある会員は「普通はここまでひどいことはしないけれど、女性だけで集まっているから大胆になる」と言い、また別の会員は「私たちは病気を治すために笑おうとしてこんなことをしているけれど、一般人には理解できないだろう」と語っている。このことからも、「ハンプリ」や「笑い療法」が行為を正当化する基盤となって、女性患者だけでセクシュアルな言動が楽しめる非日常的な時空間が組織されていることがわかる。

患者会において展開されるこのような行為は、女性に対するセクシュアリティの抑圧状況を覆し、セクシュアリティの表出や発散を促している。さらには男性優位の性規範や権力関係を逆転させ、「オモニ」たちが主導的にセクシュアルな行動に出ることを実現させている。つまり患者たちの行為は、女性に対する抑圧的な儒教的な性規範と、セクシュアルな要素が排除される「オモニ」規範の両者に対してはたらきかけている。セクシュアリティに関わる行為は、親子関係には直接的な変化をもたらさない。しかしセクシュアリティをめぐる患者たちの行為によって、「オモニ」の中で隠れていた女性のジェンダーバイアスが露呈すると言える。

本章では、セクシュアリティに関連する行為を中心として、「オモニ」が乳がん罹患を契機に家族との関係を変える様相について論じてきた。次章では、「オモニ」を論じる上でもうひとつの重要な要素である「モギギ」（食べものを食べさせること）を中心として、「オモニ」が乳がん罹患を契機に家族との関係を変える様相について論じる。

# 第八章　「オモニ」の「モギギ」

本章では、「オモニ」を論じる上で重要な要素である「モギギ」（食べものを食べさせること）を中心として、「オモニ」が乳がん罹患を契機に家族との関係を変える様相について論じる。

「モギギ」（*meokigi*）とは韓国語で「食べさせること」、すなわち食べものを食べさせる行為を指す言葉である。韓国社会では、人に何かを食べさせるということ、それも単に食べさせるのではなく、美味しいものをおなかいっぱい食べさせることが非常に重要視されている。食べものを誰かに贈ったり分けたりするときは、量が少なければいくら美味で上品でも相手はあまり嬉しい顔をせず、美味なものを食べきれないくらい気前よく差し出すことが期待される。人に食べものをおなかいっぱい食べさせる「モギギ」の能力があると示すことは、社会的地位を築く上でも体面を保つ上でも重要である。目上の者が目下の者に食事をご馳走するのは当然であるし、おかずを無制限に無料でおかわりさせることを拒んだり少ししか出さなかったりする食堂は非難される。日本を旅行した韓国人が「日本の食堂はちょっとしかおかずをくれないし、タクアンひとつおかわりしようとしても追加料金を取るのでケチだ」と文句を言うのも、このためである。また冠婚葬祭や行事の際には、事前に出席者数が把握できなくても、出席者すべてを満腹にさせることができるように、余ることを覚悟で豊富な食べものを準備することが求められ、偶然通りかかった知人をも招き入れて食事を食べさせる。

逆に言えば、知人のいない場所では誰からも「モギギ」を受けられない。韓国内を一人で旅行すると、周囲は複数人数で山のような食べものを分け合っているのに、自分だけが誰からも「モギギ」を受けられない、という差を体感し、みじめな気分になる。しかし韓国人の年上の知人たちと一緒に行動すると、ときには食べきれないほどの量の食べ物を与えられ、また自分からも返礼に簡単な食べものを購入して分け与えることとなる。ただしこれは知人が自分より年上の場合であり、もし知人が自分より年下であれば逆に自分が率先して食べものをふるまわなくてはならない。

このようにして表向きの体面を保ち、対外的な関係を築くのは、従来は主に男性であった。その一方で、実際に食べものを準備するのは「オモニ」であった。「オモニ」は子どもに乳を与えるという意味だけでなく、家族におなかいっぱい食べさせることや、冠婚葬祭や祖先祭祀のときに家門の体面をかけて豊富な食事を用意すること、ひいてはそのために必要な資金を稼ぐことに、自己犠牲をしてまで尽力することが期待される存在である。また「オモニ」は、夫方の祖先祭祀の供物を全面的に準備することで、夫方の祖先に対しても「モギギ」を行ってきた。つまり「モギギ」を施すべき対象が核家族よりも広く、また「モギギ」そのものだけでなくそれに関わる広範な行為まで含んで期待されている。

本章では、このような「オモニ」の「モギギ」の重要性、およびそれが乳がんという病気との直面によって変化する様相に注目する。なお、食べものを食べさせる行為が人間関係を形成する現象は、通地域的に見られる。介されるものが食べものであることの特殊性や分配（者）に関する規範について通地域的な視野から検討する作業は、今後の課題として別稿に譲り、この章では韓国のオモニたちの「モギギ」に焦点を絞る。

本章ではまず第一節で、X大学病院の乳がん患者会Wが運営する宿泊施設「憩いの宿」の民族誌を描き出す。この民族誌を通して、食をめぐる行為の重要性を指摘する。この背景として、第二節では、韓国社会における「オモニ」の「モギギ」の重要性について検討する。そして第三節では、乳がん患者となった「オモニ」が自身に対する「モギギ」を前景化させる様相について論じる。

## 第一節　「憩いの宿」の民族誌

「憩いの宿」の朝は、誰かが米を研ぐ音で始まる。率先して米を研ぎだすのは大抵、長期滞在者か、「憩いの宿」を頻繁に利用して勝手を心得ている短期滞在者か、もしくは朝に診察予約が入っていて早い時間に出発しなければならない短期滞在者である。検査のため絶食しなければならない患者もいるので、長期滞在者は前日のうちに、翌朝何人が朝食を食べるか確認しておく。「憩いの宿」の勝手をよく知らない短期滞在者が早朝出て行くためにごはんを炊く場合は、米がベランダにあることを知らせ、一人あたり米二分の一カップで人数分きっちり計算して炊くよう、長期滞在者が前夜のうちに言っておく。そうしないと、短期滞在者が早朝に米を探してうろうろし、長期滞在者が起き上がって場所を教えてあげなければならなかったり、長期滞在者が残りごはんを何日も食べ続けなければならなくなることなど考えもせずに短期滞在者が大量の米を炊いてしまったりするからである。

米を研ぐ音を聞いて、他の患者たちも起きてくる。そして、率先して朝食の準備に取りかかる。狭い台所に立てるのはせいぜい二、三人程度であるが、台所に入りきれない患者もいったんは手伝おうとする姿勢を見せておかないと、「あの人は座ってごはんを食べるだけだ」と陰で文句を言われてしまう。朝食前に生ジュースを作って飲む習慣のある患者がいるときは、その患者が自費で買ってきた果物などをミキサーにかけてジュースを作り、他の患者たちにもふるまう。もし自分だけが飲めば、かなりの悪印象を他の人たちに与え、陰口をたたかれることとなる。

ただしこれは「憩いの宿」に限ったことではない。自分の持っている食べものを自分だけ食べるのではなく周囲の知人にも分け与えるというのは、韓国社会において暗黙の規範となっており、この行為はごく自然に行われる。

朝食は、雑穀ごはんと汁物、野菜の和え物が数種類、キムチや長期保存のきく食品で構成される。サンチュッサム（*sangchussam*）も頻繁にメニューに取り入れられる。これはサンチュ（サラダ菜やサニーレタスの類）やエゴマの葉、チコリなどの生食用葉物野菜に、ごはんと味噌を包んで食べる食べ方である。野菜をたっぷり摂るのが体に良いとされているため、サンチュッサムは患者たちに好まれる。サンチュッサムは、通常は肉や魚なども一緒に葉物野菜に包むが、「憩いの宿」では多くの場合、ごはんと味噌のみを包む方式がとられる。肉食が体によくないと考えられているためである。これらに加え、ときには硬めの豆腐をフライパンで焼いたものや、卵と細かく刻んだ野菜を焼いたり蒸したりした料理が並ぶ。これより頻度は下がるが、鯖や太刀魚などの焼き魚が並ぶこともある。韓国の家庭で一般的にそうされるように、ごはんと汁物はそれぞれ個別の皿に盛られ、その他のおかずは大皿に盛られて皆でつつく。

韓国では一般的に、食堂などでごはんやおかずを食べ残す行為は、十分にたくさんの食事を出してもらったというメッセージであり、礼儀にかなったことだとされている。しかし家庭では、おかずは食べ残してもいい一方、ごはん（米飯）を食べ残すのはよくないと考えられている。ごはんが多いと思えば、箸をつける前に炊飯器に少し戻して、箸をつけたごはんは全部食べきるべきだと考えられている。ただしこの暗黙の規範は主に女性たちの間においてのみ共有されており、男性は必ずしもこの規範に組み込まれていない。女性ばかりの「憩いの宿」では、ごはんをよそうときはいつものように、よそわれた人が「多すぎます」と言って茶碗のごはんを減らそうとし、よそう人と周りの人たちが「そのくらい食べなさいよ。たくさん食べないと病気に勝てないわよ」と応酬する。ただし例外的に、農村地域から出てきたある七〇歳代の患者は、「田舎者はごはんをいっぱい食べる」と自ら言って、茶碗に山盛りのごはんを食べる。普段は一人あたり米二分の一カップを炊いても余るほどだが、この患者が来たときだけは、ごはんを多めに炊くようにしていた。

「憩いの宿」で食べる米と雑穀は、患者会の経費から提供されている。これらは、近くのスーパーで一番安く売られている白米と混合雑穀である。調味料類と白菜キムチも患者会の経費から提供される。野菜などは患者たちの出し合う食費で購入しなければならない。この食費は長期滞在者の「リーダー」が管理している。原則として、「憩いの宿」で食事を摂らない人も、一日五〇〇〇ウォンの食費は支払わなければならないことになっているが、これに対して文句を言う患者もいる。短期滞在者の立場からすれば、「憩いの宿」で食事を摂らないのに食費を取られるのは納得がいかないし、「憩いの宿」で食事を摂ろうとしても長期滞在者が買ってきた食材に勝手に手をつけていいのかわからず不便このうえない、というわけである。長期滞在者が外食し食事時間に短期滞在者だけでいる場合などに、この問題が起こる。

汁物は、作るのが簡単で、なおかつ体に良いとされる発酵食品の味噌を使った、味噌汁になることが多い。味噌汁は煮干で出汁をとり、具材はじゃがいも、たまねぎ、豆腐、エノキダケ、エリンギなどである。野菜の和え物の材料には、豆もやしや、季節ごとに出回る旬の葉物野菜が用いられる。夏には、「抗がん成分（*hang-am seongbun*）」が多く含まれているとされる、唐辛子の葉や、なすが、毎日のように用いられる。

患者会の経費で提供される味噌や醤油はスーパーで一番安く売られている商品が選ばれているため、輸入物の原材料が使われていたり、食品添加物が入っていたりして、多くの患者たちは「体に良くない」と嫌がる。胡麻油も缶入りのものが提供されるが、酸化しやすいから体に良くないといって患者たちは嫌がる。長期滞在者は多くの場合、患者会から提供された調味料があるにもかかわらず、患者たちから集めた食費をやりくりして、少し高価であっても韓国産で食品添加物の入っていない調味料を新たに購入して使う。自分の家から手作りの味噌や醤油、胡麻油、キムチなどを持ってくる長期滞在者もいる。ごく少数の、食べるものに無頓着な患者が、スーパーで安く売られているサムジャン（*ssamjang*: 調味味噌）を買ってくると、他の患者たちが「こんな体に悪いものを食べるとよくない」と口々に非難する。多くの患者たちは、味噌とコチュジャン、にんにく、胡麻油、梅シロップなどを使って、サムジャンを手作りする。

梅シロップ（*maesil-ekkiseu*）も、患者たちの料理には欠かせない存在である。なぜなら患者たちは砂糖が体に悪いと考えており、梅シロップが砂糖の代わりに甘みをつける調味料となるからである。梅シロップも原材料は砂糖と梅であるが、患者たちは「漬けて三年間発酵させれば糖分が微生物に分解されて酵素（*hyoso*）となり体にいいものになる」という。ただしこれも市販品ではなく手作りのものでないといけない。市販品は材料の産地もわからないし（国産と偽装する輸入物も多いと考えられているため）、材料をきれいに洗浄しているかどうかもわからないし、食品添加物が入っているかもしれないし、「黒い砂糖」（*heuk-seoltang*）や「茶色い砂糖」（*galsaek-seoltang*）ではなく「白い砂糖」（*huin-seoltang*）を使っているためである。患者たちは砂糖の中でも、未精製の粗糖のほうが、ミネラル分が含まれているため白い砂糖よりも体にいいと考えている。梅シロップは、胃腸の消化機能を促進するものとして、韓国の家庭で民間療法的に用いられる。中高年女性のいる多くの家庭では、青梅の季節になると、大量の梅を漬ける作業が行われる。そのため多くの家庭では梅シロップが常備されており、「憩いの宿」の梅シロップがなくなりそうになると患者の誰かが自宅からペットボトルに入れて持ってくる。

白菜キムチは、「憩いの宿」設立時の二〇〇六年から二〇一〇年までは患者会の役員たちが秋のキムチ漬けシーズンにボランティアで大量に手作りしていた。しかし二〇一一年秋からは、役員たちの負担になりすぎるとのことで、行われなくなった。それ以来、白菜キムチは、患者会の会員の一人が経営するキムチ工場の製品が購入されている。

食後には果物を食べる。これも果物が健康に良いとされているためである。果物は、短期滞在者が手土産に買ってきたもの、および長期滞在者が食費で購入したものがある。果物は高価でもあり、持ち運ぶのに重くもあるため、長期滞在者が購入を嫌がる場合もある（筆者が食費を管理する立場になったときは果物をインターネットでまとめ買いすることでこの問題を解決したが、他にこの方法を取り入れる患者は見られなかった）。このような長期滞在者は、短期滞在者が五〇〇〇ウォンという格安の食費を出すだけで朝夕の食事と果物まで食べ、自分たちのように買い出しに行って重い荷物を持つこともない、と不満を抱いている。このような長期滞在者が食費を管理しているときは、果物は誰かの手土産を頼りにすることになる。

果物は、残留農薬を除去する目的で、酢の入った水に数分間、漬けておかれる。この方法は多くの患者が自宅でも実践しているといい、異議申し立てはほとんど見られない。しかし果物を酢水から取り出した後、皮を剥くかどうかで患者たちの意見が対立する。皮を剥かないほうがいいと考える患者は、果物の栄養素の大部分は皮にあるためだ、と主張する。皮を剥くほうがいいと考える患者は、酢水に漬けたといっても皮にはまだ農薬が残留しているからだ、と主張する。どの患者も、自分の健康が懸かっていると考えるため、必死で主張する。意見が折り合わないときは、果物の半分は皮が剥かれ、半分は剥かれない。

果物を準備すると同時に、別の患者が食器洗いをする。これも食事作りのときと同様、皆が競い合うようにゴム手袋をとって食器洗いをしようとする。後で「働こうとしない人」という烙印を押されるのを避けるためである。ただし先に食事作りをした患者は、自分の仕事をひととおりしたという立場にあるため、ゴム手袋の争奪戦にはあまり加わろうとしない。ゴム手袋をとった患者がスポンジに洗剤をつけて食器を洗い、同じ患者が食器をすすぐ作業まで一人ですることもあれば、別の患者が横に立ってすすぎを分担することもある。中には、すすぎをもっと丁寧にするようにと要求したり、他人のすすぎでは気に入らないといって自らすすぎを担当したりする患者もいる。食器用洗剤が体に悪いと考えているためである。例えばある患者は、筆者が手だけを使って食器をすすいでいるのを見て、「それでは洗剤が落ちないから、スポンジを使ってすすぎなさい」と注文をつけたりもした。

洗い終えた箸とスプーンは大なべに入れて火にかけ、煮沸消毒する。これは治療で免疫力の落ちている患者が感染症にかかることを防ぐためであり、「憩いの宿」が設立されて以来の暗黙の規則となっている。初めて来る患者は煮沸消毒のことを知らないので、洗っただけの箸を消毒済みの箸と一緒にしてしまう。そのため、初めて来る患者が食器洗いを担当するときには、誰かが煮沸消毒のことを言っておかねばならない。もし誰かが洗っただけの箸を消毒済みの箸と一緒にしてしまった場合は、全ての箸を再び煮沸する。茶碗やコップまで煮沸消毒する患者もいる。

朝食が終わると、多くの短期滞在者は病院へと出かけてゆく。短期滞在者は一泊だけする場合が多いので、この時点で「憩いの宿」の退所となる。二泊、三泊する短期滞在者や、一泊であっても診療が午後だからという理由で長々と「憩いの宿」にとどまり昼食まで食べる短期滞在者は、長期滞在者からあまり良い目で見られない。それは、慣れない人がいることで自分たちが昼にリラックスできず、また短期滞在者に食料を食べつくされる心配もあるためである。長期滞在者の多くは、夕方から朝まで、毎日異なる見知らぬ短期滞在者たちが来ては去っていくことをあまり快く思っておらず、長期滞在者たちだけで過ごせる昼の時間を大切にしている。長期滞在者は短期滞在者を「お客様（*sonnim*）」と呼ぶ。「お客様」の来ない昼のうちに長期滞在者だけで果物やふかしたサツマイモなどを食べることもある。長期滞在者の多くは放射線療法中であり、治療を受ける時間は異なるので、それぞれの時間に病院へ出かけてゆく。長期滞在者同士で仲のいい場合は、放射線腫瘍科の看護師に頼んで治療時間を合わせてもらい、一緒に病院へ出かけてゆくこともある。

「憩いの宿」では、それぞれの患者が退所時に、自分の使った掛布団と枕カバー、および敷布団カバーを洗濯することになっている。多くの場合、短期滞在者は朝に時間的余裕がないため、布団を洗濯機にかけておき、干す作業は長期滞在者に頼んで退所してゆく。短期滞在者が多い場合、布団を干す場所が不足するため、短期滞在者に布団をすべて洗わせず積んでおかせて、長期滞在者が何日もかけて洗濯する場合もある。干した布団を取り入れて畳み、クローゼットにしまうのも、長期滞在者の仕事である。

洗濯に関しても、患者によってはこだわりがある。合成洗剤は体に悪いからほんの少ししか入れるなと注文をつけたり、柔軟剤は使うなと言ったり、柔軟剤の代わりに酢を使ったりする患者もいる。また、洗濯時間を短縮するために「おいそぎ」コースで洗濯機を回すように言う患者もいれば、「おいそぎ」コースではすすぎの時間が短縮されて洗剤が洗濯物に残留し体によくないといって反対する患者もいる。

患者たちは他の患者のすることを黙って見ているのではなく、あれやこれやと口出しする。その都度、互いが必死で自分の意見を主張し、周りの患者たちまでもが加わって必死で意見を主張し、そうしているうちに話題がだんだん別の方向へと変わっていく。この傾向は筆者が参与観察をしたいずれの患者会でも見られた。

部屋の掃除は、週に一度「掃除のおばさん」が来るものの、日常的には長期滞在者の仕事である。朝の用事が落ち着くと、ひととおり掃除機をかける。ときには濡れ雑巾で床を拭き掃除する。ごみが溜まれば近所のごみ集積所まで運ぶ。自治体の指定ごみ袋は患者会の経費から提供されているが、ごみを長く溜めておくのは不衛生だという理由で、最も小さなサイズのものだけが支給されている。患者たちが多く来てスイカなどを食べた日には、大量のスイカの皮のため、何袋ものごみが出ることになる。長期滞在者は病院へ行くときなどにそれらを集積所まで運ぶ。ごくわずかであるが、「憩いの宿」に長期滞在したことのある短期滞在者の中には、気を利かせて退所時にごみを持って出る人もいる。

昼食は多くの場合、朝食の残り物などで済ませる。昼の間、長期滞在者たちはテレビを観たり、本を読んだり、昼寝をしたり、運動に出かけたりする。多くの場合、「憩いの宿」にいる全員で誘い合って、近くの公園へ運動に出かける。体力に余裕のある患者は、東大門や南大門といった繁華街へショッピングに出かけることもある。「憩いの宿」を利用するのはいずれも地方在住の患者たちであるため、体力に余裕があれば、患者たちはソウル見物を楽しもうとする。

ショッピングなどで遠出をしない日は、長期滞在者たちは運動の帰りに近所のスーパーで食材の買い出しをする。多くの中高年女性たちは、新鮮な食材が安く手に入る在来市場（古くからある市場）を好む。しかし「憩いの宿」

からの徒歩圏内には在来市場がない。筆者が長期滞在者二人と地下鉄に乗って一〇分ほどの在来市場へ買い出しに出かけたこともあったが、重い荷物を運ばねばならないことと、地下鉄の乗り換えが不便なことが不評で、その試みは一度で終わった。患者たちは乳がんの手術で術側の腋のリンパ節を一部または全部切除しており、術側の腕で重い荷物を持ったりするとリンパ浮腫が生じる可能性があるため、重い荷物を持つことを非常に嫌がる。

そのため食材はもっぱら「憩いの宿」近くのスーパーで購入される。「憩いの宿」の近くには四軒ほどのスーパーがあり、いずれも三万ウォン以上購入すると無料で配達してくれる。「憩いの宿」から一五分ほど歩くと、オーガニック食材を扱うチェーン店もある。しかしここの商品はスーパーのものよりも価格が高いため、「憩いの宿」の家計事情を考えると頻繁に利用したくても利用できない。五〇〇〇ウォンという安い食費で夕食と朝食を食べるだけ食べて去っていく、見知らぬ短期滞在者たちのことを考えると、長期滞在者たちだけでお金を多く出し合ってオーガニック食材を買うこともためらわれる。先述したとおり、食べものはその場にいる人たちで分けあって食べなければならないという暗黙の規範が存在するからである。多くの長期滞在者は、農薬のかかった食材を食べることには気が進まないものの「平日だけだから」と割り切り、平日は「憩いの宿」でスーパーの食材を調理して食べ、高価なオーガニック食材は週末に自宅へ帰ったとき食べてくるようにしている。

運動と買い出しを終えて「憩いの宿」に戻ってくると、長期滞在者たちはシャワーを浴びたり昼寝をしたりする。そのころになると、「憩いの宿」の電話が鳴り始める。短期滞在者が、今夜「憩いの宿」に行くという連絡をしてきたり、病院から「憩いの宿」への道がわからないので尋ねてきたりする電話である。

「憩いの宿」の固定電話は受信専用となっており、電話を受けることはできるがかけることはできない。恐らく発信も可能にしてしまうと、患者たちが自宅などへの長電話に使用して膨大な電話代がかかることが想定されるため、受信専用にしてあるものと考えられる。それほどまでに韓国の人々は、特にこれといった用事がなくても「食事は食べたの」「今何しているの」などと尋ねる電話を一日に何度も家族や友人に気軽にかける。

短期滞在者は原則的には、X大学病院乳腺外科の担当看護師に利用を申し込み、看護師から地図を受け取り、「憩いの宿」の玄関の電子ロックのパスワードを教えてもらってから来ることになっている。しかしこの原則を守るのは半数ほどの患者である。看護師への申し込みも「憩いの宿」への電話もなく突然訪れてくる短期滞在者もいる。電話で電子ロックのパスワードを尋ねてくる患者もいるが、防犯上の理由から、電話で教えることは禁止されている。

午後四時ごろを過ぎると、短期滞在者たちが来始める。短期滞在者が来るという電話を受けると、長期滞在者は嫌な顔をする。しかし実際に短期滞在者が来ると、長期滞在者と短期滞在者はすぐに打ち解ける。「どこから来ましたか」「手術してからどのくらい経ちましたか」という質問が決まり文句のようにまず交わされ、そこから会話が弾みだす。実名が問われたり語られたりすることはほとんどなく、例えば釜山から来た患者の場合、中年女性であれば「釜山オンマ」あるいは「釜山宅」、未婚女性であれば「釜山アガッシ」、高齢女性であれば「釜山ハルモニ」あるいは「オルシン」と呼ばれる。呼び手のほうが少し年下であれば「釜山オンニ」とも呼ばれる。全羅道や慶尚道の農村から出てきた高齢の患者の中には、まれに「アジム」(「アジュンマ」の方言)という呼称を使って他の患者を呼ぶ人もいる。女性同士が、実名ではなく出身地名や子どもの名前を冠した呼称で呼びあうことは、韓国社会において一般的に見られる現象である。主婦の出身地名を冠した呼称は「宅号(*taekho*)」と呼ばれ、ある世帯やその成員を称するにあたって姓名の代わりに用いられてきた[李・末成 1973]。「憩いの宿」ではみな互いに子どもの名前を知らないので、子どもの名前を冠した呼称が使われることは全くなく、出身地名を冠した呼称がよく使われる。しかし患者同士で長い時間を共に過ごしているうちに、互いに実名で呼び合うようになることもある。筆者も初対面の患者には「アガッシ」あるいは「日本アガッシ」と呼ばれることが多いものの、慣れてくると「ミチコ」と呼んでもらえるようになるのが常であった。

何度も「憩いの宿」を利用したことのある短期滞在者は、長期滞在者に気遣って手土産を持ってくる。多くの場合は、病院前の路上商人から買った果物である。まれに食べものに無頓着な患者が菓子やパンを買ってくることがある。しかしそれらはほとんど誰にも手をつけられないまま、かといって他の患者たちは善意の寄付を無碍に捨てることもできず、「憩いの宿」の食卓の上か冷蔵庫の中で古くなるまで放置される。

これと似たような現象が冷凍庫の中でも起こっている。以前誰かが入れておいた食材が冷凍庫の中にはたくさん眠っており、冷凍状態なので傷んではいなさそうだが、いつ誰が入れたものなのかわからないため、誰も手をつけようとしない。「掃除のおばさん」も、冷凍庫内の拭き掃除はするが、食材を捨てることはしない。そのため出所のわからない食材が、食べられもせず、捨てられもせず、冷凍庫内に蓄積する。何人かのきれい好きな長期滞在者は、「リーダー」になるまでは気を遣って手を出さないが、「リーダー」になった途端に冷凍庫内の出所のわからない食材を一斉に処分して「スッキリした」と言うこともあった。

長期滞在者の「リーダー」は、来訪した短期滞在者に帳簿を記入させる。帳簿には、利用日、氏名、居住地、電話番号、利用理由、退所日を記入するようになっている。居住地の欄には皆、「光州」や「釜山」など市単位の地名のみを記入する。利用理由には、「抗がん」「検査」などと記入する。「憩いの宿」の利用料を払った短期滞在者たちは、帳簿に加え、「確認証」と呼ばれる小さな紙切れにも名前と連絡先を記入する。これは利用料を払ったことを後に確認するために用いられる。利用料を管理する患者会の役員は一週間に一度ほど「憩いの宿」に来るため、それまでの間は、短期滞在者が現金払いした利用料を、長期滞在者の「リーダー」が預かっておく。「リーダー」は、短期滞在者たちに帳簿を記入させ、彼女たちから利用料を徴収することを忘れないようにしなければならない。もし忘れると、患者会の役員から文句を言われることとなる。

短期滞在者の大部分は利用料を現金払いするが、希望によっては患者会の口座に銀行振込をすることもできる。長期滞在者は基本的に利用料を銀行振込する。短期滞在者は一泊につき、利用料一万ウォンと食費五〇〇〇ウォンを支払う。利用料は患者会で管理され、食費は「リーダー」によって管理される。長期滞在者の場合、放射線療法で利用することが多いので、利用料は放射線療法の回数で計算される。例えば放射線療法を三三回受ける場合、その患者は利用料三三万ウォンを支払うこととなる。長期滞在者が週末ごとに自宅に帰る場合も、週末も自宅に帰らず「憩いの宿」にい続ける場合も、この利用料は変わらない。長期滞在者の場合も、食費は実際に「憩いの宿」にいる日数分を「リーダー」に支払う。基本的には短期滞在者と同じく一日五〇〇〇ウォンだが、まれに何か美味しいものを食べようという話が持ち上がり、これより多額の食費を出し合うこともある。しかし何か美味しいものを食べようという話になるとき、多くの場合は皆でお金を出し合うのではなく、誰か特定の一人が皆におごるという方法がとられる。

午後五時すぎになると、夕食の準備が始まる。短期滞在者も長期滞在者も一緒に台所に立つ。メニューは朝食と大きく変わらない。しかし患者の中には、化学療法中だから「免疫力を高めるため」肉を食べなければならない、と主張する者もいる。「憩いの宿」の食べものに関する葛藤の中で最も頻発するのが、肉食をめぐる問題である。その中でも肉を食べる・食べないをめぐる葛藤が一番多い。それだけなく、短期滞在者が五〇〇〇ウォンの食費しか払わないのに肉食を求めるとか、長期滞在者が個人的に買いおいてあった肉を短期滞在者が個人のものとは知らず食べつくしてしまうなどの問題が生じる。

筆者は参与観察という観点から、患者たちの決める方針にそのまま従った。そのため、肉食が体に悪いと主張する患者のいるときはずっと野菜ばかり食べ、肉を食べなければならないと主張する患者のいるときは毎日のように一緒に肉を食べることとなった。野菜ばかり食べていると、肉食をする患者から「肉を食べなければ免疫力が落ちて体に悪い」と諭される。逆に肉を食べていると、肉食をしない患者から「肉は体に悪い」と諭される。中には「肉は体内で女性ホルモンに変わって乳がん細胞を増殖させる」と言う患者もいた。そのため何が正しいのかわからなくなり、肉食をしているときもしないでいるときも、常に「この食生活は体に悪いのではないか」という不安がつきまとっていた。これは、食生活に対する確固とした信念を持つ一部の患者を省く、他の多くの患者たちも同様であった。

肉食をする患者の中でも、体にいいと考える肉の種類はそれぞれ異なる。鴨肉は多くの患者（普段は菜食する患者さえも）が体にいいと考えている。鴨は韓方薬にも用いられるほど栄養価の高い食材であり、「鴨肉は他人の口の中にあるものを奪ってでも食べろ」という諺まであるからだという。次いで人気があるのは鶏の胸肉である。脂肪分が少なくたんぱく質が多く含まれるためである。これはカレーによく用いられる。意見が分かれるのは、牛肉と豚肉である。鴨や鶏などの「羽の生えた」動物の肉は体にいいけれど、牛や豚の肉は脂肪が低温で溶けないので体に悪い、と考える患者が多い。その一方で、滋養をつけるにはやはり牛肉や豚肉が一番だと主張する患者もいる。そのような患者は、牛肉の赤身を焼いて食べたり、豚肉を長時間茹でて脂肪分を落としてから食べたりする。この場合、脂肪分が少ない肉を選ぶこと、あるいは調理によって脂肪分を落とすことが必須となる。脂肪分の多い食事と乳がん罹患との因果関係が本やマスメディアなどで紹介されているためである。化学療法中に血液中の白血球の数値が上がらない場合は、鶏の足を煮込んだ白いゼリー状のものや犬肉などを食べればすぐに回復する、と患者たちが経験談を語り、それを聞いた他の患者が実践することもある。

「憩いの宿」の食べ物に関する葛藤の中で、肉食の問題に次いで多く生じるのが、塩分をめぐる問題である。病院やがん予防キャンペーンなどで紹介される「がん予防のための食生活」では、必ずと言っていいほど「塩分を控えるように」という項目がある。これは塩分の過剰摂取が、胃がんを引き起こす恐れがあるとともに、高血圧など他の成人病も引き起こしうるという理由によるものである。しかしこの「塩分を控えるように」という項目は患者たちによって拡大解釈され、「がん患者は塩分を控えなければならない」、ひいては「塩分の摂り過ぎが乳がんを引き起こす」と受け止められている。そのため「憩いの宿」で食事を用意する際には、みな塩分をなるべく控えようと努力していた。それでも中には「薄味のものはまずくて食べられない」と文句を言う患者もいた。また逆に、がんと診断されてから日が浅いため食生活に無頓着な患者が、味噌や醬油をたっぷり入れて濃い味に調理してしまい、他の患者たちがその料理を食べるのを嫌がったこともあった。

「憩いの宿」の食べ物に関する葛藤の中には、衛生面に関するものもある。例えば誰かが、おかずの入った食器を覆うために一度使用したラップが目立って汚れていないからと再び使用しようとしたり、食べ残されたキムチを捨てるのはもったいないからと再び冷蔵庫に入れようとしたり、一部にカビの生えたミカンをカビの部分だけ除去して食べようとしたりするとき、他の患者は「私たちは赤ちゃんの免疫力なのよ」と言いながら止めさせることがある。現在治療中の患者だけでなく、治療後二〇年経った患者でさえもそのような発言をすることがある。

夕食後も朝食後と同様、果物を食べる。夕食後、多くの患者は夫や子どもに電話をする。電話口では、夕食に何を食べたのかなど、事細かに尋ねあう。そのあとは患者たち同士でおしゃべりに興じたり、テレビを観たりする。短期滞在者の中には「合宿に来たみたい」と喜んで深夜までおしゃべりに興じる人もいる。長期滞在者は一緒に楽しむ場合もあれば、そのような短期滞在者を日常生活の妨害と考え、「眠れない」と文句を言う場合もある。

「憩いの宿」はヴィラの3LDK（二〇一一年夏の引越し後は3DK）の部屋を借りているため、患者一人でひとつの部屋を使うことはできず、皆で雑魚寝をする。布団はたくさんあるので、一人一セットを使う。日によって利用する患者の人数は異なるが、通常五〜一〇名程度である。一〇名を超えると寝室のスペースが不足し、誰かが台所で寝たり食卓の下で寝たりしなければならない状態になる。人数が多いと患者たちもよく眠れず、特にそのような事態に一日だけでなく何日もさらされる長期滞在者は、不眠による体調不良を訴えることもある。

月曜日から水曜日にかけては、病院の診療スケジュールの関係で、特に利用する患者が多い。木曜日からは短期滞在者が減り始め、金曜日には長期滞在者も自宅に帰省する。放射線腫瘍科での治療予約時間は、原則的に毎日同様の時間帯になる。しかし多くの長期滞在者は放射線腫瘍科のスタッフに（ときには、多忙のため食事を摂る時間も十分に取れない技師や看護師が喜ぶ、ジュースや菓子パンなどの「賄賂」を渡しつつ）頼み込んで、金曜日の治療予約時間を朝に、翌週月曜日の治療予約時間を夕方にしてもらい、金曜日の昼から月曜日の昼にかけて自宅に戻る。そのため、ほぼ長期滞在者だけがいる木曜日の夕食に、「特別食」として美味しいものを作って食べることもある。週末に「憩いの宿」にいるのは、筆者と、まれに週末も帰省しない長期滞在者、そしてごくまれに、土曜日と月曜日に診療予約が入っているなどの事情がある短期滞在者である。週末の間、「憩いの宿」は静寂に包まれる。帰省していた長期滞在者が月曜日の昼過ぎに戻り、夕方に短期滞在者が来始めると、「憩いの宿」のにぎやかな一週間が再び始まる。

このように「憩いの宿」の生活は、食べものをめぐるさまざまな現象が重要な構成要素となっている。ここには、自身がいつ何をどう食べるかという問題と、他人にいつ何をどう食べさせるかという問題が含まれている。

前者の文化的背景としては、薬食同源という考え方の存在が挙げられる。朝倉によれば薬食同源とは、中国を起源とする「医食同源」が、李氏朝鮮時代に思想の面でも実技の面でも韓国独特の工夫と発展を経て形成された、「身体によいものを食べようという考え方」［朝倉 1999: 73］である。この考え方のもとでは、日常的に食べるものが薬になり、またそれらは美味しくなければならないとされている。このように一般の人たちでさえ日常的に体に良いものを食べようと情熱を傾ける文化において、大きな病気を経験した患者たちが食生活にいっそう多大な情熱と関心を注ぐのは言うまでもない。

一方、後者の文化的背景としては、「オモニ」にとっての「モギギ」の重要性が挙げられる。「オモニ」は子どもに乳を与えるという限定的な母性の意味合いを超えて、「モギギ」能力の象徴となっている。「オモニ」は、家族におなかいっぱい食べさせることや、行事のときに豊富な食べものを用意すること、ひいてはそのために必要な資金を稼ぐことに、自己犠牲をしてまで尽力することが期待される存在である。「モギギ」は、後に詳述するように、「オモニ」が周囲の人たちとの関係を築く上でも重要なものとなっている。そのため「憩いの宿」においても女性たちが「モギギ」に対するこだわりやプライドを見せる。次節では、韓国社会における「オモニ」の「モギギ」について詳しく検討する。

## 第二節 「オモニ」の「モギギ」

この章の冒頭で述べたように、「モギギ」が重要視される韓国社会において、表向きの体面を保ち、対外的な関係を築くのは、従来は主に男性であった。その一方で、実際に食べものを準備するのは「オモニ」であった。韓国社会では儒教の「内外」思想に基づき性別役割分業が行われてきたため、台所仕事は完全に「オモニ」の領域であった。そのため逆の視点から見れば「オモニ」たちは、男性が社会的地位を築き体面を維持する上で要となる、ひいては男性の身体的な生命の維持にさえも関わる、「モギギ」の領域を掌握してきた。公的な場で女性が表立って活躍できない世代において、「オモニ」は「モギギ」という力をもって男性と拮抗してきた。

西洋社会の「母性」イデオロギーは、男性が女性を支配するために利用するもの、あるいは女性に性別役割分業を強要するものとしての側面が強い。それに対して韓国社会の「オモニ」イデオロギーは、必ずしもそのような側面だけではなく、「モギギ」を切り札として存在感を示す側面も兼ね備えている。このことをよく表す事例として、患者会の行事に病院スタッフが参加するときの中高年女性患者たちの態度が挙げられる。患者たちは普段は病院スタッフに従うほかないが、行事に病院スタッフが参加する際には「オモニ」の「モギギ」能力をここぞとばかりに発揮し、食べきれないほどの量の食べものを食べさせる。具体的な事例を見てみよう。

### 事例8－2－1：「憩いの宿」の「チプトゥリ」

二〇一二年八月二三日、「憩いの宿」の引越しが行われた。一般家庭では新しい家に引っ越すと、近親者を新居に招いてご馳走をふるまう「チプトゥリ（*jipdeulli*）」を行う。患者会の役員たち（いずれも治療を終えてボランティア活動で患者会の運営に加わっている乳がん患者）は、「憩いの宿」でも病院の先生方を招いて「チプトゥリ」を行うべきだと考え、九月一一日に新しい「憩いの宿」で「チプトゥリ」を開くことにした。

「チプトゥリ」前日の九月一〇日夕方、「憩いの宿」を担当する患者会役員と、彼女と最も親しい役員（登山チーム長）が、大量の野菜や魚などを提げて、食べものの準備をしに「憩いの宿」を訪れた。彼女らは台所を占領して準備を始めたが、夕食の時間になっても準備の完了にはほど遠い状態であった。そのため筆者が冷蔵庫にあった材料で牡蠣と豆もやしのスープを作り、その日「憩いの宿」を利用しに訪れていた患者たちと役員たちとで簡単な夕食を摂った。その後も役員たちの準備は続いた。大量の野菜を洗って刻み、魚の干物に下味をつける。台所の床いっぱいに食材を広げて下ごしらえをする様子は、まるで一般家庭で正月や盆の前日に親族の「オモニ」たちが集まり食べものの準備に追われる光景のようであった。筆者は下ごしらえを手伝ったが、他の患者たちは体調が悪いことを理由に手伝おうとしなかった。登山チーム長は朝から夕方まで病院でボランティアをしてきたため、眠いといって先に帰宅した。「憩いの宿」担当の役員と筆者は、午後一〇時ごろまで準備を続けた。

「チプトゥリ」当日、患者会の役員一一名が手に手に大量の食べものを持って朝から詰め掛け、大騒ぎをしながら準備を行った。大騒ぎになるのは、みなそれぞれに独自のやりかたがあって、自分のやりかたを通そうと大声を張り上げあうためである。また事前の準備が整っておらず慌てていたことも、大騒ぎになった一因であろう。「憩いの宿」の利用者たちは、そそくさと外出していった。筆者は役員たちに命じられるまま、一階のエントランスにとめてある役員の車から、葡萄の入った段ボール箱やスイカ、酒、わかめスープの入った大鍋などを階段で五階まで運ぶ作業を手伝った。役員たちも乳がん患者であるため、普段はリンパ浮腫を引き起こさないように術側の腕で重いものを持たないよう気をつけているが、この日はそのことも忘れたかのように、みな必死で荷物を運んでいた。

準備された食べものは、蒸した豚の頭（儀礼用）、わかめスープ、おこわ、小豆の餅、チャプチェ（春雨と野菜の炒め物）、チヂミ三種類、クラゲときゅうりの辛子和え、野菜サラダ、ナムル三種類、スケソウダラの干物に下味をつけて焼いたもの、ツルニンジンの和え物、キムチ、じゃこの炒め物、スイカ、葡萄、どぶろく、役員の一人が家庭菜園で育てた無農薬のサンチュ類である。いずれも食べきれないほど大量であった。「憩いの宿」で一番大きな部屋には、儀礼用のテーブルが設えられた。そこには豚の頭と、大きな長方形の蒸し器に入ったままの小豆の餅が中心に並べられ、餅の手前には白い木綿糸と干し明太の載った皿が置かれた。その周りに、頂点の皮を削いだスイカ、皿に山盛りにした葡萄、そして一種類ずつ盛られたおかずの皿が並べられた。儀礼用のテーブルの他にも、食事用のテーブルが各部屋に設けられ、おかずや果物の入った皿が大量に並べられた。一般的な食堂で出てくる食事よりも豪華で品数も多く、皿の並んだ様子は壮観であった。

昼過ぎになると、この患者会の設立に携わったがんセンター長のM教授、ブレストセンターの研究看護師、がん情報教育センターのスタッフ、乳腺外科の若手医師ら、計一一名のゲストが「憩いの宿」を訪れた。がんセンター長のM教授は金一封を、他のゲストたちは一八ロール入りのトイレットペーパーを、「憩いの宿」に寄付するために持参していた。トイレットペーパーは実用的であるため、「チプトゥリ」に招かれた人が持参する贈り物として一般的である。

ゲストらは「憩いの宿」の中を歩き回って見物したあと、儀礼用のテーブルを囲んだ。そしてまずがんセンター長のM教授が、金一封を豚の口にくわえさせた。周囲からは拍手が起こった。患者会の役員は筆者に写真を撮るよう促し、写真を患者会のホームページの掲示板にアップするよう言った。続いて患者会の会長も豚の口に金一封をくわえさせ、周囲から拍手が起こった。

病院スタッフの昼休みは一二時から一三時までと時間が限られているため、役員たちはゲストらに、早く食事を摂るよう勧めた。ゲストたちは食事用のテーブルを囲んで座った。おかずはテーブルに並んでいたが、おこわとわかめスープは熱いものを出そうと、鍋に保管されていた。役員たちはおこわとスープをそれぞれゲストの人数分、別々の器によそい、配って回った。ゲストたちが食事を楽しんでいる間、役員たちは台所からゲストたちを見守り、ゲストにおかずのおかわりや飲み物を運んだり、ゲストが食事を終えるころになると果物や餅を運んだりした。ゲストたちは口々に、どの食べものもとても美味しい、と役員たちを褒めたたえた。ゲストたちは「このおかず、もうちょっとください」と何度もおかわりをし、役員たちも嬉々としてその求めに応じた。ゲストたちの旺盛な食べっぷりに、役員たちは非常に満足げであった。

役員たちは最初、おとなしく台所でゲストの食事を見守っていたが、食べものを目の前にして空腹を我慢しきれなくなり、スイカをブロック状に切って皆でむしゃむしゃと食べだした。一部の役員は筆者らを誘って別の小さい部屋へ行き、ゲストには見えないようにしながら、食事を始めた。

ゲストたちが果物と餅までひととおり食べ終えると、がんセンター長の教授が「最後にみなで乾杯しよう」と言い出した。ゲストと役員たちは紙コップにどぶろくを注いで手に持ち、教授の音頭で乾杯が行われた。このときも役員らは筆者に、写真をたくさん撮って患者会のホームページの掲示板にアップするよう言った。ゲストたちは食べるだけ食べると、片付けも何もせず「憩いの宿」を立ち去った。役員たちもそのことを自然に受け止めていた。ゲストたちが去った後、役員たちはおしゃべりをしながら、胃袋の限界を超えるまでご馳走を頬張った（それでも料理や果物は大量に余った）。そしてそれぞれが率先して仕事を見つけながら片づけを行った。片付けの後、役員たちは「憩いの宿の利用者たちに」と餅を一皿残したものの、それ以外の余った食べものはことごとくビニール袋に包んで自宅へ持ち帰り、ペットボトルに半分ほど余ったミネラルウォーターまで残さず持ち帰ってしまった。病院スタッフに向けられていた役員たちの「モギギ」は、今度は自分とその家族に向けられたのである。（二〇一二年九月一〇日、九月一一日）。

この事例は一見すると、役員たちがゲストにひたすら奉仕し、病院スタッフ―患者間の権力関係は不変であるどころかむしろ強化されるかのように見える。しかし異なった側面から見ると、役員たちは、大量の食べものに対する権限を掌握し、しかもそれらを自在に調理して食べさせるという能力を提示している。つまり自らを取り巻く権力関係の中で、「モギギ」の行為を通して、存在感を示している。さらに言えば、普段は従うほかない病院スタッフに対し、「オモニ」として食べものを食べさせることで、スタッフを擬似的に「子ども」としての立ち位置に再配置しているとも言える。この事例からは、「モギギ」の行為が（一時的にであっても）人間関係における上下関係を逆転させたり、そのことによって「モギギ」の与え手に存在感を示させたりするほどの重要性を孕んでいることが指摘できる。

**写真 11　「チプトゥリ」に招かれた医療陣（上）と、食べものを準備する役員たち（下）**
筆者撮影、顔部分は筆者編集

「憩いの宿」では患者たちが平等であることが望ましいとされているため、人間関係における上下関係を左右しうる

「モギギ」のありかたが重要な関心事となる。言い換えれば、上下関係が形成されないためには、「モギギ」が平等に分担されることが必須となる。そもそも「憩いの宿」は中高年女性が多く利用する場所であることから、「オモニ」の「モギギ」能力を前提として運営されている。ここでは、自分の食べるものを個人的に用意して食べるのではなく、一時的なシックー（*sikgu*; 食口）となった他の「オモニ」たちと協力しながら食材を準備し、食事を作って食べて片付け、「憩いの宿」の食費をうまく切り盛りすることが求められている。

韓国においては家内的集団を指す言葉がいくつも存在するが、それらの指す範囲や意味合いはそれぞれ微妙に異なっている。シックーという言葉はそのうちのひとつであるが、これは炊事（カマド）を共にする範囲を基準としている［佐藤 1973: 109］。シックーは、血縁で範囲を厳密に限定した世帯を指すチプの概念とは対照的に、範囲の境界が流動的であり、必ずしも血縁にとらわれない。韓国の家族を考える上で、父系血縁集団を構成する男性たちは言うまでもなく、既婚女性たちにとっても、シデクの後継者となる男児を産み育てる必要性から、チプの概念は重要であり、このことは先行研究においてもよく論じられるところである［李 1973］。一方でシックーの概念に関しては、済州島で重要視されることを論じた研究［佐藤 1973］を除けば、ほとんど等閑に付されてきた。しかし「モギギ」を行う「オモニ」を通して韓国の家族を論じるとき、「モギギ」と密接に関わるシックーの概念も重要なものとして留意する必要性がある。

「憩いの宿」の場合、滞在する患者の顔ぶれは流動的で毎日変化するが、その日その日のメンバーは「憩いの宿のシックー」と呼ばれる。例えば患者会の役員の中でも「憩いの宿」と普段あまり関わりのない人が、「最近、憩いの宿のシックーは多いの」と筆者に尋ねてきたりする。シックーという言葉が用いられることにより、「患者は多いの」とか「人は多いの」という言い回しよりも親密な意味合いが表現されている。

この表現からもうかがえるように「憩いの宿」では、滞在するメンバーが一時的なシックー、つまりカマドを共有する家族のように捉えられる。それでいながら、特定の誰かが一方的に食べものの与え手あるいは受け手となれば平等な関係が築けなくなるため、そのような状況になることは望ましくないと考えられている。そのためメンバーは客のようにふるまうのではなく、互いに「モギギ」を分担しあい、「オモニ」らしい行動をすることが求められる。

そのため、逆に「オモニ」が「オモニ」らしい「モギギ」能力を兼ね備えていない場合、周囲の人々との関係はぎくしゃくし、さまざまな問題が露呈することとなる。ここで「憩いの宿」における具体的な事例を見てみよう。

**事例8-2-2：パク・ジョンユン（仮名、女性、六〇歳代、海外在住）の言動**

パク・ジョンユンは裕福な家庭に生まれ育ち、結婚後も運転手や家政婦を雇う暮らしぶりであった。江南地区（富裕層の集住地区）で暮らした後、米国に引っ越した。家事は家政婦任せだったため、料理の仕方も全く知らないという。そのため、家事を積極的に分担しあう「憩いの宿」では、家事のできないパク・ジョンユンは異質な存在であった。パク・ジョンユンはそのことを自覚しており、デパートで売られている高級食材を自費で買ってきて皆に食べさせることで、家事の代償をしようとしていた。

パク・ジョンユンは、簡単な豆もやしスープの作り方さえ知らなかった。パク・ジョンユンと筆者が二人で過ごしているとき、豆もやしのスープを食べようということになったが、どちらも作り方を知らなかった。筆者が知り合いの五〇歳代の女性患者に電話して作り方を尋ねると、女性患者は「横におばさん（*ajumma*）は誰もいないの」と聞く。筆者が「いることはいるのですが」と言うと、女性患者は「じゃあ豆もやしスープの作り方ぐらい知っているでしょうからその人に聞きなさい」と言う。それほど豆もやしスープの作り方は、既婚女性であれば誰もが知っていると考えられている。「いや、その人は作り方を知らないらしいのですが」と筆者が言うと、女性患者は驚き呆れた。電話の会話を横で聞いていたパク・ジョンユンも「どこのおばさんが豆もやしスープの作り方も知らないのかって思われて恥ずかしいわ」と筆者を制した。

また通常「オモニ」たちは、誰か他の人が料理や片付けを始めると、頼まれなくても雰囲気を察して一緒に手伝い始める。料理や片付けを先に始めた人のほうも、口には出さずとも暗にそのことを期待している。しかしパク・ジョンユンにはその「常識」が通じなかった。パク・ジョンユンはすぐ横で誰かが料理を始めても、テレビに没頭していて台所の動きに気づかず、テレビから流れる不幸な犬の話にひたすら涙を流している。そのうえ「食事ができましたよ」と声をかけられてようやく我に返ったパク・ジョンユンは、「ワンちゃんが可哀相」と言いながら涙をぬぐってテーブルに着くものの、出された料理がどうしても口に合わないと申し訳なさそうに言って、料理を捨てたりもする。長期滞在者たちが自宅に帰る週末、筆者とパク・ジョンユンだけが「憩いの宿」に残ることになったとき、長期滞在者たちは、筆者が大変な思いをするであろうと考え、数種類のおかずを作り置いて帰省したりもした。

週末、長期滞在者たちが予想したとおり、最初のうちは筆者がすべての家事を担わねばならない状況になり、パク・ジョンユンのほうも娘のような年ごろの筆者に家事をさせて申し訳ないと言いながら他になすすべを見出せずにいた。世話を焼いてもらうことに慣れているパク・ジョンユンは、筆者が準備した食事を食べた後も食器をテーブルの上に放置したままテレビに夢中であり、結局筆者がパク・ジョンユンの使った食器まで洗うことになる。パク・ジョンユンは自分の使った食器を洗ってもらったことにすら気がつかない。

筆者がパク・ジョンユンの世話から逃れるために、わざと図書館へ出かけたこともあった。図書館で過ごした後、「今日は外で食べてきます」と彼女の携帯電話に文字メッセージを送り、外食して帰った。午後八時ごろ「憩いの宿」へ帰ってみると、パク・ジョンユンは、親が留守中の幼い子どものように、テレビの前で菓子パンをかじっていた。夕食も摂っていないとのことであった。

しかし週末を何度か経るごとに、パク・ジョンユンが筆者を食堂に連れて行って食事をおごるという方法、つまりパク・ジョンユンが「モギギ」の受け手ではなく与え手になる方法が見出せるようになり、筆者とパク・ジョンユンの関係は安定していった。

この事例からは、パク・ジョンユンの行為から逆説的に、「オモニ」の常識的な行為として前提されるものがどのようなものであるかが浮かび上がってくる。つまり、自分の食事を自分で用意できるのみならず、シックーたちの食事を用意できる能力がなくてはならない。特に自分の子どものような年齢の未婚者には、「オモニ」は食べさせてもらうのではなく食べさせねばならない。また食事の準備や片付けなどにおいても、その場の空気を察し、自ら進んで行動できなければならない。パク・ジョンユンは一児の母であり六〇歳代の既婚女性であるにもかかわらず、「オモニ」が当然兼ね備えているはずの「モギギ」能力を持っていなかったため、「憩いの宿」で浮いた存在となり、筆者との関係も最初ぎくしゃくしたものとなった。最終的にはパク・ジョンユンが筆者を食堂に連れて行って食事をおごること、つまりパク・ジョンユンが筆者に対して「モギギ」の与え手になることにより、パク・ジョンユンは「オモニ」の位置に収まった。

このように、「オモニ」にとって「モギギ」は不可欠な要素であり、「モギギ」が「オモニ」を「オモニ」たらしめると言っても過言ではない。そのため「オモニ」たちは、病院に入院している間も「モギギ」の行為をやめようとはしない。病院において、「モギギ」の行為がむしろ過熱する事例を見てみよう。

**事例8―2―3：クォン・ミョンジャ（仮名、女性、五〇歳代、釜山広域市在住）の語り**

クォン・ミョンジャは京畿道にある療養病院に入院しつつ、投薬や検査のたびにソウルのX大学病院へ通院している。クォン・ミョンジャは同じ療養病院に入院しているがん患者たちの日常的な行為を冷静な目で見つめ、「憩いの宿」へ来るたびにその様子を筆者に語った。

その話によれば、療養病院の患者たちは食べものに対する欲を見せる。入院したとき、他の患者たちが机の上に山のように健康食品を置いていることに驚いた。患者たちは食事の合間にも健康食品を食べるのに忙しい。
その療養病院の食事はバイキング形式だが、患者たちは自分で食べきれないほどの量のサンチュを取って来て、夫のいる自宅に送る。米飯も同様で、たくさん取ってきては部屋の小さなコンロでヌルンジ（*nurungji*：おこげ）をせっせと作って、週末に自宅へ帰る際に、夫らのために持って帰る。クォン・ミョンジャは食事をバイキングではなく病室へ運んでもらうようにしているが、食欲がなくて多くを食べ残すと、同室の患者が「いらないなら頂戴」と言う。同室の患者はいつもクォン・ミョンジャが残す米飯や果物、豆乳をもらっているので、クォン・ミョンジャがソウルへ行く日に食事をキャンセルすると「キャンセルしなければいいのに」とまで言う。

同室の患者は肺がん治療中なので、肺に良いとされるウナギを大量に注文したものや、がん患者全体に人気のある野生の果物などを、山のように病室の冷凍冷蔵庫に入れている。冷凍冷蔵庫は食べものでぎっしり詰まって、息もできないほどである。その患者が随時食べているが、食べきれる量ではない。その患者は病室のシンク台に、〈ヒューロム〉（スロージューサーの商品名）、ミキサー、電気コンロ、ホットプレート、コーヒーメーカーまでずらりと並べて、一日中シンク台に張り付いている。週末に自宅へ帰るときは、患者たちはみな、山で大量に刈ってきた若菜などの荷物を重そうに抱えている。シックーが多いのかとクォン・ミョンジャが聞くと、家には夫が一人でいると答える人が多い。

療養病院の裏山には果樹が多く、果物を自由に採ることができる。野生の果物は無農薬栽培の果物にも増して体にいいという考えから、患者たちは必死で果物を採りに行く。他の人に採られないうちに自分が採ろうと、場所を秘密にして朝早くから出かけ、午後も山に出かけていく。他の人に採られたくない一心で、果実が未熟で青くても先に採ってしまう。朝の暗いうちから山に登って必死で果物を採るので、みな疲れて目も窪んでいる。採ってきた大量の果物は砂糖漬けにして「酵素（*hyoso*）」を作る。砂糖漬けが発酵しきって「酵素」になるまでには三年かかるとされている。クォン・ミョンジャは、「がんが体中のあちこちに転移している患者たちばかりなのに、いつ食べようと思って酵素を漬けているんだか。死にかけている人たちがそこまでしなくてもいいのに。その果物を、重症で山へ行けない患者たちに分けてあげたら、どれほどいいことか」と苦笑する。

患者の中には、病室にさまざまな器具を持ち込んで食材を加工し、他の患者に販売する人さえいる。例えば家庭用の食材乾燥機で、薬草や果物などを乾燥させて売る。あるいは、これも家庭用に開発された、高麗人参などに圧力をかけてエキスを抽出する機械を使って、さまざまなエキスを抽出して売る。しかし病室の電気代が高くつきすぎ、病院の事務員から文句を言われたことで、この行為は大っぴらには行われなくなったという。（二〇一二年七月一二日）。


この事例は、「オモニ」にとって「モギギ」がいかに重要であるかをよく表している。「オモニ」は入院中も自分や家族に対する「モギギ」をやめようとせず、むしろその行為は過熱する。患者たちは病院内や裏山で手に入れられるありったけの食べものを集めて、自分の身体に良いものをひたすら摂取するとともに、夫らのために大量の食べものを郵送したり持ち帰ったりする。ただし「モギギ」の行為は、他の見知らぬ患者には向けられない。他の患者に食べものを譲渡するときは、病室に食材乾燥機を置いて商売をした患者の行為に象徴的に見られるように、金銭を介在させる。このことからも、患者たちが「モギギ」の行為全体を好んで行っているわけではなく、あくまでも「オモニ」としての「モギギ」を選択的に行っていることがわかる。入院していて家族に対する毎日の「モギギ」が行えないという状況下、不在中も家族内での「オモニ」としての位置を維持し、また自分の意識の上でも「オモニ」としてあり続けるために、「モギギ」の行為が家族のために食べものを集めて送るというかたちで過熱していると考えられる。

このような患者たちの様子を冷淡に見つめるクォン・ミョンジャであるが、自身もやはり「モギギ」をやめられない「オモニ」である。これはクォン・ミョンジャの娘と近い年ごろの筆者との間で繰り広げられた、次のような出来事から読み取れる。

### 事例8-2-4：クォン・ミョンジャ（仮名、女性、五〇歳代、釜山広域市在住）の言動

筆者は「憩いの宿」に泊まりに来たクォン・ミョンジャに、「自分が食べたくなるものは体が欲しているからら食べたほうがいいというけれど、私が食べたくなるものは〈ワールドコーン〉（アイスクリームの商品名）など体に悪いものばかりなんです。肉は食べたくならないのですが、〈ワールドコーン〉だけはどうしても食べたくなります。これは食べたほうがいいのでしょうか、食べないほうがいいのでしょうか」と相談した。

これに対しクォン・ミョンジャは、「それは本当に体が欲しているのではなく、今まで生きてきた中で作り上げられてきた習（仏教用語で、煩悩による影響が心に残っており行動に悪癖が残っていること）によるまやかしに過ぎないのよ」と答えた。そして熱心な仏教信者であるクォン・ミョンジャは、次のように筆者に力説した。悟りを開くために参禅しているとき、最初に克服しないといけないのが睡魔と食欲である。自分も幼いころ、ものがあまり食べられず体が弱かったので、オンマがあちこちに連れて行っては随時何かを食べさせていた。そのため今でも、あまり空腹でなくても、後でおなかがすいたらどうしようと考えて食べてしまう。胃や腸は苦しがっているというのに。好きな食べ物をやめられないのも、口の要求、目や鼻の要求にばかり答えて、胃や腸を無視することになる。自分に必要な栄養素を考えて食べるべきである。脳が他のものを要求して、我慢し続けたらストゥレッスになるし、一気に絶つのは無理なので、好きなものを食べたくなったら一口だけ食べるようにすればいい。正しい考えで正しいものだけを食べるようにしていたら、（体に悪いものは）ほしくならなくなる。真に悟りを開くためには正しい食生活を送ることも必須であり、アイスクリームのような昔は存在しなかったものは正しい食べものではない、と。

ところが、クォン・ミョンジャが次に「憩いの宿」へ来たとき、彼女の手には、近くのコンビニエンスストアで購入した〈ワールドコーン〉二つが提げられていた。クォン・ミョンジャ自身は食べず、筆者に対して二つとも食べろという。先日の会話を通して、筆者の好物が〈ワールドコーン〉だとわかり、食べさせたくなったという。筆者が苦笑しながら〈ワールドコーン〉を食べる様子を見て、クォン・ミョンジャは満足げな表情を浮かべていた。(二〇一二年五月三一日)。

この事例には、仏教の教えを力説して体に悪いものを食べないようにと説いたクォン・ミョンジャであっても、やはり自分の娘のような年ごろの未婚者には理屈抜きで好物を「モギギ」してしまう「オモニ」であることがよく表れている。筆者がもし既婚女性であったり、未婚でも中年であったりしたら、クォン・ミョンジャはこのような行為には至らなかったかもしれない。しかし筆者はクォン・ミョンジャの娘と年齢が近く、未婚であるため、クォンは仏教の信念を実践するよりもまず「オモニ」として筆者に「モギギ」を行ったのである。

この節で検討したように、「モギギ」の行為は(一時的にであっても)人間関係における上下関係を逆転させたり、そのことによって「モギギ」の与え手に存在感を示させたりするほどの重要性を孕んでいる。

そのため、公的な場で女性が表立って活躍できなかった世代の「オモニ」たちにとって、「モギギ」は存在感を示す切り札となる重要な要素である。「オモニ」は自分の食事を自分で用意できるのみならず、シックーたちの食事を用意できる能力がなくてはならない。特に自分の子どものような年齢の未婚者には、食べさせてもらうのではなく食べさせねばならない。また食事の準備や片付けなどにおいても、その場の空気を察し、自ら進んで行動できなければならない。子を持つ母親であってもこれらの行為ができなければ周囲からノーマルな「オモニ」として扱われない。「オモニ」にとって「モギギ」は不可欠な要素であり、「モギギ」が「オモニ」を「オモニ」たらしめている。そのため「オモニ」たちは、乳がんの発覚前は、夫や子どもたちの好きな食べものを提供することが中心となり、自分自身に対する「モギギ」はおろそかになっていた。

「憩いの宿」では、滞在するメンバーが一時的なシックー、つまりカマドを共有する家族のように捉えられる。それでいながら、「憩いの宿」では患者たちが平等であることが望ましいとされているため、人間関係における上下関係を左右しうる「モギギ」のありかたが重要な関心事となる。特定の誰かが一方的に「モギギ」の与え手あるいは受け手となれば平等な関係性が築けなくなるため、そのような状況になることは望ましくないと考えられている。そのため患者たちは客のようにふるまうのではなく、平等に「モギギ」を分担しあうことが求められる。

乳がん発覚後の家族との関わりにおいては、「オモニ」たちは入院中も家族のために食べものを集めて送るというかたちで「モギギ」の行為を過熱させる。これは家族に対する毎日の「モギギ」が行えないという状況下、家族内での「オモニ」としての位置や存在感を維持し、また自分の意識の上でも「オモニ」として在り続けるためである。病気を契機に、自分を「オモニ」たらしめる「モギギ」を手放さないどころか、むしろ積極的に行動に移している。さらには食餌療法を重要視する考えから、自分自身の食べるべきものを優先して準備する、つまり自分自身に対する「モギギ」を日常生活の中で前景化させる。次節では、乳がん発覚後の日常生活において、「オモニ」たちが自分自身に対する「モギギ」を前景化させる様相について検討する。

## 第三節　「オモニ」自身に対する「モギギ」の前景化

前節では、「オモニ」の「モギギ」の重要性について検討してきた。この節では、「オモニ」が病気を契機として、自身に対する「モギギ」を前景化させる様相について検討する。

先述したように、韓国のがん患者たちは一般的に、食餌療法を非常に重要視する。病院の栄養指導では偏りなく何でも食べるよう説明されるが、患者たちは独自の食餌療法を開発し実践している。がんに効くとされる食品を多く食べる一方、体によくないと考えられている食品は徹底的に避けられる。具体的には甘いものや揚げ物、小麦粉を使った食べ物、肉類などである。がん患者がそれらの食べ物を我慢するために、周囲の人々も患者の前でそれらの食べ物を食べないようにするなど気を遣うことになる。このような状況から、食餌療法には周囲の協力が欠かせない。ある患者は次のように語っている。

**事例8－3－1：ヤン・キョンヒ（仮名、女性、六〇歳代、ソウル特別市在住）の語り**

「病気になる前は、夫や子どもたちの好きなおかずを作ってあげるのに精一杯で、自分の好きなおかずを作る暇がどこにあるというの。でも病気をしてからは違う。私が食べないといけないものを一番先に準備して食べる。そんなことしなかったのにそうするようになったから、うちの娘は、オンマが変わってしまった、利己主義だと言うの。病気をしてからは、私のできないことはしないと宣言した。一人で旅行もしたわ」。（二〇一二年八月一七日）。

ヤン・キョンヒは乳がんに罹って以来、毎朝トマトジュースを手作りし、オーガニックストアで購入した牛乳から手作りしたヨーグルト、ブルーベリー、くるみ二粒とアーモンド五粒、松の実一五粒を準備して食べる。トマトとブルーベリー、ナッツ類はいずれもがんを予防する物質を含み、ヨーグルトの乳酸菌も健康にいいとされるためである。ごはんは玄米を炊き、肉類が体によくないと考えるためおかずは野菜のみを材料とする。なぜならヤン・キョンヒは手術をしていない側の乳房にも石灰化[28]が見られ、「他の人たちよりもっと気をつけないといけないから」

だという。夫や子どもたちが野菜のおかずを嫌がっても、彼らが「食べようが、食べなかろうが」気にすることなく、野菜のおかずを毎日食卓に並べ続ける。反対に、夫や子どもたちの大好物である肉類については、ヤン・キョンヒは治療後五年間は一度も口にしなかった。そのため夫や子どもたちは、友人たちと外食するとき肉を食べたり、時には肉を買ってきて自分で焼いて食べたりするという。この事例からは、従来は夫や子どもたちの好きな食べものを準備するために自分を顧みることのできなかった状況から、発病後は病気を治す食餌療法のために日常の食生活を自分中心に変化させた様子がうかがえる。

友人や知人たちとの間においても、食餌療法を契機に人間関係が変化する。韓国では、契あるいは契モイムあるいはモイムと呼ばれる小グループの集まりがさかんに作られる。契モイムには貯蓄を目的とするものなどさまざまな種類があるが、現代韓国の都市に生きる「オモニ」たちが好んで作るのは、親睦を目的とするものである。親睦を目的とする契でも会費が徴収されて積み立てられ、毎月一名ずつ小遣いを得るようにしたり、あるいは皆で旅行に行くために使われたりするが、お金そのものを目的とするよりは、あくまでも皆で集まっておいしいものを食べながらおしゃべりをすることに重点が置かれている。モイムについて、ある患者は次のように語っている。

**事例8―3―2：キム・ジスク（仮名、女性、五〇歳代、慶尚道在住）の語り**

「大学の友人より中高時代の友人たちの方が近いわ。いったん離れ離れになっても、歳を取ってから連絡が来て、集まるようになるのよ。大学の友人は就職を巡ってライバルになるし、結婚したら遠ざかる。中高時代の友人たちと契（*gye*）のモイム（*moim*）を作って、定期的に集まっているわ。誰それはどうしているとか、チバン（*jipan*）の話、夫の話をして、ストゥレッスを解消するわけ。大韓民国のアジュンマたちはこれが力じゃない。口の力。韓国の女性は三人さえいれば契のモイムを作るって言うじゃない。契のモイムを作って、一年に一回とか、一ヶ月に一回とか、二ヶ月に一回とか、会う日を決めておかないと、顔を見るのも難しい。家事

(jipanil) を片付けて外出するのが難しいのよ。私は患ってからも契のモイムに二つ出て、他の人たちが食べるものに合わせているわ。友人たちがジャージャー麺を食べるときは、私はうどん。肉を焼いて食べるときは、私は三、四切れほど食べて、あとはサンチュをたくさん食べるの。お金は皆と同じように払うから、正直くやしいけれど。そんなことでモイムに出ないなんて、そんな引っ込み思案なことではだめでしょう。私が率先してモイムを作ることまではしないけれど、既存のモイムには積極的に出るようにしているわ」。(二〇一二年二月一一日)。

キム・ジスクの「大韓民国のアジュンマたちはこれが力じゃない。口の力。韓国の女性は三人さえいれば契のモイムを作るって言うじゃない。契のモイムを作って、一年に一回とか、一ヶ月に一回とか、二ヶ月に一回とか、会う日を決めておかないと、顔を見るのも難しい。家事を片付けて外出するのが難しいのよ」という語りに見られるように、モイムは「オモニ」たちが日常生活を離れて友人たちと会い、気分転換するための機会となっている。

モイムは大部分が食堂で開かれ、焼肉などのご馳走を食べながら酒を飲むのが一般的である。食餌療法を実践する乳がん患者たちは、食べものを理由にモイムに出ることをやめてしまったりもする。しかし患者たちは遊びやおしゃべりによる感情の発散も「ハンプリ」となって治療に役立つとも考えているため、食べものに関してさまざまな工夫をしながらモイムに参加し続ける。例えば事例8―3―2においてキム・ジスクは「私は患ってからも契のモイムに二つ出て、他の人たちが食べるものに合わせているわ。友人たちがジャージャー麺を食べるときは、私はうどん。肉を焼いて食べるときは、私は三、四切れほど食べて、あとはサンチュをたくさん食べるの」と語っている。これはキム・ジスクに限ったことではない。以下のヤン・キョンヒの語りでは、玄米ごはんとナムル数種類を弁当箱に詰めて行くなどしながらモイムに参加する様子が示される。

### 事例8－3－3：ヤン・キョンヒ（仮名、女性、六〇歳代、ソウル特別市在住）の語り

「私は患ってから今まで、肉を二〇〇グラム以上食べたことがないわ。私は手術してから八年経ったけれど、肉を食べ始めてから三年しか経っていないわ。モイムに行くときも、玄米ごはんとナムル数種類を弁当箱に詰めて行ったの。遺伝性の高脂血症のため午後五時以降はものを食べないようにしているのに、モイムを夜にしようと言うのが一番むかつく。弁当を持ち込んで食堂の人に文句を言われないように、ひとまず私の分も一人分注文する。そして汁物ならスープを一緒に飲んで、そうじゃなければおかずの中で食べられそうなものを選んで食べて、残りは友人たちにあげる。手術をしていない側にも石灰質があるから。手術した側も、石灰質だって、良性だから心配ないって、M先生が言っていたのに。良性だから大丈夫だと確認できてから、その当時娘がアメリカに留学に行くといって、カジョク（*gajok*）で一年間旅行したの。そこではハンバーガーもすごく大きいじゃない。でも私は半分しか食べなかった。石灰質のために注意していたのよ。でも旅行から帰ってきてから検査をしたら、なんということでしょう、突然変異した、がんだというの。だから反対側もいつ突然変異するかわからないから、注意しているの」。（二〇一二年三月二三日）。

食餌療法を実践する乳がん患者たちは、食べものを理由にモイムに出ることをやめてしまったりもする。しかし患者たちは遊びやおしゃべりによる感情の発散も「ハンプリ」となって治療に役立つとも考えているため、食べものに関してさまざまな工夫をしながらモイムに参加し続ける。事例8－3－3のヤン・キョンヒの語りに見られるように、モイムに行くとき、玄米ごはんとナムル数種類を弁当箱に詰めて行く。そして「弁当を持ち込んで食堂の人に文句を言われないように、ひとまず私の分も一人分注文する。そして汁物ならスープを一緒に飲んで、そうじゃなければおかずの中で食べられそうなものを選んで食べて、残りは友人たちにあげる」という工夫をしながら、モイムに参加している。

このように民間療法的な食餌療法は、周囲の人々との関係性を構築する上で重要な要因となっている。食餌療法は、「オモニ」である患者が従来の「モギギ」における自己犠牲を自覚し、自分自身に対する「モギギ」を前景化させるものとなる。さらには、そこに家族をまきこむことで、彼らとの関係性を変える可能性を開くものともなっている。家族の問題による否定的感情を発散する上で重要となるモイムの活動では、モイムの方針と食餌療法とをうまく折衷させながら関係性を維持している。

ただし患者の食餌療法は、必ずしも自身に対する「モギギ」の行為を自由に生み出すことにつながっているわけではない。それどころか逆に、患者が体に悪いものを食べようとしても周囲に止められたり、患者が体に悪いものを食べてしまったことに対して周囲の人々が患者を非難したりするなど、患者の自分自身に対する「モギギ」の主導権が奪われ、食生活が家族の統制下に置かれてしまう場合がある。

食餌療法は、患者が「モギギ」を前景化し、そこに周囲の人々をまきこむことによって家族との関係性を変える可能性を拓く側面と、家族によって患者の食生活（患者自身に対する「モギギ」）への統制や干渉を行わせてしまう側面の両方を併せ持つ、諸刃の剣であると言える。ここで後者を示す具体的な二つの事例を見てみよう。

**事例8－3－4：ジ・ミジャ（仮名、女性、五〇歳代、慶尚道在住）とその夫の言動**

「憩いの宿」で一ヶ月以上にわたって筆者と一緒に過ごしたジ・ミジャが、自宅へ遊びに来いと筆者を誘ってくれた。ジ・ミジャとその夫、そして筆者の三人でバスターミナルへ行き、慶尚道行きのバス発車までの待ち時間をつぶしていた。

バスターミナルの待合室には売店やドーナッツチェーン店が並んでいた。ジ・ミジャはドーナツをしきりに眺めながら「美味しそう。だけど体によくないから食べられないわよね」と言う。そして「肉も食べろと言う人もいれば食べるなと言う人もいて、どの言葉を聞けばいいのかわからないわ。看護師が説明するように何でもバランスよく食べて、脂分の多いものは控えるようにするしかないわよね」と言う。

ジ・ミジャは夫に「オデン（魚肉の練り物）食べようか」と言った。しかし夫は「オデンは体に悪いから食べるな」とジ・ミジャを制した。オデンが体に悪いとされるのは、一般的に売られているオデンには魚肉だけでなく外国産の（すなわち輸送過程で防腐剤が添加されたと考えられる）小麦粉や、食品添加物、化学調味料が含まれているためである。結局、夫が一人でオデンを食べた。

バスの出発時間がせまり三人で乗車口へ向かうとき、ジ・ミジャがドーナッチェーン店を指差して夫の腕をつかみ、冗談めかした口ぶりで「ドーナツ食べたぁい」と言った。夫は無表情のまま「ダメ」と一蹴し、ジ・ミジャは笑った。（二〇一二年一月二七日）。

### 事例8－3－5：ソ・キョンスク（仮名、女性、五〇歳代、全羅道在住）とその娘の言動

筆者がソ・キョンスクの家にホームステイしていたある日、ソ・キョンスクは患者会Pの役員限定の一泊二日の旅行に出かけた（役員限定の行事のため筆者は参加できなかった）。

帰宅するなりソ・キョンスクは、「牛肉を食べちゃダメなのにたくさん食べちゃった。スニ（友人の名前）とかがたくさん食べるのよ。みんな（治療から）長く経ったからかしら。お菓子もみんなでたくさん食べちゃったわ。アイスクリームも食べちゃダメなのに食べちゃった。みんなひとつずつ食べるもんだから。たまに一度ぐらい食べてもいいってみんな言ってたわ」と述べた。

ソ・キョンスクの娘は「アイスクリームをなんで食べるの。一度が二度になっていくのよ」と非難した。

ソ・キョンスクは「これから一ヶ月間は肉を食べないようにするわ」と娘に宣言した。（二〇一一年九月二日）。

これら二つの事例からは、周囲の人々が患者に対して体に悪いものを食べさせないようにする行為によって、患者

の自分自身に対する「モギギ」が干渉されてしまう様相が浮かび上がる。具体的には、ジ・ミジャがオデンやドーナツを食べたがっても夫がそれを制してしまう。あるいはソ・キョンスクが旅行で肉や菓子、アイスクリームをたくさん食べてしまったことに対して、娘が非難する。

しかしソ・キョンスクの事例からは同時に、家族の目を離れた患者会活動において、普段の食べものの制限によるストゥレッスを発散するとともに、自分自身に対する「モギギ」の主導権を発揮する様相も浮かび上がる。この様相は、ソ・キョンスクや患者会Pに限らず、他の患者や患者会においても、以下のように観察することができた。

### 事例8－3－6：患者会Wの全羅道支部のメンバーの言動

定例会の終了後、時間のある六人でカフェへ行った。全羅道支部長は「ここのカフェはパッピンス（小倉やアイスクリーム、果物などを載せたカキ氷）が安いのよ」と言い、人数分のパッピンスをおごった。みなパッピンスは久しぶりだと言い、少しためらいながらも嬉しそうに食べた。みな甘いものは好物だが、普段は砂糖が体に悪いと思って我慢しているからである。周囲の人々もそう考えて、患者に甘いものを食べさせないようにする。

カフェに同行したパク・ジヘ（仮名、女性、四〇歳代、光州広域市在住）は次のように話した。「テレビ番組で美味しそうなパッピンスが紹介されたとき、夫と娘二人は早速、近くの店に行って、私に隠れてパッピンスを食べたようなの。私が食べると体に悪いという理由でね。私はごみだけ見たわ。でもすごく食べたかった」。その話を聞いて支部長は「こういうものもたまには食べないと」と言い、「ここのカフェのパッピンスは安いだけじゃなくて健康にいいのよ。小倉もこの店で炊いているし。ミスッカル（穀物の粉）も入っているし」と言う。そして「私たちはお姫様だから、適当に食べるわけじゃないの」と笑った。（二〇一一年七月四日）。

この事例からは、患者たちが普段自ら我慢していたり、パク・ジへのように夫や子どもたちによって制限されていたりする甘いものを、患者会活動の中で堂々と食べる様子が浮かび上がる。自分と同じ病気を抱えている他の患者たちも食べているということ、そして支部長の「ここのパッピンスは健康にもいい」という理由付けによって、患者たちはある程度安心して好物を食べる機会を得ている。

体に悪いとされる甘い物を、食べたいけれど一人では食べる勇気が出ず、誰かを巻き添えにしてストゥレッスを発散するという行為は、患者会の活動にとどまらず、患者たち個人の日常的な行為においても見られる。ここで具体的な事例を見てみよう。

### 事例8－3－7：チェ・サンミ（仮名、女性、五〇歳代、慶尚道在住）と他の患者たちの言動

チェ・サンミは、筆者と、「憩いの宿」にいた他の患者二人を誘い、病院近くのカフェへ出かけた。ショートケーキを四つ注文し、韓国でよくそうされるように、一人ひとつではなく四人ですべてのケーキをつつきあいながら食べた。みな「口の中でとろけるように美味しい」と喜んだ。

チェ・サンミは「一人では食べられないよね」と言い、みな同意した。そしてチェ・サンミは放射線療法中の二人の患者に向かって、「放射線が終わると、なんだか（体に悪いのではないかと）うしろめたくて食べられないから、今たくさん食べなさい」と言った。（二〇一二年九月一九日）。

### 事例8－3－8：キム・キョンミ（仮名、女性、五〇歳代、釜山広域市在住）と他の患者の言動

キム・キョンミは、短期滞在者として「憩いの宿」に一泊していた。夕食後、キム・キョンミは筆者ともう一人の患者に、消化不良だから外を歩きに行かないか、と声をかけ、三人で散歩に出かけることとなった。

散歩中にアイスクリームチェーン店の前を通ったとき、キム・キョンミは「私がおごるから、アイスクリー

ムを食べませんか」と提案した。三人でアイスクリームを食べることとなり、キム・キョンミももう一人の患者も、「久しぶりに食べるから本当に美味しい」と言いながら喜んで食べた。キム・キョンミは、普段は食餌療法を徹底しており、このようなものは絶対に口にしないと言う。もう一人の患者も、「この夏は本当に暑かったけれど、一回もアイスクリームを食べずに耐えてきたのに。一人だとこういうお店に来ても（体に悪いものを食べる勇気が出ずに）、えーい、食べるまい、って、入口で引き返してしまうよね」と言った。そして「みんなのおかげで久しぶりにアイスクリームを食べたわ」と喜んだ。（二〇一二年九月一二日）。

これらの事例からは、体に悪い好物を食べたいけれど一人では食べる勇気が出ず、誰かを巻き添えにすることにより、甘いものを食べるという日ごろの願望を叶える様子が浮かび上がる。巻き添えにしようとする相手が家族であれば「体に良くない」と止められるであろうし、他人でも健康な人であれば、同様に「体に良くない」と止められたり、あるいは逆に何も知らないために、患者が我慢し続けてきた好物を食べる喜びを共有できなかったりするであろう。そのため患者は、家族や健康な他人ではなく、同病の患者を巻き添えにしようとする。患者会活動や「憩いの宿」はその意味でも、患者が家族による食生活の統制を回避して、好物を食べる願望を叶え、自分自身に対する「モギギ」の主導権を握りつつそれを前景化させるうえで重要な場となっている。

この章で検討してきたように「モギギ」の行為は、（一時的にであっても）上下関係を逆転させるなど人間関係を変化させたり、そのことによって「モギギ」の与え手に存在感を示させたりするほどの重要性を孕んでいる。

韓国社会の日常生活において、そして「オモニ」が周囲との関係の中で存在感を持つという側面でも重要な「モギギ」は、病気によってその重要性をますます増加させる。「薬食同源」の考え方が病気のためにより切実なものとなること、「オモニ」が入院などで家を離れ従来のような家族への「モギギ」が困難になること、「オモニ」が従来の生活における自己犠牲を自覚することなどによって、いつ誰（自分自身を含む）に何を食べさせるかという問題が従来にも増して大きな問題として浮上してくるためである。そして、「モギギ」の行為が周囲との関係を左右する切り札となるためでもある。

従来の「オモニ」の「モギギ」が、男性および男性中心的な社会構造と拮抗する切り札となってきたことは、先に述べた。しかしそれは結果論として見た場合であり、「オモニ」が能動的に男性や社会構造と拮抗しようとして行ってきたものではないであろうことに留意しておく必要がある。「オモニ」からすれば、周囲からの期待や求めに従う形で、自分の食べたいものも我慢して「モギギ」を行ってきたのであった。

しかし病気を契機に「モギギ」の重要性が増すことで、「オモニ」は自分自身に対する、そして周囲に対する「モギギ」のありかたに、より自覚的になる。自分の食べたいものを我慢していた従来の状況から、民間療法的な食餌療法を通して、自分の食べるべきものを優先的に準備する状況へと変化させ、そこに家族もまきこんで、家族における関係性を変えてゆく。食餌療法は、患者である「オモニ」の自分自身に対する「モギギ」を家族に統制させてしまう、つまり「オモニ」の「モギギ」の主導権が干渉されるという側面も持つ。しかし「オモニ」たちは患者会活動を利用するなどしてうまくそれを回避し、自分自身に対する「モギギ」の主導権を維持している。「オモニ」が「モギギ」によって存在感を示し、「モギギ」を通して家族との関係を変えるという側面は、乳がん罹患を契機として、より前景化され、重要性を増している。

この章では「モギギ」の行為を中心として、「オモニ」が家族との関係を変える様相について見てきた。次章では、「オモニ」が乳がんを契機に家族との関係を変えようとするとき、誰と、そしてどのような関係を築こうとするのかについて検討する。

# 第九章　「オモニ」と家族

第七章ではセクシュアリティに関連する行為を中心として、また第八章では「モギギ」を中心として、「オモニ」が家族との関係を変える様相について見てきた。

本章では、「オモニ」が乳がんを契機に家族との関係を変えようとするとき、誰と、そしてどのような関係を築こうとするのかについて検討する。

第一節においては、乳がん患者ソ・キョンスク（仮名、女性、五四歳、全羅道在住）の事例を通して、病気を契機とする「オモニ」と家族との関係の変化について検討する。

第二節および第三節では、第一節で見られた様相の中でも焦点を絞り、他の乳がん患者たちのライフヒストリーを通してさらに詳しく検討する。第二節では、家族への望まぬ奉仕が、よくないものとして回避が図られる側面について検討する。また第三節では、家族への選択的な奉仕が継続され、感情的紐帯が強化される側面について検討する。

そして第四節では、第三節までで明らかになった様相を、理念型としてのチプ、シックー、カジョクと照合させつつ、そこから浮かび上がる韓国の家族のありかたについて論じる。

表8　本章第二節でライフヒストリーを取り上げる人物

| 番号 | 名前（仮名） | 年齢区分 | 居住地域 | 語りを聞いた主な場所 |
|---|---|---|---|---|
| ① | ハン・ヒヨン | 50歳代 | 釜山広域市 | 「憩いの宿」 |
| ② | ソン・ヨンスン | 60歳代 | 大田広域市 | 「憩いの宿」 |
| ③ | キム・ヨンスン | 50歳代 | 全羅道 | 「憩いの宿」 |
| ④ | ソン・スジョン | 50歳代 | ソウル特別市 | 患者会旅行の列車内 |
| ⑤ | ジャン・ハヨン | 40歳代 | 海外 | 「憩いの宿」 |
| ⑥ | ソ・ソンウン | 50歳代 | ソウル特別市 | ソ・ソンウンの自家用車内 |
| ⑦ | キム・ジスク | 50歳代 | 慶尚道 | 「憩いの宿」 |
| ⑧ | カン・ミビン | 40歳代 | 釜山広域市 | 「憩いの宿」 |

表9　本章第三節でライフヒストリーを取り上げる人物

| 番号 | 名前（仮名） | 年齢区分 | 居住地域 | 語りを聞いた主な場所 |
|---|---|---|---|---|
| ⑨ | チェ・サンミ | 50歳代 | 慶尚道 | 「憩いの宿」 |
| ⑩ | オ・スクジャ | 50歳代 | 光州広域市 | 「憩いの宿」 |
| ⑪ | パク・ジョンユン | 60歳代 | 海外 | 「憩いの宿」 |
| ⑫ | アン・ジヨン | 50歳代 | 光州広域市 | 患者会旅行先の砂浜 |
| ⑬ | カン・ユニ | 50歳代 | 大田広域市 | 「憩いの宿」 |
| ⑭ | クォン・ヨンスク | 50歳代 | 忠清道 | 「憩いの宿」 |
| ⑮ | イ・ヨンレ | 70歳代 | 慶尚道 | 「憩いの宿」 |

第一節で扱うライフヒストリーおよび民族誌は、筆者がソ・キョンスク宅に一ヶ月余りホームステイして参与観察を行いながら収集したものである。ソ・キョンスクと筆者は毎日一時間以上、運動のために村の周辺を歩くことを日課にしていた。ライフヒストリーの大部分は、ソ・キョンスクが筆者とともに歩きながら語ってくれたものである。

第二節および第三節で取り上げるライフヒストリーの大部分は「憩いの宿」で語られたものである。「憩いの宿」では毎日のように、夕食時や食後から就寝までの時間に、多くの患者が問わず語りに身の上話を始め、その話に触発されて他の患者も語り始めるという光景が繰り広げられた。筆者が「乳がんに罹った原因は何だと思いますか」という質問を投げかけると、あるいはそのような質問がなくても、患者たちは問わず語りに身の上話を始めた。

## 第一節 「オモニ」として在るということ――ソ・キョンスクとその家族の民族誌

この節では、病気を契機とする「オモニ」と家族との関係の変化について検討するため、ソ・キョンスク（仮名、女性、五四歳、全羅道在住）のライフヒストリーおよび民族誌について検討する。筆者は一ヶ月余りの間、ソ・キョンスクの家でホームステイをしつつ参与観察を行った。

ソ・キョンスクは中肉中背で、パーマをかけた短髪に、いつもお気に入りのスポーツブランドの登山服を着て過ごしている。現在は更年期障害とホルモン療法の副作用が重なり、極端な熱気と寒気が入れ代わり立ち代わり感じられるという。そのため、寒気に備えて分厚い靴下をはき、服も何枚も重ね着している。その一方で急激な熱気（ホットフラッシュ）で大量の汗をかくことに備え、扇子を常備し、服の中では背中や腰の部分にフェイスタオルを当てている。急激な熱気に襲われるときは抱いている孫も放り出しそうになるぐらい「狂いそうになる」と言い、服を脱ぎ捨てて扇子で顔や体を煽ぐ。一日に何度も大量の汗をかくため、着替えた服やタオルの洗濯物が毎日大量に出る。

ソ・キョンスクは自身の性格を、すぐにカッとなって怒鳴るけれど決して後には引かない性格だと語る。またとてもきれい好きであり、部屋の床に埃や髪の毛が落ちているのを見ると、体調がすぐれなくても雑巾を絞って拭き掃除を始める。窓枠の桟にたまった汚れまでも、箸に雑巾を巻きつけてピカピカに拭き取らなければ気が済まない。化学療法で体調が悪かったときもこの性格はおさまらなかった、と娘は話す。

ソ・キョンスクの乳がんが発覚したのは二〇〇八年のことである。発覚時には既に肺や肝臓などにも転移していた。手術と化学療法、放射線療法を経て、現在はホルモン療法のみを行っている。現在も経過観察中であるが、肝臓に残っているがん細胞は同じ大きさのまま安定しており、他の臓器に転移も見られず、日常生活に支障はない。

もともとは光州広域市内のアパトゥに住んでいたが、乳がんの発覚を機に夫が全羅道の山間部に土地を買って家を建て、そこに移り住んだ。現在は光州広域市内の消防署に勤める息子だけが一人でアパトゥに残り、ソ・キョン

写真 12　ソ・キョンスク一家が以前住んでいた光州市内のアパトゥ（上）と、乳がん発覚後に移り住んだ全羅道の山間部の家（下）
筆者撮影

スクと夫、そして娘一家は全羅道の家に住んでいる。ソ・キョンスクの夫は土木事業を経営している。その傍ら、ソ・キョンスクの乳がん発覚後は、全羅道の家の近くに買った畑で、自宅で食べるために無農薬で米と大豆を栽培している。娘の夫は船に乗る仕事をしており、数ヶ月に及ぶ休暇と、数ヶ月に及ぶ航海を交互に繰り返している。ソ・キョンスクの娘夫婦の間には、生まれて間もない女児がいる。ソ・キョンスクもその夫も、この孫娘を非常にかわいがっており、「この子のおかげで毎日笑うから、健康の元になっている」という。

ソ・キョンスクは筆者と二人で散歩している時などに、折に触れて自らの境遇を語った。以下のライフヒストリーは、それらを語りの内容に沿って時系列順に並べたものである。

### 事例9-1-1：ソ・キョンスクのライフヒストリー

ソ・キョンスクの幼少時から子どもを産むまでの暮らしぶりは、次のように語られる。

「幼いときはA郡Y里（徐氏の集姓村）に住んでいた。お墓は今もそこにあるの」。（二〇一一年八月二一日）。

「私は四男四女の八人きょうだい。でも長兄が亡くなったから、今は七人きょうだいよ」。（二〇一一年八月一七日）。

「アボジは精米所をしていたわ。幼いころ、アボジが急死してしまった。アボジは田畑や山を守りたがっていたけれど、アボジの死後に長兄が全部売ってしまった。昔は長男の決めたことがすべてだったのよ。長兄としては、弟妹が幼かったので、学校にやるために田畑や山を売り、高校や大学まで教育を受けさせたのね。長兄は銭湯やホテルなど事業に手を広げすぎて失敗したけれど」。（二〇一一年八月二五日）。

「私は小学生のころ、教会に通っていたわ。それからずっと通っていなかったけれど、通いたいと思っていた。幼いときの記憶があるからね」。（二〇一一年八月一九日）。

「中学生のころまでA郡にいて、A女子中学校に通った。（村の中で中学校に通う）女子は三人しかいなかったのよ。それからA郡からソウルへ引っ越して、ソウルで高校を出たの。朴正熙政権時代、全羅道が本籍だと就職できなかった。それで兄たちの就職のため、本籍をソウルに転籍したわ。その当時はよくあったことよ」。(二〇一一年八月二一日)。

「結婚して、子どもはソウルの病院で産んだわ。病院と言っても安い赤十字病院だけど。産後は姑が来てくれたわ。姑がよくしてくれたという友人は一ヶ月も産後の療養をしたというけれど、うちの姑は田舎の人だから、三日間だけいて帰ってしまったのよ。そのあとは自分でごはんの仕度をした。だから(十分に療養できなかったせいで)今も節々が痛むわ。娘(一九八四年生まれ)は二・八キロだったけれど、初産だったのでしんどかった。息子(一九八六年生まれ)は三・三キロだったけれど、娘のときよりは楽だったわ」。(二〇一一年八月二二日)。

「娘は赤ちゃんのとき、母乳も少ししか飲まずに寝てばかりいた。(生後)一〇〇日を超えたらあまり寝なくなって、満一歳(*dol*)を超えたらたくさん食べるようになった。私の兄弟が娘を可愛がったものよ。息子は泣いてばかりいたので親戚にあまり可愛がってもらえなかった。あるとき書類がなくなったので、ないないと騒いでいたけれど、娘の大便から紙らしきものが出てきたの。娘が書類を破って食べてしまったのね」。(二〇一一年八月一八日)。

「孫娘(二〇一一年生まれ)は娘の赤ちゃんのときとそっくり。娘も赤ちゃんのときは細かったし顔立ちも可愛かった。でも大きくなるにつれて変わってしまったのよ。孫娘もそうなるかと心配だわ」。(二〇一一年八月一八日)。

ところが、子どもがまだ小さいうちに夫が亡くなり、ソ・キョンスクは子どもをシデクに預けて日本へ出稼ぎに行くことになる。

「娘のアッパは娘が満一歳を過ぎたころにお亡くなりになった。今の夫はLAに行く前に出会ったの。前の夫も今の夫も偶然同じ姓だったから、子どもも（父親と姓が違うといって）いじめを受けずに済んだわ。娘の性格も夫と全く同じだったし」。（二〇一一年八月二六日）。

「私は一九八〇年代後半から一九九〇年代初頭にかけて日本の健康ランドでマッサージの仕事をしたわ。子どもは南原の舅・姑に預けた。日本の景気がよかったときで、そのあとは稼げなくなったと聞いたわ。マッサージの仕事はきつくて疲れるから、在日コリアンの女性が炊事も洗濯も掃除もしてくれた。キムチはまずいので自分たちで漬けたけどね。その女性は幼いときに漬けたきりだというので、おいしく漬けられなかったのよ。在日コリアンも長く住めば日本人のようになるのね。その人のおかげで、日本でぶどうをおいしく食べたわ。休みの日に農場に行って食べたの。巨峯がすごく甘かった。かなり高かったと思う。お金をたくさん稼いだから使うこともできたのよ。でも普段は稼ぎながらも節約していたわ。日本にある韓国商店で桑の実を見たことがある。日本では物価が高くて、韓国式のチヂミが一〇〇〇円もしたのよ。

福島県に韓国人の女性がいて、困っているので助けてあげた。その人は今は六〇歳ぐらいになるけれど、ソウルで大学まで出た人。その歳で大学まで出ているのはすごいことなのよ。日本で就職したけれど、やくざのような日本の男と知り合って結婚したんですって。いくら学歴が高くても、結婚相手にうまいこと出会わないとだめよ。男は酒を飲んでいないときはいいけれど、酒を飲むと暴れたうえに離婚を拒否したものだから、私たちが助けて部屋を借りて別居させたわ。経済的な援助もした。子どもが二人いて、そのために苦労していたわ。どこかで仕事をしようとしても「朝鮮人」と悪口を言われていた。部屋は福島県の海沿いにあったから、津波の被害を受けたのではないかと心配だわ。でも電話番号もわからない。二、三年は連絡を取っていたけれど、体が遠ざかれば自然と心も遠ざかるものね」。（二〇一一年八月一七日）。

「日本の女の子たちは皆お酒が強かった。私は毎朝コーヒーをたくさん飲んだわ。ミルクは入れず、砂糖を入れて飲んだの。ごはんも日本は簡単に食べるわよね。たくあんでごはんを食べたり、パンをご飯の代わりにしたり。日本では私もそうしたけれど、韓国で何種類ものおかずを食べてきた自分にとってはよくなかったわ。

日本の食べ物は何でも甘くて口に合わなかった。梅干しも口に合わなかった。かつおぶしはおいしかった。味噌汁に載せて食べたりした。納豆を食べれば体によかっただろうけれど、食べたくなかった」。（二〇一一年八月一二日）。

「働いていた健康ランドでごはんも出たけれど、社長はおいしいものを食べていながら私たちにはたくあんとか簡単にしかごはんをくれなかったのよ」。（二〇一一年八月二一日）。

「日本は湿気が多くて、たくさん病気が生じるんだと思う」。（二〇一一年八月一二日）。

「日本では最初、イモ（＝母の姉妹）の家で生活していた。イモは韓国人、その夫は日本人だったわ。この二人が二日と空けずに喧嘩した。イモの夫は私がいるのが気にくわなくて、そのためにイモと喧嘩したのよ。争う声を聞くのがどれだけつらかったことか。自分の稼ぎの半分を渡していたのにこの調子だった。ある日、夜の一〇時ごろに、出て行ってくれとイモに言われた。家を出たけれど、行くところもないしお金もない。ホテルは高いし、旅館も高い。野宿者たちが生活している旅館もけっこうなお金が要った。こんな経験をしたから、あんた（＝筆者）を住まわせてあげる決心をしたのよ。（患者会の）他の人たちは一人暮らしの人もいるのに、誰もあんたを住まわせてあげるとは言いださなくて、冷情だと思った。順天宅（＝患者会の友人）は思ったことを言えずに心にためてあとからふつふつとこみ上げてくるタイプ。あんたもどちらかといえばそうだから、二人は合わない。あんたはまだ少し言葉に出すほうだから、そのほうがいい。私は性質を出すときはカッと出すけれど、後には引かない。患者会の友人たちは、「他人をつれているのは並大抵のことじゃない」と言った。その言葉は合ってはいるわ。でも友人たちはうちの夫の性格を知らない。うちの夫は恨むこと（*tat*）がなくて情のある性格よ。うちの娘もそう。私がうちのシックー（*sikgu*）の性格をよく知っているから、大丈夫だと思ったわ。私と夫は一緒に寝なくなって長いから、別に不便なことはないのよ。あんたがサバサバしてさえいればいい」。(二〇一一年八月一八日)。

「私は日本にいたといっても、「横になってください」とか仕事で使う日本語は覚えたけれど、それ以外はしゃべれなかった」。(二〇一一年八月二一日)。

「日本にいるときも秋夕を祝ったから、日本にも秋夕があると思っていたわ。韓国人のたくさんいるところだったからそうだったのかもしれない。横浜ではソンピョン(胡麻などのあんを入れた半月型あるいは貝型のうるち餅)を買ってきて食べた。成田ではママが妓生(酒宴席で歌や踊りを披露する職業)だった人で、日本に嫁に来た人だった。だんなは日本人の社長。ママは秋夕の食べ物をたくさん用意してくれたわ」。(二〇一一年八月二三日)。

「日本に働きに行ったとき、最初は横浜の女性用のサウナで、ママが自分にマッサージをしてみろと言ったわ。してみたところ技術を認めてくれて、そこで働いたの。韓国サウナだったから、日本語ができなくても大丈夫だった。でも少ししかお金をくれなかったわ。舅・姑が生活費を送ってくれたけれど、使い果たしてしまった。なので二年半そこで働いた後、知り合いを通して成田のママを紹介してもらい、成田で働いたわ。日本では(お金を貯めるために)自分のメリヤス一枚買うことなかった。成田は地震ばかりで怖かった。犬死にしそうだと思い、早く離れたかった。成田で一年半働いたあとLAのママも紹介してもらい、LAで働こうと思ってビザまで取ったけれど、うちの子ども(*saekki*)たちに会いたくて、韓国に帰国したの。そして、韓国でマッサージの仕事をしたわ」。(二〇一一年八月一八日)。

「日本でマッサージの仕事をしているとき、体つきのいかつい黒人男性(*kkamannom*)が来て、私を指名して、横になってニーッと笑うの。怖くて、できないとママに言ったら、「怖い?」と言って別の人に代えてくれたわ。こういうわがままを聞いてくれるのが日本のいいところ。韓国なら「何が怖いの」と言って行かせるけれど。スモウ(相撲力士)が来たときも困った。しかも私を指名するのよ。手ではマッサージできなくて、天井からぶらさがっている綱を握って台に上がり、足で踏んでマッサージしたわ。スモウはチップもオミヤゲもくれない」。(二〇一一年九月一〇日)。

「日本にいるときオンマが亡くなり、死に目に会えなかったわ。死んだという連絡が来てから帰っても会うこともできないし、飛行機のチケットを取って帰るのは易しいことではなかったからね。そのかわり法事のときは帰ったわ」。(二〇一一年八月一二日)。

サウナで働いていたソ・キョンスクは、職場で今の夫と出会い、再婚することになる。しかし夫は土木事業を立ち上げては失敗して大金を失い、ソ・キョンスクは家族のために必死で働かねばならなかった。

「一度離婚したのだけれど、今の夫はサウナを作る仕事をしていて、私はサウナでマッサージの技術師をしていて、職場で出会って一九九二年に恋愛結婚した」。(二〇一一年八月一八日)。

「夫も四男四女の八人きょうだい。夫は末っ子で、すぐ上のお兄さんは亡くなっているの」。(二〇一一年八月二三日)。

「祖先祭祀は兄嫁が仕切っているから、うちはお金だけ渡すの」。(二〇一一年八月一九日)。

「夫が土木工事に多くのお金をつぎ込んでしまって、私はすごくストゥレッスを受けたわ」。(二〇一一年八月二一日)。

「私は夫を憎んでいた。土木事業でお金をなくしてしまうことにストゥレッスを受けたせいで、私が患ってしまったようだったから。でも、だからこそ許すことにしたのよ」。(二〇一一年九月二二日)。

「でも私は休む暇もなく働き続けた。体がしんどくても、忙しくて疲れているためだと思っていた。病気だとは思わなかったわ」。(二〇一一年八月一七日)。

ソ・キョンスクは、乳がんに罹った原因を次のように語る。

「患う前は肉食が好きだったのよ」。(二〇一一年八月一二日)。

「患う前はお菓子も箱単位で買って食べていた」。(二〇一一年八月二二日)。

「たくさんのお金が一気になくなったストゥレッス、日本で偏った食事をしたこと、肉食を好んだことががんの原因になったのかなと思う。でも原因はひとつではなく、ちょっとずつがん細胞が大きくなって、何かを契機に一気に進行するものだと思うわ。がんの原因はいろいろあるから。これと特定できればそれだけ管理すればいいのだけれど」。(二〇一一年八月一二日)。

乳がんの発覚から治療を終えるまでの経緯は、次のように語られる。

「乳がんを発見したきっかけは、うちの娘が看護員をしていて、健康検診を受けるよう勧めてきたのよ」。(二〇一一年八月一二日)。

「検診の結果は看護員をしていた娘が先に知ったわ。夫も先に知らされていたようね。私は娘の口から聞いた。「嘘でしょう」と言ったわ。検診の結果、乳がんが脊椎、背骨、肺、肝臓まで転移していたのよ。乳房だけではなく他の場所にも転移しているというから、治療しないとまで口にしたこともあった」。(二〇一一年八月二三日)。

「(がん告知を受けて) どれだけ泣いたかわからないわ」。(二〇一一年八月一七日)。

「別の病院で乳がんの診断を受けて、手術をしにJ大学病院へ行ったのだけれど、検査をしてみたら肺にも二つ (がんが) あるっていうじゃない。空が崩れ落ちるようだった。すべてのことが呆然としてしまった。手術を受けたくなくて、車を運転して遠くのサウナへ逃げて隠れていたけれど、夫に見つけられたわ。サウナの主人に話したら、二階を使えるようにしてくれた。今は食堂はやっていないけれど、そのときは食堂もあったから、ごはんはそこで食べた。一五日ぐらいはそこにいたわね。手術も受けるまいと思ったけれど、私のカジョクたちのために治療を受けてみようと心に決めたの」。(二〇一一年九月二二日)。

「手術で肺、乳房にあるがんを摘出して、別の病気の胆嚢と、ついでに盲腸も取ったのよ。手術は三回に分けてした。最初は肺の手術で、それから一〇日あけて乳房の手術。その次に胆嚢と盲腸の手術。盲腸には病気はなかったけれど、取れるときに取った方がいいと娘が言うのでついでに取ってもらったの」。(二〇一一年八月一八日)。

「肺の手術は背中から穴を開けてレーザーを使ったわ。今も用事をしようとすると背中の手術跡が痛むわ。マスクをしなかったりブラジャーをつけたりするとすぐ咳が出るし」。(二〇一一年八月二一日)。

「手術のあとで抗がんをしたわ。抗がんは二泊三日で計六回、六ヶ月ほどかかった。赤い薬とタクソルを同時に、六回打ったの。同じ乳がん患者の抗がんでも使う薬はそれぞれ違う。抗がんが終わってからビタミン注射もしたわ」。(二〇一一年八月一七日)。

「肝臓のがんはまだ残っているけれど、大きくなっていないか今も注意深く見守っているの」。(二〇一一年八月一七日)。

「抗がんをしていたときは体が弱って、治療後しばらくは車いすに乗っていたわ。抗がん中は夫に手を引いてもらって、一歩歩いては休む感じで散歩をしたものよ。村の下の電信柱まで三〇分ぐらいかかったわ。タクソルは骨に効く薬だから、全身の骨が痛んだ。その心情を誰がわかってくれるというの」。(二〇一一年八月二一日)。

「抗がん中は吐き気がするし歯茎も剥けるし味覚がおかしくなって、食べ物がのどを通らなかった。でも生きるために少しずつ口にしたわ。夫がタンポポ科の植物を刈ってきてくれて、それでごはんを包んで食べた。茎から白い汁の出る植物をたくさん食べるといいらしいわ」。(二〇一一年八月二一日)。

「放射線も三三回したわ。肺まで届くように深く照射した。一回あたり四方向から当てたの。そのために時間がかかって、私が(放射線照射室に)入るとなかなか出てこないと皆に言われていたわ。(照射部分の)やけどがひどくて、乳頭が落ちそうだったので、(療養病院の)患者仲間は怖がったわ。患者仲間は自分たちのお金でアロエを買ってきてくれて、それを塗ってもちこたえたの。抗がんと放射線で、手足がやられてしまって、いまもすごく痛むの」。（二〇一一年八月一七日）。

「療養病院には抗がん中だけ入院した。療養病院では口を開けばお金だった。灸も一回二万ウォン。笑い治療とか美術治療とか、いろんな治療があるけれど、すべて料金が加算されていくのよ。でも受けるといいというふうに言われるから、受ける人も多かったわ。週末は家に帰る人が多かった。私も夫が迎えに来たら家に帰ったわ。途中で近くに新しい療養病院ができて、みなそっちに移っていったわ。そっちのほうが安いから。そこでも一日一万ウォンの追加料金を出せば、がん患者用のごはんを出してくれるというし」。（二〇一一年八月二一日）。

「治療中は娘が家事を引き受けていたわ」。（二〇一一年八月一九日）。

治療を経て変化した自らの身体について、ソ・キョンスクは次のように語る。

「患ってからは（術側の）右腕で重いものを持つことができない」。（二〇一一年八月一二日）。

「孫ももう少し大きくなったら抱けなくなってしまうわ。腕も腰も痛いから。孫がおんぶしてと言ってきたらどうしようかしら」。（二〇一一年八月三一日）。

「抗がんのとき歯茎がだめになってしまって、今も冷たいものが食べられないし、ものを噛むことも難しいの。胆のうを取った上に、ものを噛めずにそのまま飲みこんでしまうものだから、胃の筋肉が発達してしまったわ」。（二〇一一年八月一七日）。

「患ってからというもの、体が弱って尿失禁もするようになったわ。尿失禁があるから走ることができない。病気をする前は仕事でくたくたに疲れるから、ご飯を食べてすぐ寝ても消化できていたものよ。でも病気をしてからは消化ができず、運動してやっと消化できる感じ」。（二〇一一年八月一九日）。

「患ってからはちょっとしたにおいにも敏感に反応するようになった。がまんできないのよ」。（二〇一一年八月二一日)。

「(ホルモン療法の副作用のため、のぼせと悪寒が反復し)こんなに汗をかいたり寒かったりして、どこに遊びに行けるというの。何度もシャワーしないといけないのに」。(二〇一一年八月一五日)。

乳がんを契機とする人間関係の変化については、次のように語る。

「もし当時、チンジョンのオンマが生きていたとしても、がんに罹ったことは話さなかったと思う。心配させるだけで、年老いて助けにも来られないのに、何で話すの。それに私には夫もカジョクもいて助けてくれるから」。(二〇一一年八月二三日)。

「患うまでは、姑とは別居しながら、姑の家に通って面倒を見ていたわ。姑は病気のことを遅くに知ったわ。嫁の中で仕事していたのは私だけだったから、仕事のしすぎで病気になったんだと言っていたようね。今は姑も痴呆に罹ってしまったけれど」。(二〇一一年八月二三日)。

「私が姑の面倒を見ていたけれど、私が病気になったから姑の面倒を見られなくなった。それで姑は療養病院へ預けられることになったのよ。夫は末っ子だから、今でもオンマを療養病院に入れていることを申し訳ないと考えているみたいね」。(二〇一一年八月二一日)。

「私はソウルで治療を受けることも考えたけれど、往復する交通費もかかるし、体もしんどいし。それに(近隣の大学病院の)Y教授は全国でも指折りの名医だというので、ここで治療を受けることにしたの。ソウルにチンジョンのきょうだいたちが住んでいるけど、行っても歓迎されないわ。一食や二食ごはんを食べるぐらいならいいけど、一日二日いると嫌がられるものよ。顔に出して嫌がりはしないけど、心の中で嫌がるのよ。チンジョンのきょうだいといっても頼りにはならないわ。頼れるのはカジョクしかいないのよ」。(二〇一一年八月一八日)。

「患う前は、夫はそんなによくしてくれていなかったけれど、病気をしてからはとても世話を焼いてくれる。

がんが発覚してすぐに夫はH郡に土地を買って、家を建てたわ。いつ死ぬかわからないけれど、ここで暮らして死のうと思った。いま自分が生きているのも不思議なくらいだけれど、夫が私を生き返らせてくれたのね。夫がいないと私は何もできず、不安なの。おとといの夜も連絡もなく帰ってこないものだから、不安で眠れなかったわ」。(二〇一一年八月一七日)。

「がんの診断を受けてから一年は友人たちに話さなかった。電話も受けなかったわ。怒りがこみ上げて、しゃくにさわって、自尊心も傷つきそうだったから。いまも一部の友人は病気のことを知らないのよ。(怒りというのは、なぜ私ががんに罹ったのか、という怒りですか、という筆者の質問に対して)違う。私はひたすら働いてきて、遊ぶこともなく死んでしまうのかと思うと、人生が虚無に思えて怒りがこみ上げたの。がんに罹ったって言ったら友人は遠ざかるものよ。助けを求めてくるかと思われて。それにがんは伝染病じゃないのに遠ざかっていく人もいる。そうやって自尊心が傷つくのが嫌だったから一年話さなかったの。ある親しい友達がいて、お互いに心から信頼し合ってたんだけど、病気をきっかけに遠ざかってしまった。私が相手に何かを与えて、相手も何かを与えてくれる関係でないと、友人関係は遠ざかるものよ。それが普通よ。私もマッサージをしていたとき親しい人がたくさんいて、こっちが倒れるぐらいよくしてあげた。すごく安くサービスしてあげた。だけど病気になったら、その人たちとの関係も疎遠になってしまった。だから私も考え直したの。自分の体を愛さなければって。

抗がん中に転んで怪我をしたら大変なことになるし、放射線をしたから骨折もしやすくなっていて、今もかかとの高い靴は履けないわ。大部分のがん患者はかかとの高い靴をはいていないでしょう。以前のようなワンピースも着られないし。肉も食べられないし、お酒も飲めないし。それなのに健康な人たちは患者の本心(*sok-maeum*)を理解できないのね。健康な人と仲良くしようとするとトラブルが生じる。だから患者同士で親しくなるのね。患者はみんな登山服とか着て楽な格好をしているし。患ってから一年経ったら気持ちも落ち着いて、友達に話したり、伝え聞いて知る人がいたりするようになったわ。

遠ざかるのはチンジョンのきょうだいも同じよ。助けを求めてくるかと思って。(チンジョンのきょうだいには病気のことを知らせたのか、という筆者の質問に対し) 夫が連絡したみたい。(シデクにも連絡したのか、という筆者の質問に対し) うん。シデクのシックー (*sidaek sikgu*) はチンジョンのきょうだいよりもひどいわよ。チンジョンのきょうだいはまだ血筋がつながっている (*pitjul itneun*) 間柄だから、電話でもしてくるけど。やっぱり夫、子ども (*jasik*) しかいないわ」。(二〇一一年八月一九日)。

娘や息子に関しては次のように語られる。

「娘は大学のとき首席だった。高校のときは首席ではなかったけれど。大学の先生が娘に教授になるよう言ってきたけれど、私の治療のせいで娘は勉強できなかった。留学にも行けなかった。そのことを思うと胸が痛むわ。娘の夢が叶えられなかったから。でもその代わりに娘は結婚して子どもも産んだ。看護員をしたあと結婚して、保険設計士の道も開けたわ。

ある知り合いは、親戚とうちの娘に保険の加入を頼んだら、うちの娘のほうが格段に綿密にプランを練ってくれた、うちの娘に会えた客はラッキー (*bok*) だ、と言っているわ。うちの娘はリーダーシップがあって、周囲に人が多い。それでいてだんなの言うことには従順で、だんなの言うとおりにするのよね。他の女の子たちは勝手に判断するけれど、うちの娘はだんなと相談するから、娘の友人たちもおどろいているわ。

うちの息子は電話で私に「ごはん食べたの」と聞かれることを嫌がるわ。毎日ピザやフライドチキンや豚足を食べてお酒を飲んでいるの。勝手にすればいいけれど、それでも自分の子ども (*saekki*) だから気にかかるものよ」。(二〇一一年八月二三日)。

「(食事について) 病気になったことのない人は共感できない。うちの娘も言うことを聞かないのよ」。(二〇一一年八月一九日)。

「子どもが（私は食べたくても食べられない）パンを買ってきたら、投げ捨てちゃう。なんでお菓子なんか買ってくるのって。でもサウィ（＝娘の夫）は一段隔てた人だから、何も言えない。息子とは違うわ」。（二〇一一年八月二三日）。

「うちの娘は二〇〇八年一二月二九日に結婚式を挙げた」。（二〇一一年八月二三日）。

「私のがんが発覚したから、娘夫婦は早く結婚式を挙げようと言って、日取りを決めたの。抗がんの終わった時点で娘の結婚式を挙げたわ。ふらふらして意識も朦朧としていて、倒れかけたりもした。娘もたくさん泣き、自分もたくさん泣いたわ。がんが一ヶ所だけにあったら泣くのもましだっただろうけれど、三ヶ所にあったからたくさん泣いたの」。（二〇一一年八月一八日）。

「結納（*sanggyeonrye*）は娘たちが来いというから、ふらふら（*eoribeong-duribeong*）しながら行った。イバジ（食べものなどを真心こめて贈ること）は私の姉たちが取り仕切ってくれた。礼物（婚資）は娘が自分でうまくやった。食べ物を用意してあげないといけないのに、私が病気だったから（してあげられなかった）。そのとき息子は軍隊に行っていた」。（二〇一一年八月三〇日）。

「病気をする前は子ども（*saekki*）たちのためにひたすら働いていたわ。夫が稼げないというのもあった。自分さえ我慢すれば、自分一人犠牲になればいいと思っていた。でも病気をしたあとは、私の体を基準に考えるようになったわ。明日もわからないのだから、お金をためても意味がないじゃない。高い服でも欲しければ夫にねだったり、息子や娘にねだったりするようになった。子どもたちが一人前になったからというのもあるわね。言ってはならないことは言わないけど、よほどのことでなければ何でも口に出して、ストゥレッスをためないようになったわ」。（二〇一一年八月一九日）。

「病気になったときはシックーたち（*sikgu-deul*）に対して、特に夫に対して荷物になると思ったけれど、罹りたくて罹ったわけじゃないから、どうしようもない」。（二〇一一年八月一二日）。

病気を契機とする、習慣や生活の変化については、次のように語る。

「前は運動ひとつしなかったのに、こうやって運動するようになったし、体を大切にするようになったから、患ったことに感謝しているわ。前は若くして死にたくないと思っていたけど、今はそうじゃないわ。いま死んでも他人より早く逝くだけのこと。神様が呼んだら行くだけのことよ」。（二〇一一年八月一九日）。

「他の人たちは太陽に感謝することもないけれど、太陽はどれほどありがたいことか」。（二〇一一年八月二一日）。

「長生きしなければと思うとストゥレッスよ。誰でも死ぬし、ちょっと早く逝くだけのこと」。（二〇一一年八月一二日）。

「やっぱり、仕事をしている人たちがうらやましい。（昔たくさん仕事されたから休めという体からの信号なのでしょう、という筆者の言葉に対し）そう考えるようにしているけど、その考えは少しの間しか持たないわ。お金はすぐになくなってしまうから」。（二〇一一年八月一六日）。

周囲との関係性の作り方については、次のように語る。

「患ってから行かなくなったモイム（moim）が三つ、参加し続けているモイムが五つあるわ。お酒も飲めないし肉も食べられないから行きたくないけれど、行かなければ何かと文句を言われるのよ。病気をしたことのない人たちは心情がわからないのね。健康な人と遠ざかる方が治療はうまくいくわ」。（二〇一一年八月三一日）。

「患う前とは違う服装に、他の人たちは何かとケチをつけるの。かかとの高い靴を履けとか言ってくるわけ。もう完治したと思われているのよね」。（二〇一一年八月一五日）。

「遊ぶ方法も、食べるものも、患う前とは違う」。（二〇一一年八月一二日）。

「寂しいから健康な人と連絡しているだけ。患者同士が気楽よ」。（二〇一一年八月一九日）。

「煙草の煙なんかも、健康な人は打ち勝てるけど、患者には耐えられない」。（二〇一一年八月一二日）。

「社会の人（*sahoe-saram*）、一般人（*ilbanin*）と親しくしないほうが健康を守ることができるわ。（健康な人たちとのモイムでは）肉を食べたりお酒を飲んだりするから、子どもたちも私に、モイムに行くなと言うの。味噌汁も出さない食堂もあるから、そういうときは飢えて帰ってこないといけないわけ」。（二〇一一年八月一七日）。

「子どもたちはモイムに行くなと言うのだけれど、人生面白くなければね」。（二〇一一年八月一五日）。

以上のライフヒストリーからわかることを、民族誌を織り込みながらまとめてみると、次のとおりである。第一に、人間関係の切り取りが挙げられる。従来の「オモニ」としてのありかたは、父系制、家父長制、儒教文化のもとで構成され、それらを陰から支えるものであるとされてきた。ソ・キョンスクもまたそうであった。具体的には、子ども育てるために必死で働き、仕事をしながら姑の面倒を見てきた。それは父系血縁に基づいて継承されるチプ（*jip*）を支える行為であった。

しかし乳がんの罹患を機に、それが変化し、ソ・キョンスク自身の経験と意志によって人間関係を切り取ってゆく。ソ・キョンスクの語りからは、本当に困ったとき頼りにできる夫と子どもを特別な存在として認識していることがわかる。ソ・キョンスクは「チンジョンのきょうだいといっても頼りにはならないわ。頼れるのはカジョクしかいないのよ」と言って、夫と子どもを他の人々とは区別している。反対に、チンジョンのきょうだい、シデクの人々、友人たちは、乳がんの罹患を機に遠ざかった人間関係として語られる。ソ・キョンスクが「オモニ」としてふるまう範囲は、かつてのチプから、ソ・キョンスク自身の経験と意志に基づき、本当に困ったときに助けあえる範囲へと限定される。

第二に、家族のための自己犠牲が挙げられる。家族のために自己犠牲をしてひたすら働くことは、「オモニ」の典型的なありかたであるとされてきた。ソ・キョンスクもそうであったことを振り返り、「病気をする前は子どもたちのためにひたすら働いていたわ。夫が稼げないというのもあった。自分さえ我慢すれば、自分一人犠牲になればいいと思っていた」と語っている。

しかし病気を機に、それまで自己犠牲をしてきたことを自覚するようになる。「私はひたすら働いてきて、遊ぶこともなく死んでしまうのかと思うと、人生が虚無に思えて怒りがこみ上げたの」という語りからもそのことがうかがえる。そして、自分の体を大切にし、自分の欲求を通して生活するようになる。

食生活の面では、自宅で食べる食事がソ・キョンスクに合わせて玄米菜食になり、幾種類もの果物を常に買い置き、野菜は市価より高くてもオーガニックショップで購入する様子が見られた。筆者がソ・キョンスクの家に滞在している間の食事の献立は、付録2のとおりである。さらに夫や子どもたちは、ソ・キョンスクが健康維持のために我慢しているパンやピザといった「体に悪い」食べものを家で食べないように気をつけている。

それだけでなく、昔は節約するため自分の新しいメリヤス一枚買わなかったというソ・キョンスクが、今では高い服であっても欲しければ夫や子どもにねだり、毎日スポーツブランドの登山服を着て過ごしている。一家でデパートを訪れた際には「他に食べられるものがないし、せっかくデパートに来たのだから」と言って、高価なサラダを娘にねだる姿も見られた。ギターを習うことがソ・キョンスクの憧れであったことから、娘の夫にギターも買ってもらった。機会を見つけては旅行や遠足に出歩くなどの自己投資も行っている。今後はホットヨガやギターを習いたいと言い、H郡内で教室を探している。これらの姿からは、「オモニ」の典型的な姿であった自己犠牲から離脱し、自分の欲求を中心に生きるようになることが指摘できる。

第三に、夫との関係が挙げられる。一家の生活のために必死で働く「オモニ」像は、夫を頼りにできない状況から生まれるものであった。ソ・キョンスクもやはり、夫が事業に失敗して借金ばかり作るため、自分が不安定かつ劣悪な労働条件の職場に身を投じ、身を粉にして働くことで子どもたちを養わねばならなかった。

その状況が、乳がんの罹患を契機に変化する。ソ・キョンスクは夫に甘え、夫を頼りにするようになった。「いま自分が生きているのも不思議なくらいだけれど、夫が私を生き返らせてくれたのね。夫がいないと私は何もできず、不安なの」という言葉にそのことが表れている。以前は何もしてくれなかったという夫も、ソ・キョンスクのために家を建て、無農薬栽培の農業を始め、日常生活においてもソ・キョンスクの世話を焼くようになった。参与観察においても、夫が買い物袋をすべて持ったり、レシートに発がん性物質がついているという報道を目にしてからは夫がソ・キョンスクにレシートを触らせなかったり、病院の待合室でホットフラッシュに見舞われたソ・キョンスクが脱ぎ散らかした服を夫が拾って回ったりする姿が見られた。またソ・キョンスクは乳がん発覚後マッサージの仕事を辞め、夫が生活費を稼いでいる。「オモニ」の典型的な姿である、夫に頼れない状況で必死に働くありかたから、夫に頼る状況へと変化したことが指摘できる。

ただし、あくまでも男女の領域は区別されている。表10は、ソ・キョンスクの家で男性が担う仕事と女性が担う仕事をまとめたものである。炊事・洗濯・掃除はソ・キョンスクがすべて担う一方、夫や娘の夫は外でお金を稼いでくることと、家では農作業や家の改築・修理、家具を作ること、暖炉に薪をくべること、ムカデや鶏を殺すこと、使用済スプレー缶に穴を開けることなど、力の要る仕事や危険を伴う仕事を担当する。ソ・キョンスクの夫が使用済スプレー缶に穴を開けてくれたことに筆者が礼を言ったとき、ソ・キョンスクの娘は「女はこういうことはできないわよ。男がしてくれなくちゃ」と言い、スプレー缶に穴を開けるような危険の伴う仕事は当然男性がすべきものであるという態度を示した。このように、妻が夫に経済的に依存する側面や、男性を公的領域、女性を家内領域で役割固定する側面においては、性別役割分業が維持されている。

第四に、セクシュアリティをめぐる問題が挙げられる。「オモニ」の性はチプの家系継承者出産のためのものであり、「オモニ」とはセクシュアリティを排除された存在であるとされてきた。ソ・キョンスクの語りだけ見ると、乳がんの発覚後、かかとの高い靴を履かなくなったりワンピースを着なくなったりし、「患者はみんな登山服とか着て楽な格好をしている」など、なりふり構わなくなることでセクシュアリティがさらに排除されるかのように見

表10　ソ・キョンスクの家での役割分担

| 男性の担う仕事 | 男女関わりなく担う仕事 | 女性の担う仕事 |
|---|---|---|
| ・電気器具の設置・修理。<br>・家を建てる、内装工事。<br>・荷物を運ぶ。<br>・かまどに薪をくべる。<br>・農作業。<br>・使用済スプレー缶の穴開け。<br>・パソコンや炊飯器の使い方を教える。<br>・椅子を作る。<br>・ムカデを殺す（害虫駆除）。<br>・鶏を殺す（食用目的の屠殺）。<br>・チャイルドシートの設置。<br>・車の運転。 | ・洗濯（赤ちゃんのオムツを洗濯機にかける）。<br>・サツマイモを蒸す（女性不在時）。<br>・炊飯器でごはんを炊く（女性不在時）。<br>・買い物。<br>・赤ちゃんのオムツ替え。<br>・赤ちゃんの沐浴。<br>・赤ちゃんをあやす。 | ・おかず作り。<br>・食材の下処理。<br>・掃除、洗濯。<br>・お茶を煮出す。<br>・皿洗い。<br>・果物の皮をむく。<br>・冷蔵庫の整理。<br>・買う食材の決定。<br>・客に食べ物を出す。<br>・子守唄を歌う。 |

える。

しかし実際の行動を見ていると、必ずしもそうではない。同窓会や郷友会などに参加するときは、ソ・キョンスクもヒールの高い靴をはき、華やかな服やブランドもののバッグ、化粧やパーマ、メッシュの毛染めなどで、女性としての外見的な魅力をアピールする。患者会の行事に出てくる他の患者たちも、競うように華やかな服を身につけ、ブランドもののバッグを持ち歩く。乳房温存療法をした患者や乳房全摘療法後に乳房再建をした患者の中には、胸の谷間を強調させる服を着てくる人たちもいる。また五〇歳代の患者たちも、美容サロンで人工まつげを植え込んだり、美容皮膚科でしみやしわなどのレーザー治療を受けたりすることは珍しくなく、中には鼻や目の整形手術を受けるケースさえも見られる。

これは患者たち同士で張り合うためでもあり、乳房の手術や化学療法などで外見上の変化を経験した患者たちが意識的に女性としての外見的な魅力をアピールしようとするためでもある（女性がん患者対象のメイクアップサービスなどによっても促される)。乳がんの罹患によって、それまで排除されていた「オモニ」のセクシュアリティに意識が向けられると言える。

第五に、子どもたちとの関係が挙げられる。「オモニ」としての典型的なありかたは、自己犠牲をしてでも教育費を稼いで子どもたちに高等教育を受けさせ、子どもたちが立身出世できるように世話を焼くというものである。しかしソ・キョンスクは自分が乳がんに罹ったせいで、留学して教授になりたいという娘の夢を叶えてやれなかった。すなわち「オモニ」としての理想的なありかたとは逆に、自分のために子どもに自己犠牲を強いてしまった。その申し訳なさから、ソ・キョンスクは日常生活の支障がないほどまでに体調が回復した今、子どもたちの世話を焼こうとする。具体的には、育児中の娘のために食事を作り、掃除をし、孫の面倒を見る。

筆者がソ・キョンスクの家でホームステイをしていたころ、ソ・キョンスクの娘は出産直後であり、同じ家で産後の療養をしていた。ソ・キョンスクは自分も腰が痛いと言いつつ、娘のためにわかめスープをせっせと作り、母乳の出をよくするという雷魚(*gamulchi*)のエキスを作って忙しくしていた。娘はソ・キョンスクの体調を気遣って、すぐに皿洗いや掃除などを手伝おうとする。ソ・キョンスクは娘に「休んでいなさいってば。産後の身体を酷使したら後で苦労するわよ」と注意しつつも、自分の体調もすぐれないために、娘を安心して休ませてあげられないというジレンマを抱えていた。先述したようにソ・キョンスクは綺麗好きであり、部屋が汚ければ体調が悪くても掃除しないと気がすまない。一方筆者はそこまで潔癖ではないので、綺麗に見える広大な床の雑巾がけをソ・キョンスクが毎日のように命じてくることに不満を持っていた。ある日、ソ・キョンスクが体の無理を押して風呂掃除をしていたとき筆者に手伝いを命じ、筆者が不満を口にしたことで、筆者とソ・キョンスクは口論になった。ソ・キョンスクは興奮し、「私も元気でさえいたらあんたに手伝わせるようなことはしないわよ。それどころか、もっと綺麗にしていた。うちの娘なら私が掃除する前に綺麗にしてしまう。私はあんたにすごくよくしてやっているのに、あんたはそのことも知らずこんな些細なことで不満を言うのね。やっぱり他人を住まわせるのは不便だ、出て行きなさい」と怒鳴った。娘は「私が掃除するから」と口を挟んだが、ソ・キョンスクは「あんたは休んでいないとダメなんだってば」と突っぱねた。筆者が謝罪したことで、ソ・キョンスクの怒りの矛先は、次は娘の夫へと向かった。昨日は娘の夫の言葉に傷ついて眠れなかったという。ソ・キョンスクは泣き声で言う。「赤ちゃんが泣いているから抱こうとしたら、抱き癖が付くから触るなときつく言われたのよ。赤ちゃんがかわいいからそうしただけなのに。これから赤ちゃんには一切触れないから、あんたたちで育てるといい。金ソバン（＝娘の夫の呼称、仮名）は出かけるとき挨拶もしない。「行って来ます、オモニ」と言ったことがあるかしら。それに他のサムチョン[29]（*samchon*）は会うたびに泣きそうな顔で「お体は大丈夫ですか」と気遣ってくれるのに、金ソバンはそんなこと言ってくれたことがあるかしら。毎日釣りばかりして、釣ったえびも全部自分の親にあげて、こっちにはえびの一匹もくれない。他の家のサウィを見てみなさい。嫁の母親に気遣ってくれたり、何かを買ってくれたり。私だから我慢しているのよ。ギターを買ってくれたって？　あんなもの、どうってことないわ」。娘が「オンマによくしてくれてるじゃない」と言うと、ソ・キョンスクは泣きながら「あんたの目にはよくしてるように見えるんだね」。ソ・キョンスクが「これらのことを金ソバンに話してしまおうと思う」と言うと娘は驚いて「なんで言うの。私から伝えるから」とたしなめた。ソ・キョンスクが家事をしようとするのを娘が手伝おうとすると、ソ・キョンスクは突っぱねて、「私がする。病気の母がやりますよ」とすねた。また別の日に、ソ・キョンスクが「今日私は朝五時から起きて掃除した」とか「今日来た人たちが、産後すぐの女性は（身体を冷やすといけないので）冷水にも触れてはいけないと言っていた」と言うと、娘は「患っているオンマが明け方から掃除しているのに、私が休んでいられると思う？　オンマが休んでこそ私も休めるでしょう。明日からは九時に起きてちょうだい」と反論した。

ここでは、ソ・キョンスクが患っているため気遣ってもらいたいという思いと、娘や筆者によくしてあげたいにもかかわらず体調不良で思いどおりにならないという思いが交錯している。娘の側でも、産後で身体を休めなければならないという状況と、患っているソ・キョンスクを助けたいという気遣いとが交錯している。

娘はソ・キョンスクについて、次のように語っている。

**事例9-1-2:ソ・キョンスクの娘の語り**

「うちの家でオンマに勝てる人は私しかいない。アッパも勝てないわ。

がんはすぐ転移するのが怖いよね。食べ物の管理を徹底しなくちゃならないわ。若い人ほどよく再発して亡くなるのは、ピザやアイスなどを我慢できずに食べてしまうからだと思う。オンマも元気なころはピザを丸ごと一枚食べていたわ。オンマの病院の友人達は、四〇歳代でI期で治療して、完治の判定を受けた後、気を抜いて再発して、一年後に亡くなったのよ。モイムではピザやアイスクリームを食べるから、私はオンマに「モイムに行くな」と言っていたわ。そのモイムの人たちは皆、亡くなった。うちのオンマも小麦粉食品が好きなの。ピザ、パン、そういったもの。患ってからはオンマが食べられないから、私たちも家では食べられないわ。外で食べて帰ってきたりするの。

オンマはIII期末からIV期で、死にそうだったし遺言も残していたけれど、今こうやって元気に生きている。オンマは死ぬと思って保険金も使ってしまおうとしたけれど、引き止めたわ。使ってしまわなくて本当によかった。オンマは自分にも子どもにも保険をかけてくれていたので、本当によかった。オンマが患っているとき、私は一〇ウォンも援助せずに済んだのよ。「長い病気に孝行者なし」という言葉があるけれど、長く経つと「オンマによくしてあげなくちゃ」という気持ちも薄れていく。私も子どもに被害を与えないのが最高だと考えているから、がん保険や個人年金を追加してかけたわ。今より老後が重要だと思うから。

私たち夫婦はムーダン(=シャーマン)に騙されたことがあるわ。結婚前、ムーダンに見てもらったら、二人が結婚するとよくない、オンマが病気だけれど二人が結婚したらオンマが死ぬ、と言われたの。夫は改名しろ、クッ(=ムーダンの行う神憑りの儀礼)をしろ、と言われたわ。なので二〇〇万ウォン出してクッをしてもらった。山の中で、七～八組が同時にクッをできるよう部屋が分かれていて、たくさんの人がクッをしに来ていた。クッそのものは二〇〇万ウォンだけれど、中間で「ご先祖様がいらっしゃいました。お小遣いをさしあげてください」などと言って、先祖にどんどんお金をあげなければならず、一〇〇万ウォンぐらい使ったわ。今考えれば騙された。ムーダンは過去を見ることはできるけれど、未来を見ることはできない。結婚は先祖ではなく二人の問題だもの。

うちはアッパが稼げないので、オンマが稼いだわ。だから性格も荒々しくなるほかないのよ。小さいときはよくわからなかったけれど、中学生になると、オンマが銭湯で働いているのが恥ずかしいと思うようになった。オンマは明け方から銭湯に出かけ、掃除して、一日中そこで過ごすの。一日で三〇万ウォン稼いでくることもあった。当時の物価で三〇万ウォンはすごい額なのよ。夜帰ってきて私にお金を渡すと、疲れきってそのまま寝てしまったわ。私はそのお金を集めて貯金した。この家や土地も全部オンマのお金で工面したのよ。アッパは何度も事業が破産した。オンマを見て、どんな職業でも一生懸命に仕事すれば成功するんだと確信するようになったわ。オンマは日本で皮膚管理を学んで来て、韓国でエステティックサロンに勤めた後、自分のサロンを開いて成功したわ。滅びかけた銭湯を生き返らせたこともあった。いま光州でエステティックサロンを開いている人の大部分がオンマに皮膚管理を習ってお金を稼ぐようになったのよ。その人たちは、オンマが死ねと言えば死ねるほど、オンマを信頼しているのよ」。（二〇一一年九月一五日）。

この語りからは、娘と「オモニ」の独特な感情的紐帯が浮かび上がる。娘は、父親が稼げずソ・キョンスクが身体を酷使して家計を支えるのを見守ってきた。ソ・キョンスクが外で働いている間に家事をしたり弟の面倒を見たり、さらにはソ・キョンスクが稼いできたお金を管理したりしたのは、娘であった。言い換えると、「オモニ」が不在の家内領域を取り仕切るのは娘であった。それだけに「オモニ」との親密性も深く、気がねなくものを言うため感情的な衝突も起こる。

息子に対しては、ソ・キョンスクは娘とは異なったかたちでこまごまと世話を焼く。息子は世話を焼かれることに慣れており、ソ・キョンスクの側でも息子を家事が何もできないという前提のもとに扱っている。ソ・キョンスクの息子は光州市内のアパトゥに一人で暮らしているが、掃除や洗濯を面倒くさがり、食事もファストフードで済ませている。時おりソ・キョンスクがアパトゥを訪れると、ソ・キョンスクはそのたびに部屋が汚いことを嘆きながら洗濯や掃除を行い、冷蔵庫の中で腐った食品や炊飯器の中で傷んだごはんを処分する。夫が「放っておけ」と言うものの、ソ・キョンスクは「放っておけない」と言いながらこまごまと立ち働く。もともとはこのアパトゥに一家で暮らしていたが、ソ・キョンスクの乳がん罹患を機にH郡に家を建てて息子以外の全員が移り住み、息子だけが職場の関係でアパトゥに残った。そのためソ・キョンスクは、日常的に息子の世話を焼いてあげられないことを気がかりにしている。乳がん罹患を機に、日常生活の中で自身の健康管理を優先させるようになったソ・キョンスクであるが、「オモニ」として息子の世話を焼く役割からは簡単に降りようとしないばかりか、むしろ強化されている側面もある。

息子に対する「オモニ」の献身的な世話ぶりは、これまでの研究でも典型的なものとして取り上げられてきた。しかし息子を溺愛するソ・キョンスクであっても、息子をいつまでも自分のものにはできないと覚悟していることには留意しておく必要がある。例えばソ・キョンスクの娘が「弟が子どもを作るまでに私が二人目の子どもを産まなきゃ。弟に子どもが生まれてしまったらオンマはそっちばかり見て、私の子どもを見てくれないだろうから」と冗談めかして言うと、ソ・キョンスクの夫は「(息子に子どもが生まれても)嫁のチンジョンに行ってしまうだろうさ」と言い、その言葉にソ・キョンスクも娘も納得して反論しなかった。女性が結婚後もチンジョンとの関係を密にし、夫も妻方のチンジョンとより頻繁に関わるため、夫でさえも自らの血縁集団(女性にとってのシデク)とは距離を置いてしまう、という傾向は、近年の韓国社会でよく見られる。筆者が「憩いの宿」で接した他の患者たちも、「心配してくれるのは娘しかいない」（二〇一一年九月二九日）、「最近は息子が生まれたら泣かないといけない」（二〇一一年一〇月四日）、「息子は結婚したら、ジャンモニム（＝嫁の母親）の息子」（二〇一一年一一月三日）、「息子しかいない人が最も福のない人」（二〇一一年一一月八日）、という言葉を口にしていた。

ソ・キョンスクは「オモニ」として息子の世話を焼く中でも、患者として自身の健康管理を維持することにはこだわり続ける。たとえば韓国では太陽太陰暦のお盆にソンピョン（胡麻などのあんを入れた半月型あるいは貝型のうるち餅）を作るが、通常は白米の粉で生地を作り、すりごまと砂糖を混ぜた具をその生地で包み込んで蒸しあげる。しかし白米や砂糖は体によくないとされているため、ソ・キョンスクは玄米粉で生地を作り、中の具には砂糖を使わず金時豆のあんと玄米水飴を用いる。玄米粉で作ったソンピョンは白米粉で作ったものに比べて粘りが少なく、中の具に砂糖を使っていないため甘みも少ない。前年はすべてそのように作ったところ、息子が不味がったという。そのため、今年は自分の食べる分と子どもたちの食べる分を分けると言い、玄米粉を用いた砂糖不使用のものと、白米粉を用いた砂糖入りのものという二種類を作る様子が見られた。子どもの好みに合わせてすべてを白米粉・砂糖入りにするわけではなく、かといって子どもに不味いソンピョンを食べることを強要するわけでもない。玄米粉・砂糖不使用の自分用のソンピョンも確保したうえで、自分と子ども両方のためにソンピョンを二種類作るという労力を注いでいる。つまり患者としてのありかたと、「オモニ」としてのありかたとの間で葛藤を抱えつつも、両者の折衷案を見出しながら子どもの世話をしている。これはチプから規範上求められる奉仕を否定する様相とは異なり、自分の選択した感情的紐帯の中で主体的に「オモニ」としてふるまおうとする様相である。

ソ・キョンスクのライフヒストリーおよび民族誌から浮かび上がってくることをまとめると、次のようになる。まず、家族への望まぬ奉仕は、よくないものとして回避が図られる。例えば具体的には、シデクの人々との望まぬ接触を避けたり、不本意な奉仕をやめたりする。その一方で、家族への選択的な奉仕は継続される。日常生活の中で自分の健康管理を優先し、自分の欲求を通して生活するようになったものの、依然として子どもたちに対してはかいがいしく世話を焼く。とはいえ、それは病気に罹る以前のように一方的な自己犠牲ではなく、ソンピョン作りの事例にも見られるように、患者としてのありかたと「オモニ」としてのありかたとの間で折衷案が模索されている。

## 第二節　患者たちの語る自身のライフヒストリー（1）
### ——病気を契機に不本意な奉仕をやめたり、接触を避けたりする対象についての語りを中心に

第一節の事例から明らかになった様相の中でも、本節では、病気を契機に望まぬ奉仕をやめたり、家族の問題で困らせる人との接触を回避したりする側面に注目する。

このような行為の背景となるのが、家族の問題による否定的感情の蓄積を乳がんの病因として解釈する考え方である。そこで語られる代表的な問題が、シジプサリ、すなわち既婚女性たちがシデクとの関係の中で経験する困難な暮らしぶりである。ここで、シジプサリを病因と捉えている二人の患者のライフヒストリーを見てみよう。

**①ハン・ヒヨン（仮名、女性、五〇歳代、釜山広域市在住）**

ハン・ヒヨンは最初の治療から一〇年経って再発し、その後は継続的に化学療法やホルモン療法を受けている。長期にわたって化学療法を受けたため、化学療法後に髪が生え揃っても、髪の一本一本が細く、数もまばらである。体格はとりたてて大きくはないが、乳がんの手術をした側の腕はリンパ浮腫が生じて腫れ上がっている。患者

会Wの運営に積極的に関わっており、役員も務めている。患者会Wや「憩いの宿」に対する愛着が強く、「憩いの宿」の利用態度が悪い患者を見つけるとただちに叱りつけるだけでなく、会長や役員らに知らせて利用規則改正の話を持ち上げる。ハン・ヒヨンは「憩いの宿」で最初に筆者と出会ったとき、筆者が乳がん患者を対象に研究していると知ると、筆者の前に座って深夜に及ぶまで身の上を語った。その後も不定期的に「憩いの宿」を訪れるたびに、他の患者たちの前で身の上話を繰り広げた。

語りの中で特に注目すべきは、ライフヒストリーの内訳のほとんどがシデクのもとでの抑圧的な状況に関する話題で占められていることである。ハン・ヒヨンは、姑のしゃべる慶尚道方言を習得し、舅や姑に気を遣って心休まらない日常生活を送り、男児を出産せねばならないという重圧を抱え、後には夫の姉妹たちが嫌がって押し付けてきた姑の介護を一手に担わなければならなかったことを、乳がんの原因として語る。つまりシデクから求められて負わされてきた自己犠牲を好ましくないものとして認識し、それを病因と結びつけている。

### 事例9-2-1：ハン・ヒヨンのライフヒストリー

「私は一〇年間、食餌療法も徹底していたのに、一〇年後に再発したから、えーい、もうわからない、正答はない、という考えに至ったわ。野菜はもう飽き飽き。でも民間療法も無視できないわ。(全羅北道) 井邑市へ行くと、村一帯が葡萄の有機栽培をしている所があるの。そこで売っている葡萄エキスを買い、家で四五日間、葡萄断食をしたの。レモン浣腸も同時にしたわ。葡萄エキス以外、何も口にしない。断食を終えて病院で検査をしたら、数値がかなり良くなっていたの」。(二〇一二年二月八日)。

「私は二六年間、舅と姑に尽くして苦労してきた。両方ともお亡くなりになって、やっと私の天下だと思ったら、再発したの。そのときうちのオンマが痴呆症 (認知症) に罹って、ものすごいストゥレッスを受けたの。体からザーッと毒が出てくるような感じだった。私の体は私が一番よく知っているじゃない」。(二〇一二年二月八日)。

「私は幼いころから体が弱かった。米軍の駐屯地で売っている薬を飲んだら、こんなに太ったの。私のチンジョン(*chinjeong*)はこの近所で、夫はここの近くの大学を卒業したの。

私は宗家の長男の嫁(*madmyeoneuri*)として舅・姑に仕えて、シジプサリをたくさんしたわ。おじいさんから三代が金持ちだったけれど、お金があるからと言ってしんどくないことはないのよ。仕事をしに来るアジュンマがいても、私がすべき仕事はまた別にある。毎朝舅と姑に野菜ジュースを作ってあげて、ミキサーにかけるのではなくて、手ですりおろした。そして麻の布巾で搾ってジュースを出したのよ。家が大きくて掃除もしんどいし、庭園も広いから植木の手入れをするおじさんを呼んで手入れさせて……。姑が慶尚道の人だけれど、私はソウルで育ったから、慶尚道の方言を聞き取れないの。姑が「何々を持ってきなさい」と言っても、「はい」と言いながらも何を持って行かなければならないのかわからないのよ。姑が怖くて、聞き返すこともできない。ひとつずつメモ帳に書き込んで覚えたのよ。私が少しずつ慶尚道の方言を話すようになってから、姑と親しくなれたわ。

私は息子を産まねばならないというストゥレッスも大きかった。第一子に長女を産んだものだから、姑は気絶してしまった。その次の日からは病院にも来てくれなくなったわ。二人目を産むときは、トイレで力を入れたときに羊水が破裂してしまったの。それで病院に運ばれて、開腹手術をするかと聞いてくるから、私が、(胎児が)娘だったらせず、息子だったらしてください、と言ったのが思い出されるわ。あれほど容態が悪かったのに、その声は鮮明に記憶に残っているわ。でも二人目も娘。いま東京にいる姉が、そのときはソウルにいて、病院で看病してくれたけれど、姑が姉に「うちの息子が浮気でもして男の子を一人作ってくれればいいのに」って言ったんですって。うちの姉はそのことを私に言えるはずがなくて、のちに私が息子を産んでから話してくれたの。私は飛行機に乗って、隣に男の子を連れている人がいれば、「どうやって男の子を産んだんですか」と尋ねたわ。男の子を産むのに効くとされる食べものは全部食べたのに、だめだった。でもうちのドンソ（＝夫の弟の妻）は、次男の嫁だから息子を産まなくてもいいのに、産むたびに男の子。そして彼女は安産。みんな自然分娩で産んでいた。私はどれほどくやしかったかわからない。上の子同士が六ヶ月しか違わないの。ドンソが二人目を産んだというから病院へお見舞いに行ったのだけれど、彼女は「ごめんなさい」と言うの。「あんたが謝ることないわよ」と言ってあげたけれど、病院を出て行きながらものすごく憂鬱で、泣いたわ。

うちの田舎に遠い親戚がいて、その人が男の子を産む方法をよく知っていて、自分が教えて九八回男の子を産ませたというの。夫が用事でそこに行くとき、姑が、男の子を産む方法を学んで来いと言ったみたい。うちの夫がメモに書いて私に渡してきたけれど、私は「何よこれ」といって、ぐしゃぐしゃに丸めて投げ捨てたわ。でもわざと弱くぐしゃぐしゃにしたの。夫がいないとき、メモを拾って読んだわ。そうしたら、別に大したことはない。男性は酸性食品を食べて、女性はアルカリ性食品を食べろというの。そして今日が排卵日かもしれないし明日かもしれないから、一五日間続けるようにと。それを読んでから、私はうちの夫にせっせと肉を食べさせて、私は野菜だけを食べたわ。カレンダーに丸をつけながら。夫は肉をあまり好まないけれど、言わなくてもわかっていたようね。ずっと肉のおかずを作り続けたら、食べていたわ。そして姑が「男の子は明け方にできる」と言ったわ。うちの夫が夕方家に帰ってきたら、ごはんを食べさせて、ひとまず寝かせる。そして午前一時ごろに起こして、コーヒーを飲ませる。私は温かいお湯で下（＝陰部）を洗って。

そうやって妊娠したけれど、昔は男の子か女の子か教えてくれなかった。教えたら法に触れるって、病院ごとに赤いメモが貼り付けてあったわ。でもD市にはこっそり教えてくれる所があると聞いて、D市まで行ったわ。友達が、持っている宝石をすべて身につけて行けと言ったわ。江南の金持ちで、信頼できる人だ、と医師が認識してこそ教えてくれるんだといって。病院へ行くと、部屋で待てと言うの。ずっと一人で待っていたのに、医師は現れない。すーっと眠気に襲われているとき、医師がドアをノックして、ついてこいと言ったわ。廊下をこっちに行ったりあっちに行ったり、完全に迷路のよう。部屋に入ってエコー検査をしたら、唐辛子が見える、男の子のようですね、と言われた。でも私は信じられないわけ。臨月になったのに、男の子じゃなかったらどうしようどうしようという考えで、夜も眠れない。病院に電話して「本当に男の子ですか、男の子じゃなければダメなんです、代を継がないといけないんです」と話したら、電話を受けた看護師が「先生が男の子だとおっしゃったのなら男の子でしょう。心を落ち着かせてゆっくり休んでください」と言うの。もともと通っていた産婦人科でも「D市では男の子と言われたんですが、本当ですか」と尋ねたわ。答えたら医師も法に触れるから、正確には言えないでしょう。でも聞き続けるものだから、その医師も「そこで男の子だと言われたのなら男の子でしょうよ」と言ったわ。だから私は確信を得た。帝王切開をして息子を産んだけれど、男の子という言葉を聞いても信じられないの。私のパルチャ（=生年月日時によって定まっている運命）で息子なんて授かれるわけがあるものか。夫は廊下を行ったり来たりしながら、タバコを二箱も吸ったんですって。男の子が産まれたというものだから、真夜中に姑が駆けつけてきて、あらまあお疲れ様、というお言葉をかけてくださった。朝には早くからシヌイ（=夫の姉妹）が来て、そんな早朝にどこの花屋が店を開けていたのか、大きな花かごに「祝・生男」と書かれたリボンをつけて持ってきたのよ。どこで買ったのかまだ聞いていないわ。朝に医師が回診しに来て、既にものすごく大きな花かごがあるものだから、先生も驚いていたわ。その後には、横になっている暇もないくらい、絶え間なくお客さんが来たの。舅は仕事帰りにスーパーで種類別にすべてのものを入れてくれと言ったといって、大きな袋を両手に持っていらっしゃったわ。「よく頑張ったね。九人でも一〇人でも、産めるだけ産みなさい」とおっしゃるから、私も「それはダメですよ」と（それまでこんな口答えをしたことがなかったのに）言った。今や私が大将だもの。ふつう帝王切開した人は数日間起き上がれなくて回復も遅いというけれど、心が一番重要みたいね。私は息子を産んだという嬉しさで、次の日から歩き回って回復ものすごく早かった。退院してからは、息子はハルモニ・ハラボジが育てたわ。私が帝王切開をして抗生剤を打ったから、お乳をやれなくてミルクを飲ませたの。だから息子がちょっと泣けば、ハルモニ・ハラボジがミルクを作って飲ませて、おむつを替えてくれた。姑は私に対しては完全に苦しいシジプサリをさせておきながら、子どもたちには本当によくしてくれた。うちの息子がいたずらをして私が叱っていたら、姑が来て「おい、私に不満があるのを息子に向かって発散するのかい」って言うの。舅は私に対してよくしてくれたけれど、そのせいで姑は余計に嫉妬するわけ。うちの姑と舅は顔さえ見れば喧嘩する。火と火が出会ったらしいわ。だから舅は外に他の女性を妾として得て、そこでも種を撒いたわ。その子どもたちも成人して結婚していった。うちの子どもたちはハルモニ・ハラボジのことがどれほど好きだったか。私がどこかに行って帰ってきてもボーッとしているだけなのに、ハルモニ・ハラボジがどこかに行って帰ってきたらワーッと駆け寄っていくの。ハルモニがお亡くなりになったときは、お骨を抱いて田舎に行ったけれど、子どもたちはハルモニを膝に下ろしておけないと言って、二時間もの間、ずっと手で持ち上げていたわ。そのせいで肩がしびれて大騒ぎになったのよ。

私はそんなふうに生きてきた。そのせいで病気が生じたの。アパトゥで舅や姑と一緒に暮らしたら、好きなときに横になることもできない。雨が降って曇った日は横になっていたかったのに。

うちの家（*uri jip*）では一年に一度ずつ、綜合検診を受けるの。舅を筆頭に、すべてのカジョク（*gajok*）がみんな受けるわけ。でも私はその年は不思議なことに検診を受けたくなかった。だから私だけ綜合検診は受けず、女性だから乳房と子宮だけ検診を受けたの。乳房検診をしていたら、医師が、何かが見える、悪いものではないだろうからそこで除去してしまうと言ったわ。もともとはそれはダメなのよ。手術室でしなければならないのに、診療室でしたんだってば。私が生き長らえたから告訴はしないけれど。部分麻酔をして除去したんだけど、三〇分が過ぎて麻酔がだんだん切れていくのに、まだ終わらないの。どれほど痛かったことか。医師が、終わりましたといって、赤い葡萄の房のようなものを見せてくれたわ。それを除去して、胸がポコッとくぼんだ。後に結果を聞きに行ったら、医師が何も言えないでいるの。「先生、結果が出ましたか」と言ったら、結果は出たって。「大きな病院に知り合いはいますか」という話から始めるのを聞いて、「ああ、よくなかったんだな」と思ったわ。腫瘍だと言われた。がんの診断を受けたものだから、あきれた。私はこんなふうに生きてきた、私の人生は何だったのだろうって。その次は憤怒がワーッとこみ上げてきた。なぜ私ががんに罹るのかと。その当時はがんに罹ったら死ぬと思っていたからね。憤怒が過ぎ去ったら、もうなるようになれとあきらめた。私は病院でがんの診断を受けてから、一生懸命に歩いたのに、目を開けたら同じ場所にいるの。私ががんに罹ったというから、チバン（jipan）すべてが大騒ぎになったわ。以前にうちの舅がイギリスで腎臓の調子が悪くなって手術したとき、本当によくしてくれた。イギリスでは保護者が必要ないのね。医師、看護師、栄養士、理学療法士、看病人がずっと世話してくれて、ホテルのように快適に過ごしてから帰って来られたの。私たちが（舅に会いに）イギリスに行こうとしてパスポートまで用意したけれど、結局はうちの夫が一人で行ったの。でもうちの夫も必要なかったんですって。うちの舅が韓国へお戻りになるときも、医師がわかりやすく所見書を書いてくれたわ。だから私もイギリスで治療を受けようかと思った。たくさん調べてみたけれど、私は既に腫瘍を取り出したじゃない。抗がんが残っていたけれど、その程度なら韓国で受けても同じだと思った。韓国でどの病院でも紹介してくれると言われて、M教授の腕がいいと聞いて、X大学病院へ行ったの。がんの診断を受けたときは一六年前だから、子どもたちが一年生、三年生、六年生だった。私は化粧台にある化粧品もすべて捨てて、箪笥にある高価な服も全部あげたり捨てたりした。もう私は死ぬんだなあと思って。うちの夫は「化粧品はどこに行ったんだ」って言ったけれど、私が「全部箪笥にしまっておいたの」と言ったら、そうなのかと思ったみたい。こういうことがあるじゃない、生きているうちに服をもらったら大丈夫だけれど、死んだ人の服は誰が着たがる？　だから前もって全部あげてしまったの。今考えたら、狂っていたわ。手術が終わってみると、「あれ、私、生きてるのね」。家に帰ってきたら、顔を洗ってから塗る化粧水もない。着る服もない。すぐにデパートへ行って、数着買ったわ。

もう私は私の思いどおりに生きる、ハルモニが何か言っても言わなくても。本当に私の好きなようにしたけれど、時間が経てば元の生活に戻ってくるわけ。一〇年間食べものを徹底して管理したけれど、何の役にも立たないんだってば。ストゥレッスが一番大きな原因なのよ。うちの姑がお亡くなりになる前に痴呆症（認知症）に罹られたの。子どもたちが「ハルモニ、学校に行って来ます」と挨拶に行けば、ハルモニが子どもの腕をぎゅっとつかんで離さない。私が力を振り絞って姑の手をほどき、子どもを学校に行かせたのよ。子どもの腕は引っ掻かれて。私も腕を引っ掻かれて、血まで出ていた。家事手伝いのアジュンマを雇おうとしたけれど、あまり来ようとしないものなのね。ようやく延辺から来たアジュンマを雇って、何もしなくていいからハルモニの横についていてくださいと言ったの。ハルモニを病院へ入れようとしたけれど、シヌイがすごく反対するわけ。それなら面倒を見たらどうかと言ってやったら、面倒を見ると言っておきながら、来なくなった。結局は病院に入れたけれど、私も毎朝病院へ行って、夕方に家に帰ってきたわ。ハルモニがお亡くなりになって、もう私はシヌイに会いたくないと言って、来るなと言ったわ。シヌイがハルモニの法要のとき卓上に食べものを並べるのがどれほど憎かったことか。もう会わないと言った。ハルモニがお亡くなりになってから、ぴったり再発したのよ。もう、あきれちゃったわ。これで私は死ぬんだなあ、と考えた。そのとき私が一億一〇〇〇万ウォンを持っていたけれど、それを子どもたちの名義にするのに本人のサインが必要だと言われた。だから子どもたちを銀行に呼んで、長女と次女は四〇〇〇万ウォン、末っ子は三〇〇〇万ウォン、投資信託の口座を作ってあげた。その金額が子どもたちの年齢で口座を作れる限度額だった。誰にも話すなと言ったのに、長女がアッパに話してしまったの。泣きながら「オンマがやったことのないことをするんだけど、もう死ぬの？」って。そうじゃないと言ったのに、私がお金を持っていたことが夫にばれてしまった。うちの夫は私がお金を頂戴と言ったら、何に使うのかとも聞かずに黙って渡してくれるの。夫に五億を借りて息子のためにアパトゥを買ったら、すぐに四二〇〇万ウォン値下がりしてしまった。五億をすぐ夫に返すと言っていたのに。そのアパトゥを一億二〇〇〇万ウォンで又貸ししたけれど、入居した人がなかなかお金をくれなくて、夫にお金を返すのが遅れて困ったわ。

私は抗がんを受け続けて、容姿もすごく変わってしまった。外見が変わり、老け込んだから、鏡を見たくないわ。これが自分かと思う。郵便局へ行って身分証を確認するというから、住民登録証を見せたけれど、女性職員が写真を見て、私じゃないと言うの。男性職員まで呼んで見せたけれど、男性職員も写真を見て、私じゃないって。本人に間違いありませんか？　と言うから、私もあきれたわ。そのときうちの娘が荷物を送りに来ていて、「オンマ、どうしたの」と言いながらこっちに来たの。状況を説明したら、うちの娘が泣きながら「オンマは抗がんをして苦労しておられるのに、何ということですか」と言ったわ。それを聞いて職員たちも申し訳なさそうにしていた。

うちの舅は腎臓が悪くなって、一年間集中治療室にいらっしゃった。一ヶ月に二〇〇〇万ウォンもかかったのよ。透析もずっとしなければならないから。一度はヘリコプターでS病院へお連れするといって、荷物もまとめていたのに、S病院のほうから「ここでも特別な治療法はない」と伝えてきた。だから行かないことにしたわ。うちの舅はお亡くなりになってから軍人墓地に入られたけれど、そこもけっこういいのよ。山に一人で埋葬するより、何人もの人たちが一緒にいるから。

私の知っている患者が、あまりにもたくさん死んでいったわ。特に若いオンマたちは再発したら早く逝ってしまう。最初はそのたびに動揺したけれど、今や慣れてしまって、ああそうなんだと思う程度よ」。（二〇一二年二月一五日）。

「長女は二六歳のとき、オンマが病気だからと、早く結婚式を挙げたの。私は平日はソウルで放射線治療を受けて、週末ごとに釜山へ戻って結婚式の準備をした。金曜日の朝一番に治療予約を入れてもらうために、技師たちにパンとコーヒーを持って行ったものよ」。(二〇一二年二月二二日)。

「今日会ってきた人は、医師に余命六ヶ月の宣告を受けた人。娘二人がくっついて世話を焼き、完全に赤ちゃんにしてしまっていた。本人自身が患者だと思って何もしないから、余計に何もできなくなるの。食べ物も韓方で体質に合わないと言われたものを食べさせないから、食べるものがなくて栄養失調になっていたわ。余命六ヶ月と言われたのなら、食べたいものを食べさせて、行きたいところに自由に行かせたらいいのに。

私も姑に尽くすのが良い嫁だと思って尽くしてきたけれど、結局はそのことが姑を馬鹿にさせてしまった。姑がどこかに出かけるときは頭の先から足の先まで整えてあげて、電話をすると言ったら相手の電話番号を押して受話器を渡すところまでしてあげた。それで姑は自分から何もしようとしなくなったの。だから痴呆症も早く生じた、と医師に言われたわ。痴呆症に罹ってから自分で何でもさせるようにしたけれど、今まで何でもしてあげていたのに急に何もしてあげなくなったから悪いことをしているみたいだった。

私が抗がんを打って帰宅したら、ヘロヘロの状態だから、うちの夫も子どもたちもよくしてくれる。何々を食べろと言ってくれるし。でも食べようとすると余計に食べたくないことってあるじゃない。一人でいたら、生きようとして、這ってでも食べるのに。ある日は娘が電話をしながら帰宅したんだけど、私の顔を見て「ハッ」と手で口を覆って笑うのを止めたの。うちのカジョク(gajok)たちが面白いテレビ番組を観ていても、手で口を押さえて笑っている。私の体調が悪いから。だからそれを見て、これはダメだと思って、Y郡の自然治癒施設に入ったの。「私は一人でそこにいるのが楽だから」と言いわけしたけれど、楽なことなんて何もない。そこは他人の家だから、水が飲みたければ私が這ってでも水を汲んで飲まないといけない。家にいれば水の「み」を口にしただけで、すばやく水を持ってきてくれるけれど。周りの人が患者にしてしまうのよ。私は家を出て正解だったと思う。具合の悪い姿をカジョク(gajok)に見せなくて済むから。醜い姿だけを見せて死んだら、死んだ後も良い思い出が残らないんじゃないかと思う」。（二〇一二年三月五日）。

「私は人生の半分は舅や姑に仕え、残りの半分は病気と闘っている。くやしいわ。私はソウルで育ったから、慶尚道出身の姑の言葉がほとんど聞き取れなかった。わからない単語をノートに書き留めて、二冊分にもなったのよ。今でもそのノートは保管しているわ。姑が怖かったから、一生懸命に方言を学ぼうとしたの。一日を終えて布団にもぐりこむ瞬間が一番幸せだった」。（二〇一二年四月二六日）。

**②ソン・ヨンスン（仮名、女性、六〇歳代、大田広域市在住）**

ソン・ヨンスンは、X大学病院で手術を受けた後、放射線療法を受けるため、「憩いの宿」に一ヶ月余り滞在した。大柄で、あまり感情を表に出さず、効率よくてきぱきと家事をこなす女性である。料理を食べることや作ることが好きで、家庭料理は何でも美味しく作ってしまう。

ソン・ヨンスンの滞在した期間は、「憩いの宿」の利用者がかなり多い時期であった。そのため長期滞在者と短期滞在者との間で大小のいさかいが起こることも多く、長期滞在者同士の結束力が強化されていた。寝るときも長期滞在者だけで固まってひとつの部屋を使い、他の部屋に短期滞在者を集めるようにしていた。筆者とソ・ヨンスンら長期滞在者は「憩いの宿」で二番目に大きな部屋で寝ていたが、就寝前や起床前、部屋のドアを閉めた状態で、短期滞在者の文句を言ったり、互いに自分の身の上話をしたりした。以下のライフヒストリーも、そのような中で語られたものである。

語りの中で特に注目すべきは、そのほとんどがシデクから求められて負わされてきた自己犠牲に関する話題で占められていることである。ライフヒストリーの中では、舅の父親の介護、自己中心的にふるまい自由を与えてくれない姑との同居、姑の世話をまかせきりの夫の弟夫婦に対する不満を長年にわたって我慢し続けなければならなかったことが語られる。

## 事例9－2－2：ソン・ヨンスンのライフヒストリー

「私は宗家（*jonggajip*）に嫁いで来た。結婚して教会に通うようになったけれど、私が早く帰ってオルンたちや夫がゆっくり祈祷できるようにと、牧師様の言葉が終わったらすぐに教会を出たものよ。そのあとの祈祷が重要なのに、そのことも知らなかった。教会に来ている人たちとも、知り合いになれないままだったわ。モイム（*moim*）に行って少し遅くなろうものなら、姑が私の友人たちの家に電話をしてきたのよ。姑は私の友人たちもみな把握していたし、どこの食堂で何を食べたかまで聞き出してきた。夫は無愛想だから姑は直接尋ねないけれど、私を通して聞き出し、夫の友人たちのことまでみんな把握していたわ。シジプサリ（婚家暮らし）といってもいろいろ仕事をさせるのではなく、自由になれないところが辛かったわね。夫に転勤の発令が出て、少しの間、舅や姑と離れて暮らしたのち、数年後にまた転勤の発令が出て、元の家に戻ったの。子どもの教育のことを考えると田舎には戻りたくなかったのに、姑は「もう十分に別居したから戻ってきなさい」という考えだった。最初から別々に住んでいた人が舅や姑と一緒に暮らそうとするとうまくいかないけれど、私は最初に同居した経験から、こんなものだとわかっていたので大丈夫だった。舅や姑の世代はしんどい時代を生きたから（嫁に）シジプサリの苦労をさせた。でも、私たちの世代は生きるのに困らなかったから、みんな嫁に対してよくしてあげる。実際に嫁をもらってみても感じるけれど、嫁が失敗しても包み込んであげたくなるわ」。（二〇一一年一一月五日）。

「結婚したてのころは、シハラボジ（＝夫の祖父）もいたの。近所の夫の弟の家に住んでいるのに、（夫の弟が祖父を）朝のうちに連れてきて夕方迎えに来るのよ。シハラボジはトイレに行くのが難しかったので、大小便をおまるで受けなければならなかった。シハラボジが私にそんなことをさせるのは申し訳ないといって、一人でトイレに行こうとして失敗してばかり。服やそこらじゅうに大小便がついて、掃除するのが大変だった。

子どもは泣くし、おじいさんは大小便をするし、大変だったわ」。（二〇一一年一一月二八日）。

「私は家に閉じ込められるようにして暮らしてきたと思う。舅は深く考える人だけれど、姑は自分のことしか考えない。私のチンジョンでは、おいしいものがあると、ハラボジ（＝祖父）の分は優先的に取り分けて、残りはハルモニ（＝祖母）が孫たちに一番おいしいところをくれたものだった。でも姑は、自分が一番おいしいところを独り占めする。週末帰ってきたとき市場でバナナを買ってきたら、姑はそれを自分の部屋に持って行って、食べずに黒くなったのを息子（＝ソン・ヨンスンの夫）に食べろと渡しに来たのよ。昔、幼かった孫にもあげないので、憎たらしかった。家ではごはんもたくさん食べ、おやつに〈エイス〉（＝クラッカーの商品名）を食べる姑が、外では食べないの。老人大学（＝高齢者向けのカルチャー教室）でおやつが出ても人にあげてしまうし、食事が出ても家に帰ってきて食べる。だから周りの人たちは「あまり召し上がらないんですね」と言うけれど、こっちがしんどい。夫の弟の妻（*dongseo*）の一人はソウルに、一人は大田にいるけれど、全く姑に会いに来ないわね。姑が入院したときも電話だけしてきて、姑が来るなといったといって、会いには来なかった。去年私が腰を痛めて入院したときも、今の治療中も、夫の弟の妻が姑を少しの間でも見たらいいのに、見ない。去年、九日に腰を痛めて、一一日に入院して、一四日が舅の追慕祈祷だったのよね。今は夫の弟の妻にごはんと汁物だけ頼んで、私がおかずを用意するようにしているわ。指図しないといけないと思うようになった。姑は私の病気（＝乳がん）を風邪程度に考えているわ。私は病気になって、ここに来なくても二ヶ月ぐらいどこか別の場所で休もうと考えていた。昔、姑と口論になって、ちょうど夕方にモイムがあったから、夕方遅くに帰宅した。それまではそんなことなかったのに。その夜、友達から電話があって、契（*gye*）の話になったので、今月は憂鬱だから私にあててほしいと話したの。それを姑が立ち聞きしていたのね。遅くに帰ったし、お金の話をしたものだから、姑は私が、借りる部屋を探していると思ったらしい。姑は怒ったけれど、息子がとりなしてくれた。舅が、私と夫に「ちょっと我慢してくれるわけにはいかないか」と言って、夫は「なんで俺たちばっかり我慢しろと言うのさ」と言ったわ。夫の弟の妻らが迎えに来て、姑がしばらく夫の弟の家にいることになった。毎晩、舅によく電話しているようだったわ。しばらくして迎えにいくと、姑は畑で仕事をしていた。そこでの生活が不便だったのか、迎えの車にすぐに乗り込んだわ」。（二〇一一年一一月二二日）。

「私は最初、夫と一緒に病院へ通ったわ。交通費や食費が二人分かかるから、来なくていいと言ったけれど、夫は「オンマが君の病気を風邪程度にしか思っていないから、わざとついていくんだ」と言った。今も週末、駅前まで迎えに来るのは、そういう理由からよ。姑は私が週末に帰ってくると知って、布団を洗うよう積み上げて、大根を抜いて漬けるよう言ってきたんだから。大根は夫が漬けてくれた」。（二〇一一年一一月二四日）。

「私は自分ががんという実感がなくて、「誤診だろう」という気でネットも本も見なかった。でもかえって夫の方がネットや本を見て、夫婦で栄養の講義も聴いて、私よりも食べ物の管理をよくしてくれる。カジョクが勉強して理解しないと、食べ物の管理も難しいわよね」。（二〇一一年一一月一五日）。

「私は他の病気では薬もほとんど飲まないけれど、アリミデクス（＝ホルモン療法の薬）だけは、がんに関わるから気合を入れて欠かさず飲んでいるわ」。（二〇一一年一二月一五日）。

（筆者が「家に帰られたらご主人が喜ばれるでしょうね」と言ったのに対し）「そうでしょうね。一人でごはんを作っているからね。明日迎えに来るらしいわ。夫は、家事なんて生まれてこのかた、やったことがなかった。私が病気になったから、どうしようもなく家事をするようになったけど、自分で、家事の才能があると言うの。鍋も作ったし、味噌汁も作ったし、キムチチゲも作ったらしい。私が汁物の具を買って、二人分ずつビニール袋に入れて冷凍室に入れておくの。イカだとか、イイダコだとか。夫がそれを取り出して料理するのよ。去年私が腰を痛めて入院したときは、電話するたびに、ハルモニ（＝姑）が「ごはんを作るのに頭が痛い」と言ってきた。この調子だから、電話したいと思う？　しないでしょう。病院から退院してからも、腰は重要だから、横になっていないといけないから、息子の家へ行っていたの。うちの姑は自分のことしか考えない。だからそうなのか、すごく元気。乳酸菌をたくさん摂るから元気なのかもしれないけれど。朝に〈エイス〉を召し上がって、おやつに〈ヨープレ〉（＝ヨーグルトの商品名）を召し上がって。それでも姑が健康なのは、感謝すべきことよ。姑が病気だったら、看病しなければならなくてどれほどしんどいことか。

今後は主人も当然手伝ってくれないとね。私が今まで投資してきたのだから、これからは私に投資してくれないとダメよ。夫も定年退職をして家にいるようになってから、ハルモニ（＝姑）の性格を知るようになったみたい。以前は私が言わなければ知らなかったものよ。また私が話せば、男は直線的だから、すぐにハルモニのところに行って文句を言うから、口論になるのよ。それが嫌だから私も話さなかった。ハルモニが何か文句をつけたときも、口答えすれば口論になって子どもたちの教育にもよくないから、ギュッギュッと（抑え込むように）我慢した。しばらく我慢するだけなら大丈夫。でもずっと我慢し続けたから、この病気が来たようね。子どもたちは、私が口に出さなくても全部知っているわ。私は子どもたちに心配させるのが嫌で、がんに罹ったと言わなかったの。この前の秋夕のとき、長男は妻がつわりがひどいので、（夜中の祖先祭祀には来なくていいから）朝にごはんでも食べに来いと言ったの。次男が先に来ていたのだけれど、ごはんを食べているとき、夫が「おまえのオンマが、ひどく体が悪い」と言った。でも次男は、私が去年腰を痛めたことを言っているのだと思ったみたい。大ごとだと思わずに聞き流してしまったわ。だから私が後で二階に上がって、がんに罹ったと話したの。長男は私が抱きかかえるようにして（＝大切に）育てたから心が弱いけれど、次男はわざと放っておいて強く育てたの。だから次男はけっこう強いの。それでもぽろぽろと涙をこぼしながら、「オンマ、もうハルモニのことは考えずに、自分のことだけ考えてください。オンマは旅行にでも行って、楽しく生きてください」と言ったわ。話さなくても子どもたちはすべて知っているのね。次男は徹夜で泣き明かしたらしい。朝に起きてきたら、目がぷっくり腫れ上がっていたわ。朝に長男が来て、なぜ目がそんなに腫れているのかと尋ねるから、私は、次男は桃アレルギーがあるのに桃を食べさせたから腫れ上がったのだと言ったわ。でもそのとき、夫の弟（*sidongsaeng*）も来ていて、教会へ礼拝に行ったとき、お義姉さん（*hyeongbu*）の体を治してください、と祈祷するのを聞いて、長男も知ったわ。

私は未婚のときは旅行も好きだったのに、嫁に来てからは身じろぎもできなかった。姑は息子が旅行に行くのは何も言わないのに、私が行くのはものすごく嫌がるの。教会のキムチセミナーも、できてから長く経つのに、一度も行けなかった。親しい友人たちと一緒に行くのが楽しいから、友人たちが行こうと言って、登録だけしたけれど、姑は一言も口をきかない。行かせまいとしてね。私も姑が良い顔をしないのに放って行ってても気分がよくないじゃない。だから行かなかった。私が病気になってから、夫が田舎に住むのがいいと言うけれど、ハルモニが田舎嫌いだから行けない。（筆者が教会主催の自然治癒施設の短期セミナーを勧めても）姑のせいで行けない。一人でいることを嫌がるから。私が病気なんだから「わたしゃ次男の家にしばらく行ってくるよ」とおっしゃってくれたら、どれほどいいことか。ハルモニがそう言えば、次男（＝夫の弟）も何も文句を言わないはずだし。夫の弟の妻も、私が病気なら、何ヶ月か姑を自宅で見るとかするべきじゃないのかしら。なのに、そんなことしないの。姑と一緒に暮らすのは、長所もあるし、短所もあるわ。チンジョンのオンマと一緒に暮らすのも、長所もあれば短所もあるでしょう。うちの町内に、娘が大腸がんの手術をした人がいるの。子どもたちの中で一番よくできた娘ががんに罹って胸を痛ませると、泣きわめいて大騒ぎになったわ。でもうちの姑は、私ががんに罹ったと言っても「楽しんで生きなさいね」としか言わなかった。楽しく生きられるように、何かしてくれるわけでもないくせに。だからそのとき「ああ、これがチンジョンのオンマと姑の違いなんだな」と考えたわ。昔はがんに罹ればみな死ぬと思っていた。初期に発見することもできなかったし、病院も薬もなかったからね。遅くに発見して、みな死んだでしょう。でも今はがんも全部治してしまう。

オルンたちと一緒に暮らしていたら、確実に子どもたちが違ってくる。うちの子どもたちは家に来るとき、絶対に手ぶらでは来ない。うちの嫁はずっと両親とだけ暮らしてきて、ハルモニ・ハラボジと一緒に暮らしたことがないから、違うわ。私が子どもたちに「家に来るときは高いものでなくてもハルモニが召し上がるものをひとつでも買ってきなさい」と言ったのよ。今は嫁もちゃんとするわ。舅の服は買ってこなくても、私の服を買ってくれて、ハルモニの服も買ってくれる。百貨店で売っている良い服を買ってくれるの。最初はハルモニが、服が気に入らなくて着ないと私に言うから、私が嫁に、百貨店で交換してもらうよう言ったこともあったけれど、今はハルモニも気に入ると言ってよくお召しになるわ。でもハルモニは嫁に対して三万ウォンしかあげない。金持ちなくせに、そんなことするのよ。嫁が薄いマタニティ服を着てきたから、もっと厚い服を着ろと私たちが話していたとき、服を買って着なさいとお小遣いでもあげればいいものを、知らんぷりをするんだから。私は嫁に服を買って着るよう、嫁の通帳に入金してあげたし、夫も送金してあげたわ。最近は姑も嫁に対してシジプサリをさせないわ。嫁をもらってみると、かわいい。私の友人たちもそう言うわ。でも昔の人たちはみなシジプサリをさせた。なぜそんなことをしたのかわからないわ。私は嫁に対して「仕事はさせない。だけどおまえは長男の嫁だから、チバンで何が起こっているかをよく見ておかないといけないでしょう。だから、何の用事もしなくていいから、うちに寄って、ぐるっと一周して帰りなさい」と言ったの。そうしたら嫁が休日に来て、よくしてくれる。シジプ（*sijip*）に来たくて来ていると思う？　でもうちのハルモニは「来るな、来るな」と言って私に「なんでしきりに来いと言うんだい、苦労させて」とおっしゃるの。私は嫁に教育させようとしてそうしているのに、ハルモニがそんなふうに言うんだから」。（二〇一一年一二月一五日）。

「私は未婚（*cheonyeo*）のときは、仕事に通いながら休暇をとって、旅行に本当によく行ったわ。紅島も本当によかった。友人たちと済州島に行って、漢羅山に登ったとき、帰りに大雨警報や強風警報が出て、飛行機が飛ばず、船も出なかった。民宿にいると、夜に船が出るとのことで、船に乗って深夜に木浦へ着いたわ。木浦駅に着いたけれど、当時は夜一二時以降は通行禁止で、駅から出られなかった。おじさんの案内で、休止中の列車に乗り込んで寝たわ。雨で線路が崩れて、ソンジョンまでなら列車が出ると聞いて、ソンジョンまで行ったわ。窓から見ると、藁葺きの屋根まで水に浸かっているのが見えた。列車で何とか大田まで戻り、一人暮らしをしている友人の家に泊まったわ。友人の一人が桃の農園をしていたので、夕方そこで集まろうということになり、夕方、肉を買ってきて焼いて食べたの。次の日、家に帰ると、カジョクたちが、娘はどうなったのかと心配して大騒ぎになっていたわ。それほど遊んだけれど、恋愛はできなかった。夫とは仲媒で結婚したのよ」。(二〇一一年一二月一五日)。

ハン・ヒヨンとソン・ヨンスンのライフヒストリーからは、シジプサリの苦労による否定的感情の蓄積を乳がんの病因として解釈していることがわかる。ここでは、姑に服従しなければならなかったことや結婚生活で自由を与えられなかったことだけでなく、家系継承者となる男児を産まねばならなかったり、夫のきょうだいから姑の世話を押し付けられたりといった、夫方のチプから求められる規範に長年にわたって耐えてこなければならなかったということが語られている。

一方でソン・ヨンスンの語りの中では、夫はまた異なった側面でも特筆すべき存在である。夫は自分の母親に対してソン・ヨンスンの病気が重篤であることを見せしめ、母親からソン・ヨンスンに課せられる精神的負担および家事労働の負担を減らそうとする。夫は場合によって、患者と共に規範に対して抗う協力者になりうることもあることが、ソン・ヨンスンの語りによって示されている。

ただし患者たちが従来の人間関係を見直すとき、必ずしも相手の属性によって態度を決めているわけではない。上の二名の患者と同様にシジプサリを病因と考え、病気を切り札として姑の小言を封じつつも、一部のシデクの人々とは親密に関わる事例として、次のキム・ヨンスンのライフヒストリーを見てみよう。

### ③キム・ヨンスン（仮名、女性、五〇歳代、全羅道在住）

キム・ヨンスンは中背中肉で、髪にパーマをかけている。定期検診のために「憩いの宿」を利用し、自らの身の上を語った。

ライフヒストリーの中で特に注目すべきことは二つある。ひとつめは、チプの規範上やむをえず負わされてきた自己犠牲が好ましくないものとして認識されていることである。キム・ヨンスンは、夫が次男であるにもかかわらず自分が長男の嫁のような役割を担わなければならないことに不満を抱いていたものの、性格上その不満を口に出せなかったことが、病気を引き起こしたと考えている。このことと関連して、キム・ヨンスンの乳がん発覚を契機に姑が小言を言わなくなったと述べていることも注目に値する。二つめは、シヌイ（＝夫の姉妹）との関係性である。シデクの人々は接触を回避したい対象として認識される場合が多いものの、中にはシヌイと仲がいい場合もあることを、キム・ヨンスンの語りは示している。

#### 事例9―2―3：キム・ヨンスンのライフヒストリー

「私は食べものが原因ではないと思う。食べものは三番目だと思う。一番目はストゥレッス。二番目は体質。私がストゥレッスを受けやすい性格なの。性格に問題があるの。間違っていると思ってもそれを口に出せないし文句を言えなくて、我慢しながらすることになる。他人に対しては文句を言えるけど、シックー（sikgu）には文句を言えないこと。自分のことより他の人のことを先にしてあげること。そういうのがストゥレッスなの。一昨年にストゥレッスをたくさん受ける出来事もあったし。体質も、私は体が冷たいの。手も足も下腹部も冷たい。体が冷たかったらがんが生じるらしいじゃない。私は初潮が一五歳のとき。早いほうではなかったわ。息子を一人産んで、母乳を飲ませた。私は外食するのが好きじゃないし、肉も好きじゃないし、野菜だけを食べていたわ。味噌や醬油も家で作って、小麦粉食品もあまり好きじゃなかったし、揚げ物は衣を全部はがしてから食べていた。ジャージャー麺とかピザ、パン、そういうものは食べても一年に一度ぐらいだった。フライドチキンもそう。食べても三つぐらいだったし。お酒もタバコもやらないし。だから私は食べものが原因ではないと思うの。

今はプロポリスとビタミン剤を飲んでいるわ。あと、先日日本で一〇〇万ウォンで買ってきたスピルリナ。あと、家ではニュージーランド産の初乳も飲んでいるわ。赤ちゃんみたいにね（笑い）。

手術してから一年過ぎたことだし、昔のように接してくれたらいいのにと思う。私がおかずに箸を一回でもつけたら、たくさん食べろといって、美味しいものを私の前に置いてくれて、これはがんに効くから食べろと言う。そういうのがすごく嫌なの。がん患者としてしか見ていないということじゃない。それが心の傷になる。だから親しい友人とはごはんを食べに行くけれど、ただの友達とはごはんを食べに行こうと言われても行かないわ。

私はシヌイ（＝夫の姉妹）たちと親しいの。今日もシヌイと外で会ってきたわ。東大門の平和市場でシヌイが服を買ってくれた。親しいけれど、でもシヌイの家には行かないわ。家に行ったら誰が喜ぶと思う？　嫌がるだけでしょう。抗がんをしていたときも、シヌイには連絡せず、病院だけ寄って帰ったわ。髪も全部抜けたのに、そんな姿を見せたくなかったから。私の自尊心が傷つくから。

私の夫が次男なのに、私が長男の嫁のような役割を担わないといけないの。むしろ長男の嫁だったら偉そうにできたでしょうに。長男が成功して大黒柱（*gidung*）にならないといけないのに、うちの場合は、うちの夫が次男なのに大黒柱にならなければならないの。姑の誕生日、舅のチェサ、お正月（*seolnal*）、秋夕、全部私たちが準備しないといけないの。夫の兄の妻（*hyeongnim*）は何もしない。そういうのがストゥレッスなの。シヌイたちはいいけど、姑はよくない。長男よりも次男のことが好きなの。シヌイたちも私と姑がぶつかったら、姑の味方。これは仕方のないことよ。私が患ったから、今は姑も小言を言わなくなったわ。

夫がゴルフに行くのもストゥレッス。週末ごとに行くし、今日も行ったわ。親しい友達が誘ってくるものだから。

私たち夫婦は、保険公団でやっている検診じゃなくて、一年に一回ずつ、お金を出して検診を受けていたわ。それを二月に受けておくべきだった。二〇〇九年二月に検診を受けたときはPETやCTを撮影しても何の異常もないって言われていたの。でも二〇一〇年二月、パイプ会社で働いている夫の仕事が忙しくて、工事が終われば行こうということになった。それで八月に検診を受けることになったの。そしたら医師が、何かが見えるって。がんのようだと言うの。

がんの診断を受けたとき、息子のことばかり考えて、三日間ずっと泣いていたわ。五年は生きられるというけれど、一〇年だけでも生きられたらいいのに。今息子が二八歳で、就職したところだけれど、三八歳なら基盤ができているでしょう。

でも乳腺外科の隣の小児病棟に行ったら、すごく幼い子どもたちががんに罹って、言葉も話せないのにおでこに点滴しているの。それを見て、私は五〇歳を過ぎるまで生きたし、意思疎通もできるのだから、私が泣いてはダメだと考えたわ。宗教もあるから、頼れるし。それでも鬱病になってしまった。あまりにも不安感が大きくて、手がぶるぶる震えるほどだった。うちの夫の弟が医師で、不安感の原因を調べないといけないって。それがわからなければ薬を飲んでも効果がないって、そう言ったわ。原因を洗い出してみたら、ちょっとマシになった。今は薬も飲まずに過ごしているけれど、鬱病が少し残っているわ。それまでお金を使えずに生きてきたこともくやしい。抗がんは期間が過ぎれば大丈夫だけれど、痴呆症（認知症）や鬱病はがんよりも恐ろしいっていう言葉、合っていると思うわ。

手術を終えるまでは、シヌイとチンジョンのシックー（*chinjeong sikgu*）だけが病気のことを知っていた。夫に、誰にも知らせるなと言ったの。でも友達が、家の電話に電話して、こちらが何日も受けないから、そこで発覚したわけ。X大学病院で手術して退院した後に、麗水市にある医院に一週間入院したら、人々がどれほどたくさん来たことか。だから抗がんをするときは家の電話は一切受けなかった。携帯電話に電話が来たら、ソウルにいると言った。これは私が生涯をかけて返さなければならない荷物よ。

保険に入っていたから、放射線治療を受けている間は、医院に入院して療養していたわ。出された食事を食べて、光州に住む姉が一週間に一度ずつおかずを作って宅配便で送ってくれた。

がんの診断を受けて、まずチンジョン（*chinjeong*）に知らせることになったわ。姉は泣きわめいて大騒ぎになった。がんの診断を受けた病院で手術しようとしたけれど、兄が、ソウルに来て治療を受けろといって、X大学病院の予約を取ってくれたの」。（二〇一二年三月二日）。

一般的にシデクは既婚女性にとって、気遣わねばならない厄介な存在として認識され、また研究上でもそのように論じられがちである。しかし上の語りの場合、病気を切り札として姑を黙らせつつも、シヌイとの感情的な紐帯を大切にすることから、必ずしも対象の属性によって患者が態度を決めているわけではない。

これと同様に、近年の韓国社会でシデクとは逆に既婚女性と親密な間柄として一般的に認識されているチンジョンも、必ずしも患者たちにとって好ましい存在であるわけではない。チンジョンにおける規範に自己犠牲的に従ってきたと回顧する事例として、次にソン・スジョンのライフヒストリーを見てみよう。

**④ソン・スジョン（仮名、女性、五〇歳代、ソウル特別市在住）**

ソン・スジョンは顔もボディラインも若々しく、体のラインが出るおしゃれな服を身につけている。患者会Wの役員をしているが、他の役員たちより少し若いこともあって、旺盛に患者会や誰かの世話を焼くような姿勢は見せず、与えられた任務を控えめな態度でこなす。普段はあまり自分の身上について語らないが、患者会の役員らが地方の乳がん関連イベントへ参加しに行くとき（このとき欠員が出たため筆者にも急遽声がかかり同行させてもらえることになった）、列車の中で語り始めた。

ソン・スジョンのライフヒストリーは、チンジョンにおける男児選好の規範に自己犠牲的に従ってきたという内容を語る点で注目に値する。父母が男児の誕生を強く望み、兄に長く母乳を与えるために自分には砂糖水が与えられていたことが語られる。男児である兄は大事にされる存在であり、ソン・スジョンも兄に頭が上がらなかった。それでいながら兄に代わってソン・スジョンがチバンの用事を取り仕切らなければならなかった。そしてソン・スジョンは、患ってからはチバンの用事を他の人たちに任せてしまうという回避策をとっている。

### 事例9-2-4：ソン・スジョンのライフヒストリー

「私は内向的な性格で、近所に知り合いもいなかった。こうやって患者会の活動に参加するようになって、性格が変わった。患って一を失い、九を得たわ。私は七年前、乳がんの手術の後で肺がんの手術もしたの。肺がんのほうは取ってみたら結局がんではなくて誤診だったとわかり、手術費も返してもらえたけれど。抗がんをして髪がない状態で、人工呼吸器までつけているから、妹の同僚が「こんな重病のお姉さんがいたなんて」と驚いて、妹の同僚たちで三〇〇万ウォンを集めて分厚い封筒に入れてくれたわ。四二歳のときだったけれど、病院のベッドには満年齢で四〇歳と表記されるから、余計に若く見られたのね。

私は五人きょうだいの三番目。一番上は姉で、最初の子だといって大事にされた。二番目は兄で、息子といって大事にされた。四番目は私の五歳下の妹で、五番目も妹。私は兄や姉の顔色をうかがいつつ、年下の妹たちの面倒を見ないといけなかったの。兄は男の子だからと大事にされて、六歳まで母乳を飲んでいたわ。私は「なんで尼っこ（*gasina*）に乳をやるのか」ということで、母乳を与えられず砂糖水を与えられた。私の後、すぐ下の妹が生まれるまで、オンマは何度か妊娠しても、女だといって堕ろしていた。今回は一〇〇％男だというので、アボジはミンクの布団まで買いに行ったのを幼心に覚えているわ。ところが生まれてみたら女だった。でもきょうだいの中で誰よりも美しくて背も高い。西洋的な顔立ちなの。ブランド物を買うのが好きで、たくさん持っているわ。そういうパルチャを持って生まれてきたんでしょうね。

幼いとき、兄が心理相談をしに行ったけれど、カウンセラーは、ついてきた私を見て、この子の方が心理相談が必要だと言ったわ。兄に頭が上がらない心理状態だとか指摘されて、自分の心を見透かされたようで恥ずかしかった。

幼いとき、夏休みに兄たちとハルモニの家に預けられた。オンマにすごく会いたいのに表現できず、兄にこづかれたとき、声もなく涙だけを流したわ。後にアボジが迎えに来て、オンマと再会したら、あれほど会いたかったオンマがなぜか不自然。だから甘えることもできなかった。長いこと会わなかったからでしょうね。チバンの行事はすべて私が仕切ってきた。女きょうだいの中で育ってきたせいか、兄は女みたい。すぐに泣くのよ。チバンの行事、たとえば両親の誕生日をいつどうするかとか、全部私が取り仕切ってきた。でも患ってからは他の人に任せているわ。なんで私が全部しなくちゃいけないの。

兄は、アボジの病院費を自分が出してあげたから、相続の権利を一人占めしようとした。私たちにも権利があるのに。だから兄に反対したわ。兄は、私が歯向かってきたことを「意外だった」と言っているわ。

アボジがすごく厳しかったので、アボジの死後は私たちきょうだいも、自由になったという感覚と、柱(*gidung*)を失ったという感覚が入り混じっていた。中心となる柱を失って、どうしていいかわからなくなったの」。(二〇一二年四月一五日)。

上の語りからは、既婚女性と親密な間柄として一般的に認識されているチンジョンも、必ずしも患者たちにとって好ましい存在であるわけではないことがわかる。これと同様に、チンジョンを全面的に好ましい存在とは捉えず、自分の自己実現の足かせとして捉えている例として、ジャン・ハヨンのライフヒストリーを見てみよう。

**⑤ジャン・ハヨン（仮名、女性、四〇歳代、海外在住）**

ジャン・ハヨンは背が高く、肉付きもよく、丸顔にメガネをかけている。化学療法で脱毛した頭には短い毛が生えてきている状態であった。ジャン・ハヨンは韓国で生まれ育ったが、成人になってから海外で仕事をするようになった。自宅も海外にあるが、現地の医療技術が韓国と比べて未発達であること、その国から近い米国で治療を受けるには医療費が高すぎることなどを理由に、韓国に帰国して治療を受けている。化学療法中は京畿道の姉の家にいたが、放射線療法は毎日通院する必要があり、姉の家から通院するには時間がかかりすぎる。また姉の家にいるといろいろ気遣わねばならないという。これらの理由で、放射線療法中の一ヶ月余り、「憩いの宿」に滞在していた。ジャン・ハヨンは一見するとおおらかで、細かいことを気にしないように見える。しかし実際には他の患者たちと比べても格段に神経質で、周囲にかなり気を遣う性格である。そのため、毎日滞在者が入れ替わり落ち着かない環境の「憩いの宿」では、連日のように不眠に悩まされていた。ジャン・ハヨンは「憩いの宿」を訪れた患者たちと談笑する中で、あるいは筆者と散歩する中で、自らの身の上を語った。

語りの中で注目すべき点は二つある。ひとつめは、チンジョンのきょうだいとの関係性である。チンジョンのきょうだいは困ったときに協力を要請できる仲だが、気も遣う間柄として語られる。ジャン・ハヨンにとって実の姉や弟は、化学療法中に家に滞在させてもらうことを頼める点では他の人々よりも踏み込んだ協力を要請できる対象ではあるものの、「顔色をうかがわないといけない」「他人（*nam*）」と表現される。二つめは、チンジョンの母親との関係性である。チンジョンの母親と娘の関係が近しいものであるからこそ、母親の側から気がねなくケアを要求され、娘の負担になるという側面もあることを、ジャン・ハヨンの語りは示している。

### 事例9－2－5：ジャン・ハヨンのライフヒストリー

「私は化学調味料も使わず薄味で料理をしてきたのに、なんでこの病気に罹ったのかわからない。スポーツも好きで、ゴルフによく通っていたのに。ストゥレッスを受けたことは受けた。二年前、夫のせいで。夫は誰にでも親切で、女性たちに人気があるの。そのせいでストゥレッスを受けたけれど、患って、あきらめたわ。ストゥレッスを受けて病気になったら自分だけが損だもの。

以前はティータイム、大きなコップにコーヒーを入れて、ケーキと一緒に味わうのが好きだった。そうしながら夫と一時間でも二時間でもおしゃべりしたわ。でも患ってしまったから、もうそれはできない。ブラックコーヒーはいいけれど、甘いものは体に悪いから。イタリア料理のおいしい店があって、ピザやパスタを好んで食べていたのに、それももう食べられないわね。小麦粉が体に良くないから。

姉が（通常は小麦粉を入れるところ）エノキダケと野菜に卵だけ入れて焼いてくれたけれど、あれはなかなかおいしかった。姉の家も弟の家も京畿道にあるの。抗がんのときそこにいたけれど、他人（nam）の家だから顔色をうかがわないといけない。私はベッドに慣れていて、床ではよく眠れないけど、他人の家に勝手にベッドを入れるわけにもいかないし。昼は家に誰もいないから、話し相手もいなかったわ。一人でいると余計にしんどいものよ。

抗がんの二次、三次のときは、高熱が出て救急室に行ったわ。夜に近くの総合病院へ行ったけれど、がん患者はかかりつけの病院でないと受け入れてくれないのね。それでX大学病院の救急室に行ったけれど、空きベッドもなく、廊下に座って二日間過ごさなければならなかったの。余計に病気になりそうだったわ。四次からは食欲が出てきたわ。いきなりいろいろ食べたがるから、姉が驚いていたわ。後で聞いたら、医師が食欲促進剤を投与したとのことだった。いろいろ食べたから、四次からは体もよく耐えたわ。でももう二度と抗がんはしたくない。生涯で一番しんどかった」。（二〇一二年三月一日）。

「私は自然の摂理に反したためにこの病気が来たんだと思う。乳がんに罹った人を見ると、母乳の授乳をしなかった人が多い。私も母乳の授乳をしなかったの。仕事をするためにね。そして自然分娩もしなかった。だから余計に母乳が出なかったのよ。長男を産んだときは、生まれるべきときがまだ来ていないのに、私が都合のいい日に赤ちゃんを取り出してしまったから。それでも初乳を飲ませたらいいと聞いたから、飲ませようとしたわ。乳頭が中に陥没してしまって、子どもがくわえられないから、搾乳機で搾り出して与えたの。でも全部吐き出してしまった。飲まないの。今になって考えてみると、私が帝王切開の手術を受けて、体に薬が残っているから、飲まなかったんだと思う。オンマの体の中に悪いものがあるってこと、子どももみんな知っているでしょう。医師が無理に飲ませなくていいと言ったので、その後は飲ませなかった。忙しかったしね。次男のときは母乳を飲ませることを考えもしなかったわ。もっと忙しかったから。あなたは結婚して子どもを産むときは自然分娩して母乳を飲ませなさい。私は娘がいないけれど、娘がいたら、必ず自然分娩して母乳をあげるように言ってあげたいわ。子宮の手術をしたときも、帝王切開をしていたせいで子宮がきれいじゃないと言われたわ。自然分娩をすれば子宮の中にあるものもきれいに出て行くけれど、帝王切開をすれば人の手で取り出すから、どうしても汚いものが残ってしまうでしょう」。(二〇一二年三月三日)。

「長男が聖堂に通うようになって、私もついていくようになった。三年間一生懸命に通ったのに、仕事が忙しくなって聖堂に通わなくなったから、そのために病気が生じたのかしらとも思う」。(二〇一二年三月五日)。

「あまりにも疲労感が強いから、検診を受けてみたの。全部大丈夫だったけれど、最後の乳房検査は、考えてみたら前回の検査から長く経っていた。家に帰ってシャワーをしていたとき、せっけんを塗りつけていたら、しこりに触れたの。両方の胸にあるんだけど、片方はより硬かった。豆粒のようではなくて、筋肉のように触れたわ。だから筋肉なのかなと思ったのに。私ががんだなんて。考えることもできなかった。でもそのときすぐに手術していれば、一・五センチと言っていたから初期だったと思う。でも検査結果を待って、韓国に渡ってきて、手術の日を待って、二ヶ月も過ぎたじゃない。がん細胞をいじってから放置しておくとその間に大きくなるみたい」。(二〇一二年三月一九日)。

「私は今日まで、がんが誤診ではないかと思っていた。でも今日、看護師に尋ねたら、リンパ節を二四個だか二六個だか切除して、そのうち四個にがんがあったと言うので、がんであることを確信して、失望したわ。M先生は四個だけ切除したと説明していたのに。先生はちゃんと説明してくれなかったのね。私が保護者も同伴せず一人で来ていたから、適当に扱われたのかしら」。(二〇一二年三月一四日)。

「手術したときでさえも死に対する考えがあまりなかった。でも最近は切実に感じるの。やっとがんということを自ら受け容れたからそうなんだと思う」。(二〇一二年三月一九日)。

「がんに罹ったとき、他人のせいにしたこともあったけれど、結局は私のせいなのよね。ファが積もって病気が生じたのよ。私は他人のために生きてきたのに。両親やきょうだいも、ある意味では他人じゃない。でも、心の曇りなく尽くしていなければならなかったのに、私がやりたくないのに仕方なくやることってあるじゃない。そういうのが積もったの」。(二〇一二年三月五日)。

(散歩中に急な坂道を下りながら)「私も昔、高校生時代にこういうところに住んでいたわ。昼は仕事をして、夜に勉強していたの。アルバイトは職種を選ばず、何でもやったわ。屋台でハンバーガーを作って売る仕事もしたし。大学にも行きたかったけれど、家の経済状況がよくなくて、両親がとにかく嫁に行けと言うので、外国に行ってしまったの。やりたいことはたくさんあったわ」。(二〇一二年三月一九日)。

「オンマは糖尿病を二〇年間患ってお亡くなりになったわ。合併症で動けなくなって、あるだけのお金をすべて使って。オンマのせいで私の下のきょうだいたちは、オンマの世話をするために結婚できなかった。オンマがお亡くなりになってから、次の年に一人、その次の年に一人、結婚したの。オンマがお亡くなりになったときも、それほど悲しくなかった。さっぱりした寂しさ(*siwon-seopseop*)と言うのかしら。最初にワーッと泣いて、終わり」。(二〇一二年三月五日)。

「私はあちこち旅行に行きたかったし、勉強したいこともあった。でもチプ(jip)の経済状態がよくなくて、できなかった。うちの息子には、したいことを全部できるようにしてあげたい」。(二〇一二年三月七日)。

「先日、チンジョンのアボジの誕生日だった。集まった他の人たちは楽しみしゃべりまくっていた。私は具合が悪く、頭も痛くて横になっているのに。寂しかった。でも考えてみれば、自分一人が具合が悪いからって、他の人まで皆憂鬱な雰囲気になるのは間違っているわよね」。(二〇一二年三月一二日)。

「姑は八〇歳を超えているから、心配させると思って、病気のことは話していないわ。夫がシデクに行って来いと言うけれど、一年ぐらい何も知らせていないのに今さら行って何をするというの。腕も思いどおりに使えないのに」。(二〇一二年三月一二日)。

「治療を終えたら仕事をせずに休むのが一番いいと思う。仕事をしたらストゥレッスを受けるから。先日釜山から来た患者も、最初の治療後に休むべきだったのに、仕事をして再発したと言っていたじゃない。仕事をすると時間に追われて、朝も子どもたちにごはんを食べさせて出勤するのに忙しかった。夫がお金を稼ぐ人は仕事をせずに休むのがいい。でも私の場合、夫が稼がないから心配だわ。一四歳の次男が大学を卒業するまでは面倒を見てあげたい。高二の長男が大学を卒業するときは私はまだ生きているだろうけれど、次男が大学を卒業するのは一〇年後だから、私がそのときまで生きているかどうかわからない。子どもを産んだからには面倒を見る責任があると考えているわ。だから一人だけ産もうと思っていたのよ。私の両親は、オンマがずっと糖尿病を患っていたから、子どもにしたいことをさせてあげる余力がなかった。それで私は、自分の子どもがしたがることを何でもさせてあげようと思ったの。何かを買ってあげるのではなくて、行きたい所に行かせてあげるとかね。長男は私たち夫婦よりもいろんな国に行っているのよ」。(二〇一二年三月一七日)。

「夫は嘘がつけず、人が嘘をつくとも思っていないから、だまされやすいの。そのために大金を失うこともあったわ。事業のために失ったらまだよかったのに。一度は投資するといって失い、二度目は知人の知人がオーガニックスプラウトの栽培技術を大学で学んだので工場を作るという話に乗って投資して、結局大根をひとつもらっただけで一億五〇〇〇万ウォンを失ったの。三度目は夫の知人の中に悪い人がいて、お金を貸してあげたら行方をくらましました。三度目はもうけているときだったからよかったけれど、二度目はもうからないときだったから、借金を作ってまでそんなことをしていたのよ。

私は夫の性格を知っているから、もうけてからは家計を半々に分けたわ。私の名義でアパトゥも買い、子どもの学資は夫が担当、生活費は私が担当することにしたら、とても楽になった。夫が大金を失ったときも、私たちがよりよい暮らしをしようと投資して失敗したのだから、離婚など考えなかった。お金はまた私が稼げばいいと思った。

でも五年前に夫が浮気をしたときはしんどかった。それから二年経って乳がんが見つかり、夫は自分のせいでそうなったと思って、今はものすごく申し訳ながっているわ」(二〇一二年三月一七日)。

「ここに来て治療しているのは正解だと思う。ひとまずカジョク(*gajok*)たちと離れているから。カジョク(*gajok*)たちが横にいれば、気になるじゃない。一番気を揉ませるのは夫と長男。でもこうやって離れているから、電話はするけれど口先だけで心配して、気楽でしょう」(二〇一二年三月六日)。

「ある意味、私がここに一人でいるのはよかったとも思う。夫はゴルフに行き、息子たちは家でパーティーを開いて。そういうことを聞いたら寂しくも思うけど、私が家にいたらパーティーなんかできる?」。(二〇一二年三月五日)。

「六ヶ月間は私が病気で韓国にいても、夫は楽しく遊んでいたわ。でも六ヶ月を過ぎて、退屈になったようね。何よりお金がなくなったのよ。妻がお金を稼いでいたからね。夫と長男が一番お金を使うの。夫はまた、高い車を売りもせず人にあげてしまった。抗がん三次が終わったあと、夫が韓国へ遊びに来たわ。そのときでさえも、まるでもう死ぬかのように考えて、ナミソムや昌慶宮でデートした。韓国内を二人で旅行したことなんて、それまでなかったのよね。仕事で海外に行った後、そこで夫に出会って、結婚の許しをもらうために一回、結婚式に一回、長男が一〇ヶ月のときに一回、韓国に来たきりだったから」。（二〇一二年三月七日）。

「こうやって患って失ったものも多いけれど、得たものもあるわ。カジョク（*gajok*）の大切さ、私の家の大切さ、私の生の大切さを感じるようになった。患っていないときはそんなこと感じられずに、不平だけを言って生きていたと思う。家に帰ったら、違った人生を生きるつもりよ。人だから、ずっと暮らしていれば昔のようになるでしょうけれど、帰ってから夫が浮気をしても、もう気を揉まずに、放っておけると思う。夫は私が帰ってきたらマッサージをしてあげるといって、やる気満々だけれど、きっと長続きはしないでしょうね。韓国人は根気がないから」。（二〇一二年三月一九日）。

上の語りからは、チンジョンを全面的に好ましい存在とは捉えず、自分の自己実現の足かせになった存在として捉えていることがわかる。またチンジョンのきょうだいが気を遣わねばならない存在として語られたり、チンジョンの母親が負担になっていた存在として語られたりしている。既婚女性と親密な間柄として一般的に認識されたり研究上で論じられたりしているチンジョンも、必ずしも患者たちにとって好ましい存在であるわけではない。

これらに加え、ジャン・ハヨンの語りの中では夫婦間の関係性も重要な位置を占めている。ジャン・ハヨンは、夫の浮気によるストゥレッスが病因になったと考えている。夫婦間では感情的紐帯も重要なものと見なされており、そこに問題が生じた場合は強いストゥレッスがもたらされる。このような夫との関係性については、他の患者のライフヒストリーを通して後に検討する。

ジャン・ハヨンはチンジョンを、自分の自己実現の足かせになった存在として捉えている。自己実現ができなかったことを病気の原因と結びつけるのは、ジャン・ハヨン個人の思考ではない。事例３－２－２でクォン・ミヨンジャは「やりたいことがあるのにできなくて、その思いを胸に埋めていたら、それが澱になってしまう」、事例4－1－1で「何か考えが縮こまっていると病気が来るわ。したいことを全部したか、考えてごらんなさい」と語っている。また事例6－1－3でパク・ファジャは、「ファッピョン」に関する語りの中で「最近は息子一人、娘一人しかいないから、みんな勉強して（＝高等教育を受けて）、やりたいことを全部やって暮らしているけれど。オンマ世代の心情は理解できないでしょう?」と語っている。これらの言葉に見られるように、女性が自己実現の機会を奪われることは、否定的感情として積もり、「ファッピョン」を引き起こす大きな要因として捉えられている。

ジャン・ハヨンのようにチンジョンの経済状況のために自己実現をあきらめなければならなかったケースもあれば、結婚のせいで自己実現のための時間が持てなかったと認識するケースもある。後者のケースとしてソ・ソンウンのライフヒストリーを見てみよう。

**⑥ソ・ソンウン（仮名、女性、五〇歳代、ソウル特別市在住）**

ソ・ソンウンは、背は低めで痩せ型であり、髪を長く伸ばしている。身につける衣服や小物はいつも、奇抜なデザインでいかにも高価そうなものばかりである。時には髪にアフロヘアーのようなパーマを当てたり、手の爪におしゃれなネイルアートを施したりもする。しかし性格のほうは控えめであまり感情を表に出さず、真面目で慎重である。患者会Wの役員として中核的な役割を担っている。機転が利いて仕事ができるので他の役員たちから頼りにされており、そのことを自身も自覚している。他の患者たちとの間では口数も多くなく、自分のことを余りしゃべらない。以下のライフヒストリーは、乳がん関連イベントからの帰りに、自家用車に筆者を乗せて送ってくれることになり、運転しながら車中で語ってくれたものである。

語りの中で特に注目すべきは、自らが結婚のために自己実現の機会が奪われてしまったと認識し、子どもたちに対しては結婚（ひいては家系継承者出産）や先祖代々の墓を守ること、祖先祭祀の継承などといったチプの規範を守らなくてもいいと伝えていることである。

## 事例9-2-6：ソ・ソンウンのライフヒストリー

「夫婦生活（＝性交）をしていて、夫が（がんを）見つけたの。病院で検査すると一期だった。がんの診断を受けたときは、空が崩れるような気持ちだったわ。がんはすごく小さかったけれど抗がんをして、当時珍しかった部分切除をして、放射線を当てた。抗がんをしていない人はがん患者じゃないわ。私も抗がんは点滴ではなくて、注射だったので、すぐ終わった。それでもすごくしんどかった。他の患者さんたちの中には点滴を刺して何時間もかけて抗がんをする人もいて、どれほどしんどいだろう、と思うわ。病院でそういう人を見るたびに泣いた。抗がんはとてもしんどくて、鬱病になった。そのため無理にでも外に出ようと、患者会のモイムに参加したわ。患者会の活動で忙しくしているうちに、時間がいつの間にか過ぎて、術後七年経ったわ。

これでも性格がだいぶ改善されたほうなのよ。私の性格は完ぺき主義で、乳がん患者にはこういう人が多いわ。ひとつの仕事を頼まれたら、それすらろくにできない人、頼まれたことだけする人、いろいろ考えて二つ三つのことをする人もいるけれど、私は後者。今回の会長が会長になるとき、手伝ってくれと言われて役員の仕事を引き受けたの。女性たちばかりが集まっているから、ぐちゃぐちゃ文句をいう人が多いし、ストゥレッスを受けることもある。こんなストゥレッスを受けてまた病気になるのではないかと思うこともあるわ。でもこの仕事を通して人脈ができるのが嬉しくて、そのやりがいで仕事をしているの。

タモクシペンを五年飲んで、ペマラに変えた。タモクシペンを飲んでいるときも、副作用がつらかった。不眠症もあったし、膣が乾燥して夫婦生活が苦痛になって、性欲そのものがなくなって、夫婦生活が嫌になったわ。急に火照ったりもした。タモクシペンの服用期間が終わるとき、先生に「まだ飲まないとダメですか」と聞いたら、先生は「薬を飲むことで再発率が低くなりますが、薬を飲むかどうかはあなたが決めることです」

と言った。そう言われると飲むしかないじゃない。ペマラは副作用で関節痛がある。節々が痛むのよ。がんになってから、私は少し変わったと思う。がんはドラマの中の話で、自分が罹るとは想像すらしていなかったわ。でも罹ってしまった。だから「明日何が起こるかわからないんだな」と思うようになった。したいこと、食べたいもの、見たいものがあれば、明日に延ばすのではなく、今日してしまう。性格がせっかちになったとでもいうか。がんは生涯一緒に生きていかなければならない友達じゃない。だから肯定的に考えるようにしているわ。

私は学生時代に恋愛して、卒業してすぐ結婚したものだから、社会生活を経験していないの。だから、自分の夢を実現する時間が持てなかった。息子二人には、必ずしも結婚しなくていい、チェサも気にしなくていいし、私たち夫婦が死んだらどこか近くに祀って、ピクニックがてら来たかったら来てもいいし、来たくなかったら来なくてもいい、と伝えているの」。(二〇一一年一〇月七日)。

上の語りからは、ソ・ソンウンが結婚のために自己実現の機会が奪われてしまったと認識し、子どもたちに対しては結婚(ひいては家系継承者出産)や先祖代々の墓を守ること、祖先祭祀の継承などといったチプの規範を守らなくてもいいと伝えていることがわかる。

病因論を中心とするライフヒストリーが結婚や夫に関わるかたちで語られるケースは、他の患者にも見られる。そこには現代韓国社会における夫婦間のジェンダーバイアスや、結婚に関する新旧の価値観の混在などが映し出されている。

まず夫婦間のジェンダーバイアスを映し出す事例として、キム・ジスクのライフヒストリーを見てみよう。

### ⑦キム・ジスク(仮名、女性、五〇歳代、慶尚道在住)

キム・ジスクは中背中肉で、温和な雰囲気の女性である。三年前にX大学病院で治療を終え、現在は定期検診のみに通っている。筆者が「憩いの宿」でキム・ジスクと顔を合わせたのは一度きりだが、このときキム・ジスクは土曜日と月曜日にそれぞれ別の科で診療予約が入っていたため、間の週末を「憩いの宿」で過ごした。週末は他の患者がいないため、キム・ジスクは筆者を相手におしゃべりに興じた。そのなかで中心となったのが、ライフヒストリーであった。

語りの中で特に注目すべきことは、キム・ジスクが夫の酒癖を嫌いつつも、夫が社会生活をうまくこなしてお金をよく稼いでくるからという理由で、酒癖の問題を我慢してきたと語られることである。すなわち、夫との間で感情的紐帯に問題があっても、夫が生活を支えてくれているからという理由で、妻がその問題を我慢する。そのジェンダーバイアスが、病気の発覚とともに問題として前景化する。

### 事例9-2-7：キム・ジスクのライフヒストリー

「私は三年前に大邱で手術したけれど、取り残しがあると言われて、X大学病院へ来たの。大邱では再手術で全摘すると言われていたけれど、X大学病院のM先生は様子を見て「あとちょっと取ればいいだけ」と言い、温存手術をしてくれた。それでいいのかと少し不安だったけれど、有名な先生が言ったのだから大丈夫だろうと思う。X大学病院で手術した人は腋と胸の手術跡が一直線になっているのに、大邱では二ヶ所に傷ができたのよ。

手術の後、友人がアワビ粥を持ってきてくれた。アワビ粥は、手術のあと新しい肉が早くできると言われているからね。でも高たんぱくなものを食べて大丈夫だろうかと思いつつ食べたわ。のちに「憩いの宿」に来たとき、済州島から来たアガッシが、がんの手術の後はアワビ粥を食べてはいけない、がん細胞まで早く復活するってオンマが言っていた、と言うのよ。それを聞いてちょっと不安になったわ。

抗がんをしたあと全身が痛むので、いまだに鎮痛剤を飲んでいるの。最初は術側の腕だけ痛かったけれど、だんだん痛みが上に上がって、鎖骨を経由して健側の腕に下りてきたの。なぜだかわからないわ。鎮痛剤を飲んでいるから我慢できる程度の痛みよ。

うちの父母の世代は家族歴が全くなかったけれど、次兄が肝臓がんで亡くなり、数年前には長姉が胃がんの手術をしたわ。そして私は乳がんに罹った。六人きょうだいのうち三人ががんに罹ったものだから、他の姉たちも「今度は自分の番か」と怖がって震えているわ。私も長姉が胃がんの手術をしたとき、「今度は私の番か」と思ったわ。

（原因について）正答はないけれど、私は甲状腺が弱かったの。甲状腺がよくない人は乳房と結びついているの。肉のようなものはあまり食べなかったわ。ストゥレッスは受けたわね。夫がお酒をたくさん飲むものだから。夫はタバコを吸うからリビングで寝かせて、私は寝室で寝るのよ。夫はお酒を飲んで夜遅くに帰宅するから、リビングで寝ろってこと。私が若かったときは、夫が一時二時に帰ってきてもそのときまで待っていたけれど、もはや歳を取ったから、私は早く寝る。でも夫はお酒を飲んで夜遅く帰ってきたら、寝室のドアを開けて「おい、キム・ジスク、俺が帰ってきたぞ」と叫ぶのよ。私は一度目が覚めたら再び寝付くことがなかなかできないというのに。お酒を飲んで遅く帰ってきてもいいから、私を起こすなって、何度教育しても必ず同じことをするの。お酒が入ったらうまくいかないみたいね。

私は保険に入っていて助かった。郵便局へお金を預けに行ったとき、女性職員が保険に入れとしつこく勧めてきたの。（掛け金が）一ヶ月二、三万ウォンだったから加入したわ。謝礼としてゴム手袋と水筒までもらったの。加入から三年経って、がんが発覚したのよ。診断金一〇〇〇万ウォンと、手術費三〇〇万ウォン、あと実費が出たわ。金額はさほど大きくなかったけれど、それでもソウルに通院して治療を受ける費用はカバーできて助かったわ。最近はがん患者があまりにも多いから、そういう保険はなかなかないのよ。

私ががんに罹ったから、息子たちの体のことが心配よ。長男は四年制大学を卒業して、大企業への就職を目指してソウルで予備校に通って英語の勉強をしているわ。お小遣いは一ヶ月に八〇万ウォンあげてる。次男は頭が悪くて、工業高校を卒業してから、短大を出てすぐ就職したの。かえって生産職の方が就職できるのよ」。(二〇一二年二月一一日)。

「市場で商売しているアジュンマたちはすごく荒々しくて怖い。市場でモノをよく見て値切れる人は市場で買い物をすればいいけれど、私はモノを見る目もないし、どうやって値切ればいいのかわからない。値切ろうとしたら罵声を浴びせられそうだし。だから市場には行かずにマートで買い物をするの。

私は中学がカトリックの学校だった。友人について聖堂に通い始めたの。聖堂では女性たちが白いレースのベールをかぶるから、それが少女心にきれいに見えたの。しんどいとき、宗教があるといいわ。プロテスタントの教会は、来たらものすごく歓迎して引っ張り込むから、私の性格に合わない。聖堂ではそういうことをあまりしないから、私の性格に合っているの」。(二〇一二年二月一一日)。

日曜日の朝に聖堂へ出かけ、「憩いの宿」へ戻ってきたキム・ジスクは、明るい表情で次のように語った。

「今日は明洞聖堂に行ってきてよかったわ。聖堂では神父様に懺悔するというのがあるんだけど、私は懺悔しなければならないことがひとつあって、今日してきたの。いつも夫はお酒に酔って帰ってきて、私を相手にくだをまくの。うちの兄も酒飲みだけれど、飲むと寝てしまうの。そうすると体には悪いらしいけれど。夫はお酒が入ると寝ない。人をつかまえて何度も同じ話をするの。本当の話、うその話。家に帰ってきてそれをされるから、私まで眠れない。このストゥレッスで私はがんに罹ったと思う。若い時からずっとそうだった。でも社会生活はうまくこなすし、お金もたくさん稼いでくるから、離婚することもできない。それに男はお酒を飲んでこそ仲間に入れてもらい、社会生活がうまくいくという文化があるのよ。先日はまた酔って遅くに帰ってきてくだをまくから、なんで私が一人で苦しまないといけないの、なんで私がこんなことにならないといけないの、と思って、夫に「近づかないで」と言って、夫を押したの。酔った人を押したものだから、夫はバランスを崩してよろめき、柱に頭をぶつけたわ。くわえていたタバコはワイシャツの胸に落ちて、焦げて穴が開いたわ。火事になるかと、あわててタバコの火を消した。人を先に心配するのではなくてね（笑い）。メガネをかけて夫の頭を見たら、こぶになって腫れて、汁が少し出ていた。破けて血が出ていたら病院に行かなきゃいけないところだったけれど、大事に至らなくてよかった、と安心したわ。この話を神父様にしたら、酒飲みを止めさせることはできないから、ただ我慢しなさいと言われたわ」。（二〇一二年二月一一日）。

右の語りでは、夫との間で感情的紐帯に問題があっても、夫が生活を支えてくれているからという理由で、妻がその問題を我慢すること、そしてそのジェンダーバイアスが妻の病気の発覚とともに問題として前景化することが示されている。

次に、結婚に関する新旧の価値観の混在を映し出す事例として、カン・ミビンのライフヒストリーを見てみよう。

**⑧カン・ミビン（仮名、女性、四〇歳代、釜山広域市在住）**

カン・ミビンは、オ・スクジャ（⑩）の友人である。「憩いの宿」の直接の利用者ではないが、オ・スクジャが週末にカン・ミビンを「憩いの宿」に招き、オ・スクジャの作った昼食を筆者と三人で食べた。昼食後のおしゃべりの中で、カン・ミビンは自らのライフヒストリーを語った。

語りの中で特に注目すべきは、個人の自由意志で配偶者を選択したためその結婚生活で生じる問題の責任も自分で負わなければならない状況に置かれること、そしてそこにチプの規範ものしかかってくることである。カン・ミビンのライフヒストリーでは、母親の反対を押し切って結婚したものの、結婚後は夫の病気と死、舅と姑の看病という苦労が続き、その後も気を遣いながら姑との同居を続けなければならない状況にあることが語られる。

また、幼子を抱えて乳がん治療を受けることになった寡婦のカン・ミビンを積極的に助けてくれるのがチンジョンの父親と姉であること、シデクの人々は元気な姿を見せると同情を買えないので「最大限かわいそうなふり」をして見せればならない相手として語られることも注目に値する。

### 事例9－2－8：カン・ミビンのライフヒストリー

「私は、姉二人と弟一人がいる。夫はおらず、小学生と幼稚園生の子どもがいるの。家は釜山にあるけれど、私の治療のために子どもたちも仁川の姉の家に連れてきて、仁川で学校や幼稚園に通わせているの。完全に引っ越してきたわけでもないから、子どもは毎日「釜山に帰ろう」と言うわ。抗がんを受けて一週間は横になっていることしかできず、ものも食べられず、一週間後からは妊娠したときのように食欲旺盛になる。フライドチキンなんかも節制せずに食べちゃうわ。医師が何でも食べろと言うから（この言葉を聞いていたオ・スクジャが「医師もがんに罹ったらみんな節制して食べるわよ」と反論）。

抗がんの一週間後からはすごく元気だから、姉に「釜山に帰ってシデクのシックー（*sidaek sikgu*）たちに会うときは、最大限かわいそうなふりをしないとダメよ」と言われるの。姉の家で過ごしていたとき、保険金が下りると聞いて入院してみたけれど、横にケアしてくれる人がいないのが不便だった。突然何かが食べたくなっても作ってくれる人がいないし。姉の家にいるときは、抗がんを受けてから一週間横になっているときアボジが上京してきて、「何か買ってきてあげようか」と気を遣ってくれたわ。関心を持ってくれる人が横にいるだけで、だいぶ違う。アボジが皿洗いも全部して、スプーンや箸、食器を煮沸消毒することまでやってくださるの。一回目の抗がん後に海苔巻き、二回目は和食、三回目はカレーを食べたところ、その食べもののにおいをかぐのが嫌になってしまった。最近姉が子どもたちに食べさせようとカレーを作ったとき、においをかぐだけで気持ち悪くなってしまったわ。

もともと家は舅の名義だったのを、舅が夫に譲り、夫が亡くなって私に相続されるかたちになって、私の名義になった。姑と一緒に住むのは嫌だけれど、私たちが出て行くのも変だし、姑に出て行けとも言えないし、一緒に住まざるをえない状況なの。姑は中風を患っていて、私たちが結婚したときから家事は私にまかせっきりになったわ。皿洗いはしてくれるけれど、老人で目がよく見えないのか、洗い残しがあって、それを見るのが嫌なの。いつも食器に何かがくっついているの。子どもたちの食器にまで洗い残しがあるんだから。私が最初から洗ったほうが楽よ。姑の前で洗いなおすのもやりにくいし、結局二度手間になってストゥレッス。今は（姑のもとには）親戚と介護ヘルパーが来ておかずを届けてくれているわ。私も今は姉の家にいて姑と離れているから楽だけれど、治療が終わればまた戻らないといけない。

私はひとつのことに没頭して、ずっとそのことを考えてしまう性格。そのせいでがんに罹ったんじゃないかと思うわ。だからがん治療に関してはわざと情報を耳に入れないようにして、流れていくままに生きようという姿勢で治療に臨んでいるの。

ソウルや仁川の人たちの性格は、利己的でせちがらい（*yabakhae*）。姉もそうなの。姉は、「周りに合わせて生きなきゃ、都市では生き残れない」と言うわ。

夫は和食の調理師で、回転寿司屋をしていた。新婚旅行のときに氷菓子を食べて、それからずっと下痢をしていた。そのときすぐに病院へ行っていれば大丈夫だったでしょうに。六ヶ月間も病院に行かず、六ヶ月後に病院へ行ったら、腎臓がよくないから大きな病院へ行けと言われたわ。仕事も辞めて、シデクへ行った。シデクの人たちが、韓薬で治そうというものだから、一ヶ月頑張ったわ。でもその間に悪くなって、動けないくらいになったとき、病院へ行って手術したの。回復してからは透析に通ったわ。下の子が私のお腹の中にいて、ストゥレッスを受けるから、昌原市にある家にも住んだ。夫は腎臓の移植を受けに、中国へ行った。あそこでは売買されるから。それで元気になったけれど、夫はパチンコに通ったの。日本へ料理の勉強をしに行っているときパチンコにはまって、結婚後やめていたのに、回転寿司屋を開いた周囲にパチンコ屋が多くて、はまってしまったの。それで心の荷が大きかったんだと思う。寝ているときに心臓麻痺を起こしてしまった。仕事だけに集中していたらよかったのに。私は本当に試練が多かった。オンマは結婚に反対して、三〇日間の禁食祈祷までした。その結果、この結婚はよくないという結論をオンマは出したけれど、反対されたらもっと結婚したくなるものよ。さかんに恋愛する年ごろだから。でも結婚してみたら、本当に苦労した。姑もうちの夫が腎臓が悪くなってお寺へ祈祷しに行って、中風に罹ってしまった。臨月だった私が看病に通ったわ。舅も倒れてしまった。結婚して一年のうちにしんどいことがあまりにもたくさん生じて、耐えきれなかった。上の子はお腹の中でストゥレッスをたくさん受けて、二・七キロで生まれた。小さいのに出てこなくて、吸引機で引っ張り出したの。下の子のときは楽に産んだわ。夫が病気になってお金をあまり稼げないものだから、私はお金をぜいたくに使ったためしがない。(医療保険で)がんの診断金が下りたけれど、「私が全部使って死ぬからね」と子どもたちに言ったわ」。(二〇一二年四月二三日)。

上のライフヒストリーからは、個人の自由意志で配偶者を選択したためその結婚生活で生じる問題の責任も自分で負わなければならない状況に置かれること、そしてそこにチプの規範ものしかかってくることがうかがえる。

一九六〇年代以降の韓国社会においては、それまで仲媒婚が主流であったものが、自由恋愛が広まり恋愛結婚が増加していった。ここで尊重されるようになったのは、配偶者選択における個人の、責任を伴った自由意志である。ただし次節のオ・スクジャ⑩の語りに出てくるように、現在においても、結婚は新郎新婦の意志で成り立つというよりは、親や本人の職業などチプの状況に釣り合いが取れているかどうか互いのチプに認められて初めて成り立つものであることもまた事実である。そして結婚後はチプの規範に従うことが求められる。

結婚に関する新旧の価値観が交じり合う中、結婚生活に問題が生じた場合、自由意志で配偶者を選択したため問題の責任も当事者に求められ、同時にチプの規範ものしかかってくるという状況が生まれる［澤野 2013b］。カン・ミビンのライフヒストリーは、新旧の価値観が重なり合う中で苦境に立たされる「オモニ」の姿を浮かび上がらせている。

この節で見てきたように、患者たちのライフヒストリーからは、家族のための自己犠牲による否定的感情の蓄積を乳がんの病因として解釈する態度が浮かび上がる。病因論を中心とするライフヒストリーが結婚や夫に関わるかたちで語られるケースには、現代韓国社会における夫婦間のジェンダーバイアスや、結婚に関する新旧の価値観の混在状況が映し出されている。このような状況下、「オモニ」たちが乳がんを機に従来の人間関係を変えようとする取り組みは、家族生活における苦境を脱する通路を拓いている。

ただし患者たちが従来の人間関係を変えようとするとき、必ずしも相手の属性によって態度を決めているわけではない。一般的にシデクは既婚女性にとって、気遣わねばならない厄介な存在として認識され、また研究上でもそのように論じられがちである。しかし、場合によっては病気の発覚後もシデクの人々が親密な関係を維持する対象となる。すなわち、必ずしも対象の属性によって患者が態度を決めているわけではない。これと同様に、シデクとは逆に既婚女性と親密な間柄として一般的に認識されたり研究上で論じられたりしているチンジョンも、必ずしも患者たちにとって好ましい存在であるわけではなく、接触を回避しようとする対象になることもある。

## 第三節　患者たちの語る自身のライフヒストリー（2）
### ——奉仕を選択的に継続し、感情的紐帯を強める対象についての語りを中心に

第一節の事例から明らかになった様相の中でも、本節では、家族への選択的な奉仕が継続され、感情的紐帯が強められる側面に注目する。

このような行為の対象としては、子どもたちやチンジョンの母親が頻繁に語りの中に登場する。現代韓国社会において、子どもたちやチンジョンの母親は、一般的に「オモニ」が親密な関係を築く対象として認識されている。患者たちのライフヒストリーでも、その典型に沿った語りをするケースが見られる。

まずは、「オモニ」が親密な関係を築く対象として一般的に認識されているチンジョンの母親や子どもたちについて、その典型に沿った語りをする三人の患者のライフヒストリーを続けて見てみよう。

**⑨チェ・サンミ（仮名、女性、五〇歳代、慶尚道在住）**

チェ・サンミはX大学病院で手術をした後、放射線療法を受けるため「憩いの宿」に一ヶ月余り滞在し、筆者と寝食をともにした。小柄でおかっぱ頭のチェ・サンミは、社交的で朗らかな性格であり、口数も多く、初対面の患者たちともすぐに話を合わせて打ち解ける。「憩いの宿」のリビングルームでテレビを観ているとき、あるいは一緒に散歩をしているときや料理をしているとき、折に触れて自らの身の上を語った。

語りの中で特に注目すべきは、娘およびチンジョンの母親との関係である。チンジョンの母親は、かつて乳がんに罹りチェ・サンミとその姉が献身的に世話を焼いた対象であり、現在は乳がんの治療を受けるチェ・サンミを献身的に世話してくれる人物でもある。そして娘は、乳がんが遺伝しないかと心配して献身的に世話を焼く対象である。

### 事例9-3-1：チェ・サンミのライフヒストリー

「オンマは一〇年前、M教授に乳がんの手術をしてもらって、今でも元気にしているわ。私が手術をした今は、オンマがソウルからうちに来て家事をしてくれているの。私は遅くに末っ子の娘を産んで、娘は今一一歳。私のオンマも乳がんで、私も罹ったから、娘のことが心配なのに、本人はまだ幼いからよくわかっていないみたい。ハムや肉、魚のおかずを好んで、野菜を嫌がるの。だから野菜をたくさん入れてカレーをよく作るようにしているわ。娘は太っているのに運動も嫌がるのよ。今は幼いから、がんに罹ったら死ぬんだなぁぐらいは知っているけれど、がんに罹ったら怖いとかいう考えは浮かばないみたい。家族歴があるから注意しろって、私がずっと言い聞かせなければ。だから私はあと二〇年は生きなければならないわ。娘を嫁にやるときまで。今後私がどうなるかはわからないけれど。予防する方法は、食生活に注意して検診を頻繁に受けるしかないわ。オンマが手術した一〇年前は、がんに罹れば死ぬと思っていた。最近は認識がだいぶ変わったとはいえ、それでも人々の脳の中にはそういう考えが残っているわ。私はなぜだかわからないけれど、がんに罹ったと人に話すのが恥ずかしい。だから昨日来た友人二人にしか話していないの。人々は、なんで恥ずかしいの、罹りたくて罹ったわけではないじゃない、って言うけれど、なぜかわからないけれど恥ずかしい。こういうことがあるでしょう。本人のいないところで、あーあ、がんに罹ってこの先どうなるのかしらって、人々が話すじゃない。そういうのが嫌なの。医師は、たくさん話しなさいって、そうすることで情報も得られるって、そう言うんだけど、情報はインターネットでいくらでも手に入るからね」。（二〇一二年二月八日）。

「がんの判定を受けてみんなすることが、インターネットで検索しまくることよね」。（二〇一二年二月一三日）。

「娘が太っているから、「オンマのように患いたくなかったら食べものに注意しなきゃダメよ」と言うけれど、理解できないみたい。でもあまりにも細かく話すと子どもがストゥレッスを受けそうだから話せない。娘が

「オンマ、がんに罹ったの」と聞いてくるので「うん？　違うよ」と答えてしまうの」。（二〇一二年二月一三日）。

「私が教会の人たちに「がんに罹った」と話せば、みんなで祈祷してくれて、いいでしょうけれど、話せそうにないわ」。（二〇一二年三月六日）。

「私は普通に過ごしている限りは患者であることを忘れて暮らしているのに、病気の知らせを聞きつけた友人たちから電話がかかってくると「ああ、私は死ぬ病気に罹ったんだな」と感じてしまう」。（二〇一二年三月五日）。

（乳がんに罹った原因をどう思うかと筆者が尋ねると）「私はまず家族歴があったし、野菜をあまり食べなかった。運動もちょっと不足していたようだし。私は仕事をしていたから、お酒をたくさん飲んだわ。職場文化がお酒文化なの。勤務が終われば毎日のようにお酒を飲みに行くのよ。うちの夫が同い年だから毎日そうしていた。そのときはそれが悪いものだという考えはできなかったわ。お酒を飲めば疲労もとれるのよ。でもね。お酒を飲むとき、昔のように野菜のおつまみを食べていたら大丈夫だけれど、最近は違うじゃない。肉を焼いて食べ、フライドチキンを食べ、ピザを食べ。私がそうだったの。一番大きな原因はストゥレッスだけど、そのストゥレッスを発散しようとしてお酒を飲んでいたんだから。私は家族歴があるからストゥレッスを受けるときも注意しなければならないのに、それができなかった。だからうちの娘には、必ず注意するように言ってあげたい。私はずっとソウルで暮らした後、夫の仕事のために地方へ引っ越したの。女性たちは暮らしていたところで暮らすのがいいわ。知っている人もいないし、田舎は不便なことも多い。だからストゥレッスをたくさん受けたの」。（二〇一二年二月八日）。

「医師たちはみんな、バランスよく食べろ、肉も食べろというけれど、そうしている患者は一人もいないわよね。私は患ってから耳がものすごく薄くなって（＝人の意見に流されやすくなって）、誰かがよくないと言えば食べたくないし、誰かがいいと言えば食べなければならないような気がするの。テレビにケーキやアイスクリームが出てくれば本当に食べたいし、むかつく。誰かが研究をきっちりして、肉を食べる人と食べない人を比較して、再発率にどれほどの差が出るのか、バシッと提示してくれたらいいのに。これを食え、食うな、と、バシッと提示してほしい。うちの夫は（今の）私が食べるものを見て、いいものが食べられなくて病気が生じたと言うの。草だけ食べて大丈夫なのかと。肉もどうか食べてくれと。私は「わかった」と言いながら食べないんだけど、たまには肉も食べないといけないと言うから、カレーを作るときに肉をちょっと入れたりするわ。あまりにも食べなかったら帯状疱疹ができるというじゃない。それががんより怖いと言うじゃない」。（二〇一二年二月八日）。

「私は二〇〇九年に交通事故に遭って、胸が痛かったので医師に診てもらったら、何かがあるので詳しく診る必要があると言われたわ。でもそのときは大したことないと考えたから、放置したの。あのとき保険に入っていれば、ロト当選だったのに。あのとき病院へ行っていれば、上皮内がんで発見できたでしょうに。私は保険に加入しようとしていたとき、甲状腺の検査のせいで加入できなかったの。それで他の保険を探していたところ、ぴったりそのタイミングで胸にしこりが触れたわけ。保険に入って、期間が過ぎてから病院に行くという方法もあったけれど、お金が問題じゃないじゃない。早く病院へ行かなければならないから。しこりは、不思議と嫌な予感がした。他のしこりは触れても「これ何だろう」ぐらいの気持ちなのに、硬いものに触れたとき、頭がじーんとしたわ」。（二〇一二年二月一三日）。

「（X大学病院の）ブレストセンターに入院したのに、手術室が本館にあるから、ストレッチャーに載せられてものすごく長い距離を運ばれたわ。人々もみんな見つめてくるし。歩いていったらまだましだったでしょうに。こっちに行ったりあっちに行ったりした。手術室では、私の前に手術した人が出てきた。でも、泣いていたのよ。それを見て私もなぜだかわからないけれど涙がワーッと出てきた。夫が「なんで泣くんだ」と言ったわ」。（二〇一二年三月六日）。

「手術後と、放射線治療をする前に、銭湯に行ってアジュンマにあかすりをしてもらったわ。でもやたらと申し訳ない気がした。患者が横たわっているから。昔、胸を片方なくしたオンマを連れて銭湯に行ったら、気持ち悪がる人たちが多かったのよ。でも今回、アジュンマは「片方全部ない（＝全摘した）人も来るんだから、気を遣うな」とサバサバしていたわ」。（二〇一二年三月六日）。

「ひどく仕事をする人を見ていたら、再発しているわ。必ず再発するというわけではないけれど。うちのオンマと同時期に手術したアジュンマは、夫がお金を稼げないから、仕事をたくさんしているけれど、今も元気よ。腕は浮腫が生じてパンパンに腫れているけどね」。（二〇一二年二月一三日）。

「私は右利きなので、つい（術側の）右手を使ってしまって、オンマに手を叩かれる。でも家事（*salrim*）をする主婦がどうやって腕を使わないでいられるというの」。（二〇一二年二月一三日）。

「今は家にいるときはオンマが家事を全てしてくれる。手術後しばらくは夫が髪を洗ってくれていた。夫は「手術すれば終わり」だと思っているので、「これが始まりなのよ」と言い聞かせているわ。夫は妻が病気なのにタバコをやめないの。洗髪も今は夫がしてくれるのではなく、自分でするようになったわ。オンマが薄味でおかずを作ったら、夫は自分の分を別に取り分けて、化学調味料と塩を入れて味付けしなおすの。夫は料理上手だからね」。（二〇一二年二月二七日）。

「オンマががんの診断を受けたときは、カジョクの中で初のがん患者だったし、今のように患者が一人で治療を受ける状況でもなかったから、私が休職して、姉と交代で家に行って、青汁を作ってあげたりしたわ。一人で放っておけなかったから。私たち子どもがお金を集めてオンマの口座に振り込み、オンマが必要なときに必要なだけ使って、便利そうだった。私ががんの診断を受けたときも、きょうだいたちがお金を出し合ってくれて、合計五〇〇万ウォンぐらいくれたわ」。（二〇一二年二月二〇日）。

「昔はがんだと言えば「二ヶ月しか生きられません」「余命六ヶ月です」そういうものだと思っていたわ。ドラマでいつもそんなふうに出てくるから、そういうものだと思うじゃない。オンマががんに罹ったときも、そうだと思った。オンマが死ぬと考えて、毎日デパートにショッピングしに行ったものよ。M先生が話しているときも、先生が病名を口にしそうになったら、私がオンマの後ろで顔をしかめて「話すな」と先生にアピールしたものよ。でもオンマがあまりにも体の管理に気を使わないから、話したわ。家事をしようとしたりするものだから。それまでは「乳房に腫気（jonggi）があるから取り除いた」と言っていたのよ。オンマは言葉を遠まわしに解釈するのではなくそのまま受け止める性格なのよ。だから一〇年間健康に過ごせたのでしょうね。最初はオンマが死ぬと思って、いろいろと世話を焼き、オンマが一人で出かけたら大ごとになると思っていた。でも「長い病気に孝行者なし」という諺にもあるように、だんだんオンマの世話を焼かなくなったわ。最初から世話を焼いていなかったらまだましだけれど、世話を焼いていたのに焼かなくなったから、申し訳ないわ」。（二〇一二年三月六日）。

「最初は肯定的に考えていたけれど、「憩いの宿」に長くいると、再発した人があまりにもたくさん来るのよね。だから動揺して不安になる。早く三三回終えて帰らなければ。考えてみたら、こんなふうにカジョク（gajok）と離れて暮らす機会がどこにあるかしら。一日どこかに行って来るだけでも難しいのに。学生時代に合宿に行ったことが思い出されるわ」。（二〇一二年三月七日）。

「大学生のときは毎日のようにコンパを開き、友人たちをくっつけるのに忙しかった。マダム崔というあだ名までついていたのよ。でも自分の相手を探せなかった。職場で気に入る人を見つけたとき、わざと毎日のようにぶっきらぼうに接して、「お、こんな子がいるんだな」と思わせたの。彼が出張で一ヶ月カナダに行っている間、毎日のように会っていた私が懐かしくなったのか、彼のほうから連絡が来るようになり、付き合うようになったわ。今の夫とは、友人と一緒に遊びに行ったときに初めて会い、その友人にまた遊ぶ計画を立てさせて会ったのよ」。(二〇一二年三月七日)。

「私は長男を産んだ後、妊娠しても堕ろしていたわ。でも一〇年ぐらい経って、夫がよその女の子を見て「娘がいるのもいいなあ」と言ったの。ちょうどそのときにまた妊娠した。夫の言葉が思い出されて、胎児も女の子だというので、産むことにしたわ。長男と一二歳離れているの。いま家に帰ると、遅く生まれた子が笑わせてくれる。夫婦喧嘩も遅く生まれた子のために収まるの」。(二〇一二年三月七日)。

**⑩オ・スクジャ(仮名、女性、五〇歳代、光州広域市在住)**

オ・スクジャはX大学病院で手術および化学療法を受けた後、放射線療法を受けるために一ヶ月余り「憩いの宿」に滞在した。背が高く、かなりの痩せ型で、メガネをかけている。服装にはあまり頓着せず、息子が中学生のときに着ていたという体操服を着たりもする。化学療法で脱毛した頭には少しずつ髪が生えてきて、坊主刈り程度の長さになっている。かつらはかぶらず、外出時は帽子をかぶり、室内では頭にバンダナを巻いている。自分は神経質な性格だと自ら言う。他の患者が料理をしているときも台所の動きに目を光らせて、野菜をもっときれいに洗うようにとか、野菜の皮には農薬がついているからちゃんと皮を剥くようにとか、食器に洗剤が残らないよう丁寧にすすげとか、あれこれ注文をつける。肉食を徹底して避けており、年配の患者が「放射線治療中で白血球の数値が下がりやすいのだから肉を食べないと打ち勝てないわよ」と無理に肉を勧めると、「どう考えようが自由ですけど、私に強要しないでください」と歯向かうこともあった。読書を好み、博識で、乳がん治療に関してもかなりの知識を持っている。オ・スクジャは散歩の途中など折に触れてライフヒストリーを語った。

オ・スクジャの語りにおいてチンジョンの母親は、娘が文句を言ったり甘えたり、時には互いに反目しあったりする、気がねのない存在として示される。

### 事例9−3−2：オ・スクジャのライフヒストリー

「娘はオンマに対して言いたいことをみんな言ってしまって、スッキリするとともに心が痛み、気分を発散しもする。でもオンマは子ども（jasik）に対してそこまではできずに、より心を痛めておられるみたい。抗がんをするときから五ヶ月実家にいたけれど、最初の二ヶ月はよくて、あとは毎日、口論したわ」。（二〇一二年三月二四日）。

「ストゥレッスが万病の原因だというじゃない。私は敏感でストゥレッスを受けやすい性格だと皆に言われるわ。そして非公式的な論文も出たらしいけれど、こんなこともあるわ。私が一九六三年生まれで、その時期に化学調味料が出回り始めたの。オンマたちが、それを入れればおいしいから入れるようになり、私たちの世代は幼いころから化学調味料を口にするようになった第一世代なのよ。オンマの世代は成人になってから食べるようになり、私たちは幼いころから食べたから、差があるでしょう。うちのチンジョンのオンマも、ずっと化学調味料を使っていたわ。キムチを漬けるときも、化学調味料を入れるなと言ったのに、入れ続けて。去年私が抗がんをしたから、そのときから入れなくなったわ。長女とオンマの仲は、愛憎関係って言うじゃない。私もそういうことがある。オンマを愛しながらも憎むという。オンマは良かれと思ってしてくれたのに、私から見たらそうじゃないことってあるじゃない。オンマはずっと化学調味料を食べ続けてきたけれどなんともないって言うの。でもオンマは成人してから食べるようになり、私は幼いころから食べたから。差があるでしょう。食べものの話をして思い出したけれど、私たちの世代はお菓子を買って食べることが少なかったのに、私はよく買って食べていたわ。学校の前で売っている不良食品のようなもの。非メーカーのお菓子を不良食品って言って、そういうものが最近になって体に良くないって言われるようになったけれど、その当時は知らなかったのよ。私たちの世代は三食のごはんだけ食べて育った人が多いのに、私はそういうものも買って食べていたわ。

抗がんを受けていたときはチンジョンで過ごしたわ。オンマが何でもしてくれるから、私は一日中、することがなかった。保険には入っていなかったわ。いつか田舎に黄土で家を建てて住みたい。智異山のふもとでね。人の来ないところに生えている山菜を摘んで食べたい。昔は雑草としか考えていなかった草も、今では体にいいといって皆摘んでいくじゃない。韓国式ハーブとも言われるでしょう。桔梗も摘んで乾かしてお茶にしたり、若葉はナムルにしたり、茎ごと乾かして茶色い砂糖に漬けて酵素(hyoso)を作ったりするの。

私はリンパ節一九個のうち四個にがんがあったらしいの。放射線をするかどうかとM先生に聞かれて、しなくてもいいのならしたくないと思ったわ。でも放射線科の先生は、しなければならないと言ったの。でも放射線治療によってがん細胞がガん幹細胞になり、再発や転移をしやすくなるという論文が発表されて、記事にもなっていた。それを放射線科の先生に見せたら、「この記事を読んで放射線治療をやめないでください。担当医師の指示に従ってください」という最後の一文を指されたわ。M先生はなぜ選択させるようなことを言ったのか、という質問には答えてくれなかった。上の教授から習ったことをそのまますることしかできないんでしょうね。乳房もリンパ節もII期だから、というのが放射線治療を勧められる理由らしい。でも知り合いは、リンパのうち三つにがんが見つかったのに、放射線治療はしないことになっているのよ。

息子には医学部か薬学部に行けと勧めたけど、本人は適性に合わないといって、死んでも行かないと言ったわ。工学部の教授をしているアッパの影響を受けて、息子も工学部に進んだ。息子も教授になりたいと言っているの。専攻の新素材は、特に教授のポストがなさそうなのに。工学部で有名な大学は三つあって、息子の入った大学は新設。息子は二期生になるの。他の二つの大学の修・博士合同課程に行くと兵役の免除があるから、アッパはそうすることを勧めていて、息子もそうするつもりらしいわ。私としては、大学院は留学を勧めたいのに。息子は大学院は国内で修めて、ポストドクターで留学しようとしているわ。軍隊のためにね。息子はガリガリに痩せているのに三等級。四等級以下なら前線に行かずに市役所や村役場で仕事できるのに。タレントたちが四等級にしてもらえるのは、コネがあるからだと思うわ」。（二〇一二年二月二四日）。

「韓国では両親が子どもの結婚後もお金をあげ続けるから、子どもも言うことを聞かざるをえないのよ。儒教はオルンを最高だと考えるから。オルンの言葉には、はい、はい、といって従わないといけない。泥棒をしろと言われているわけでもないから。オルンの方式に従わないといけない。私は新婚時代に食べ物を作るとき、シチャグンオンマ（＝夫の父の弟の妻）がやりかたに干渉してきて、「私は私なりの方法でやります！」と自己主張したら、そのときは何も言われなかったけれど、悪口を言っていたと、後で伝え聞いたわ」。（二〇一二年四月一九日）。

「患う前に好きだった食べ物は、パン、ドーナツ、バターワッフル、ハム、コロッケ、キムマリ（＝春雨を海苔で包み衣をつけて揚げたもの）。今じゃそれらは絵に描いた餅ね。タイヤキやホットクを売る店の前で「ああ、いいにおい」と立ち止まることもあるけれど、小麦粉を生地にしたものを輸入するとき乳化剤をたくさん入れると聞いたので、食べたくないわ」。（二〇一二年四月一九日）。

「もしうちの娘が、私が気に入らない男と結婚したいと言って連れて来たらどうしようか。もしうちの息子が、私が気に入らない女と結婚したいと言って連れて来たらどうしようか。そんな考えが浮かぶわ。結婚するときは、チバン（*jipan*）をすごく気にするものよ。ご両親は何をされているのか、本人は安定的な職業を持っているのか。なぜなら今は共働きをしなければ食べていくのが大変だもの。物価もすごく上がったし、子どもの教育費もすごくたくさんかかるし。そしてうちの息子や娘と釣り合う程度の大学を卒業したのか、そういうことも見なければね。でもそれらを全部兼ね備えた人がどこにいるというの。だから難しいのよ」。（二〇一二年四月二二日）。

「うちの夫は、私の高校時代の夏休みのときの家庭教師。当時Y大学に通っていた。弟とも親しくて、よく家へ遊びに来て、自然に仲良くなったわ。結婚に際しても、夫が誠実だから、両親からの反対もなかった。私が二八歳、夫が三〇歳のとき結婚したわ。当時女性は二五、六歳で結婚するのが普通だった。娘には、デートをしても自分がお金を払うよう言い聞かせているの。お金を男が出すのは、それと引き換えに女を拘束、束縛するという意味も含まれているからね」。

「私の乳がんの手術を機に、夫は禁煙したわ」。（二〇一二年四月二二日）。

「私のがんが見つかったとき、夫は自殺まで考えたらしい。ものすごくファが出た（＝腹が立った）らしいの。電話も通じないから、まさか死んでいないだろうかと考えたわ。病気でしんどいのは私なのに、なんで夫が自殺するのか、子どもたちはどうするつもりなのかと思ったわ。でも横にいる人がつらいほうが、本人よりもつらいだろう、と、いま立場を変えて考えてみたらそう思う。患ってからは、夫は一八〇度変わったわ。それまで家事なんて全くしなかったのに、自分がしてあげると言うし、適当に食べようと言うし。娘はチーズケーキが好きだったけれど、私が患って食べものを節制するから、あの子も食べない。乳がんが遺伝するかもしれないと思って」。（二〇一二年四月二三日）。

「私と同世代の友人たちは、三食のごはんだけを食べて育ち、大人になってからもそうしている人たちが大部分よ。でも私は幼いころから間食の習慣があって、大人になってからも、子どもがデリバリーを頼んだピザやフライドチキンの半分以上は私が食べていた。娘も間食が好きだったけれど、乳がんの遺伝を気にして、控えるようになった。よく我慢しているわ。手相を見ると、娘も甲状腺がんと乳がんの患者に多く見られる手相をしているの。手相は、西洋では治療にも取り入れられているくらい重要なのよ」。（二〇一二年四月二四日）。

「実費の保険が登場してからまだ八年。実費のなかった時代に生命保険には入っていたわ。でも甲状腺がんで三回手術した。診断金はもらえたけど、実費にはもう入れない。損保にはがん患者でも入れるけど、あまり意味がないのよね」。（二〇一二年四月二二日）。

## ⑪パク・ジョンユン（仮名、女性、六〇歳代、海外在住）

パク・ジョンユンは小柄で、短髪にパーマを当てている。二〇年前に乳がんの最初の治療を受け、一度再発したものの治療を受けて寛解状態となり、現在は無治療で元気に過ごしている。海外在住だが、B型肝炎の治療のために帰国し、X大学病院の乳腺外科でも定期検診を受けるからという理由で「憩いの宿」に二〇日ほど滞在した。第七章第二節の事例7－2－2に見られるように、裕福な家庭に生まれ育ち、結婚後も家事などしたことがないという。「憩いの宿」で幅広い階層の人々と話をすることも、雑魚寝をしてプライバシーのない生活をおくることも、床に布団を敷いて寝ることも、パク・ジョンユンには初めての経験であった。筆者と二人で散歩に出かけると、パク・ジョンユンは不動産屋めぐりをして回った。これは、治療のためにたびたび帰国するのでソウル市内にも居所を得ておこうという考えからでもあり、値段の上がりそうな物件を見つけて投資しようという考えからでもあった。パク・ジョンユンはスマートフォンで台湾ドルの値動きをチェックしては、毎日のように得意先の銀行の職員に電話して多額の両替を行い、韓国ウォンと台湾ドルを売ったり買い戻したりするときの差額で利潤を得ていた。パク・ジョンユンは他の患者がいなくなる週末も「憩いの宿」に滞在し、筆者と二人で食堂やデパートに出かけることもたびたびあった。デパートに行くときバスに乗ると、「以前はバスなんて乗ったことがなかったけれど、慣れてみると楽しい」と言う。しかしバスには乗れても、地下鉄は「臭い人たちも乗ってくるから嫌」とのことであった。パク・ジョンユンは「決して他人にお金のあるそぶりをみせてはいけない」という信条を持っており、それとともに「過去のぜいたくな生活の話をすると「憩いの宿」に来ているような人たちは気を悪くする」と考えているため、他の患者たちの前では自分の身上についてほとんど語らなかった。筆者と二人でいるときは、「ミチコは自分が貧しいからといって嘆いてはいけない」と筆者に忠告しつつ、ライフヒストリーを語ってくれた。以下のライフヒストリーは、筆者と二人で散歩しながら、運動場をジョギングしながら、あるいは「憩いの宿」でテレビを観ながら、パク・ジョンユンが語ってくれたものである。

語りの中で特に注目すべきは、チンジョンの母親との関係性である。チンジョンの母親は気がねなく接することのできる親密な存在として語られるが、同時に、親密であるからこそ心配をかけられない存在としても語られる。

**事例9-3-3：パク・ジョンユンのライフヒストリー**

「私は自分が悪いことをしたから、がんに罹った。性格も努力をしてだいぶよくなったほうなのよ」。（二〇一一年一一月二一日）。

「私は他の人たちよりもずいぶん恵まれて生きてきたわ。だから外見上はどうかわからないけれど、とても純粋なの。歳をとると、ああ、私が傲慢だったな、という考えも浮かぶわ。私は他人と一緒にいることをあまり好まず、こんなところ（＝「憩いの宿」）も来なかった。だけど今飲んでいる薬が鬱病を起こしやすい薬で、チンジョンのオンマも亡くなって、だから一人でいるとよくないと思ったの。

私はソウルで何十年も暮らしたから、ソウルをよく知っているわ。友達が皆、江南にいるから、そこに行けば忙しいのよ。百貨店も回って、友達にも会って。私は生まれてこのかた、電車やバスに乗ったこともなかったのに、最近はちょっと変わったわ。ソウルの美味しいお店、釜山の美味しいお店、みんなここ（＝スマートフォン）に保存してあるの。旅行に行けば、美味しい店で食事をするために、車に乗って遠くまで行くこともあるわ。釜山に行けば、弟たちが毎日肉屋に行こうと言って、焼酎も飲んで。私は最初そういうものは食べなかったけれど、食べるようになったわ。

私は旅行にあちこちよく行ったわ。「憩いの宿」に来るオンマたちはずっと韓国だけで暮らしてきた人たちだから、私がこんな話をすると、よくない気分で受け止める人もいるでしょうね。

日本でも美味しい店を回るのよ。日本の食事は多様で美味しいわ。ほんの少しずつ出してくれるブッフェがあるでしょう。着物を着てサービスしてくれる所。そしてウナギも美味しい。私の娘も、幼いときからよく旅行したわ。

私は会社に行けば「奥様」といって皆がよくしてくれたし、運転手も家事をしてくれるアジュンマもよくしてくれたわ。友達も町内の人たちも配慮をたくさんしてくれたし。だからこの前は驚いたの。「憩いの宿」で私がピザパーティーをしようと言った（朝にそう提案したが実行しないまま夜遅く帰宅した）とき、若いオンマが私に、「なんでピザをおごってくれなかったの、私たちはピザを待って夕食を適当に食べたわ」と言ったじゃない。その人は私よりはるかに年下で、私と親しい間柄でもないのに、なぜ私がそんな言葉を聞かなければならないの。こんなことは初めてよ。いくら冗談だと言ってもひどい。

私の娘も地下鉄に乗ったことがなく、自家用車で送り迎えしたわ。韓国では学校に通わなかった。純真で、たくさん騙されもしたわ。私はいつもH百貨店で買い物をして、いいものだけを買う。市場のようなところに行ったことがないの。東大門、南大門にもあまり行かない。そこにいるアジュンマたちとは気性があまり合わないわ。

私は弟が三人、姉と私の下に妹が三人。釜山へ行けば、毎日弟たちとサムギョプサル（豚バラの焼肉）を食べたわ。愛犬は韓国で生まれて、アメリカで育てて、今は香港の姉の家にいるの。韓国にいたときは犬の幼稚園にも通わせたわ。犬が人とばかり遊んで、友達と遊ぶことを知らないものだから、そこに送り込んだわけ。かわいい犬の服を見るたびにたくさん買って、犬小屋も五個あるの。寝るときは私のベッドで一緒に寝るのにね。犬のおやつも日本のが美味しいし、犬の服も日本にかわいいのが多いわ。飼料はほとんど食べず、おやつをたくさんあげるものだから、太ってしまって。でも姉の家で飼料をあげておやつを一日に二回だけあげるようにしたら、少しやせたらしいわ。私は犬も太ったのがかわいいと思うんだけどね」。（二〇一一年一一月一〇日）。

「私たちが韓国にいたときは、家に家事をする人がいたの。ソナは二年いて、ヨンスンはアガッシのときに来て嫁に行って赤ちゃんを産んでからも遊びに来ていたわ。二人目が生まれてからも来ていたけれど、その後は来なくなったわね。ソナもヨンスンも働いているときはうちで住み込んでいたのよ。その次にアジュンマが来たけれど、町内のアジュンマだから自宅から通ってきていたわ。自分の生活があるから、朝に来て仕事して、夕方に帰って自分の家で寝て。洗濯物を干しに自宅へ帰ってきたりもして。アジュンマが休みの日は派出婦を呼んだけれど、そういう人たちは頻繁に何かを盗んでいくのよね。次の日にアジュンマが来て「あらまあ、唐辛子の粉をたくさん持って行ったわね。良心があるなら少しだけ持っていけばいいのに」と言ったわ。私たちは唐辛子の粉もにんにくも有名な産地のものをたくさん買い置いていたからね。そのアジュンマは何かを盗むこともなく、仕事がよくできるの。私が寝ている部屋には最後まで入ってこずに、他の部屋を掃除して、私が起きたらそのとき入ってきて掃除するのよ。うちの夫にも運転手がいて、私にもいたわ。娘が幼稚園に通っていたときは、運転手が送り迎えしていた。その時期に私も運転を習って免許を取ったの。だから娘が小学校に通うときは私が送り迎えしたわ。夫は運転手に運転を習ったものだから運転が乱暴。でも私は教習所に行って習ったから、安全に運転するの。だから娘が運転を習うときも私が教えてあげたわ。一九八九年、娘が一一歳のとき、アメリカに移民したけれど、私はその後、病気になって韓国とアメリカを往復したわ。娘は一一歳のときにアメリカへ行ったから、韓国語はうまいとは言え、時代劇なんかを見ると知らない言葉が出てくるのね。オンマ、この言葉は何？　と聞くから、私が教えてあげるの。

人は生まれたら父母の愛、結婚したら夫の愛、老いたら子どもの愛、この三種類を受けないといけないわ。一種類だけ受けて何がいいの。だから必ず結婚しないといけないわ。女性は恋愛をすればエンドルフィン（＝脳内の快楽物質）が出て、それが体にいいのよ」。（二〇一一年一一月一一日）。

「私はこれでも長男の嫁（*madmyeoneuri*）なのよ。長男の嫁としては赤点だけれど。クンチプ（*keunjip*：この場合は夫方の本家）が忠清道にあって、名節のとき行ってみたら家がめちゃくちゃ寒いのよ。仕事を手伝いに行ったのに、部屋から出られそうにないの。私は自分の家がアパトゥだから、冬でも半そでを着て過ごしていたのに。だから翌年からは、まるっきり最初から仕事を手伝うことはあきらめて、お金で子どもたちの服まですべて買ってあげることで解決したの」。(二〇一一年一一月一六日)。

「私は骨の中にがんが入り込んでいたので、しこりには触れなかったわ。韓国で休暇を過ごして、新学期が始まるから娘をアメリカに送って、そうしていたときのことよ。白いTシャツを着ていたけれど、ブラをつけていなかった。そしたらTシャツに少し血がついていたの。次の日も同じ。私は引っ掻いて血が出たんだと思ったわ。Tシャツは動くから。だから友人に、背中に引っ掻いて血の出ている場所があるかどうか見ろと言ったわ。だけどそんな場所はないというの。乳首を搾ってみると、血が少しずつ出てきたわ。病院へ行って、入院して手術したけれど、がんではないと言われたわ。そのとき釜山から弟たちが上京してきて、焼酎を買ってきて、病室でお祭りをしたわ。がんじゃないって。だけど二週間後に検査結果を見たら、がんですって。そのときU先生が私を病院へ呼んで、入って来いというの。私は「なぜですか」と言ったわ。U先生はうちの夫と親しい仲なのよ。U先生ががんだと言ったとき、私はすごく腹が立った。なぜ私ががんに罹るのかと。私は病院を出て、道端に座って、二時間泣いたわ。人々がこっちを見つめると、「なに見てるのよ」。泣いているのを初めて見たのかい」と言ったわ。私がなぜがんに罹ったのかと言い続けるものだから、U先生が私を小児病棟へ連れて行った。そこに行くと、小さな子どもたちががんに罹っているのよ。子どもたちはなぜがんに罹ったのか、私だけが罹らないはずがない、U先生がそう言ったわ。だから私も、ああ、私だけ罹らないわけはないのだ、と考えを変えたわ」。(二〇一一年一一月二〇日)。

「昔はがんに罹ったら死ぬと思われていた。だから手術してから一〇年はたくさん旅行をしたわ。娘が長期の休みに入るたびに、空気のいい場所に行ったのよ。ハワイに行ったのもそのためよ。娘はハワイでも学校に通ったわ。ボストンにも住んだし。いつもクリスマスは旅行に行くのよ。去年はラスベガスに行ったわ。今年はパリに行こうとしていたけれど、治療のせいで行けないわね。犬を連れて、国内のどこかに行こうと考えているのよ。

治療のためにアメリカと韓国を行き来していて、アメリカの市民権を取れていないの。カジョクの中で私だけ。市民権を取ろうと思うと、三年間はアメリカから出ないでいないといけないの。でも（健康）保険を韓国でかけているし、市民権がないからアメリカでは保険がきかず、医療費がすごく高いのよ。私は韓国のパスポートで、国籍が韓国、パスポートは名前も子どものときからの姓。でもアメリカの永住権や免許証はすべて夫の姓。だからパリに行って出国するとき、もめたわ。韓国にも長くいられないし、アメリカにも長くいられない、中途半端な立場ね」。（二〇一一年一一月二〇日）。

「B洞のアパトゥは人に貸しているわ。いつも韓国に来るたびに、江南の外国人アパトゥに住んでいたけれど、一ヶ月二〇〇万ウォンもするのよね。こっちに来るたびに住めるよう、オフィステルを買ったわ。二八日に検査が全て終わったら、オフィステルに移るつもりよ」。（二〇一一年一一月二〇日）。

「うちのチンジョンのオンマは糖尿はあったけれど、私の周りでがんに罹った人はいない。だから原因がわからないのよ。私がハワイに住んでいたとき、二年間毎日中華料理屋へ行って食事をしていたの。私が韓国ではずっと田舎味噌やキムチでごはんを食べていたのに、急に油をたくさん食べたから、がんができたのかしらとも思う。ストゥレッスも原因でしょうね。友達が土地を買ったといえば、私も買わないといけない気になった。今では欲を捨てて楽に考えているわ。「憩いの宿」で人が多すぎて眠れなくても、そういうこともあるだろうと考えるようにしている。人が多ければ、おしゃべりして仲良くなる楽しみもあるじゃん、ね？」（二〇一一年一一月二〇日）。

「人は一〇〇年も生きられないのに、変わったことをいろいろ経験するわ。悲しみもあり、その次には必ず喜びがやってくる。明日を知ることのできる人は誰もいないわ」。（二〇一一年一一月二〇日）。

「私は大きな詐欺に三回遭ったことがある。一回はニューヨークで遭って、二回は香港で遭ったわ。失ったお金よりも、心がとても傷ついた。誰かにお金のあるところを見せたらダメで、少しの間でもお金を貸しちゃダメ。私はとても平凡に生きてきて、人のことも知らずに生きてきて、詐欺に遭ったの。他人が見れば派手に暮らしているように見えても、私にとっては平凡に生きてきたの。運転手が運転して、地下の駐車場にすーっと入ってしまい、バスも地下鉄も乗ったことがないから、人を知らないわけよ。私が詐欺に遭って、教会に通うようになり、牧師様の説教も聴くようになったわ。それで、私が他人よりも富裕に暮らしてきたこと、多くのものを所有してもみたこと、でも私のお金が私のものではないということ、を知ることができたわ」。(二〇一一年一一月二〇日)。

「私は生まれてから家事をしたことがなく、運転手もいるし家事をしてくれる人もいたわ。そして世界を飛び回りながら、いろんな国で暮らしてみた。ニューヨークでは三二階に住んだけれど、前が川で、カレンダーで見るようなニューヨークの風景がパーッと見渡せるの。本当にキレイなのよ。ハワイでは二七階に住んだし、中国ではセキュリティがしっかりしたアパトゥに住んだわ。入ってこられる車さえも制限されていた。日本で暮らしたときは、町の名前は忘れてしまったけれど、新幹線も停まり、地下鉄もたくさん走っている所に、良いアパトゥを借りて住んだ。近所に大きなマートがあって、調理師の服をビシッと着た人たちが料理をしながら巨大な空間で食べ物を売っているの。それが全て美味しい。家に買って帰って食べることもあったわ。そしてどの国に行っても、うちの娘が美味しい店を探して、美味しいものを食べに行くの。一〇〇年経った名店、桜の季節に桜料理を出す店、寿司屋、ブッフェもほんの少しずつ出てきてとても美味しかった」。(二〇一一年一一月二〇日)。

「私が今やプータロー（baeksu）になったから、お金を節約しようと努力をするけれど、それがうまくいかないわ。食べるものも美味しいものを食べるのが習慣になってしまって。若いときにお金がなくて、だんだん上がっていくのはいいけれど、たくさん使ってから減らそうとするからうまくいかないのよ。だけど努力はしているわ。昔は床に寝るなんて想像もできず、「憩いの宿」のような所で人々と話すなんて想像もできなかった。最初は床に寝たら腰が痛かったわ」。（二〇一一年一一月二〇日）。

「私は孫がいるような歳なのに孫がいないから、代わりに犬を飼っているの。飼い始めて一〇年になるわ。かかりつけの動物病院は一年に二〇万ウォン払っておけば、入院費などを三〇％割引してくれるし、犬の服やおやつも割り引いてくれるわ。でもワンちゃんはデザイナーの服しか着ないし日本製のおやつしか食べないので、そこの動物病院では買わないの。狎鴎亭や江南（いずれも高級ショッピングエリア）では、私はワンちゃんのオンマとして有名なのよ」。（二〇一一年一一月二六日）。

「私は二五歳で恋愛して、二六歳で結婚したわ。嫁に行くのは早いほうだった。私が二一歳のとき、アボジが亡くなったわ。末っ子は六歳、その次が九歳。私も学校に通ったり結婚して出産をしたりで忙しくて、そこまで悲しみを引きずらなかった。それ以来四一年間、チバンのシックー（jipan sikgu）は皆元気で、亡くなる人はいなかったわ。今年の六月にオンマが亡くなり、私たちきょうだいは今もその悲しみを引きずっているの。オンマのことを口にすると泣いてしまうので、私もきょうだいたちに対してはその話題を口にできない。弟がオンマを引き取って、大邱に家を買って住まわせていたけれど、オンマの死後、誰もその家に行こうとしないし話題にすることもできない。弟はオンマの死をきっかけに鬱病に罹ってしまったわ。私は今もオンマのことを思って泣くわ。インスニ（＝プロ歌手の名前）の歌で、電話をしてもつながらない、会おうとしても会えない、声が聞けない、という歌詞があるけれど、オンマのことと重なって泣ける。娘は「ハルモニが旅行に行ったと思えばいいじゃない」と言うけれど、なかなか難しい。生きている人がいなくなって、ひとにぎりの土になってしまったというのが、信じられないの。

ソウルから「遊びに行く」とオンマに電話すると、一日中、門の所で待っていたものよ。「紅葉の季節になったら旅行に行きましょうね」と言っていたのに、もうそれはかなわないわ。娘にとってオンマは大きな存在よ。子どもを産んでも姑（*sieomeoni*）には預けにくいけれど、オンマには預けられる。私も娘のために健康で長生きしなければと思うわ。

私はがんの診断を受けたとき、自分が死ぬとは考えなかった。昔はがんに罹ったら死ぬと考えられていたけれど、私は打ち勝てると思った。私とオンマは親しくて、乳がんで入院したときもオンマが付き添っていてくれた。オンマには気楽にものが言えるから、口論もしたわ。寝ているのに電話が来たと言ってオンマが起こしたので、「電話なんて切ればいいじゃない。オンマのせいで寝てもいられない。帰って」と苛立ちをぶちまけたものだから、オンマは泣きながら帰っていった。でも次の日にはまた荷物をたくさん持って病院へ来た。二人ともケロリとして、オンマの持ってきた美味しいものを食べたわ。数年後に卵巣の摘出手術をしたことと、今年になって肝炎の治療をしていることは、オンマは知らないまま」。（二〇一一年一一月二六日）。

「私の娘は毎日、オンマが治療でしんどいからと言って、笑い話を（携帯電話の）文字メッセージで送ってくれる。娘には、週末は電話しなくていいと言ってあるわ。彼女の時間を大切にしてほしいから。娘は（全羅道）海南（郡）にある自然豊かな黄土ペンションを探してくれたこともあった。でも体にはいいかもしれないけれど、派手なところばかりで生活してきたから心理的に健康になれないと思ったわ。韓国ではソウル、アメリカではニューヨーク、LA、ハワイ。日本では東京。中国では上海。田舎でどうやって暮らせというのか。娘にそう言うと、「ああそうか」と気づいたようだわ」。（二〇一一年一一月二六日）。

三人の語りに見られるように、子どもたちやチンジョンの母親は、一般的に「オモニ」が親密な関係を築く対象として認識されている。さらに「オモニ」が乳がんに罹ることで、子どもが大きくなるまで世話をしてあげられないかもしれないという思いから、子どもへの心配や世話焼きぶりは過熱することがある。このことをよく示す、アン・ジヨンのライフヒストリーを見てみよう。

## ⑫アン・ジヨン（仮名、女性、五〇歳代、光州広域市在住）

アン・ジヨンは小柄で、セミロングの髪にパーマを当てている。口数が少なく、物腰が柔らかく、上品で穏やかな雰囲気である。X大学病院で治療を受けて七年が経過し、定期検診のみに通っている。患者会W全体の行事に参加したり「憩いの宿」を利用したりすることはないが、患者会Wの全羅道支部の集まりには毎回ほぼ欠かさず参加している。以下のライフヒストリーは、患者会Wの全羅道支部の集まりで一泊旅行に出かけたとき、筆者とともに砂浜を散策しながら語ってくれたものである。

語りの中で特に注目すべきは、子どもに対する献身的な世話焼きぶりや心配ぶりである。アン・ジヨンは、治療時に最も胸を痛めたのが子どものことであり、自分がもし死んでしまっても子どもがすぐ着られるよう四季の服に全部アイロンを当てるなど、子どもの将来を心配している。

### 事例9‐3‐4：アン・ジヨンのライフヒストリー

「私は子どもがまだ小さいときに発病した。がんの診断を受けたとき、空が崩れるような感じだったわ。その日からごはんが砂粒（*moraealmaeng-i*）のように感じて、のどを通らなくなったの。二、三キロやせて、これ以上やせると手術できないと言われた。子どもが「オンマ、いつ帰ってくるの？」と電話で聞くのですごく胸が痛んだ。最初は知人のいる病院で手術を受けるつもりだったけれど、その医者が体調を崩して手術できなくなったから、知り合いの紹介を通じてX大学病院のM先生のところに行ったの。一週間ぐらいで手術してもらったけれど、知り合いのつてがなかったら二ヶ月ぐらいは待たないといけなかったでしょうね。二〇〇四年六月二七日に手術したわ。きょうだいは私の病気のことを知っているけれど、オンマには知らせていないの。

オンマは今も知らないわ。知らせたところで一緒に患えるわけでもなく、心配をかけるだけだから。きょうだいはオンマに「キムチが欲しいらしいから持っていく」と言ってキムチを漬けさせて、持ってきてくれた。子どもはアパトゥの同じ棟の人たちが見てくれたわ。X大学病院にはプロテスタント（*gidokgyo*）、カトリック（*cheonjugyo*）、仏教、すべての施設があるけれど、たまたま二人部屋に入院した相手の人も自分もカトリックの信者だったから、一緒にミサに行ったの。ミサでどれだけたくさんの涙が流れたことか。

手術のあとは一週間おきぐらいの間隔で上京して通院した。抗がん治療は私の場合は二〇分ぐらいの注射だったので副作用もそこまでひどくなかったけれど、六〜七時間かけて注射する人は副作用もひどくて、その日の夜は眠れずに一晩中苦しんで這いまわるらしいわね。病院に行く日になると、子どもも眠れないの。朝早くに起きて準備を始めると子どもも起きて眠らない。わかめスープが作るのが楽だから、病院に行くときはよく作っていったけれど、今でも子どもは、わかめスープを見ると当時のよくない思い出が浮かぶと言うわ。子どもは「いってらっしゃい」と送り出してくれるけれど、布団に隠れて泣くのよ。それを見ると胸が引き裂かれる思いがしたわ。子どもがすぐ着られるように四季の服に全部アイロンを当てて、「この服を次に着せるとき、私は生きているだろうか」と考えたものよ。自分の服は処分することしか考えられず、新しい自分の服は全く買わなかった。検診のたびに不安を抱えたままだけれど、なんとか今まで七年、再発なく生きているわ。娘たちは大学生と高二になったわ」。（二〇一一年五月二九日）。

上の語りからは、乳がんの発覚によって、自分は子どもが大きくなるまで世話をしてあげられないかもしれないと思い、子どもに対する世話焼きぶりや心配ぶりを過熱させる様子がうかがえる。

第二節で取り上げたキム・ヨンスンも、病気を契機に息子に対する心配を過熱させている。具体的には、息子がすでに二八歳であり就職していても、さらに仕事の「基盤ができる」まで世話を焼かなくてはならないと考える心情が、語りの中で示されている。

中には、単なる親密さにとどまらず、子どもの問題が乳がんの病因になったと考えるほど子どもに傾倒しているケースも見られる。そのような様相が示される二人の患者のライフヒストリーを見てみよう。

### ⑬カン・ユニ（仮名、女性、五〇歳代、大田広域市在住）

カン・ユニは中背中肉、短髪で、とてもエネルギッシュで社交的な性格である。定期検診のためにX大学病院を訪れ、「憩いの宿」を利用した。おしゃべり好きで、ユーモアたっぷりに話すのがうまく、「憩いの宿」での滞在中は他の患者たちから「コメディアン」と呼ばれていた。カン・ユニは他の患者たちの視線を一身に集めながら、自らのライフヒストリーもユーモアを交えながら披露した。

語りの中で特に注目すべきは、そのほとんどが子どもの話で占められていることである。カン・ユニは、娘が留学のために不在であることの寂しさと、それをまぎらわせるために仕事をしすぎたことが病因であると語るほど、娘に傾倒している。

#### 事例9－3－5：カン・ユニのライフヒストリー

「テレビで、犬がしきりになめたのでがんを見つけたという話が報道されていた。そのときはそういうこともあるのかと思ったけれど、ある日、うちの犬が首もとをなめまくったの。日ごろそういうことのない犬なのに。それでテレビの話を思い出したわ。病院へ行くと、両方の胸に上皮内がんが見つかった。娘のいない寂しさと、それをまぎらわせるために仕事をしすぎたことが、病気の生じた原因だと思う。夫との仲がよければまた違ったのでしょうけれど。

手術したとき、姉とその夫は手ぶらで見舞いに来て、病院の一三階のレストランで食事をしたときも私がお金を払ったのよ。「なんで六人部屋にいるの」という余計な言葉だけ残して帰って行った。嘘でも自分の家に来いという言葉を口にしない。弟の嫁もソウルに住んでいて、彼女が甲状腺がんに罹ったときは私がお金をあげて泣きながら慰めてあげたわ。なのに私が乳がんに罹ったときは来もしなかった。

娘は五歳のとき渡米して、ずっとアメリカ暮らし。娘はアメリカの大学に入ったけれど、ＩＭＦで一ドル二〇〇〇ウォンの時代。夫は教授だけれど、その給料では留学資金が足りず、私も仕事をしたわ。外国人学校に通う子どもたちに自宅で英語を教える仕事よ。仕事が軌道に乗り出すと、狂ったように仕事に打ち込んで、無理をしてしまった。娘のいない寂しさをまぎらさせるために、余計に仕事に打ち込んだの。娘に会いたくて、長電話をして、一ヶ月で国際電話代が一〇〇万ウォンを超えたこともあったわ。夜寝ていると、リビングで「オンマ」という声がして、行ってみると、あれまあ、娘がいるじゃない。どうやって帰ってきたの、空港から電話したらいいのに、といって娘を抱きしめようとすると、そこには誰もいない。そういう日が続いて、夫にそのことを話したら、「四、五日も経てばなくなる」と言った。夫も同じ経験をしたということよ。夫は車を運転していて、歩道に娘が歩いているのを見つけて、路肩に車を乗り捨てて娘を追いかけたの。「ヘミンちゃん、ヘミンちゃん」と呼んで走って追いつくと、娘ではない女子学生だった。老いた男が追いかけてくるので気持ち悪がられて、夫も苦労したわ。私と夫は仲が悪いけれど、ただひとつの共通点が、娘を狂ったように愛していること。娘は大学を出たら韓国に戻ってくるものと思っていたけれど、韓国は嫌で、両親がいなければ来たくないとまで言うの。幼いころから両親が大声で喧嘩するのを見てきたし、五歳からアメリカに渡って、友人もみなアメリカにいるからね。娘は大学二年のとき、マイケルという男性に出会って、結婚した。なんで外国の奴（*yang-nom*）と結婚するのかと思って気に食わなくて、マイケルが韓国語がわからないのをいいことに、本人の前で「犬野郎（*gaesaekki*）」とか悪口を言いまくっていたら、マイケルがメモ帳に書きとめて、会社の職員の韓国人にどういう意味か聞いたらしいの。その韓国人は機転のきく人で（悪口であるとは説明せず)、「pappyという意味だよ。お義母さんが君のことを可愛いと思っているんだよ」と説明したらしい。サドン(=子どもの配偶者の親)も東洋の女が気に食わないという目つきだったけれど、言葉では歓迎してくれて、それを見て私も文句は言わないことにした。

夫は昔から一ヶ月二〇万ウォンの小遣いだけもらって、残りのお金は私に任せているわ。貯蓄がいくらあるのか知らないのよ。でも私ががんに罹って、口には出さないけれど不安そうだったから、夫の前に通帳を並べて説明したの。私が死んだら全て娘に行くようにするけれど、あなたにも五〇〇〇万ウォンは渡す、と言うと、夫は「そんなにたくさんくれるの」と目を丸くするの(この言葉に、話を聞いていた他の患者たちが笑う)。知人にそのことを話すと、教授は年俸がいくらだと思っているのか、最低五億は渡すべきだ、と言われたわ。夫にそう話すと笑っていた。自分でもそう思っていたのでしょうね。夫がママボーイなので、私は苦しいシジプサリもしたわ。姑は家でも自分の夫の前では化粧を落としたことがないという人だったけれど、私は出かけるときもすっぴん。シデクのアパトゥのエレベーターに姑と一緒に乗っているとき、近所のおばさんが乗ってきて、「(家政婦の)アジュンマを替えたんですね」と言ったわ。それで姑が「はい」と答えたのよ。姑が一番悪いでしょう。腹が立ったから、「お義母さん、近所に住んでおられる女性のようですね」と姑に言ったわ。それを聞いて、近所のおばさんは申し訳ながっていた。でも一番悪いのは姑よ。またあるときは夕方五時ごろエレベーターに乗って降りているとき、エレベーターに乗り合わせた派出婦のアジュンマから「あなたはいくらもらっているんですか」と声をかけられた。五時に降りていくから同じアパトゥで働く派出婦だと思われたのね」。(二〇一二年三月一二日)。

**⑭クォン・ヨンスク(仮名、女性、五〇歳代、忠清道在住)**

クォン・ヨンスクはX大学病院で手術と化学療法を受けた後、放射線療法を受けるため、一ヶ月余り「憩いの宿」に滞在した。中背中肉で、丸顔にメガネをかけている。化学療法で脱毛した頭には柔らかい毛が生えてきており、「子どもたちが触って、ミンクの毛皮のようだと言うの」と嬉しそうに言う。しかし外出時には、いつも欠かさずかつらをかぶっていた。以下のライフヒストリーは、筆者とクォン・ヨンスクが夕食後に運動しようと言って近所の中学校に出かけ、二人で夜の運動場を歩いているときに語ってくれたものである。

ライフヒストリーの中で特に注目すべきは、クォン・ヨンスクが、母親の交通事故や父の死に関連するストゥレッスと並んで、息子の成績不振によるストゥレッスを病因として語っていることである。息子の成績不振が原因で保護者会にも出なくなり、挙句の果てにはそれが原因で乳がんに罹ったと考えるほど、息子の成績が自分の自尊心に大きく影響するものであることが示されている。

### 事例9-3-6：クォン・ヨンスクのライフヒストリー

「がんに罹る人は、細かいことを気にする性格で、静かで不満を口に出せない人だと思う。私はナムルを好んで、揚げ物やフライドチキンのようなものも食べず、肉もサムギョプサルは食べずに茹でて食べていたわ。運動も欠かさずにしていたし。だから原因はストゥレッスとしか考えられない。息子のためのストゥレッスもあったし、四年前にオンマが交通事故に遭って植物状態になったの。今も植物人間のまま病院にいるわ。顔つきも変わってしまった。オンマは八〇歳を超えても元気だったのに、酒飲みの居眠り運転の事故にまきこまれて、すごく悔しいわ。運転席の後ろが安全だからというのでいつもそこに座っていたのだけれど、運転手が前から来た車を避けようとハンドルを切ったから、運転手よりもオンマが大きく負傷したの。頭に怪我をして植物人間になってしまった。最初はアボジがずっと付き添っていたわ。でもそのうちアボジは鬱病になり、痴呆も出てきた。アボジが一人でいるのでチャグンオッパ（＝二番目の兄）が引き取ったけれど、チャグンオルケ（＝二番目の兄の妻）がとてもしんどいと言って、療養院に送ったわ。療養院で餅の入ったスープを食べて食あたりになって、アボジは亡くなってしまった。それが去年のこと。そして去年二月には親しい友人が乳がんで亡くなってしまい、ショックが大きかったわ。

息子に関しては、高二まで全校一等だったのに、高三になって体力が落ちたのか寝てばかりいるようになったの。遊び歩くのではなくひたすら寝ていて、成績も落ちたわ。そのせいでストゥレッスだったし、自尊心が傷ついて、学父母会（＝保護者会）にも行かなかった。自分の欲のせいね。夫の勧めで子離れをしようと思って、息子が高二のときから夫婦で全国の山を歩いたわ。息子はセンター試験（*suneung*）に失敗して、浪人すると言った。息子が浪人生、娘が高三だった去年の九月に私の乳がんが見つかり、家がひっくり返ったわ。息子も娘もショックが大きくて、大騒ぎになった。どうやって子どもたちが勉強したのかわからないけれど、なんとか二人とも大学には入ったわ。普通は配偶者からのストゥレッスでがんになる人が多いというけれど、私は経験したことのないストゥレッスを一気に受けてがんになった。夫はそのときの私の状態を「精神的な免疫力が弱まっていた」と表現しているわ。私は兄二人と姉の下で、何も知らずに大きくなって、二九歳の一二月に結婚した。それだけに四年前からのストゥレッスは大きくて、食道炎と胃炎で病院通いをしていたのよ」。（二〇一一年一一月三〇日）。

「息子の成績が下がったとき胃炎で通院し、今回の乳がんにも影響していると考えられるので、息子はやたらと申しわけながっているわ」。（二〇一一年一二月一二日）。

「息子は口げんかしてもすぐに「オンマ〜」と甘えてくるけれど、娘は気に入らないことがあればずっと口を利かない。だから息子のほうが気楽だけれど、大きくなるにつれて娘のほうがオンマの心配をしてくれる。細かいところまで。例えば、雨が降っているから風邪を引かないようにと、携帯電話の文字メッセージを送ってくれたりするのよ」。（二〇一一年一一月三〇日）。

「私は二年ごとに乳がん検診を受けていたし、セルフチェックもしていた。七ヶ月前の超音波検査では何も見つからなかったのよ。そのあとの検診でがんが見つかって、手術でリンパの細かい部分に転移が見つかった。細かい部分への転移はよくないらしいわね」。（二〇一一年一一月三〇日）。

「去年の苦しみを思うと、今は新しい人生を生きているようで、すべてのことに感謝しているわ。娘は「アッパのようなダンナがどこにいるの」と言う。それほど夫がよくしてくれるのよ」。（二〇一一年一一月三〇日）。

「夫はもともと家事をよくする人で、私が病気をしてからは「食べて寝て笑うことだけすればいい」と言ってくれる。朝も食事を準備してから出勤していくわ」。（二〇一一年一二月一二日）。

「病気になってしばらくは、子どもたちも泣きわめいて大騒ぎだった。でもだんだん、そろりそろりと遠くなるような感じ。携帯電話の文字メッセージや電話も、たまに来るぐらい。それを夫に話したら「子どもも自分の生活があるのに、オンマのことを心配ばかりしていたら生活できないだろう」と言われたわ。それもそうだと思う。「長い病気に孝子者なし」という諺も、わかる。

最初の治療は夫と通ったけれど、夫が一日仕事を休んだら二〇万ウォン出ていく。休みのときは子どもたちが交代で抗がんについてきてくれた。注射に五時間かかるのに、子どもが座っているとリラックスできない。夫が座っていると気が楽なんだけど。注射した当日はしんどくないので、一人で通うといって、一人で通うようになったわ」。（二〇一一年一一月二四日）。

これらの語りからは、カン・ユニやクォン・ヨンスクが、子どもの学業不振などの問題が乳がんの病因になったと考えるほど子どもに傾倒していたことがわかる。この場合、「オモニ」が自らの病気を治すために子どもとの距離を置こうとすることもある。クォン・ヨンスクは夫の勧めで子離れしようと努力するとともに、がん告知から時間が経って子どもたちからの気遣いが減少しつつあることも仕方のないことと受け止めている。また第六章で扱った別の患者の事例6－2－4においても「子どもたちが大学に上がっても、韓国のオンマたちは〔子どもの行動に干渉して社会で成功させようとする〕欲を捨てられないじゃない。〔でも私は〕全部投げ出してしまった。〔子どもたちが〕何かをしてもしなくても〔放っておく〕。この病気を追い出したかったら、根源を早く探さないといけないのよ。家庭を壊さないように自分だけ我慢すればいいってみんな考えるけど、我慢している場合じゃないのよ」という語りが見られる。このように、一般的に「オモニ」が親密な関係性を築くとされる子どもとの間でも、「オモニ」が自らの健康を維持するために距離を置こうとするケースが見られる。

子どもたちとの親密な関係を維持する場合でも、従来のように自己犠牲をすることなく、患者としてのありかたと「オモニ」としてのありかたとを折衷させようという模索が行われる。第一節のソ・キョンスクの事例にも見られたように、「オモニ」自身が乳がんを治すための取り組みと、「オモニ」としてのありかたとの間で折衷案が模索され、選択的な奉仕が継続され感情的紐帯が強化されるという現象が見られる。そのことを表す事例として、イ・ヨンレのライフヒストリーを見てみよう。

**⑮イ・ヨンレ（仮名、女性、七〇歳代、慶尚道在住）**

イ・ヨンレはX大学病院で手術と化学療法、放射線療法を受けた後、分子標的療法のために通院しており、四週間に一度の頻度で「憩いの宿」を訪れている。小柄な体格で、メガネをかけており、気弱そうで常に沈んだ表情をしている。他の患者たちが多く「憩いの宿」にいるときは口数も少なめである。しかし、ある日は午後の早い時間に来たため、「憩いの宿」には筆者しかいなかった。そのときイ・ヨンレは筆者のいた部屋の前に座り込んで、長々と自分の境遇を話し始めた。

語りの中で特に注目すべきは、娘およびその子どもたちとの関係である。イ・ヨンレは娘の誘いに応じ、地方に嫁いだ娘の家の近くに転居した。友人もいない状況で孤独な生活を送るが、娘が仕事で忙しいので孫の食事作りを担当している。イ・ヨンレ自身は食餌療法のため肉をほとんど食べないにもかかわらず、育ち盛りの孫のために肉を買ってきて調理し、自分はそのおかずの中から肉を取り除いて食べている。この語りでは、患者自身が感情的紐帯を築きたがる人々に対して、折衷案を見出しながら奉仕を継続する様子が示されている。

### 事例9－3－7：イ・ヨンレのライフヒストリー

「私が何の罪を犯したのか、よくないことが一気に起こったの。二〇〇九年にはうちの夫（*yeonggamnim*）がお亡くなりになったでしょう。私が腰を痛めて腰の手術をしたでしょう。夫は前立腺がんでＨ大学病院へ入院と退院を四、五回繰り返したけれど、結局はお亡くなりになってしまったわ。私も腰の手術をＨ大学病院でしたの。夫がお亡くなりになって心の整理もまだできていないのに、ある日銭湯であかすりをしていたら右の腋の下が痛かったの。このときまでは痛くなかったのに。もしかしてこれはがんなのかしらという考えが浮かんで、頭がじーんとして気分が良くなかったわ。いったん沐浴を終えて、家に帰ってきたところ、ちょうど娘から電話がかかってきたの。「私があかすりをしていたとき胸が痛かった」と言ったら、娘が「女性はみんな石灰質があって痛いものよ」と言うの。でも「私がそんなことも知らないと思ってるの？　私はあんたたちを育てたあとでもまだ左の胸にしこりがある。でもそれとは感覚が違うの」と言ったの。そうしたら娘が「じゃあオンマ、すぐに病院へ行ってみなさいよ」と言うの。でも私は一人で暮らしているから、病院へ行けと勧めてくれる人もいない。自分がどうすればいいのか、まだ正気じゃないわけ。でも私がこんなことではだめだわ、病院へ行ってみなくてはと、気持ちを奮い立たせたわ。私はもともとソウルに住んでいて、家からバスに乗って停留所を三つ行けばＸ大学病院よ。反対側に行けばＹ大学病院もあるし。あっちに行けばＳ病院もあるし、大きな病院がたくさんあるわけ。娘はＹ大学病院に行ってみろと言ったわ。でも私はこっち（Ｘ大学病院）に来たかった。同じ区内でもあったからね。でもＸ大学病院へ行ってみたら、待機者が多くて一ヶ月半かかると言うの。私は早く検査を受けたくて焦っているというのに。そのとき誰かが、医学研究所で検査できると教えてくれたの。そこに行けば健康検診を無料でしてくれるんですって。そこで乳房撮影（＝マンモグラフィー）をして、そのとき乳房をぎゅーっと押さえつけるじゃない？　左側は痛くなかったのに、右側は「あーっ」と声が出るほど痛かった。結果は一週間後に知らせてくれるんですって。だから一週間待ったわ。そうしたら郵便で所見書が来た。それを見たら、がんに見えるから、大きな病院へ行って組織検査を受けろ、と書いてあった。わーっと恐ろしい考えが浮かんで、手がぶるぶるぶるぶる震えたわ。X大学病院へ行って、H先生の診察を受けて、検査もめちゃくちゃたくさんしたわ。最初はII期に見えると言っていたのに、検査をしてみるとIII期ですって。H先生が、一八日に入院して二〇日に手術しましょうと言ったわ。それでも早くした方なのよ。手術はうまくいったとのことだったわ。それから抗がんを八回受けて。四回は一時間半で済んだのだけれど、あとの四回は昼病棟へ入院して六時間も受けたのよ。受けていてあまりにもつらくて、途中で放棄する人もいるらしいけれど、私は耐え抜いたわ。それから放射線も一五回受けて。何かがんを外に行かないようにさせる注射があって、抗がんよりも毒々しくないらしい。それも一八回受けないといけないんですって。同じ乳がんでもみんな違うようね。ある人は飲み薬も飲んでる。私は薬は飲んでいないわ。一八回受ける注射も、私は八回だと思っていたわ。だから八回目に受ける日、看護師に「私、これで全部終わったでしょう」と言ったら、看護師が「違います。一八回お受けにならないといけませんよ」と言うの。あーあ。私がソウルに住んでいたら一八回でも何回でも受けるでしょう。でも私は慶尚道へ引っ越したじゃない。注射を受けにここまで来るのがどれほどしんどいことか。検査を受けに来るのも本当にしんどかった。五年間、三ヶ月ごとに検査しなければならないみたい。私があとどれほど生きるためにこんなしんどい思いをしなければならないのか。そう言ったら娘に怒られたわ。今は百歳まで生きる、平均八〇歳まで生きるのだから、オンマはあと一〇年は生きなければならないんじゃないのって。

私がなぜ慶尚道へ引っ越したかと言うと、娘が慶尚道に住んでいて、心配だから隣に来いと言ったの。私がこんなに患ったりしているから。引っ越してから一年と少し経ったわ。二四坪のアパトゥに住んでいて、言葉を一言も口に出すことなく一日が過ぎてしまう。ソウルに住んでいたときは近所にも知人がいて、友達もいたのに。今は金曜日と日曜日に聖堂へ行って、人の見物でもして、近所にサドン（＝子どもの配偶者の親）が住んでいらっしゃるから会えばおしゃべりして、そのぐらい。一人でいるから、自分の作ったご飯も食べるのが嫌。誰かがいれば食べろとお互いに勧めもするでしょうに。何かを買ってきても、食べるより捨てる部分の方が多いわ。おかずもたくさん作ってもいくらも食べない。ごはんも二さじ、三さじ食べて終わり。おかずを長く置いておくのは、私の体を考えてもよくないことだから、結局はみんな捨ててしまう。夜も寝付けないし、よくないことをいろいろと思い出してしまうし。

うちの娘は五〇歳で、健康検診を受けてみろと私がずっと言っているの。うちの娘はサウィ（＝娘の夫）と一緒に学習塾を経営していて、どれほど忙しく暮らしているかわからない。うちの娘はY大学の英文科を卒業して、サウィはS大学の建築科を卒業した。だからたくさん学んだことを教えているのよ。うちの娘がアッパの性格を持って生まれたわ。せっかちで、何かをしなければならないとなれば急いでしてしまわないといけない。こんなに忙しく暮らしていたら体を壊してしまう、適当にやりなさい、と言っているのに。娘の長男はやっとセンター試験を受けて、大学に入る予定だけれど、子どもたちもどれほど忙しく暮らしているかわからない。夕食も家で食べる時間がないの。家で一食も食べないのよ。あの塾、この塾、いくつも行かなくちゃいけなくて、夜一〇時一一時に帰ってくるわ。産業社会で暮らしたら人々は忙しく暮らすほかないのね。韓国だけじゃなくてみんなそうよ。あまりにも忙しく暮らしている。

社会が発展すればするほど犯罪は多くなり、人心は薄くなるって、若いころに聞いたことがあるのよ。そのときは、そうかな？　と思ったけれど、今はその言葉が正しいと実感するわ。最近はスピード時代だから、病気も飛んでくるように急に来る。テレビである人が言っていたけれど、健康検診をきちんきちんと受けていて、何の異常もなかったんですって。それなのにある日、体の調子がちょっと悪くて病院へ行ったら、がんだったのよ。体の調子がちょっと悪くて病院へ行ったら、胃がんです、肺がんです、って言われるじゃない。私も夫が病院にいるとき、ごはんを食べたらお腹が痛い。なぜだろうと思って消化器内科へ行ったら、大腸にできものがあると言われたわ。それも早く発見してよかった。放っておいたらがんになっていただろうと言われたわ。レーザーでできものを取って、少し前にまた検査を受けたら、異常ないって。

(乳がんに罹った原因は何だと思いますか、という筆者の質問に対して)テレビで見たけれど、ある人は肉を食べずに菜食してたのにがんに罹ったんですって。私たちもそうだったのよ。私も夫も肉が好きじゃないから、ほとんど食べなかった。食べてもお正月(*seolnal*)に牛肉スープを煮て食べたり、何かの機会に一度二度食べるぐらいだったわ。私たちは故郷が釜山だから、魚は好きでよく食べたけれど、肉類は食べなかった。だから食べ物は原因じゃないと思う。私の考えではストゥレッス。誰でもくやしくてファが出る(＝腹が立つ)ことはあるでしょうけれど。

テレビである博士が言っていたけれど、ますます細菌は強くなり、人が弱くなっていっているんですって。心も根気がなくなって弱くなって。心が弱くなればがんが来る。がんは弱い部分に来るっていうのよ。体も体で、農薬をかけたものを食べ、空気も汚染されているんだから、どれほど弱くなっていることか。食べものはほとんどが輸入品だけど、輸入するとき防腐剤をものすごくふりかけるらしいわ。人によっては、有機農、有機農といって、山に入って生活して、食べるものも自給自足で育てて食べている人もいるけれど。

環境が汚染されて体は弱くなったのに細菌は強くなっているらしいわ。テレビで見たけど、冬のコートにさっと触れて顕微鏡で見たら、細菌がウヨウヨしていたわ。あるおばあさんがインタビューに出てきて、冬のコートをどれほどの頻度で洗うか聞いたら、冬の間じゅう着て、暖かくなったらドライクリーニングに出すというの。普通そうでしょう。細菌は日光を嫌うけれど、最近は服を天日干しすることさえ難しい。特に寒い日はベランダに干しておいても乾かないから、暖かい室内で乾かすでしょう。この調子だから細菌がどれほど多いことか。人も日光を浴びるのがいいらしいわ。一日に数時間日光浴をしろと言うから、アパトゥに日が差したら、私はそこに座っているの。昔はみんな日光で洗濯物を乾かして、ぜんぶほどいてまた縫い直して、綿入りズボンなんかも作ったじゃない。だから大丈夫だったのに。世の中は、時が経つにつれ悪くなっていくみたいだわ。

抗がんをするときは白血球の数値が上がらなくて、肉を食べ始めたの。今も時々、たんぱく質を摂取しなければならないと思ったら、肉を買ってきて焼いて、サンチュに包んで食べるわ。下の孫が、家でオンマがごはんを作ってやれないからうちにごはんを食べに来るけど、その子は一番成長する時期だから、肉も食べさせないといけないでしょう。サムギョプサルを買って、キムチチゲを作ってあげたら、よく食べるわ。私は肉は食べず、キムチだけ取り出して食べるの。私たち（患者）が食べられるおかずなんてあまりないわよね。ナムルと豆腐をたくさん食べろというから味噌汁に入れるけど、飽きちゃって、豆腐を焼いて食べたりもするわ。味噌汁や納豆汁は、煮干しや昆布で出汁を取って。ごはんはハトムギやら黒米やら、いろんな雑穀を入れるわ」。

（二〇一二年二月六日）。

この語りからは、イ・ヨンレ自身は肉をほとんど食べないにもかかわらず、育ち盛りの孫のために肉を調理し、自分はその中から肉を取り除いて食べるという折衷案を見出していることがわかる。つまり孫はイ・ヨンレにとって、折衷案を見出しながら尽くしてあげたい対象として認識されている。

この節で見てきたように、子どもたちやチンジョンの母親は、一般的に「オモニ」が親密な関係を築く対象として認識されている。さらに「オモニ」が乳がんに罹ることで、子どもが大きくなるまで世話をしてあげられないかもしれないという思いから、子どもへの心配や世話焼きぶりは過熱することがある。

しかし単なる親密さにとどまらず、子どもの学業不振などの問題が乳がんの病因になったと考えるほど子どもに傾倒しているケースも見られる。その場合、一般的に「オモニ」が親密な関係を築くとされる子どもとの間でも、「オモニ」が自らの健康を維持するために距離を置こうとするケースが見られる。

子どもたちとの親密な関係を維持する場合でも、病気の原因となるような自己犠牲的な奉仕は回避される。「オモニ」自身が患者として乳がんを治すために行う取り組みと、「オモニ」としてのありかたとの間で折衷案が模索されて、選択的な奉仕が継続され感情的紐帯が強化されるという現象が見られる。

## 第四節　「オモニ」を通した韓国の家族再考

本節では、第三節までで明らかになった様相を、理念型としてのチプ、シックー、カジョクのありかたと照合させつつ、そこから浮かび上がる家族の特徴について論じる。

従来の研究で「オモニ」は、他人のための存在であり、家庭的な存在であるにもかかわらず家族を構成する権利がなく、性的主体になれず自分の身体を持つこともできない、と指摘されてきた［정희진 2012］。しかし本研究を通して、乳がんという病気を経験した「オモニ」たちが、従来の自己犠牲に気づいてその状況を改善しようとし、自らの「モギギ」やセクシュアリティを前景化させることを始めとして、周囲との関係のありかたや関係を築く範囲を再構成する様相を明らかにしてきた。

また本章では、乳がん患者の「オモニ」たちが、周囲の人々を区分し、それぞれ異なった態度をとっていることを明らかにしてきた。まず、「ハンプリ」の中で「オモニ」が望まぬ奉仕を回避する人々がいる。これは自分が望まなくても規範上、自己犠牲的に奉仕してこなければならなかった対象である。一方、「オモニ」が折衷案を見出しながら選択的な奉仕を維持する人々がいる。ここでは、「オモニ」たちが積極的に感情的紐帯を築いている。

ここで、韓国社会で家内的集団を指す三つの用語について振り返っておく。第一に、チプ（*jip*）とは、父から長男へと引き継がれる、個人が所属する最小の社会単位を指す［嶋 1997: 102］。チプは厳密な父系制を基準として構成され、非血縁者はチプの構成員にはなりえない。各チプをとりまく最近親者、特に日常生活や祖先祭祀において緊密な協力関係が見られる範囲は、チバン（*jipan*）と呼ばれる［嶋 1997: 102］。従来の研究においては、このようなチプ、チバンが主たる研究対象となってきた。

第二に、シックー（*sikgu*: 食口）とは、「ひとつの家内に一緒に住み、食事を共にするという人々」［李 1978: 23］を指す。従来の研究では、シックーは「学術用語というよりはむしろ日常用語である」［李 1978: 23］として、この概念そのものが研究対象からほぼ除外されてきた。シックーは「食口」という漢字が示すとおり、基本的に共食を基準とする範囲である。このため、「モギギ」を担当する「オモニ」がその関係性の構築において重要な役割を担っている。

第三に、カジョク（*gajok*: 家族）とは、韓国における「近代家族」を指すものとして用いられる。ただし韓国の「近代家族」すなわちカジョクは、familyと同一のものではなく、韓国のチプと欧米の「近代家族」が接合して形成された「家内的集団」である［岡田 2012b: 140］。

本研究では、先行研究で検討されてきたようなチプからカジョクへという流れにとどまらず、シックーというもうひとつのファクターを加えて検討することで、韓国における家族のありかたをより重層的に浮き彫りにしてみたい。

先行研究で「オモニ」が「家庭的な存在であるにもかかわらず家族を構成する権利がない」と指摘されるときの家族とは、父系血縁集団であるチプが想定されていた。それでは実際の患者たちの語りや行動は、どうであろうか。これについて、シデクおよび夫、チンジョン、および子どもとの関係から検討してみると、次のようになる。

まずシデクのありかたについて、チプの概念に即して見てみると、婚入した女性は、夫方のチプの家系継承者となる男児を産むまで地位を得られなかったり、夫方の祖先祭祀の準備を担わされたり、夫方のチプの維持・繁栄のための自己犠牲的な奉仕を求められたりする。乳がん患者たちは、このようなありかたは病気を引き起こすものとして語り、病気の発覚後の行動においても回避の対象にしている。

例えば本章でライフヒストリーを扱った患者たちは、夫方のチプから規範上求められて負わされてきた自己犠牲を好ましくないものとして認識し、それを病気の原因と結びつける。例えばハン・ヒヨン①は、姑のしゃべる慶尚道方言を習得し、舅や姑に気を遣って心休まらない日常生活を送り、男児を出産せねばならないという重圧を抱え、後には夫のきょうだいが嫌がって押し付けてきた姑の介護を一手に担わなければならなかった。ソン・ヨンスン②は、舅の父親の介護、自己中心的にふるまい自由を与えてくれない姑との同居、姑の世話をまかせきりの夫の弟夫婦に対する不満を長年にわたって我慢し続けなければならなかった。またキム・ヨンスン③は、夫が次男であるにもかかわらず自分が長男の嫁のような役割を担わなければならないことに不満を抱いている。しかしキム・ヨンスンは性格上、その不満を口に出せない。キム・ヨンスンは「間違っていると思ってもそれを口に出せないし文句を言えなくて、我慢しながらすることになる。他人に対しては文句を言えるけど、シックーには文句を言えないこと。自分のことより他の人のことを先にしてあげること。そういうのがストゥレッスなの」と表現し、シデクから求められる自己犠牲を我慢し続けたことを乳がんに罹った最大の原因として語っている。

また夫は従来のチプの概念からすると、家父長制や儒教文化に基づいて、自らのチプの規範や年長者を重んじ、妻よりも優位に立つ存在である。このことによって、時には妻が精神的な負担を強いられる。患者たちもそのような側面を語ることがある。例えばキム・ジスク⑦は夫の酒癖を嫌いつつも、夫が社会生活をうまくこなしてお金をよく稼いでくるからという理由で、酒癖の問題を我慢してきたと語る。

以上のような事例からは、シデクおよび夫と「オモニ」の関係をチプの概念にあてはめて解釈することが適切である。しかしシデクや夫に関する患者の語りには、チプの概念には必ずしもあてはまらないものが含まれている。

第一に、チプの概念上は問題にされることがないはずの夫婦間の感情的紐帯も、現代韓国社会においては重要なものと見なされており、そこに問題が生じた場合は強いストゥレッスがもたらされる。例えばジャン・ハヨン⑤は、夫の浮気によるストゥレッスが病因になったと考えている。

第二に、夫が妻とともにチプの規範に抗おうとする様相も、患者の語りの中で浮かび上がる。例えばソン・ヨンスン②の「私は最初、夫と一緒に病院へ通ったわ。交通費や食費が二人分かかるから、来なくていいと言ったけれど、夫は「オンマが君の病気を風邪程度にしか思っていないから、わざとついていくんだ」と言った。今も週末、駅前まで迎えに来るのは、そういう理由からよ。姑は私が週末に帰ってくると知って、私に布団を洗うようにと積み上げて、大根を抜いて漬けるよう言ってきたんだから。大根は夫が漬けてくれた」という言葉に見られるように、夫が自分の母親に対してソン・ヨンスンの病気が重篤であることを見せしめ、母親からソン・ヨンスンに課せられる精神的負担および家事労働の負担を減らそうとしている。これらのことを鑑みると、夫は場合によって、チプの規範に対して「オモニ」と共に抗う協力者となることもある。

第三に、「オモニ」がシデクの人々と親密な関係を築くケースも見られる。シデクの人々は接触を回避したい対象として認識される場合が多いものの、中にはキム・ヨンスン③のように夫のきょうだいと仲がいい場合もある。患者が積極的に感情的紐帯を築く対象は、必ずしもその属性によって決まるわけではない。

これらの語りに見られる現象については、シデクおよび夫と「オモニ」との関係を、感情的紐帯によって結ばれるシックーの概念に当てはめて解釈することがより適切である。さらに言えば、先述したような、シデクや夫に自己犠牲を強いられて乳がんが生じたという語りやそれに基づく回避行動も、患者たちが接触を回避する対象を選択的に区分し行動に移すという点で、属性によらず流動的に形成されるシックーのありかたにあてはめて解釈することが可能である。

次にチンジョンのありかたについて、チプの概念に即して見てみると、チプは父系制に基づくため、婚出した女性はチンジョンにとってよそ者となる。実際に患者のライフヒストリーの中でも、チンジョンのきょうだいに気を遣わねばならないという語りがなされることは事実である。例えばジャン・ハヨン⑤は「姉の家も弟の家も京畿道にあるの。抗がんのときそこにいたけれど、他人（*nam*）の家だから顔色をうかがわないといけないといっている。ジャン・ハヨンにとってチンジョンの姉や弟は、「顔色をうかがわないといけない」「他人（*nam*）」と表現される。

上の事例からは、チンジョンと「オモニ」の関係をチプの概念にあてはめて解釈することが適切である。しかしチンジョンに関する患者の語りには、チプの概念には必ずしもあてはまらないものが含まれている。

第一に、困ったときに頼りにできるのは、多くの場合がシデクの人々よりもチンジョンの父母やきょうだいである。患者のライフヒストリーの中では、特にチンジョンの母親とのつながりの強さが頻繁に語られる。例えばチェ・サンミ⑨にとってチンジョンの母親は、かつて乳がんに罹りチェ・サンミとその姉が献身的に世話を焼いた対象であり、現在は乳がんの治療を受けるチェ・サンミを献身的に世話してくれる人物でもある。オ・スクジャ⑩は「長女とオンマの仲は、愛憎関係って言うじゃない。私もそういうことがある。オンマを愛しながらも憎むという。オンマは良かれと思ってしてくれたのに、私から見たらそうじゃないことってあるじゃない」と語っている。またパク・ジョンユン⑪は「娘にとってオンマは大きな存在よ。子どもを産んでも姑には預けにくいけれど、オンマには預けられる。私も娘のために健康で長生きしなければと思うわ。（中略）。私とオンマは親しくて、乳がんで入院したときもオンマが付き添っていてくれた。オンマには気楽にものが言えるから、口論もしたわ。寝ているのに電話が来たと言ってオンマが起こしたので、「電話なんて切ればいいじゃない。オンマのせいで寝てもいられない。帰って」と苛立ちをぶちまけたものだから、オンマは泣きながら帰っていった。でも次の日にはまた荷物をたくさん持って病院へ来た。二人ともケロリとして、オンマの持ってきた美味しいものを食べたわ」と語っている。オ・スクジャとパク・ジョンユンのライフヒストリーにおいては、チンジョンの母親は、娘が気がねなく文句を言ったり甘えたりできる親密な存在として語られている。近年の韓国社会ではチンジョンが既婚女性にとって親密な存在として認識されている。

第二に、患者たちの語りではチンジョンが、関係が近しすぎるあまりに負担をかけられて病気を引き起こす存在としても語られる。そしてその場合は、シデクと同じように回避の対象となる。例えばソン・スジョン（④）は「兄は男の子だからと大事にされて、六歳まで母乳を飲んでいたわ。私は「なんで尼っこに乳をやるのか」ということで、母乳を与えられず砂糖水を与えられた。私の後、すぐ下の妹が生まれるまで、オンマは何度か妊娠しても、女だといって堕ろしていた」というように、父母が男児の誕生を強く望み、兄に長く母乳を与えるために自分には砂糖水が与えられていたことが語られる。男児である兄は大事にされる存在であり、ソン・スジョンも兄に頭が上がらなかった。それでいながら兄に代わってソン・スジョンがチバンの用事を取り仕切らなければならなかったところに、ソン・スジョンの不満がある。そしてソン・スジョンは、患ってからはチバンの用事を他の人たちに任せてしまうという回避策をとっている。またジャン・ハヨン（⑤）は「オンマは糖尿病を二〇年間患ってお亡くなりになったわ。合併症で動けなくなって、あるだけのお金をすべて使って。オンマのせいで私の下のきょうだいたちは、オンマの世話をするために結婚できなかった。オンマがお亡くなりになってから、次の年に一人、その次の年に一人、結婚したの。オンマがお亡くなりになったときも、それほど悲しくなかった。さっぱりした寂しさと言うのかしら。最初にワーッと泣いて、終わり。（中略）私はあちこち旅行に行きたかったし、勉強したいこともあった。でもチプの経済状態がよくなくて、できなかった。うちの息子には、したいことを全部できるようにしてあげたい」と語っている。このようにチンジョンは、関係が近しいあまりに負担や足かせになる存在としても認識されている。

このように、チプの概念で説明されるようにチンジョンが婚出した女性をよそ者とするわけでは必ずしもなく、また婚出した女性とチンジョンの人々が親密な関係を築くというわけでは必ずしもない。チンジョンと「オモニ」との関係に関しても、その属性に関わらず関係が流動的に再編されるシックーの概念によって解釈するのが適切である。

最後に子どもと「オモニ」の関係のありかたについて、チプの概念に即して見てみると、家系継承者となる子どもは既婚女性が婚入先のチプで地位を得る上で重要な存在である。女性が社会的に名声を得ることが困難な状況下、「オモニ」が子ども（特に息子）に傾倒し、子どもの成功を自己成就に重ねてきた側面もある。

患者の語りを見てみると、「オモニ」の乳がんの発覚後もシデクやチンジョンに比べると回避の対象になることは少なく、親密な関係が維持あるいは強化される。例えばアン・ジヨン⑫は、治療時に最も胸を痛めたのが子どものことであり、自分がもし死んでしまっても子どもがすぐ着られるよう四季の服に全部アイロンを当てるなど、子どもの将来を心配してかいがいしく世話を焼いている。またキム・ヨンスン③は「がんの診断を受けたとき、息子のことばかり考えて、三日間ずっと泣いていたわ。五年は生きられるというけれど、一〇年だけでも生きられたらいいのに。今息子が二八歳で、就職したところだけれど、三八歳なら基盤ができているでしょう」と語る。多くの患者は、子どもが「大学に入るまで」「結婚するまで」あるいは「就職するまで」自分が生きて面倒を見てあげたいと語るが、キム・ヨンスンのように息子が就職していてもさらに「基盤ができる」まで世話を焼かなくてはならないと考えるケースも見られる。

上の事例からは、子どもと「オモニ」の関係をチプの概念にあてはめて解釈することが適切である。しかし子どもに関する患者の語りには、チプの概念には必ずしもあてはまらないものが含まれている。

第一に、子どもの問題が乳がんの原因になったと考えるほど子どもに傾倒していた場合は、距離を置く様子が見られる。例えばクォン・ヨンスク⑭は、母親の交通事故と並んで、息子の成績不振によるストゥレッスを病因として語っている。息子の成績不振が原因で保護者会にも出なくなり、挙句の果てにはそれが原因で乳がんに罹ったと考えるほど、クォン・ヨンスクは息子の学業成績に自尊心を抱いていた。クォン・ヨンスクは夫の勧めで子離れしようと努力するとともに、がん告知から時間が経って子どもたちからの気遣いが減少しつつあることも仕方のないことと受け止めている。また第六章で扱った別の患者の事例6－2－4においても「子どもたちが大学に上がっても、韓国のオンマたちは（子どもの行動に干渉して社会で成功させようとする）欲を捨てられないじゃない。（でも私は）全部投げ出してしまった。（子どもたちが）何かをしてもしなくても（放っておく）。この病気を追い出したかったら、根源を早く探さないといけないのよ。家庭を壊さないように自分だけ我慢すればいいってみんな考えるけど、我慢している場合じゃないのよ」という語りが見られる。

第二に、子どもたちとの親密な関係を維持する場合でも、従来のように自己犠牲をすることなく、患者としてのありかたと「オモニ」としてのありかたとを折衷させようという模索が行われる。例えばイ・ヨンレ⑮は、娘が仕事で忙しいので孫の食事作りを担当しているが、イ・ヨンレ自身は食餌療法のため肉をほとんど食べないにもかかわらず、育ち盛りの孫のために肉を買ってきて調理し、自分はそのおかずの中から肉を取り除いて食べている。また第一節で取り上げたソ・キョンスクは、自分の体のことを考えた砂糖不使用の玄米のソンピョンと、子どもの好みを考え砂糖入りの白米のソンピョンという二種類を作るという労力を注いでいる。

このような患者の語りや行動からは、子どもと「オモニ」の関係をチプの文脈で解釈するよりは、「オモニ」が選択的に関係を構築するシックーの文脈で解釈するほうがより適切であることがわかる。シデクやチンジョンとの関係がそうであるように、患者が主体的に感情的紐帯を築く対象は、必ずしもその属性によって決まるわけではない。子どもはそのような対象になる場合が多いものの、子どもだからといって必ずしも親密な関係を強化させる対象になるわけではない。また親密な関係を維持する場合でも、チプの規範で求められるような自己犠牲的な奉仕をするのではなく、「オモニ」自身の患者としてのありかたが最大限に守られている。

以上のことから、次のようなことが言える。「オモニ」を通して韓国の家族を見るとき、シデクおよび夫、チンジョン、子どもとの関係のいずれにおいても、チプの概念よりシックーの概念にあてはめることがより適切である。「オモニ」たちは乳がんを治そうとする行動において、周囲から求められるチプの規範を回避し、選択的に感情的な紐帯を築いている。その紐帯によって形成されるのは、共食を基準としてつながり、境界が流動的で、非血縁者をも含みうる、シックーである。

シックーという観点から検討するとき、韓国の家族のもうひとつの姿が浮かび上がってくる。シックーの範囲を決定づける主な基準は共食であることから、「モギギ」の権限を掌握している「オモニ」がシックーたちの間で力を持つ。言い換えれば、父系血縁を基盤とするチプの観点からは見えてこなかった、「オモニ」が主体となって流動的かつ非公式的に構成する家内的集団が、シックーである。これは、チプばかりを論じてきた先行研究が見落としてきた点である。

Wolf［1993］の論じた台湾の「子宮家族」は、夫方の父系血縁集団の中に婚入し不安定な地位にある女性が、子ども（その中にシデクの跡継ぎとなる男児が含まれていることは欠かせない）を産み、子どもたちが成長してシデクの中で権力を持つことによって、女性もシデクの中で自分の支配力の及ぶ範囲を確立・拡大させていくという考え方であった。つまり「子宮家族」は、チプを運営する子どもたちをいわば盾として、チプの中で形成される。これに対してシックーは、「子宮家族」のように子どもを通じて構成されるのではなく、「オモニ」の直接的な行為によって構成される。シックーの範囲は、必ずしもチプとは一致しない。またシックーは非血縁者をも含みうる点で、非血縁者を含むことのできないチプとは対照的である。

乳がんに罹った「オモニ」たちが病気を治そうとする試みには、シックーの前景化とチプの形骸化という特徴が見られる。病気を契機に、それまでチプの規範に縛られ覆い隠されていたシックーがベールを脱ぐ。「オモニ」たちは治療を口実としてチプのしがらみをふりきろうとし、チプからシックーへと近づこうとする。

かつて「ムビョン」にかかった女性は、家族のしがらみを断ち切ろうとすれば、チプのみならずシックーさえ捨て去らねばならなかった。かつてはシックーがチプのがんじがらめになっており、それらを分けて考えることすら許容されなかったことがうかがえる。「オモニ」はチプの強固な枠組みの中で、「モギギ」と男児出産を行うことにより存在感を確立していた。

しかし近代化に伴い、愛情（love）によって結ばれる家族（family）という概念が入ってくることで、はっきりそうとは認識されなくても、シックーとチプを分けて考えることが可能になった。近代家族の概念の影響を受けながら、チプとシックーを分離しつつも両者を包含してきたのが、カジョクである。チプがフーコーの言うところの「婚姻の装置」であるとするならば、シックーは近代化に伴って強化され、フーコーの言うところの「性的欲望の装置」へとその性質を特化させていったと見なすことも可能であろう［フーコー 1986］。

逆の観点から見れば、シックーは、チプが排除してきたものをも包含しうるものであるとも言える。チプが厳格な父系血縁原理に基づく集団であるのに対し、シックーは個人の選択によって形成しうるものであり境界も流動的である。このことから、チプを構成する男性たちが集団の体面と存続、繁栄をかけて排除するものであっても、シックーには受け容れられる余地がある。例えば、乳がん患者の「オモニ」たちは、未婚の乳がん患者に対して、「結婚はチバン同士でするものだから、もう見合いでは結婚が難しいでしょう」「だから恋愛をしなさい」と言う。これは、集団としての体面を重視するチプには受け容れられなくても、感情的紐帯によって流動的に形成されるシックーとしては受け容れられる余地があるという考え方を表している。そして同時に、結婚において当事者の意志がチバンからの干渉を凌駕するものになりつつあることをも表している。

とはいえ、依然として「オモニ」は多くの場面でチプに束縛されたままであった。「モギギ」は「オモニ」が男性および男性中心的な支配構造と拮抗する有効な手段となったが、セクシュアリティはチプの枠の中に収められ、「オモニ」のセクシュアリティは主としてチプの継承のために使われてきた。患者たちが行うセクシュアリティの前景化は、セクシュアリティをチプからシックーにふさわしいものへと変化させる動きであると見ることができる。

これらに見られるシックーの前景化とチプの形骸化は、乳がん患者の個別の事例にとどまるものではなく、本書の前半部分で指摘したような、韓国社会における家族の変化の流れを映し出すものである。例えば、儒教的規範に基づく男児選好が近年下火になり、むしろ女児選好が強まっている現象がある。これは人々が、チプを形式的なものとし、親密圏であるシックーを現実的な家族として生きていることを意味すると考えられる。また、主婦権の変化も注目すべき現象のひとつである。主婦権はかつてのように姑から嫁に相続されるものではなくなった。嫁は、姑からの干渉を受けたがらない、姑から独立した存在である。姑のほうも嫁に対して祖先祭祀の準備の方法などは伝えるものの、日常的には過度な干渉を遠慮する傾向にある。その一方で嫁は日常的には、家事や育児などをチンジョンの母や姉妹に頼る動きも見せている。これらの現象からも、韓国社会におけるシックーの前景化とチプの形骸化の動きが見て取れる。シックーの重要性が増す中、シックーを司る「オモニ」は、韓国の家族を説明する上での、もう一人のキーパーソンであると言える。

# 考察

本書は、次のような流れで論議を進めてきた。

「第一章　先行研究の検討」では、まず第一節で母性に関する先行研究について検討した。ここでは、女性にとっての母性の位置づけ、あるいは母性に付与された意味や役割などに関する議論はほとんどなく、母性に関する人類学的な理論構築が十分になされてこなかったことを論じた。

第二節では韓国の家族に関する研究で論じられてきた女性、そして「オモニ」について検討した。ここでは、韓国の家族が主に父系制、家父長制、儒教文化という枠組みから説明されてきたこと、父系制の出自律に基づく確固とした家族の構造の存在が想定され、その男性中心的な構造の中で、女性は捨象されるか、あるいは隷属的存在として説明されたことを論じた。その中で「オモニ」は、父系制、家父長制、儒教文化に基づくチプを陰から支えるという特徴を持つとされてきた。しかし「オモニ」というイデオロギーが韓国の家族、ひいては韓国社会の中で存在感を持ってきたにもかかわらず、これまで十分に論議されてこなかったことを指摘した。

「第二章　韓国の家族をめぐる変化」では、戸籍データおよびフィールドワークで得られた資料をもとに、韓国の家族の変化について論じた。「第一節　墓の床石から見る家族の変化」では、墓の床石のデータから、婚出した女性や姻戚の名前を墓石に刻むなど、従来見られなかった現象が数多く起こっていることに注目した。このデータを通して、父系血縁の原理にとらわれないかたちで家族の範囲が認識されつつあることを示した。

「第二節　戸籍のデータから見る家族の変化」では、戸籍のデータから、結婚・出産をめぐる状況の変化について分析した。ここでは特に一九六〇年代以降、結婚・出産をめぐる状況が大きく変化してきたことに注目した。女性のライフコースという視点から見たとき、第一に数少ない子どもを短期間で産み終えるようになったこと、第二に晩婚化によって、家族周期は大きく変化したことが明らかになった。さらに結婚をめぐる状況についても、都市化・産業化の影響が見られ、その変化は男性よりも女性のほうが大きく急激であったことを論じた。

「第三節　「オモニ」の語りから見る家族の変化」では、「オモニ」たちの語りから、結婚式および結婚に関連する儀礼、出産や子どもの名付けをめぐる状況の変化について分析した。そして、家族に関して多様な面から変化が起こっており、従来の枠組みでは韓国の家族を説明しきれなくなっていることを指摘した。

「第三章　隠喩としての病い――現代韓国社会におけるがん」では、本研究でがん患者に注目する理由について、現代韓国社会におけるがんの意味づけという観点から論じた。「第一節　近代科学とがん」では、がんが近代科学と密接に結びついていながら、そのメカニズムがまだ解明されておらず統制もできないという点において、科学的合理性からは排除されていることについて検討した。そしてそのために、がんが避けられたり隠されたりするといった周辺化の対象となっていることを論じた。

「第二節　がんの解釈」では、がんに対する宗教・民間療法レベルの解釈が、近代科学の力では説明・統制しきれないがんのメカニズムを、説明可能なものにし、（少なくとも理念上は）統制可能なものにしていることについて検討した。そしてそれらの解釈に基づき、がんを治すためのさまざまな行為が、バイオメディスンの外側で生み出されていることを論じた。

「第三節　がんを治すための行為」では、がんを治そうとする行為において、がんが産業化・都市化による生活の急激な変化と結びつけられることについて検討した。近代化によってもたらされた生活の急激な変化とがんとが結びつけられ、それらをなんとか「合理的」に説明し統制しようとする行為につながっていることを論じた。


「第四章　「オモニ」の乳がん患者への注目」では、本研究で韓国の既婚女性の乳がん患者に注目する理由について論じた。「第一節　胸、乳房、乳がんの意味づけ」では、本研究で乳がん患者に注目する理由について、韓国における胸、乳房、乳がんの捉えられ方と関連づけながら論じた。ここではまず、韓国において胸が身体部位であると同時に、感情が蓄積して詰まるところとして認識されていること、乳がん患者の中には感情の詰まりを乳腺のしこりと同一視するケースが見られることを指摘した。さらに、結婚や家族にまつわる女性の悩みが乳房に病気をもたらすと考えられていることを指摘した。韓国において女性の乳房は、出産後、セクシュアルな意味を大きく排除され、可視化された「オモニ」の隠喩として認識されるようになる。このような背景から、韓国において乳がんという病気は単に身体的な問題ではなく、乳房のもつ意味合いと合わさることによって、「オモニ」特有の問題と関連づけて解釈されることを明らかにした。

「第二節　女性の婚姻状態および年齢による病因論の違い」では、乳がん患者の中でも「オモニ」に注目する理由について、婚姻状態と年齢による病因論の違いという観点から論じた。ここでは「アガッシ」（三〇歳代以下の未婚女性）、「ノチョニョ」（四〇歳代以上の未婚女性）、「オモニ」（既婚女性）という区分を用いた。第一に、「アガッシ」が乳がんに罹った場合、本人や周囲の関心が発病原因の詮索よりも将来の結婚に対する心配に向けられる。それは、韓国における結婚に、セクシュアリティ、親や親族（チプ）の介入、生殖と家系継承に関する問題が複合的にからみあっているためである。第二に、「ノチョニョ」が乳がんに罹った場合、晩婚や子どもを産まないことが乳がん発病のリスクを高めるという医療側の言説は、患者本人および周囲の病因論において支配的に作用している。ここには、女性のシングルが儒教的な価値観によって「周縁」に位置づけられてきたという文化的背景、さらにはそのことと関連して、近年増加しつつある女性たちの結婚・出産をしないという生き方に自己責任を求める風潮があることとも影響している。第三に、「オモニ」が乳がんに罹った場合、病因についての解釈がさかんに行われる。その過程で多く語られるのが、家族の問題によるストゥレッスの蓄積である。よって家族のありかたを浮き彫りにするためには「オモニ」の語る病因論を検討することが有用であることを論じた。

「第三節　「オモニ」たちの語る病因論」では、「オモニ」である乳がん患者たちが、民俗的な「ファッピョン」の病気観を背景として、自らの乳がん罹患の原因を家族の問題によるストゥレッスとして語ること、そしてそれらがチプの問題とも関連していることを指摘した。これに加え、バイオメディスンの言説で語られる環境や生活習慣といった要因も、「オモニ」たちの乳がんの病因論に影響を与えている。これらが、「オモニ」たちが病気を治すための「ハンプリ」を行う行為に影響を及ぼしていること、すなわち「ハンプリ」では病因のひとつである「ストゥレッス」をなくすために周囲の人々との関係性の変化が図られるが、その際には主に、もうひとつの病因と考えられる生活習慣の改善や食餌療法に周囲をまきこむ行為を通して行われることを論じた。

「第五章　乳がんに罹るということ」では、乳がんの罹患が患者たちの生に与える影響について、患者たちの語りを通して明らかにした。「第一節　治療段階ごとの経験の語りから」では患者たちの治療段階ごとの経験の語りを通して、また「第二節　ライフヒストリーから」では患者たちのライフヒストリーを通して、乳がんに罹ることがどのような状態になることであるのかを描き出した。この章では、患者たちが治療段階ごとにさまざまな経験をし、そのたびに自らの身体の変化や周囲との関係変化に直面すること、乳がんの罹患を機にそれまでとは違った状況や価値観の中で生きるようになることを論じた。

「第六章　病気を治すための「ハンプリ」」では、乳がんを民俗的な病気である「ファッピョン」と類似した病気として捉える患者たちが、「ファッピョン」の治療法である「ハンプリ」を行うことで乳がんを治そうとする様相について論じた。「第一節　「ファッピョン」と「ハンプリ」」では、まず「ファッピョン」の原因、症状、治療法などの概要を説明した。そして、韓国の乳がん患者たちが乳がんを「ファッピョン」と類似した病気として認識している様相を提示した。そして、患者たちが医学的治療と並行して、「ファッピョン」の治療法である「ハンプリ」を行うことで乳がんを治そうとすることについて論じた。

「第二節　「ハンプリ」にまきこまれる家族」では、患者たちが「ハンプリ」の考え方に基づき、病気を治すために生活を自分中心に変えようとすること、そこに周囲の人々がまきこまれてゆくことについて論じた。実行するのは難しくても、患者が自分自身の欲求を優先させることが望ましいと考えられている。それは「ファッピョン」の考え方に基づき、乳がんに罹った原因を家族にまつわる否定的感情の蓄積に求めることから、「ハンプリ」を通して病気を治そうとするためである。家族をまきこんで生活を自分中心に変えようとする態度は、食餌療法や「自然治癒」への投資にとどまらない。家事の手を抜いたり、家事を夫に手伝わせたり、自分のために時間を使うようになったりする変化も見られる。程度の差はあれ、家族は患者の「ハンプリ」にまきこまれる。しかしそれはあくまでも他の家族からのケア欲求とのせめぎ合いの中で、相互に折り合いをつけながら行われている。

「第三節　「ハンプリ」とチンジョン／シデク」では、患者たちのケアにおける、チンジョンとシデクとの関係の取り方について提示した。患者たちはチンジョンとシデクに対して、夫や子どもとは異なる接し方をしている。チンジョンのきょうだいは頼れるが気も遣う存在である。またチンジョンの親は最も心配してくれる存在ではあるが、それだけに心配をかけたくない存在でもあり、そのため乳がんに罹ったことを話せないケースもある。しかし全般的に、患者はチンジョンの人々に対して、一定の距離は置きつつも心配してくれたり助けてくれたりすることを期待し、それだけに助けてくれない場合には大きな不満が生じる。一方、「オモニ」の患者にとってシデクの人々は、気を遣わねばならず、私生活への侵犯をしたりされたりしたくない存在である。それゆえ、病気を治すために、シデクの人々との望まない接触を避けることもある。

「第七章 「オモニ」のセクシュアリティ」では、セクシュアリティに関連する行為を中心として、「オモニ」が乳がん罹患を契機に家族との関係を変える様相について論じた。「第一節 抑圧・干渉されるセクシュアリティ」では、「オモニ」のセクシュアリティが抑圧あるいは干渉されるものとなっていること、そして乳がん患者の場合はセクシュアリティの問題がさらに深刻化しうるのに加え、医療者からセクシュアリティに介入され従わせられる状況にも直面しうることを論じた。具体的には、性交によって女性ホルモンが刺激され乳がんが再発しないかという懸念に加え、化学療法による脱毛などの外見上の変化、手術による乳房の変形または喪失が原因となって、夫が妻に対する性欲を減退させたり、妻が自分の身体を夫に見せることをためらったりし、夫婦間の性生活に支障が出る場合がある。これらの要因と、「オモニ」のセクシュアリティを抑圧する規範があいまって、乳がん患者である「オモニ」のセクシュアリティの問題は深刻化しうる。さらに、ホルモン療法を受ける患者は、膣乾燥などの副作用による性生活の支障のみならず、医療者からセクシュアリティに介入され服従させられる状況にも直面しうる。

このように抑圧あるいは干渉される「オモニ」のセクシュアリティに変化をもたらすのが、乳がん患者会の活動である。「第二節 セクシュアリティの規範を覆す「オモニ」たち」では、まず、韓国社会において女性たちが同性だけの領域の中でセクシュアリティを表出する場が存在してきたことについて検討した。そして、乳がん患者の場合はさらにそれが治療に必要な「ハンプリ」や「笑い治療」の名目を伴って組織化され、患者会活動の中で「オモニ」たちがセクシュアリティの規範を覆すことについて論じた。患者会活動では、日常生活の中ではセクシュアリティが抑圧されている「オモニ」たちが、自らのセクシュアリティを表出させる動きが見られる。その際に恥ずかしさを和らげ、行為を正当化するのは、女性ばかりが非日常的な時空間に集まっているという患者会の特性であり、また「ハンプリ」や「笑い療法」が治療に役立つという名目である。患者会において展開されるこのような行為は、「オモニ」に対するセクシュアリティの抑圧状況を覆し、セクシュアリティの表出・発散を促している。さらには男性優位の性規範や権力関係を逆転させ、「オモニ」たちが主導的にセクシュアルな行動に出ることを実現させている。

「第八章　「オモニ」の「モギギ」」では、「モギギ」（食べものを食べさせること）の行為を中心として、「オモニ」が乳がん罹患を契機に家族との関係を変える様相について論じた。「第一節　「憩いの宿」の民族誌」では、X大学病院の乳がん患者会Wが運営する宿泊施設「憩いの宿」の民族誌を描き出した。この民族誌を通して、患者たちの日常生活における、食をめぐる行為の重要性を指摘した。

この背景として「第二節　「オモニ」の「モギギ」」では、韓国社会における「オモニ」の「モギギ」の重要性について検討した。「オモニ」の「モギギ」は、男性および男性中心的な支配構造と拮抗する切り札となってきた。韓国社会の日常生活において、そして「オモニ」が周囲との関係性の中で存在感をもつという側面でも重要な「モギギ」は、病気によってその重要性をますます増加させる。「薬食同源」の考え方が病気のためにより切実なものとなること、「オモニ」が入院などで家を離れ従来のような家族への「モギギ」が困難になること、「オモニ」が従来の生活における自己犠牲を自覚することなどによって、いつ誰（自分自身を含む）に何を食べさせるかという問題が従来にも増して大きな問題として浮上してくるためである。

「第三節　「オモニ」自身に対する「モギギ」の前景化」では、乳がん患者となった「オモニ」が自身に対する「モギギ」を前景化させる様相について論じた。病気を契機に「モギギ」の重要性が増すことで、「オモニ」は自分自身や周囲に対する「モギギ」のありかたに、より自覚的になる。民間療法的な食餌療法を通して、自分の食べたいものを我慢していた従来の状況から、自分の食べるべきものを優先的に準備する状況へと変化させ、そこに家族もまきこんで、彼らとの関係を変えてゆく。食餌療法は、患者である「オモニ」の自分自身に対する「モギギ」を家族に統制させてしまう、つまり「オモニ」の「モギギ」の主体性が阻害されるという側面も持つ。しかし「オモニ」たちは患者会活動を利用するなどしてうまくそれを回避し、自身に対する「モギギ」の主導権を維持している。「オモニ」が「モギギ」を切り札として日常の状況に拮抗し、周囲との関係を変えるという側面は、病気を契機として、より前景化され、重要性を増すことを指摘した。

「第九章　「オモニ」と家族」では、「オモニ」が乳がんを契機に家族との関係を変えようとするとき、誰と、そしてどのような関係を築こうとするのかについて検討した。民族誌や患者たちのライフヒストリーを通して、「オモニ」としてのありかたを描き出し、そこから韓国の家族の特徴を明らかにした。「第一節　「オモニ」として在るということ――ソ・キョンスクとその家族の民族誌」では、乳がん罹患を契機とする「オモニ」と家族の関係の変化について検討した。ここでは、筆者がホームステイを行った患者ソ・キョンスク宅における民族誌と彼女のライフヒストリーを取り扱った。これらの中ではまず、家族への望まぬ奉仕は、よくないものとして回避が図られる。例えば具体的には、シデクの人々との望まぬ接触を避けたり、不本意な奉仕をやめたりする。その一方で、家族への選択的な奉仕は継続される。日常生活の中で自分の健康管理を優先し、自分の欲求を通して生活するようになったものの、依然として子どもたちに対してはかいがいしく世話を焼く。しかしそれは病気に罹る以前のように一方的な自己犠牲ではなく、患者としてのありかたと「オモニ」としてのありかたとの間で折衷案が模索されている。

「第二節　患者たちの語る自身のライフヒストリー（1）――病気を契機に不本意な奉仕をやめたり、接触を避けたりする対象についての語りを中心に」および「第三節　患者たちの語る自身のライフヒストリー（2）――奉仕を選択的に継続し、感情的紐帯を強める対象についての語りを中心に」では、第一節で見られた様相の中でも焦点を絞り、他の乳がん患者たちのライフヒストリーを通してさらに詳しく検討した。第二節では、家族への望まぬ奉仕が、よくないものとして回避が図られる側面について検討した。また第三節では、家族への選択的な奉仕が継続され、感情的紐帯が強化される側面について検討した。

「第四節「オモニ」を通した韓国の家族再考」では、第三節までの論議で明らかになった様相を、理念型としてのチプ、シックー、カジョクと照合させつつ、そこから浮かび上がる韓国の家族のありかたについて論じた。その中でも特に先行研究が見落としてきたシックーに注目した。

父系血縁を基盤とするチプの観点からは見えてこなかった、「オモニ」が主体となって流動的かつ非公式的に構成する家内的集団が、シックーである。シックーの範囲を決定づける主な基準は共食であることから、「モギギ」の権限を掌握している「オモニ」がシックーたちの間で力を持つ。シックーは主として「オモニ」が作り出す家内的集団である。

乳がんに罹った「オモニ」たちが病気を治そうとする試みには、シックーの前景化とチプの形骸化という特徴が見られる。これは乳がん患者の個別の事例にとどまるものではなく、韓国社会における家族の変化の流れを映し出すものである。これらをふまえ、シックーを司る「オモニ」は、韓国の家族を説明する上での、もう一人のキーパーソンであることを指摘した。

以上のような論議をふまえ、韓国の「オモニ」を通して、母性について考察すると、どのようなことが見えてくるであろうか。

第一章の第一節で検討したように、母性に関する従来の議論は、母性は本能によるものであるとして女性の権利を主張する立場か、あるいは、母性は社会的・文化的に作り上げられたものであるとして性別役割分業に反対する立場に二分されていた。そしてその両者が、母性を子どもや家族（family）が必要とするものとして捉える点で共通していた。

しかし本研究における検討からは、「オモニ」の母性は社会的・文化的に作り上げられたものではあるが、「オモニ」たち自身が母性を利用して男性や男性中心的な支配構造と拮抗してきた一面も明らかになった。つまり「オモニ」の母性は、子どもや家族が必要とするものであるのみならず、「オモニ」たち自身が生き抜いてゆく上で利用することもある。さらに乳がん患者の事例からは、「オモニ」たちが韓国の家族のリアリティを構成する上でも、母性が重要なものとなっていることが指摘できる。

従来の母性研究において、フェミニストたちでさえも、女性の側から見たときの母性の意味や役割について十分に検討してこなかったのは、男性中心的な枠組みに依拠していたとも言えるのではなかろうか。また当該社会での母性の役割・位置づけについて十分に検討してこなかったのは、西洋的な観点から一面的に母性を捉えてきたということでもある。

今も絶大な影響力を持つ、母性が近代の産物であるというバダンテールの考え方、そしてその考え方を世界中の地域に当てはめる傾向が、果たして全面的に正しいかという問題についても再考する必要がある。ただしここで筆者は生物学的な母性本能のことを論じようとしているのではない。また、「母性は女性の〈本質〉である」などとして母体保護等の権利を謳う論理に与しようとしているのでもない。筆者の意図は、母性が近代の産物であるという考え方、ひいては母性を一律に西洋的な母性概念で捉えてしまう現在の傾向に対して、疑問を投げかけようとするものである。母性は、社会的・文化的に創られたものではあるが、場合によっては近代以前から存在していた。社会的・文化的文脈によってさまざまに織り成されてきた母性のありかたについて検討する必要があると同時に、近代化の過程でその意味や役割が変化してきた過程にも留意してゆく必要がある。

韓国の場合、近代化の過程で前景化されたのがチプの家内的領域であり［岡田 2012b: 140］、その変化の渦中に置かれたのが「オモニ」であった。それまでの「オモニ」は、チプとシックーが意識的に区分されず重なり合った状態の中で、チプの継承者となる男児を産むとともに「モギギ」の権限を掌握する存在であった。一九六〇年代以降の経済成長期になると本格的に、西洋的な「近代家族」の概念がチプとシックーの二重構造の中に浸透するようになる。また、家族に対する生権力の浸透により、フーコー［1986］の言う「婚姻の装置」としてのチプと、「性的欲望の装置」としてのシックーを区分することも可能になる。従来の「内外」の儒教的規範が「近代家族」の性別役割分業とリンクし、「オモニ」たちは家内的領域を担うこととなる。その中で「オモニ」たちは、西洋的な母性愛に基づいて家族のケアを担い、「近代家族」の理想像に近づこうとする。西洋的な母性愛の概念および近代的な「個」の自己実現という概念は、子どもを通した「オモニ」の自己成就に拍車をかけることともなった。しかし同時に「オモニ」たちは、夫や舅・姑の要求に応じて、時には自己犠牲を払いながら、チプの規範にも従わなければならない。チプとシックーの二重構造によって生じる葛藤が、「オモニ」たちにのしかかる。自己犠牲を払って我慢し続けたと認識する「オモニ」たちは、病気の治療を手段として、家族のありかたを変えようとする。

伝統的な儒教的家族規範に基づく家族意識と、西洋由来の近代家族規範に基づく家族意識、その片方あるいは両方にあてはまりきれないものが、病気の原因として語られる。韓国に従来から存在した、家族にまつわる既婚女性の行き場のない苦悩を病気によって吐き出すという文化的な通路が存在するためである。昔は「ムビョン」や「ファッピョン」において用いられていた通路を、現代社会では乳がんというバイオメディスンの疾病に場所を変えて用いている。

患者たちの病因論の語りから浮かび上がるのは、現在の韓国家族が近代家族の理想を追い求めるもののどこかに成就しきれない部分がある様相、あるいは儒教的家族規範と近代家族規範の双方からこぼれ落ちる部分を残している様相である。このような疎外された部分はどの社会にも存在しうるが、韓国の「オモニ」たちはそのようなひずみの緩衝材として家族の体面を守る役割が求められてきた。これこそが現代韓国における「オモニ」イデオロギーの核心的な部分である。急速な近代化を経た韓国の場合は家族規範の変化によるひずみも大きく、その軋みを吸収しているのが「オモニ」、そしてその吸収した苦悩を吐き出させる文化的装置として用いられるのが乳がんという病気である。

このような家族のモダニティの浸透と母性との間で生じる葛藤、そしてそれに対して人々が折り合いをつける現象は、韓国社会にとどまらないであろう。近代化、そして西洋の family を前提とした家族観や規範および家族に対する生権力の浸透は、全世界において進行しているためである。外的な権力が主体を規律化する「統治」の観点から見たとき、家族は重要な場である。生権力下の統治は最終目標を人口とし、家族をその基礎的本質として位置づける［Inda 2005: 5］。そのため家族は「人口集団の統治のための特権的な道具」［フーコー 2002: 266］である。そしてそれは、家族のケアと、そこに関連づけられる母性についても例外ではない。

ここで人類学全体における研究を振り返ってみよう。Schneider［1987］は、家族という現象が通文化的に存在するものと前提して論じてきた従来の家族研究に疑問を投げかけ、通文化的な家族研究自体が不可能であることを示した。これにより家族研究は打撃を受け、停滞することとなった。

これに対し Strathern［1992］は「心身も社会文化も物質的環境も、個々人の心身を超えた次元に存在する超有機体というよりは、（時には対立や矛盾を含みながらも）互いに全体の部分として、相互浸透的にわかちがたく融合している」という視点を提示した［河合 2012: 32］。この文脈の中で、通文化的な家族というものを前提せず、家族・親族が社会文化と相互浸透的に結合しているものとして捉えた点で、Strathern の理論はシュナイダー・ショックによる家族研究の停滞を打開するひとつの有効な方法として浮上した。しかし研究者が目の前で展開されている無数の「相互浸透的にわかちがたく融合している」相互作用の中からいくつかの関係を選択して描くという過程においては、研究者の恣意性が入り込まざるを得ない。

そこで本研究が示すのは、Strathern の理論とは異なる観点からの、家族に関する通文化的な研究の可能性である。地域に固有の人々のつながり如何にかかわらず、西洋的な「近代家族」のイメージや規範および家族に対する生権力の浸透は、全世界において進行している。家族へのモダニティの浸透と、そこにおける母性の意味や位置づけの変化を比較・検討することで、通文化的な研究が可能になる。この「近代家族」の浸透と母性の変化という現象には、ケアの問題なども深く関わってくる。多くの地域が少子高齢社会となりケアの問題が浮上する中、ケアと関連づけられる母性を通して家族を見るというアプローチの意義は今後ますます高まるであろう。

韓国の家族に関する研究に関しては、本研究はさらなる展望を開いている。それは、儒教イデオロギーと「近代家族」イデオロギー、「伝統的」家族の実態と現在の家族の実態の間の、連続性／不連続性に関する論議の展望である。

韓国では高度経済成長期を経て「伝統的」家族の様相が変貌し、西洋的な「近代家族」のイメージを受容しつつも改編が加えられた「ローカライズした『近代家族』」の複雑な様相を呈している［岡田 2012b: 126］。このような様相については、これまで多様な角度から論じられてきた。それにもかかわらず、儒教イデオロギーと「近代家族」イデオロギー、「伝統的」家族の実態と現在の家族の実態の間の連続性／不連続性が未解決のまま課題として残されていた［岡田 2012b: 139］。

しかし「伝統的」家族が韓国的な「近代家族」へと変化する流れ、言い換えればチプからカジョクへという流れの中に、シックーというもうひとつのファクターを加えて検討することで、この連続性／不連続性に関する論議の展望が開ける。すなわち、父系血縁を基盤とするチプと、感情的紐帯を基盤とするシックーが、近代化の流れの中で区分が可能になった。それとともに、西洋的な「近代家族」の友愛的イメージなどを受容する中でシックーがより前景化され、その一方でチプがより形式化するという状況が進行し、それが現在のカジョクの様相を形作ってきた。ただしこれは理念系としての様相であり、現実にはシックーがチプに束縛される面もある。患者たちの試みはそれを打破しようとするものである。チプとカジョクだけを比較すると両者は断絶しているように見えるが、その間にはシックーによる連続性が存在してきた。

近年の韓国社会でシックーの重要性が増しているとはいえ、今後シックーがチプを完全に凌駕しきってしまうという事態になることは考えにくい。この論拠として、東アジアの世界観、すなわち中華文明と陰陽五行説に基づき「世界を二元的〔陰と陽〕に区分し対置するが、この二者間の対立、排除よりも、両者の共存、さらには「陰陽合一」として対置を綜合する世界の中に認識の主体を包含するという志向」〔岡田 2012b: 131〕の存在が挙げられる。特に韓国の場合、「二項対置そのものに意味があり、両者は綜合されることによって秩序ある世界を構成する」〔岡田 2012b: 132〕。

同様に家族の場合も、チプがあってこそのシックーであり、シックーの秩序がチプのような系譜の連続性のもとに成り立つという現象も見られる。例えば本書の前半部分で検討したように、従来は父系直系子孫の名を刻んでいた墓の床石に、近年は姻戚などチプを超える範囲の親族の名前を刻むという現象が見られる。これは、父系制の概念が薄まっていることを示す現象と捉えることができる一方で、一見矛盾するようであるが系譜の連続性を強調する現象とも捉えることができる。つまり感情的な紐帯としてのシックーを、チプという名の系譜の連続性の中に〔父系制の枠を超えて〕組み込むことで、秩序づけを行っている。ただしこれは先行研究で述べられてきたような「伝統的」要素の残存ではない。人々はチプという「伝統的」系譜の枠組みを利用し強調しているが、実際の行為の面では、父系制よりも広く流動的な境界線をもつものとして扱っているからである。

墓を通して生み出されているつながりのありかたを検討するひとつの視点として興味深いのが、中筋〔2006〕による死の類型である。中筋は、死のありかたについて、死者の存在が生者の生活を規定する影響力の強弱と、成員の独立性の強弱を基準として、四つの象限に分類している。その中で伝統中国における死は「系譜の連続性の中の死」、つまり「死者の各々が、宗族の系譜的な連続性の中に、世代と長幼の順に基づいた位置づけを得」、祖先が子孫の現在の生活に影響を与えるものと位置づけられている〔中筋 2006: 132-133〕。これは韓国で従来よく見られた墓のありかたの背景となる死生観とも合致する。これに対して現代日本における死は「〈我々〉の一員の死」、つまり

「与えられた家や〈我々〉を出て新しい自己や〈我々〉関係を創出」し、「〈我々〉という情緒的な絆において死を捉える」ものと位置づけられる［中筋 2006: 256］。

韓国の墓のケースを中筋の類型にあてはめてみるならば、韓国社会における死のありかたが、父系制による「系譜の連続性の中の死」の要素が色濃かった様相から、情緒的につながる親密圏の中での死、つまり「〈我々〉の一員の死」の要素が色濃い様相へと変化しつつあると考えることができる。

ただし床石の変化から見るとき、「系譜の連続性の中の死」の要素が薄まっているのは、あくまでも父系血縁という側面に限られていると考えることもできる。嫁や娘など父系制の上ではカテゴライズされない範囲の人々を含みつつも、血縁者の名前を床石に刻むという行為、ひいては床石を建立する行為自体、「系譜の連続性の中の死」の要素がある側面では健在であることを示している。床石は「特定の墓に眠る故人の〈名〉を後世に伝え、墓が遺失されるのを防ぐ記憶装置となる」［本田 1993: 152］という特徴において、「系譜の連続性の中の死」としての側面が強いためである。

父系の祖先を無条件に〈我々〉とするのではなく、情緒的につながりのある血縁者を〈我々〉として再構築し、それを一族の誇らしい姿として、墓の床石を通して世に提示する。つまり近年の韓国における死は、「〈我々〉の一員の死」を「系譜の連続性の中の死」に組み込むという様相を見せている。言い換えれば、墓の床石をめぐる人々の行為は、感情的紐帯によって結ばれる家族における個人の死を、系譜の連続性の中に組み込むものとして考えることができる。

このことから、現代韓国の家族の特徴を次のようにまとめることができる。人々は、従来のチプに基づく家内的集団の枠を超え、情緒的な連帯を基準としたシックーを前景化するようになっている。その情緒的なつながりによる家内的集団は、連続性をもつ系譜の流れの中に組み込まれることによって、格式高く体面を誇れるものとなる。この点で、韓国の家族のリアリティを構成するものは、情緒的なつながりと系譜の連続性の両方が強調される様相を呈している。

これは現代韓国社会の家族が置かれている状況ともつながるものである。岡田によれば「韓国の民族文化には、近代化を図る過程で社会がモダニティを受容しなければならない一方で、植民地経験があるがゆえに「前近代」に形成された民族の「伝統」を強調し、維持しなければならない。この矛盾が集中的に現れるのも、家族の領域である」[2012b: 140]。墓をめぐる現象も、このような状況を背景とするものであると言える。ただし墓の事例から見る限り、人々が強調する連続的な系譜は、一見すると父系制の「伝統」に従っているかのように見えるが、その内実は、より広い範囲を含んでいる。よってこれは先行研究で論じられてきたような、「伝統的」要素が残存しているという様相ではない。また岡田の論じているような、「「前近代」に形成された民族の「伝統」」[2012b: 140]とも、その内実を異にしている。床石の変化から見られるように、人々の強調する系譜の連続性の内実は、もはや父系制ではなく、より広く流動的な境界線をもつカテゴリーの中で考えられているからである。

以上のように、シックーという観点から韓国の家族を問い直すことにより、儒教イデオロギーと「近代家族」イデオロギー、「伝統的」家族の実態と現在の家族の実態の間の連続性／不連続性に関する論議の展望が開けるとともに、チプとシックーの複雑かつ相互補完的な関係も浮き彫りになる。

本書では、巫俗と「オモニ」の関わり、韓国における民俗的な病気とその治療法の近代化、民間療法に見られる世界観や身体観などといった問題は扱いきれなかった。これらも併せて韓国の家族について検討することで、今後さらなる重層的な理論の構築に臨んでゆきたい。

# 付　録

付録１　床石の側面に刻まれた建立者の内訳（故人との間柄）

| 床石識別番号 | 建立年 | 息子 | 娘 | 孫息子 | 孫娘 | 嫁[30] | 娘の夫[31] | 外孫息子[32] | 外孫娘[33] | 曾孫息子以降の直系男性子孫 | 曾孫娘 | その他（男） | その他（女） |
|---|---|---|---|---|---|---|---|---|---|---|---|---|---|
| 1 | 1993 | ○ | | ○ | | | | | | | | | |
| 2 | 不明 | ○ | | | | | | | | | | | |
| 3 | 2004 | ○ | | ○ | | | | | | ○ | | | |
| 4 | 1999 | | | | | | | | | ○ | | ○ | |
| 5 | 1999 | | | | | | | | | ○ | | ○ | |
| 6 | 1991 | | | | | | | | | ○ | | | |
| 7 | 2000 | ○ | | ○ | | | | | | ○ | | | |
| 8 | 2004 | ○ | | ○ | | | | | | ○ | | | |
| 9 | 2004 | ○ | | ○ | | | | | | ○ | | | |
| 10 | 2000 | ○ | | ○ | | | | | | ○ | | | |
| 11 | 2000 | | | | | | | | | ○ | | | |
| 12 | 2000 | | | ○ | | | | | | | | | |
| 13 | 2007 | ○ | | ○ | | | | | | ○ | | | |
| 14 | 2007 | ○ | | ○ | | | | | | ○ | | | |
| 15 | 2006 | ○ | | ○ | | | | | | ○ | | | |
| 16 | 1991 | ○ | | ○ | | | | | | | | | |
| 17 | 1982 | ○ | | ○ | | | | | | ○ | | | |
| 18 | 2009 | ○ | | | | | | | | | | | |
| 19 | 1997 | ○ | | ○ | | | | | | | | | |
| 20 | 1997 | ○ | | ○ | | | | | | | | | |
| 21 | 1967 | | | | | | | | | ○ | | | |
| 22 | 不明 | ○ | | | | | | | | | | | |

| 床石識別番号 | 建立年 | 息子 | 娘 | 孫息子 | 孫娘 | 嫁[29] | 娘の夫[30] | 外孫息子[31] | 外孫娘[32] | 曾孫息子以降の直系男性子孫 | 曾孫娘 | その他（男） | その他（女） |
|---|---|---|---|---|---|---|---|---|---|---|---|---|---|
| 23 | 1989 | | | ○ | | | | | | ○ | | | |
| 24 | 2007 | | | | | | | | | ○ | | | |
| 25 | 2007 | ○ | | ○ | | | | | | | | | |
| 26 | 1991 | | | | | | | | | ○ | | | |
| 27 | 1991 | | | | | | | | | ○ | | | |
| 28 | 1991 | | | | | | | | | ○ | | | |
| 29 | 1991 | | | | | | | | | ○ | | | |
| 30 | 1990 | | | | | | | | | ○ | | | |
| 31 | 2004 | | | | | | | | | ○ | | | |
| 32 | 1975 | ○ | | ○ | | | | | | | | | |
| 33 | 2007 | ○ | | ○ | | | | | | ○ | | | |
| 34 | 2007 | ○ | | ○ | | | | | | | | | |
| 35 | 2001 | ○ | | | | | | | | | | | |
| 36 | 2001 | ○ | | | | | | | | | | | |
| 37 | 2009 | ○ | | ○ | | | | | | | | | |
| 38 | 2009 | ○ | | | | | | | | | | | |
| 39 | 2009 | ○ | | | | | | | | | | | |
| 40 | 2009 | ○ | | | | | | | | | | | |
| 41 | 2009 | ○ | | | | | | | | | | | |
| 42 | 2009 | ○ | | | | | | | | | | | |
| 43 | 2009 | ○ | | | | | | | | | | | |
| 44 | 1997 | ○ | | ○ | | | | | | | | | |
| 45 | 不明 | ○ | | ○ | | | | | | | | | |
| 46 | 1982 | ○ | | | | | | | | | | | |
| 47 | 不明 | ○ | | | | | | | | | | | |
| 48 | 1989 | ○ | | | | | | | | | | | |
| 49 | 1987 | ○ | | | | | | | | | | | |

| 床石識別番号 | 建立年 | 息子 | 娘 | 孫息子 | 孫娘 | 嫁[29] | 娘の夫[30] | 外孫息子[31] | 外孫娘[32] | 曽孫息子以降の直系男性子孫 | 曽孫娘 | その他(男) | その他(女) |
|---|---|---|---|---|---|---|---|---|---|---|---|---|---|
| 50 | 2003 | ○ | | ○ | | | | | | | | | |
| 51 | 2009 | ○ | | ○ | | | | | | | | | |
| 52 | 1995 | ○ | | ○ | | | | | | | | | |
| 53 | 不明 | ○ | | | | | | | | | | | |
| 54 | 1983 | | | ○ | | | | | | ○ | | | |
| 55 | 1983 | | | | | | | | | ○ | | | |
| 56 | 1994 | ○ | | ○ | | | | | | | | | |
| 57 | 1994 | ○ | | ○ | | | | | | ○ | | | |
| 58 | 1976 | ○ | | ○ | | | | | | | | | |
| 59 | 1976 | ○ | | ○ | | | | | | | | | |
| 60 | 2002 | | | ○ | | | | | | ○ | | | |
| 61 | 2002 | ○ | | | | | | | | | | | |
| 62 | 2002 | | | | | | | | | ○ | | | |
| 63 | 2002 | ○ | | ○ | | | | | | ○ | | | |
| 64 | 2002 | ○ | | ○ | | | | | | | | | |
| 65 | 2002 | ○ | | ○ | | | | | | | | | |
| 66 | 2004 | ○ | | ○ | | | | | | ○ | | | |
| 67 | 1982 | | | ○ | | | | | | ○ | | | |
| 68 | 不明 | ○ | | | | | | | | | | | |
| 69 | 不明 | ○ | | ○ | | | | | | | | | |
| 70 | 不明 | ○ | | ○ | | | | | | | | | |
| 71 | 不明 | ○ | | ○ | | | | | | | | | |
| 72 | 不明 | ○ | | ○ | | | | | | | | | |
| 73 | 1980 | ○ | | ○ | | | | | | | | | |
| 74 | 1998 | ○ | | ○ | | | | | | ○ | | | |
| 75 | 1996 | ○ | | ○ | | | | | | ○ | | | |
| 76 | 1996 | ○ | | ○ | | | | | | | | | |

| 床石識別番号 | 建立年 | 息子 | 娘 | 孫息子 | 孫娘 | 嫁[29] | 娘の夫[30] | 外孫息子[31] | 外孫娘[32] | 曽孫息子以降の直系男性子孫 | 曽孫娘 | その他（男） | その他（女） |
|---|---|---|---|---|---|---|---|---|---|---|---|---|---|
| 77 | 1996 | ○ | | ○ | | | | | | ○ | | | |
| 78 | 1996 | ○ | | ○ | | | | | | ○ | | | |
| 79 | 2001 | ○ | | ○ | | | | | | ○ | | | |
| 80 | 1989 | | | | | | | | | ○ | | | |
| 81 | 1999 | | | | | | | | | ○ | | | |
| 82 | 1996 | ○ | | ○ | | | | | | ○ | | | |
| 83 | 1994 | ○ | | ○ | | | | | | | | | |
| 84 | 1983 | ○ | | ○ | | | | | | | | | |
| 85 | 1984 | | | ○ | | | | | | ○ | | | |
| 86 | 1987 | ○ | | | | | | | | | | | |
| 87 | 2000 | ○ | | ○ | | | | | | | | | |
| 88 | 2002 | ○ | | | | | | | | | | | |
| 89 | 1995 | ○ | | | | | | | | | | | |
| 90 | 2006 | ○ | | | | | | | | | | | |
| 91 | 1998 | ○ | | ○ | | | | | | | | | |
| 92 | 1990 | ○ | | | | | | | | | | | |
| 93 | 1994 | ○ | | | | | | | | | | | |
| 94 | 不明 | ○ | | | | | | | | | | | |
| 95 | 1986 | ○ | | | | | | | | | | | |
| 96 | 1998 | ○ | | | | | | | | | | | |
| 97 | 1990 | ○ | | | | | | | | | | | |
| 98 | 1993 | ○ | | | | | | | | | | | |
| 99 | 1997 | ○ | | | | | | | | | | | |
| 100 | 1993 | ○ | | | | | | | | | | | |
| 101 | 2002 | ○ | | | | | | | | | | | |
| 102 | 1969 | ○ | | ○ | | | | | | | | | |
| 103 | 2009 | ○ | | ○ | | | | | | | | | |

| 床石識別番号 | 建立年 | 息子 | 娘 | 孫息子 | 孫娘 | 嫁[29] | 娘の夫[30] | 外孫息子[31] | 外孫娘[32] | 曾孫息子以降の直系男性子孫 | 曾孫娘 | その他（男） | その他（女） |
|---|---|---|---|---|---|---|---|---|---|---|---|---|---|
| 104 | 不明 | ○ | | | | | | | | | | | |
| 105 | 2002 | ○ | | ○ | | | | | | | | | |
| 106 | 1993 | ○ | | | | | | | | | | | |
| 107 | 1987 | ○ | | | | | | | | | | | |
| 108 | 1993 | ○ | | | | | | | | | | | |
| 109 | 1987 | ○ | | ○ | | | | | | | | | |
| 110 | 1958 | ○ | | | | | | | | | | | |
| 111 | 1991 | ○ | | ○ | | | | | | | | | |
| 112 | 不明 | ○ | | | | | | | | | | | |
| 113 | 2003 | ○ | | | | | | | | | | | |
| 114 | 1968 | ○ | | | | | | | | | | | |
| 115 | 2009 | ○ | | | | | | | | | | | |
| 116 | 1995 | | | | | | | | | | | | |
| 117 | 1981 | ○ | | | | | | | | | | | |
| 118 | 1984 | ○ | | | | | | | | | | | |
| 119 | 1983 | ○ | | | | | | | | | | | |
| 120 | 2001 | ○ | | | | | | | | | | | |
| 121 | 1976 | ○ | | ○ | | | | | | | | | |
| 122 | 1973 | ○ | | | | | | | | | | | |
| 123 | 不明 | | | | | | | | | ○ | | | |
| 124 | 1989 | ○ | | ○ | ○ | | | | | | | | |
| 125 | 2000 | ○ | | ○ | | | | | | ○ | ○ | | |
| 126 | 1990 | ○ | | ○ | ○ | | | | | ○ | | | |
| 127 | 1993 | ○ | ○ | | | | ○ | | | | | | |
| 128 | 2003 | ○ | ○ | | | | ○ | | | | | | |
| 129 | 1993 | ○ | ○ | | | | ○ | | | | | | |
| 130 | 2006 | ○ | ○ | | | | ○ | | | | | | |

| 床石識別番号 | 建立年 | 息子 | 娘 | 孫息子 | 孫娘 | 嫁[29] | 娘の夫[30] | 外孫息子[31] | 外孫娘[32] | 曾孫息子以降の直系男性子孫 | 曾孫娘 | その他（男） | その他（女） |
|---|---|---|---|---|---|---|---|---|---|---|---|---|---|
| 131 | 2006 | ○ | ○ | | | | ○ | | | | | | |
| 132 | 2001 | ○ | ○ | | | | ○ | | | | | | |
| 133 | 1994 | | ○ | | | | ○ | | | | | | |
| 134 | 1999 | ○ | ○ | ○ | | | ○ | ○ | ○ | ○ | | | |
| 135 | 1991 | | ○ | | | | | ○ | | | | | |
| 136 | 2004 | ○ | ○ | ○ | ○ | | ○ | ○ | ○ | | | | |
| 137 | 2002 | | ○ | | | | ○ | ○ | | | | | |
| 138 | 2001 | ○ | ○ | ○ | ○ | | | ○ | ○ | | | | |
| 139 | 2009 | ○ | ○ | | | | ○ | ○ | ○ | | | | |
| 140 | 1998 | ○ | ○ | ○ | ○ | | ○ | | | | | | |
| 141 | 1998 | ○ | ○ | ○ | | | ○ | | | | | | |
| 142 | 1993 | ○ | ○ | ○ | | | ○ | | | | | | |
| 143 | 1998 | ○ | ○ | ○ | ○ | | ○ | | | | | | |
| 144 | 1997 | ○ | ○ | ○ | | | ○ | | | | | | |
| 145 | 不明 | ○ | ○ | ○ | | | ○ | | | | | | |
| 146 | 2003 | ○ | ○ | ○ | ○ | | ○ | | | | | | |
| 147 | 1998 | | ○ | ○ | ○ | | ○ | | | ○ | ○ | | |
| 148 | 1999 | ○ | ○ | ○ | ○ | | ○ | | | | | | |
| 149 | 1998 | ○ | ○ | ○ | | | ○ | | | | | | |
| 150 | 不明 | ○ | ○ | ○ | | | ○ | | | | | | |
| 151 | 不明 | ○ | ○ | | | | ○ | | | | | | ○（妻） |
| 152 | 不明 | ○ | | ○ | ○ | | ○ | | | | | | |
| 153 | 2009 | ○ | | ○ | ○ | | ○ | | | | | | |
| 154 | 1997 | ○ | | ○ | ○ | | ○ | | | ○ | ○ | | |
| 155 | 1998 | ○ | | ○ | ○ | | ○ | | | | | | |
| 156 | 1990 | ○ | | ○ | | | ○ | | | | ○ | | |

| 床石識別番号 | 建立年 | 息子 | 娘 | 孫息子 | 孫娘 | 嫁[29] | 娘の夫[30] | 外孫息子[31] | 外孫娘[32] | 曽孫息子以降の直系男性子孫 | 曽孫娘 | その他（男） | その他（女） |
|---|---|---|---|---|---|---|---|---|---|---|---|---|---|
| 157 | 2000 | ○ | | | | | ○ | ○ | ○ | | | | |
| 158 | 2002 | | | | | | ○ | | | ○ | | | |
| 159 | 1987 | | | | | | ○ | | | | | | |
| 160 | 1985 | ○ | | ○ | | | | ○ | | ○ | | | |
| 161 | 不明 | ○ | | | | | | ○ | | | | | |
| 162 | 1995 | | | | | | ○ | ○ | | | | | |
| 163 | 1990 | ○ | | ○ | | | ○ | ○ | | ○ | | | |
| 164 | 2001 | ○ | | ○ | | | ○ | | | | | | |
| 165 | 1995 | ○ | | ○ | | | ○ | | | ○ | | | |
| 166 | 1987 | ○ | | ○ | | | ○ | | | ○ | | | |
| 167 | 2005 | ○ | | ○ | | | ○ | | | | | | |
| 168 | 1990 | ○ | | | | | ○ | | | | | | |
| 169 | 1991 | ○ | | ○ | | | ○ | | | ○ | | | |
| 170 | 1990 | ○ | | ○ | | | ○ | | | | | | |
| 171 | 2004 | ○ | | ○ | | | ○ | | | | | | |
| 172 | 1998 | ○ | | ○ | | | ○ | | | ○ | | | |
| 173 | 1998 | ○ | | ○ | | | ○ | | | ○ | | | |
| 174 | 2004 | ○ | | ○ | | | ○ | | | | | | |
| 175 | 1992 | ○ | | | | | ○ | | | | | | |
| 176 | 1988 | ○ | | ○ | | | ○ | | | | | | |
| 177 | 2000 | ○ | | ○ | | | ○ | | | | | | |
| 178 | 1995 | ○ | | ○ | | | ○ | | | | | | |
| 179 | 不明 | ○ | | | | | ○ | | | | | | |
| 180 | 1985 | ○ | | ○ | | | ○ | | | | | | |
| 181 | 1980 | ○ | ○ | | | | | | | | | | |
| 182 | 2009 | ○ | ○ | | | | | | | | | | |
| 183 | 1988 | ○ | ○ | | | | | | | | | | |

| 床石識別番号 | 建立年 | 息子 | 娘 | 孫息子 | 孫娘 | 嫁[29] | 娘の夫[30] | 外孫息子[31] | 外孫娘[32] | 曽孫息子以降の直系男性子孫 | 曽孫娘 | その他（男） | その他（女） |
|---|---|---|---|---|---|---|---|---|---|---|---|---|---|
| 184 | 2002 | ○ | ○ | | | | | | | | | | |
| 185 | 不明 | ○ | ○ | | | | | | | | | | |
| 186 | 2009 | ○ | ○ | | | | | | | | | | |
| 187 | 2006 | ○ | ○ | | | | | | | | | | |
| 188 | 1989 | ○ | ○ | | | | | | | | | | |
| 189 | 1993 | ○ | ○ | | | | | | | | | | |
| 190 | 2004 | ○ | ○ | | | | | | | | | | |
| 191 | 1996 | ○ | ○ | | | | | | | | | | |
| 192 | 2001 | ○ | ○ | | | | | | | | | | |
| 193 | 2006 | ○ | ○ | | | | | | | | | | |
| 194 | 2001 | ○ | ○ | ○ | | | | | | | | | |
| 195 | 1997 | ○ | ○ | ○ | | | | | | ○ | | | |
| 196 | 2006 | ○ | ○ | ○ | | | | | | | | | |
| 197 | 1981 | ○ | ○ | ○ | | | | | | ○ | | | |
| 198 | 2007 | ○ | ○ | ○ | | | | | | | | | |
| 199 | 2009 | | ○ | | | | | | | | | | |
| 200 | 2009 | | ○ | | | | | | | | | | |
| 201 | 2004 | | ○ | | | | | | | | | | |
| 202 | 1999 | | ○ | | | | | | | | | | |
| 203 | 1998 | | ○ | | | | | | | | | | ○（姪） |
| 204 | 2004 | ○ | ○ | ○ | ○ | | | | | | | | |
| 205 | 1982 | ○ | ○ | ○ | ○ | | | | | | ○ | | |
| 206 | 1994 | ○ | ○ | ○ | ○ | | | | | | | | |
| 207 | 2005 | ○ | ○ | ○ | ○ | ○ | | | | | | | |
| 208 | 1997 | ○ | ○ | ○ | ○ | ○ | ○ | | | | | | |

| 床石識別番号 | 建立年 | 息子 | 娘 | 孫息子 | 孫娘 | 嫁[29] | 娘の夫[30] | 外孫息子[31] | 外孫娘[32] | 曽孫息子以降の直系男性子孫 | 曽孫娘 | その他(男) | その他(女) |
|---|---|---|---|---|---|---|---|---|---|---|---|---|---|
| 209 | 2009 | ○ | ○ | ○ | | ○ | ○ | | | | | | |
| 210 | 2007 | ○ | ○ | ○ | ○ | ○ | ○ | | | | | | |
| 211 | 2010 | ○ | ○ | ○ | | ○ | ○ | | | | | | |
| 212 | 2005 | ○ | ○ | ○ | | ○ | ○ | | | ○ | | | |
| 213 | 2009 | ○ | ○ | ○ | | ○ | ○ | | | | | | |
| 214 | 不明 | ○ | ○ | ○ | ○ | ○ | ○ | | | ○ | | | |
| 215 | 1991 | ○ | ○ | ○ | ○ | ○ | ○ | | | | ○ | | |
| 216 | 2009 | ○ | ○ | ○ | ○ | ○ | ○ | | | ○ | ○ | | |
| 217 | 1991 | ○ | ○ | ○ | | ○ | ○ | | | | | | |
| 218 | 2003 | | | ○ | ○ | ○ | ○ | | | ○ | | | |
| 219 | 2009 | ○ | ○ | ○ | | ○ | ○ | | ○ | | | | |
| 220 | 2009 | ○ | ○ | ○ | ○ | ○ | ○ | ○ | ○ | | | | |
| 221 | 2004 | ○ | ○ | | | ○ | ○ | | | | | | |
| 222 | 2009 | ○ | ○ | | | ○ | ○ | | | | | | |
| 223 | 2006 | ○ | ○ | | | ○ | ○ | | | | | | |
| 224 | 2008 | ○ | ○ | | | ○ | ○ | | | | | | |
| 225 | 2009 | ○ | ○ | | | ○ | ○ | | | | | | |
| 226 | 不明 | ○ | | ○ | | ○ | | | | ○ | | | |
| 227 | 1999 | ○ | | ○ | | ○ | | | | | | | |
| 228 | 不明 | ○ | | ○ | | ○ | | | | ○ | | | |
| 229 | 2005 | ○ | | ○ | | ○ | | | | ○ | | | |
| 230 | 不明 | ○ | | ○ | | ○ | | | | ○ | ○ | | |
| 231 | 2011 | ○ | | ○ | ○ | ○ | | | | | | | |
| 232 | 2010 | ○ | | ○ | ○ | ○ | | | | | | | |
| 233 | 不明 | | | | | | | | | | | | |
| 234 | 2004 | | | | | | | | | | | | ○(姪+姪孫) |

## 付録2　ソ・キョンスク宅における食事の献立
## (2011年8月12日〜9月23日)

| 日 | 時間帯 | 主食 | 汁物 | おかず |
|---|---|---|---|---|
| 8/12(金) | 夕 | 玄米黒豆飯 | ヨモギの味噌汁 | ねぎキムチ、エゴマ葉キムチ、エゴマ葉炒め、高菜キムチ、青唐辛子、エゴマ味噌、玄米水飴で固めたエゴマ、葡萄 |
| 8/13(土) | 朝 | 玄米黒豆飯 | 牡蠣スープ | ねぎキムチ、エゴマ葉キムチ、エゴマ葉炒め、高菜キムチ、青唐辛子、エゴマ味噌、玄米水飴で固めたエゴマ、葡萄 |
| | 昼 | | | (外食) 寺の菜食ブッフェ |
| | 夕 | じゃがいも、玄米餅 | | ゆでブロッコリー、白菜キムチ、じゃこ甘辛炒め、エゴマ葉キムチ、豆乳、桃 |
| 8/14(日) | 朝 | 玄米黒豆飯、サツマイモ | 牡蠣スープ | かぼちゃの葉をゆでたもの、玉ねぎ醤油漬け、白キムチ、エゴマ葉キムチ、じゃこ甘辛炒め、高菜キムチ、ゆでブロッコリー、りんご、昆布などの入った錠剤 (健康食品) |
| | 間食 | 玄米餅 | 梅エキス | 桃 |
| | 昼 | 玄米黒豆飯 | 牡蠣スープ | エゴマ葉キムチ、白キムチ、じゃこ甘辛炒め、青唐辛子、エゴマ味噌 |
| | 夕 | 玄米黒豆飯 | きゅうりの冷汁 | エゴマ葉キムチ、白キムチ、じゃこ甘辛炒め、高菜キムチ、ゆでブロッコリー、にんにく漬物 |
| 8/15(祝) | 朝 | 玄米飯、サツマイモ | わかめスープ | エゴマ葉キムチ、白キムチ、高菜キムチ、にんにく漬物、りんご、ネクタリン |
| | 昼 | 玄米飯 | 白キムチの汁 | スケソウダラの煮魚、玉ねぎキムチ、青唐辛子、エゴマ味噌、エゴマ葉キムチ、高菜キムチ |
| | 夕 | 玄米飯 | | (外食) 契のモイムでキノコ鍋 |

| | | | | |
|---|---|---|---|---|
| 8/16（火） | 朝 | 玄米飯、サツマイモ | | 玉ねぎキムチ、エゴマ葉キムチ、高菜キムチ、キムチの和え物、りんご |
| | 昼 | 玄米飯 | カレー | 白キムチ、高菜キムチ、白菜キムチ、じゃこ甘辛炒め、青唐辛子、エゴマ味噌 |
| | 夕 | 玄米飯 | 鯖のキムチチゲ | 白キムチ、エゴマ葉キムチ、玉ねぎ醤油漬け |
| 8/17（水） | 朝 | 雑穀飯 | 鯖のキムチチゲ | エゴマ葉キムチ、玉ねぎ醤油漬け |
| | 昼 | 雑穀飯 | 鯖のキムチチゲ | エゴマ葉キムチ、玉ねぎ醤油漬け |
| | 夕 | 雑穀飯、じゃがいも | 鯖のキムチチゲ | エゴマ葉キムチ、玉ねぎ醤油漬け、スケソウダラの煮魚 |
| 8/18（木） | 朝 | 玄米黒豆飯 | 白キムチの味噌汁 | エゴマ葉キムチ、玉ねぎ醤油漬け、白キムチの和え物、高菜キムチ、キムチチゲのキムチ、葡萄、桃、すもも |
| | 昼 | 玄米黒豆飯 | 白キムチの味噌汁 | エゴマ葉キムチ、玉ねぎ醤油漬け、白キムチの和え物、高菜キムチ、じゃこ甘辛炒め、にんにく漬物 |
| | 夕 | 玄米黒豆飯 | 納豆汁 | スベリヒユの和え物、エゴマ葉キムチ、玉ねぎ醤油漬け、白キムチの和え物、高菜キムチ、じゃこ甘辛炒め、にんにく漬物 |
| 8/19（金） | 朝 | 玄米黒豆飯、サツマイモ | 納豆汁 | スベリヒユの和え物、玉ねぎ醤油漬け、白キムチの和え物、にんにく漬物、キムチチゲのキムチ、葡萄、桃 |
| | 昼 | 玄米黒豆飯 | 納豆汁 | スベリヒユの和え物、玉ねぎ醤油漬け、白キムチの和え物、にんにく漬物、エゴマ葉キムチ、じゃこ甘辛炒め |
| | 夕 | 麺 | | 白キムチの和え物、白菜キムチ |

| | | | | |
|---|---|---|---|---|
| 8/20（土） | 朝 | 玄米飯、じゃがいも、サツマイモ | 納豆汁 | スベリヒユの和え物、玉ねぎ醤油漬け、白キムチの和え物、じゃこ甘辛炒め、キムチチゲのキムチ、キウイ |
| | 昼 | ヨモギ餅 | 納豆汁 | |
| | 夕 | 玄米飯 | 納豆汁 | チヂミ、なすの和え物、玉ねぎ醤油漬け、白キムチの和え物、じゃこ甘辛炒め |
| 8/21（日） | 朝 | 玄米飯、サツマイモ | | なすの和え物、玉ねぎ醤油漬け、エゴマ葉キムチ、じゃこ甘辛炒め、桃 |
| | 昼 | 玄米飯 | | なすの和え物、玉ねぎ醤油漬け、エゴマ葉キムチ、大豆もやしの和え物、かぼちゃの葉をゆでたもの、醤油だれ、味噌&コチュジャン |
| | 夕 | 玄米飯 | | なすの和え物、玉ねぎ醤油漬け、エゴマ葉キムチ、大豆もやしの和え物、サンチュ、味噌&コチュジャン |
| 8/22（月） | 朝 | 玄米飯、じゃがいも、サツマイモ | 干し大根葉の味噌汁 | なすの和え物、玉ねぎ醤油漬け、エゴマ葉キムチ、じゃこ甘辛炒め、サンチュ、味噌&コチュジャン、桃 |
| | 昼 | 玄米飯、じゃがいも、サツマイモ | 干し大根葉の味噌汁 | なすの和え物、玉ねぎ醤油漬け、エゴマ葉キムチ、じゃこ甘辛炒め、サンチュ、味噌&コチュジャン、桃 |
| | 夕 | おこわ | 干し大根葉の味噌汁 | チヂミ、なすの和え物、玉ねぎ醤油漬け、エゴマ葉キムチ、じゃこ甘辛炒め、大豆もやしの和え物、海苔、白菜キムチ、高菜キムチ |

| | | | | |
|---|---|---|---|---|
| 8/23（火） | 朝 | おこわ、玄米飯、じゃがいも | 干し大根葉の味噌汁 | 目玉焼き、なすの和え物、玉ねぎ醤油漬け、エゴマ葉キムチ、じゃこ甘辛炒め、海苔、白菜キムチ、高菜キムチ |
| | 昼 | おこわ | 干し大根葉の味噌汁 | 玉ねぎ醤油漬け、エゴマ葉キムチ、じゃこ甘辛炒め、白キムチ、高菜キムチ |
| | 夕 | 玄米飯 | 味噌汁 | じゃがいもの炒め物、ズッキーニの炒め物、わらびの炒め物、白キムチ、青唐辛子、味噌、玉ねぎ醤油漬け、エゴマ葉キムチ、じゃこ甘辛炒め、高菜キムチ、海苔 |
| 8/24（水） | 朝 | 玄米飯 | 味噌汁 | 目玉焼き、じゃがいもの炒め物、ズッキーニの炒め物、わらびの炒め物、白キムチ、じゃこ甘辛炒め、高菜キムチ |
| | 昼 | | | 外食（蕎麦） |
| | 夕 | 芋の餅 | 味噌汁 | エゴマの葉のチヂミ、桃、イチジク |
| 8/25（木） | 朝 | 玄米飯 | | 大根葉キムチ、蕎麦の芽の和え物、唐辛子の葉の炒め物、ズッキーニの炒め物、わらびの炒め物、じゃこ甘辛炒め |
| | 昼 | 玄米飯 | | 大根葉キムチ、蕎麦の芽の和え物、唐辛子の葉の炒め物、わらびの炒め物、じゃこ甘辛炒め、ごはんを包む生野菜（タンポポ、サンチュ、大根葉） |
| | 夕 | 玄米飯 | | サンチュの和え物、蕎麦の芽の和え物、唐辛子の葉の炒め物、わらびの炒め物、エゴマ葉キムチ |
| 8/26（金） | 朝 | サツマイモ | | 桃 |
| | 昼 | 玄米飯 | | サンチュの和え物、蕎麦の芽の和え物、唐辛子の葉の炒め物、わらびの炒め物、エゴマ葉キムチ |
| | 夕 | 玄米飯 | | ゆで豚、白菜キムチ、蕎麦の芽の和え物、唐辛子の葉の炒め物、なすの和え物、エゴマ葉キムチ、にんにく漬物、大根葉キムチ、玉ねぎ醤油漬け |

| | | | | |
|---|---|---|---|---|
| 8/27（土） | 朝 | 玄米飯、サツマイモ | 味噌汁 | チヂミ、蕎麦の芽の和え物、唐辛子の葉の炒め物、なすの和え物、エゴマ葉キムチ、玉ねぎ醤油漬け |
| | 昼 | | | （筆者が調査のため外出） |
| | 夕 | 雑穀飯 | 味噌汁 | 唐辛子の葉の炒め物、なすの和え物、エゴマ葉キムチ、玉ねぎ醤油漬け、大根葉キムチ、サンチュの和え物 |
| 8/28（日） | 朝 | 雑穀飯、サツマイモ | 味噌汁 | 野菜の煮汁、目玉焼き、唐辛子の葉の炒め物、なすの和え物、大根葉キムチ、白菜キムチ、サンチュの和え物、蕎麦の芽の和え物、桃、葡萄 |
| | 昼 | かぼちゃ粥、雑穀飯 | | 唐辛子の葉の炒め物、なすの和え物、玉ねぎ醤油漬け、エゴマ葉キムチ、白菜キムチ |
| | 夕 | おこわ、雑穀飯 | | 唐辛子の葉の炒め物、なすの和え物、蕎麦の芽の和え物、大根葉キムチ、じゃこ甘辛炒め |
| 8/29（月） | 朝 | おこわ、サツマイモ | | 野菜の煮汁、唐辛子の葉の炒め物、なすの和え物、蕎麦の芽の和え物、大根葉キムチ、じゃこ甘辛炒め、海苔 |
| | 昼 | おこわ | | 唐辛子の葉の炒め物、蕎麦の芽の和え物、大根葉キムチ、じゃこ甘辛炒め、エゴマ葉キムチ、玉ねぎ醤油漬け |
| | 夕 | おこわ | | 唐辛子の葉の炒め物、蕎麦の芽の和え物、じゃこ甘辛炒め、エゴマ葉キムチ、サンチュの和え物、梅の実の漬物、（夫らは茹で豚） |

| | | | | |
|---|---|---|---|---|
| 8/30（火） | 朝 | 玄米飯、サツマイモ | 味噌汁 | 野菜の煮汁、唐辛子の葉の炒め物、蕎麦の芽の和え物、じゃこ甘辛炒め、白菜キムチ、エゴマ葉キムチ、サンチュの和え物、バナナ |
| | 昼 | 玄米飯 | 味噌汁 | チヂミ、唐辛子の葉の炒め物、蕎麦の芽の和え物、じゃこ甘辛炒め、大根葉キムチ、エゴマ葉キムチ、白菜キムチ |
| | 夕 | 玄米飯 | 味噌汁 | 唐辛子の葉の炒め物、蕎麦の芽の和え物、じゃこ甘辛炒め、大根葉キムチ、エゴマ葉キムチ、梅の実の漬物 |
| 8/31（水） | 朝 | 玄米飯、サツマイモ | 味噌汁 | 唐辛子の葉の炒め物、蕎麦の芽の和え物、じゃこ甘辛炒め、エゴマ葉キムチ、大根葉キムチ、バナナ |
| | 昼 | 玄米飯 | 味噌汁 | 野菜の煮汁、唐辛子の葉の炒め物、蕎麦の芽の和え物、じゃこ甘辛炒め、エゴマ葉キムチ、大根葉キムチ |
| | 夕 | | | 外食（他人宅） |
| 9/1（木） | 朝 | 玄米飯、サツマイモ | 味噌汁 | 野菜の煮汁、じゃこ甘辛炒め、白菜キムチ、大根葉キムチ、梅の実の漬物 |
| | 昼 | 玄米飯 | | 目玉焼き、じゃこ甘辛炒め、白菜キムチ、大根葉キムチ、にんにく漬物、梅の実の漬物 |
| | 夕 | 玄米飯、玄米餅 | （夫らは豚キムチチゲ） | じゃがいもの炒め物、エゴマ葉の煮物、じゃこ甘辛炒め、白菜キムチ、大根葉キムチ、高菜キムチ、梅の実の漬物 |

| | | | | |
|---|---|---|---|---|
| 9/2（金） | 朝 | 玄米飯、サツマイモ | （夫らは豚キムチチゲ） | 野菜の煮汁、じゃがいもの炒め物、エゴマ葉の煮物、じゃこ甘辛炒め、大根葉キムチ、高菜キムチ |
| | 昼 | 玄米飯、サツマイモ | | じゃがいもの炒め物、エゴマ葉の煮物、じゃこ甘辛炒め、白キムチ、高菜キムチ、（娘たちはケーキ） |
| | 夕 | 玄米飯 | | 野菜の煮汁、焼き鯖、じゃこ甘辛炒め、白菜キムチ、高菜キムチ、エゴマ葉の煮物、（娘たちは胡桃饅頭） |
| 9/3（土） | 朝 | 玄米飯、サツマイモ | （夫らは豚キムチチゲ） | 野菜の煮汁、蕎麦の芽の和え物、唐辛子の葉の炒め物、白菜キムチ、エゴマ葉の煮物、大根葉キムチ、トマトジュース |
| | 昼 | 玄米飯、サツマイモ | | 蕎麦の芽の和え物、唐辛子の葉の炒め物、エゴマ葉の煮物、大根葉キムチ、梅の実の漬物、じゃこ甘辛炒め |
| | 夕 | 玄米飯 | | なすの炒め物、ズッキーニの炒め物、蕎麦の芽の和え物、エゴマ葉の煮物、大根葉キムチ、じゃこ甘辛炒め、葡萄 |
| 9/4（日） | 朝 | 玄米飯 | イシモチの煮付け | なすの炒め物、ズッキーニの炒め物、蕎麦の芽の和え物、エゴマ葉キムチ、大根葉キムチ |
| | 昼 | 玄米飯 | イシモチの煮付け | 白キムチと鯖の煮物、ズッキーニの炒め物、蕎麦の芽の和え物、エゴマ葉キムチ、大根葉キムチ、じゃこ甘辛炒め、にんにく漬物 |
| | 夕 | 玄米飯 | | サツマイモの茎の煮物、白キムチと鯖の煮物、大根葉キムチ |

| | | | | |
|---|---|---|---|---|
| 9/5（月） | 朝 | 玄米飯 | | サツマイモの茎の煮物、白キムチと鯖の煮物、大根葉キムチ、エゴマ葉の炒め物、サツマイモの茎とエゴマ粉の和え物、高菜キムチ |
| | 昼 | 玄米飯、かぼちゃ粥 | | サツマイモの茎の煮物、白キムチと鯖の煮物、大根葉キムチ、エゴマ葉の炒め物、エゴマ葉キムチ、高菜キムチ |
| | 夕 | 玄米飯 | | 目玉焼き、サツマイモの茎のキムチ、ねぎキムチ、サツマイモの茎の煮物、白キムチと鯖の煮物、大根葉キムチ、高菜キムチ、エゴマ葉の炒め物、エゴマ葉キムチ |
| 9/6（火） | 朝 | 玄米飯、サツマイモ | | 野菜の煮汁、白キムチと鯖の煮物、大根葉キムチ、高菜キムチ、エゴマ葉の炒め物、エゴマ葉キムチ、バナナ |
| | 昼 | | | 外食（菜食ブッフェ） |
| | 夕 | | | 外食（鴨料理） |
| 9/7（水） | 朝 | 玄米飯 | | 野菜の煮汁、焼き鯖、白キムチと鯖の煮物、大根葉キムチ、高菜キムチ、エゴマ葉の炒め物、エゴマ葉キムチ、ねぎキムチ |
| | 昼 | 玄米飯 | | 焼き鯖、白キムチと鯖の煮物、大根葉キムチ、エゴマ葉の炒め物、ねぎキムチ、サツマイモの茎のキムチ |
| | 夕 | 玄米飯 | 味噌汁 | エゴマ葉の炒め物、ねぎキムチ、サツマイモの茎のキムチ |

| | | | | |
|---|---|---|---|---|
| 9/8（木） | 朝 | 玄米飯、サツマイモ | 味噌汁 | 野菜の煮汁、白キムチと鯖の煮物、大根葉キムチ、エゴマ葉の炒め物、ねぎキムチ、サツマイモの茎のキムチ、じゃこ甘辛炒め、桃、葡萄 |
| | 昼 | 玄米飯 | 味噌汁 | サツマイモの茎とエゴマ粉の和え物、高菜キムチ、白菜キムチ、大根葉キムチ、サツマイモの茎のキムチ、じゃこ甘辛炒め、エゴマ葉キムチ、にんにく漬物、玉ねぎ醤油漬け |
| | 夕 | 玄米飯 | | 寒天寄せ、灰貝、高菜キムチ、白菜キムチ、大根葉キムチ、じゃこ甘辛炒め、かぼちゃの葉をゆでたもの、葡萄、ミニトマト |
| 9/9（金） | 朝 | 玄米飯、サツマイモ | 味噌汁 | 野菜の煮汁、白菜キムチ、大根葉キムチ、じゃこ甘辛炒め、エゴマ葉キムチ |
| | 昼 | 玄米飯 | 味噌汁 | 白菜キムチ、大根葉キムチ、高菜キムチ、じゃこ甘辛炒め、エゴマ葉キムチ |
| | 夕 | 玄米飯 | 味噌汁 | 白菜キムチ、大根葉キムチ、高菜キムチ、じゃこ甘辛炒め、エゴマ葉キムチ、豆腐ハンバーグ、葡萄 |
| 9/10（土） | 朝 | 玄米飯、サツマイモ | | 野菜の煮汁、焼き鯖、白菜キムチ、大根葉キムチ、高菜キムチ、じゃこ甘辛炒め、エゴマ葉キムチ |
| | 昼 | 玄米飯 | | 白菜キムチ、大根葉キムチ、高菜キムチ、じゃこ甘辛炒め、エゴマ葉キムチ、（夫らはハムの卵つけ焼き） |
| | 夕 | 玄米飯 | きゅうりとわかめの冷スープ | 白菜キムチ、大根葉キムチ、高菜キムチ、じゃこ甘辛炒め、エゴマ葉キムチ、にんにく漬物、（夫らはハムの卵つけ焼き） |

| | | | | |
|---|---|---|---|---|
| 9/11（日） | 朝 | かぼちゃ粥、サツマイモ、ソンピョン | 干し大根葉の味噌汁 | 野菜の煮汁 |
| | 昼 | 玄米飯 | 干し大根葉の味噌汁 | 白菜キムチ、大根葉キムチ、じゃこ甘辛炒め、エゴマ葉キムチ |
| 9/13（火） | 夕 | 玄米飯 | ヨモギの味噌汁（夫らは豚キムチチゲ） | 白菜キムチ、大根葉キムチ、じゃこ甘辛炒め、エゴマ葉キムチ、サツマイモの茎の煮物 |
| 9/14（水） | 朝 | 玄米飯、サツマイモ | ヨモギの味噌汁 | 野菜の煮汁、白菜キムチ、大根葉キムチ、じゃこ甘辛炒め、エゴマ葉キムチ、サツマイモの茎の煮物、りんご |
| | 昼 | 玄米飯、ソンピョン | ヨモギの味噌汁 | 白菜キムチ、大根葉キムチ、じゃこ甘辛炒め、エゴマ葉キムチ、サツマイモの茎の煮物、ねぎキムチ、サトイモの茎の和え物、きのこの卵つけ焼き、スケソウダラの卵つけ焼き、豆腐ハンバーグ |
| | 夕 | | | （昼の満腹感が持続していたため欠食） |
| 9/15（木） | 朝 | 玄米飯、サツマイモ | 干し大根葉の味噌汁 | 野菜の煮汁、白菜キムチ、大根葉キムチ、じゃこ甘辛炒め、エゴマ葉キムチ、サツマイモの茎の煮物、きゅうりの冷スープ、りんご |
| | 昼 | 玄米飯、ソンピョン | 干し大根葉の味噌汁 | 大根葉キムチ、じゃこ甘辛炒め、エゴマ葉キムチ、ねぎキムチ、きのこの卵つけ焼き、豆腐ハンバーグ、桃、葡萄、（夫らは豚キムチチゲ、牛プルコギ） |
| | 夕 | 玄米飯、ソンピョン | 干し大根葉の味噌汁 | 桃、葡萄 |

| | | | | |
|---|---|---|---|---|
| 9/16（金） | 朝 | 玄米飯、サツマイモ | ズッキーニの味噌汁 | 野菜の煮汁、白菜キムチ、大根葉キムチ、じゃこ甘辛炒め、エゴマ葉キムチ、サツマイモの茎の煮物、わらびの和え物、きゅうりの冷スープ、りんご |
| | 昼 | 玄米飯 | ズッキーニの味噌汁 | 焼き鯖、白菜キムチ、大根葉キムチ、エゴマ葉キムチ、サツマイモの茎の煮物、わらびの和え物、サトイモの茎の和え物、きゅうりの和え物、サンチュ、（夫らはプルコギ） |
| | 夕 | 玄米飯 | ズッキーニの味噌汁 | 白菜キムチ、大根葉キムチ、エゴマ葉キムチ、サツマイモの茎の煮物、わらびの和え物、サトイモの茎の和え物 |
| 9/17（土） | 朝 | 玄米飯、サツマイモ | ズッキーニの味噌汁、きゅうりの冷スープ | 野菜の煮汁、白菜キムチ、大根葉キムチ、エゴマ葉キムチ、サツマイモの茎の煮物、わらびの和え物、サトイモの茎の和え物、にんにく漬物、じゃこ甘辛炒め、バナナ、りんご |
| | 昼 | ソンピョン、玄米餅 | きゅうりの冷スープ | サトイモの茎の和え物、じゃこ甘辛炒め |
| | 夕 | 玄米飯 | | なすの和え物、白菜キムチ、大根葉キムチ、エゴマ葉キムチ |
| 9/18（日） | 朝 | 玄米飯、サツマイモ | 白菜の味噌汁、きゅうりの冷スープ | 野菜の煮汁、なすの和え物、エゴマ葉キムチ、わらびの和え物、白菜キムチ、じゃこ甘辛炒め、りんご |
| | 昼 | 雑穀飯 | 白菜の味噌汁、きゅうりの冷スープ | なすの和え物、エゴマ葉キムチ、わらびの和え物、白菜キムチ、サトイモの茎の和え物 |
| | 夕 | 雑穀飯 | 白菜の味噌汁 | 焼き鯖、寒天寄せ、エゴマ葉キムチ、わらびの和え物、白菜キムチ、サツマイモの茎の煮物、にんにく漬物、生の栗、（夫らは練り物の油炒め） |

| | | | | |
|---|---|---|---|---|
| 9/19（月） | 朝 | 雑穀飯、サツマイモ、玄米のおこげ | 白菜の味噌汁 | 野菜の煮汁、焼き鯖、エゴマ葉キムチ、わらびの和え物、白菜キムチ、サツマイモの茎の煮物、りんご |
| | 昼 | ソンピョン | | サラダ、葡萄、（夫らは目玉焼き、市販のおにぎり、うどん、餃子、パン） |
| | 夕 | 玄米飯 | 白菜の味噌汁 | 豆腐、寒天寄せ、サツマイモの茎の煮物、白菜キムチ、大根葉キムチ、エゴマ葉キムチ、わらびの和え物、にんにく漬物、（夫らは牛プルコギ、練り物の油炒め） |
| 9/20（火） | 朝 | 玄米飯、サツマイモ | | 野菜の煮汁、白菜キムチ、エゴマ葉キムチ、わらびの和え物、落花生、りんご |
| | 昼 | 玄米飯 | カレー | なすの和え物、白菜キムチ、（夫らは鶏粥） |
| | 夕 | 玄米飯 | 納豆汁 | なすの和え物、白菜キムチ、大根葉キムチ、エゴマ葉キムチ、わらびの和え物、にんにく漬物 |
| 9/21（水） | 朝 | 玄米飯 | 納豆汁 | 野菜の煮汁、焼き鯖、なすの和え物、白菜キムチ、大根葉キムチ、エゴマ葉キムチ、わらびの和え物、りんご |
| | 昼 | 玄米飯 | 納豆汁 | サンチュ、味噌、青唐辛子、白菜キムチ、大根葉キムチ、エゴマ葉キムチ、なつめ茶、たまねぎエキス、生の栗、落花生 |
| | 夕 | 玄米飯 | | ズッキーニの和え物、スケソウダラの煮付け、白菜キムチ |

| | | | | |
|---|---|---|---|---|
| 9/22（木） | 朝 | 玄米飯、サツマイモ | 干し大根葉の味噌汁 | 野菜の煮汁、サツマイモの茎の煮物、スケソウダラの煮付け、白菜キムチ、エゴマ葉キムチ、りんご |
| | 昼 | 玄米飯 | 干し大根葉の味噌汁 | サツマイモの茎の煮物、スケソウダラの煮付け、白菜キムチ、エゴマ葉キムチ、ズッキーニの和え物、わらびの和え物、大根葉キムチ、たまねぎエキス、葡萄 |
| | 夕 | 玄米飯 | 干し大根葉の味噌汁 | 白キムチの炒め物、サツマイモの茎の煮物、大根葉の和え物、白菜キムチ、エゴマ葉キムチ |
| 9/23（金） | 朝 | 玄米飯、サツマイモ、玄米餅 | 干し大根葉の味噌汁 | 豆腐ハンバーグ、りんご、桃、葡萄 |
| | 昼 | 玄米飯、ソンピョン | 干し大根葉の味噌汁 | 白キムチの炒め物、サツマイモの茎の煮物、大根葉の和え物、白菜キムチ、大根葉キムチ、じゃこ甘辛炒め |

## 注

1　契には、村への居住を条件として全員もしくは大多数の世帯が加入するものと、個人の任意参加を原則とするものがある［伊藤 1977a:288］。現代韓国の都市で見られるのは大部分が後者である。後者の契の種類としては、葬礼あるいは婚礼といった特定の用途に備えて定期的に一定額の出資金を積み立てるもの、貯蓄を目的とするもの、親睦を目的とするものなどがある。かつては金融機関が農村部まで行き渡っていなかったり、金融機関の経営状況が不安定で安心して資金を預けることができなかったりしたため、農地の購入資金や子どもの学資などを準備するにあたって、契は重要な手段であった。伊藤［1977a］の調査した時点では、調査地の村に、控えめに見積もっても一三〇組の契が組織されていたという。伊藤によれば、契は「ひとたび発足すれば、平等の契約原理の徹底を指向するもの」であり、このような親族関係によらない相互扶助関係は、村落社会において、親族関係を基盤とする人間関係とは対照的な社会分野を形成している［伊藤 1977a:289］。しかし現代韓国においては、金融機関が農村部にも支店を構えて多様な金融商品を売り出し、また万一金融機関が経営破たんしても預金の一定額を保護する制度が確立されているため、人々は多額の資金作りを目的とする場合は金融機関を利用するようになっている。このような状況下、多額の貯蓄を主目的として契を作る行為はほとんど見られなくなっている。現在は農村部においても都市部においても契の数自体が伊藤の調査時と比べて大きく減少し、また契の種類も親睦を目的とする契が代表的になっている。ただし親睦契でも定期的に一定額の出資金を積み立てる行為は行われるのが一般的であり、集まった資金は「お小遣い」として順番にメンバーに当たるようにしたり、あるいは皆で旅行に行くために用いられたりする。

2　バイオメディスンとは、近代西洋社会で生まれた、人間の生物学的知識に基づいて体系づけられた医学のことである。

3　保健福祉部がん登録統計（統計庁承認統計１１７４４号）による。韓国統計庁ホームページ http://www.index.go.kr を参照（二〇一二年一二月一五日最終確認）。

4　いずれも二〇〇一～二〇〇五年の統計による。

5　この側面については次のような説明がなされている。「儒教家父長制は家父長制の通念的イメージとは多少異なる姿を見せもする

が、これは儒教の理念に、意外と平等的な部分が多いことに起因する。儒教の中心思想が「中」から外れないようにすることでもあり、排他的、偏頗的なものを止揚し相互協力的なものを指向するものだからである」［박미해 2010:296］。

6 親族名称は이광규［1997］を参照した。なお、이광규［1997］のみならず韓国の家族に関する研究一般において、親族名称を体系化するときegoが男性である。egoが女性である場合の親族名称については体系化されておらず、参照できる資料が存在しない。一部の研究では女性が結婚後にシデクの成員を呼ぶときの名称は示されているが、チンジョンの成員を呼ぶときの名称は示されていない。さらに、이광규［1997］が体系化した親族名称は韓国社会の中でも上流層を想定したものであることにも留意しておく必要があろう。

7 チェサとは、心霊や死者の魂に対し、食べものを供えて誠意を表すこと、およびその儀式を指す。また、坐の方角とは、墓の向いている方角を指す。

8 同じデータを用いた博士論文および『東北アジア研究』の論文両者に誤差程度だがカウントの間違いがあった。ただし、いずれにおいても付録のデータは正しく、カウントの間違いである。①~⑧のいずれにも当てはまらない床石が7基あった。

9 一回以上の出産経験後に本人あるいは夫が早世したケースは次のような割合で見られる（期間は女性の出生年で区分）。一八八六~一八九〇年：夫早世一五・九％、一八九一~一八九五年：本人早世二〇％、夫早世一三・三％。一八九六~一九〇〇年：本人早世一二・五％、夫早世九・四％。一九〇一~一九〇五年：本人早世一一・一％、夫早世三・七％。一九〇六~一九一〇年：本人早世一四・七％。一九一一~一九一五年：夫早世六・九％。一九一六~一九二〇年：本人早世九・一％、夫早世六・一％。一九二一~一九二五年：本人早世六・五％、夫早世九・七％。一九二六~一九三〇年：本人早世八・五％、夫早世五・七％。一九三一~一九三五年：本人早世七％。一九三六~一九四〇年：夫早世一・八％。以後、本人あるいは夫の早世はごく稀にしか見られなくなる。

10 このフィールドワークの遂行にあたり、平成二二年度三島海雲記念財団学術奨励金による助成を受けた。

11 韓国では病院スタッフが、患者に付き添っている近親者を指すとき、その人と患者との関係や老若男女に関わらず「保護者（*bohoja*）」という呼称を用いる。

12 赤い食べもの（トマト、なつめなど）は心臓病や小腸に、白い食べもの（桔梗の根、大根、梨など）は肺や気管支に、緑色の食べもの（ほうれん草、キャベツ、ヨモギなど）は肝臓や胃に、黄色い食べもの（在来種の鶏、かぼちゃ、ハチミツなど）は腸に、黒い食べもの（黒豆、黒ゴマ、黒い鶏）は腎臓に効くとされている。

13　両班とは多義的な言葉であるが、狭義には「四祖（父、祖、曽祖、外祖）内に顕職（九品以上の両班正職）についた者の子孫」と定義される［末成 1987:46］。

14　このような服装をするのは奴隷や賤民の女性であったという論もある。

15　「ムビョン」（巫病）あるいは「シンビョン」（神病）は、シャーマンすなわちムーダンになるべき人が、ムーダンになるという自分の運命を拒否する場合に、神がその人に対してムーダンとなるよう仕向けるために苦しめるものとされている。症状としては、すべてのことに意欲がなくなり、ものが食べられなくなって衰弱し、手足が震え、幻覚や幻聴が現れ、この段階で自殺する人も出るくらいの苦しみが患者を襲う。苦しみがひどくなるにつれ、患者は近い未来を予言するなどの力を発揮するようになる。ムーダンからムビョンの診断を受け、儀礼を経てムーダンになることで、患者の病状は改善する。ここにおいては、患者がムーダンになることで、周囲の人々との関係性を変える。その具体例として、二〇一二年に韓国のタレントであるイ・スグンが、幼少時に自分の母親がムビョンに罹り家を出てムーダンになったという話をテレビ番組で告白した。イ・スグンは番組の中で、「小学生時代、母親ではなく父親が作ってくれた弁当が恥ずかしく、昼食時間に友人たちと食べることができずに、兄と二人で放課後に食べた」などと涙ながらに語った。

16　週末夫婦とは、仕事などのため平日はそれぞれ別の場所で生活し、週末ごとに会う夫婦を指す。

17　患者の病状によっては、乳房を全摘しても放射線療法が必要となる場合もある。

18　韓国では通常三月上旬に、小学校、中学校、高校、大学の入学式が行われる。

19　タキサン系の抗悪性腫瘍剤。日本ではこの物質を指すとき「パクリタキセル」と「タキソール」という二つの名前が併用されている。静脈注射によって投与される。細胞分裂を阻害させる作用があり、がん細胞を死滅させる。副作用としては、骨髄抑制、脱毛、消化器症状、浮腫、末梢神経障害などが見られる。

20　CVポートとは、薬剤を投与するために皮下に埋め込んで用いる中心静脈カテーテルの一種である。

21　ここで述べられている「措置法」とは、「不動産所有権移転登記に関する措置法」（一九七七年一二月三一日、法律第三〇九四号、第三一五九号、第三五六二号）を指すと考えられる。この法律の内容は、邑・面地域のすべての土地・建物、人口五〇万以下の市地域の農地・林野等で、未登記あるいは登記記載と実際の権利関係の不一致などがある場合、不動産の登記手続きを簡易化するというものである。一九七八年三月一日から一九八四年一二月三一日まで施行された。

22　韓国では、心配事や気がかりなことがあるとき、赤ん坊を抱いたり背中に負ぶったりする夢を見ると考えられている。

23　アンスラサイクリン系の抗がん性抗生物質のひとつ。静脈注射によって投与され、がん細胞の細胞膜を破壊したり、DNAやRNAの合成を阻害したりする。副作用としては、心筋障害、不整脈、骨髄抑制、発熱、消化器症状、口内炎、脱毛などが見られる。

24　腫瘍が作り出す特殊な物質のうち、体液中（主に血液中）で測定できるもの。これを測定することによって、がん細胞の存在を診断したり、治療経過・再発（転移）の観察の判定に応用されたりする［福田 2006:135］。

25　キリスト教伝道の任務を帯びる教職のひとつ。

26　長老とは、プロテスタント教会などで平信徒最高の職級を指す。長老教会の場合、三〇歳以上の男性で、社会的・道徳的欠陥のない教会員として七年を過ぎた者の中から、共同議会で投票者の三分の二以上の賛成を以て選出される。

27　日常生活に目立った支障のない患者も、疲れやすさ、リンパ浮腫を予防するために術側の腕で重いものを持てないこと、ホルモン療法の副作用によるのぼせ・発汗・関節痛、乳房の切除による体の左右均衡の崩れに悩まされるケースが見られる。

28　乳房に見られる石灰化とは、カルシウムが乳腺の中に沈着することを指す。石灰化の中には、乳がんによって引き起こされるものもある一方、良性のものもある。

29　サムチョン（*samchon*）とは親族名称の上ではオジに相当する人を指すが、通常は、父方オジはクンアボジ（*keunabeoji*）あるいはチャグンアボジ（*jakeunabeoji*）、母方オジはウェサムチョン（*oesamchon*）という呼称が用いられる。サムチョンという呼称は一般的に、親しい年上の男性で、かつ、年齢が大きく離れすぎていたり格式が求められたりしてオッパ（*oppa*）という気安い呼称を用いることが不適切と認識される人物を呼ぶとき用いられる。

30　ここには故人から見て、息子の妻だけでなく、孫息子の妻や、曽孫以降の直系男性子孫の妻も含まれる。

31　ここには故人から見て、娘の夫だけでなく、孫娘の夫、曽孫娘の夫も含まれる。

32　ここには故人から見て、外孫息子（娘の息子）だけでなく、外曽孫息子（娘の孫息子）も含まれる。

33　ここには故人から見て、外孫娘（娘の娘）だけでなく、外曽孫娘（娘の孫娘）も含まれる。

# あとがき

本書は神戸大学大学院国際文化学研究科に提出した博士学位論文「「オモニ」を通して見る韓国の家族――乳がん患者の事例から」を加筆修正したものです。多くの方々のお力添えあって、この本が生まれました。

思い返せば学部卒業時、韓国の大学院で韓国研究の道へ進むか、日本の大学院でタイ研究の道へ進むか、二つの大学院（修士課程）に合格して迷っていたとき、韓国研究の道へと背中を押してくださったのが、のちに博士課程の指導教員となる岡田浩樹先生でした。厳しくも温かいご指導をいただく一方で、忌憚のない物言いを許してくださる先生と漫才ばりのかけあいを楽しませていただきました。博士論文の口頭試問のときには私よりも緊張され、私が無事に学位を取った後には目に見えて明るくなられた先生のお姿に、指導学生を研究者として育て上げることへの重圧や責任感がどれほど大きいか垣間見る思いがしました。

私が初めて文化人類学という学問に接したのは、学部生の時に受講した教養原論の「文化人類学」、吉岡政德先生の授業でした。のちに神戸大学大学院国際文化学研究科の博士課程に進んでからは、吉岡先生が博士論文の根幹から細部に至るまで熱心にご指導くださいました。同研究科では先生方から様々なご指導を賜りましたが、特に窪田幸子先生には博士論文の最終審査で、梅屋潔先生には予備審査で、齋藤剛先生には予備審査および最終審査で、柴田佳子先生にはコロキアムを中心として、大変お世話になりました。京都大学の田中雅一先生、国立民族学博物館の鈴木七美先生と杉本良男先生にも、有意義なご助言を賜りました。

社会を一歩引いて見る眼力を高校の時から伸ばしてくださった桝井英人先生と谷口有佳氏、神戸大学文学部在学時からお世話になっている佐々木衞先生と藤井勝先生、朴鍾祐先生、ソウル大学校修士課程の指導教員である全京秀先生にも感謝申し上げます。また、先輩である久保忠行（大妻女子大学）、山口隆子（大阪観光大学）、前川真裕子（神戸松蔭女子学院大学）、一宮健一（岡山県立倉敷青陵高校）、野上恵美（神戸大学）の各氏、後輩である土屋敦子、鈴木亜望、平野智佳子の各氏らと切磋琢磨したことも大きな糧になりました。

二〇一一年の現地調査は公益財団法人三島海雲記念財団の平成二二年度学術研究奨励金によって実現しました。二〇一三年度には公益財団法人木下記念事業団から学生寮の支援を受けました。本書の刊行は立命館大学の学術図書出版推進プログラムによって可能となりました。本書の企画・編集をしてくださった明石書店の小林洋幸、兼子千亜紀、岩井峰人の各氏、立命館大学とのご縁を作ってくださったサトウタツヤ先生、日々の研究活動を支えてくださる立命館大学の稲盛経営哲学研究センターとリサーチオフィスの皆様および関係者各位、いつも研究ばかりしている私を見守り続けてくれる家族にも感謝いたします。

そして誰よりもインフォーマントの方々のご協力なくして本書は存在しえませんでした。私が終始のびのびと楽しく博士論文を書き上げられたのは、彼女たちの生の営みがおのずから力強く博士論文をかたちづくっていったためです。インフォーマントの中には、他界してゆかれた方々もおられます。中でも私と歳の近かった方々を思うと、生かされている自分は何をすべきだろうかと考えずにはいられません。彼女たちの生の営みを通して学術的に意味ある痕跡を残すことに私自身の生の価値を見出し、足元で起こるつまずきも何か意味あることだろうと客観的に吟味し、遠くの「生の目標」を見つめつつ流れに逆らわず歩くうちに、有難いご縁や機会に恵まれ、多くの方々に支えられて、本書が生まれました。皆様のお力添えをより実りあるかたちにするため、今後も研究に励んでゆきます。

乳がんと共に生きた方々とそのご家族に、そして今も乳がんと共に生きる方々とそのご家族に、本書を捧げます。

二〇一七年二月　　冬のやわらかな陽光を感じながら

**澤野　美智子**

Press.
Shorter, E. 1977 *The Making of the Modern Family*. Basic Books.
Strathern, A. & Stewart, P. J. 2012 *Kinship in Action: Self and Group*. Pearson.
Strathern, M. 1992 *After Nature: English Kinship in the Late Twentieth Century*: Cambridge University Press.
Wolf, M. 1993 'Uterine Families and the Woman's Community'. in Haviland, W. A. and Gordon, R. J. (ed.), *Talking about People: Readings in Contemporary Cultural Anthropology*. Mayfield Publishing. pp. 166-169.
Yalom, M. 1997 *A History of the Breast*. Alfred A. Knopf.
Young, I. M. 2005 *On Female Body Experience: "Throwing Like a Girl" and Other Essays*. Oxford University Press.

**参照サイト**

おくすり 110 番　http://www.jah.ne.jp/~kako/　(2013 年 12 月 16 日最終確認)
化学療法サポート　http://chemo-support.jp/　(2013 年 12 月 16 日最終確認)
独立行政法人　国立がん研究センター　がん対策情報センター　がん情報サービス　http://ganjoho.jp/public/index.html　(2013 年 12 月 16 日最終確認)

조 혜정 (Cho, Hae Joang) 1986「가부장제의 변형과 극복：한국가족의 경우 (家父長制の変形と克服：韓国家族の場合)」『한국여성학 (韓国女性学)』2：136-217。

정 성희 (Chung, Sung Hee) 2009『조선의 섹슈얼리티 (朝鮮のセクシュアリティ)』가람기획 (カラム企画)。

정 영애 (Chung, Young Ae) 2010『가족과 젠더 (家族とジェンダー)』교문사 (教文社)。

정 희진 (Chung, Hee Jin) 2012『페미니즘의 도전 (フェミニズムの挑戦)』교양인 (教養人)。

최 길성 (Choi, Kil Sung) 1996『한국인의 한 (韓国人の恨)』예전사 (イェジョン社)。

——2010『한국인의 조상숭배와 효 (韓国人の祖先崇拝と孝)』민속원 (民俗苑)。

최 미희 (Choi, Mi Hee) 2009『호적부와 족보에 나타난 종족마을 가족의 계승과 분가 (戸籍簿と族譜に現れた宗族マウルの家族の継承と分家)』서울대학교 석사학위논문 (ソウル大学校修士学位論文) (未刊行)。

최 백 (Choi, Bek) 1981「한국의 집——그의 구조분석：큰집，작은집 관계를 중심으로 (韓国の家——その構造分析：クンチプ、チャグンチプ関係を中心に)」『한국문화인류학 (韓国文化人類学)』13：119-135。

최 재석 (Choi, Jai Seuk) 1990『한국가족연구 (韓国家族研究)』일지사 (一志社)。

## 英語

Inda, J. X. (ed.) 2005 *Anthropologies of Modernity: Foucault, Governmentality, and Life Politics*. Blackwell Publishing.

Kendall, L. and Peterson, M. (ed.) 1983 *Korean Women: View from the Inner Room*. East Rock Press.

Kleinman, A. 1988 *The Illness Narratives: Suffering, Healing, and the Human Condition*. Basic Books.

Mead, M. 1949 *Male and Female: A Study of the Sexes in a Changing World*. W. Morrow.

Needham, R. 1971 'Remarks on the Analysis of Kinship and Marriage,' in R. Needham (ed.), *Rethinking Kinship and Marriage*, Tavistock Publications: 1-34.

Schneider, D. M. 1984 *A Critique of the Study of Kinship*. University of Michigan

族と文化)』21(4):95-118。
나임 윤경(Nah Im, Yoon Kyeong) 2011『여자의 탄생:대한민국에서 딸들은 어떻게 '여자다운 여자' 로 만들어지는가(女性の誕生:大韓民国で娘たちはどのように〈女性らしい女性〉に作られるのか)』웅진지식하우스(ウンジン知識ハウス)。
노 동영(Noh, Dong Yeong) 他 2009『이젠 두렵지 않다!유방암(もう怖くない!乳がん)』이젠미디어(イジェンメディア)。
민 성길(Min, Sung Kil) 2009『화병연구(火病研究)』엠엘컴뮤니케이션(エムエルコミュニケーション)。
박 미해(Park, Mee Hae) 2010『유교 가부장제와 가족, 가산(儒教家父長制と家族、家産)』아카넷(アカネット)。
손 승영(Sohn, Seong Young) 2011『한국가족과 젠더:페미니즘의 정치학과 젠더 질서의 재편성(韓国家族とジェンダー:フェミニズムの政治学とジェンダー秩序の再編成)』집문당(集文堂)。
여 중철(Yeo, Joong Chul) 1977「한국농촌의 가족주기와 가족유형(韓国農村の家族周期と家族類型)」『한국문화인류학(韓国文化人類学)』9:25-37。
이 광규(Lee, Kwang Kyu) 1977『한국가족의 구조분석(韓国家族の構造分析)』일지사(一志社)。
——1997『韓國親族의 社會人類學(韓国親族の社会人類学)』집문당(集文堂)。
이 재경(Lee, Jae Kyung) 2011『가족의 이름으로:한국 근대가족과 페미니즘(家族の名で:韓国近代家族とフェミニズム)』또하나의문화(トハナウィムンファ)。
이이 효재(Lee Lee, Hyo Jae) 2003『조선조 사회와 가족:신분상승과 가부장제문화(朝鮮朝社会と家族:身分上昇と家父長制文化)』한울아카데미(ハンウルアカデミー)。
임 인숙(Lim, In Sook) 2006「유방암, 손상된 몸과 여성성의 위기감(乳がん、損傷した体と女性性の危機感)」『한국여성학(韓国女性学)』22(4):5-46。
조 성숙(Cho, Sung Sook) 2002『'어머니' 라는 이데올로기:어머니의 경험세계와 자아찾기(〈オモニ〉というイデオロギー:オモニの経験世界と自分探し)』한울아카데미(ハンウルアカデミー)。
조 정문(Cho, Cheung Moon) 1997「한국사회 친족관계의 양계화 경향에 관한 연구(韓国社会の親族関係の両系化傾向に関する研究)」『한국여성학(韓国女性学)』13(1):87-114。

フーコー、M.　1986『性の歴史Ⅰ　知への意志』渡辺守章（訳）、新潮社。
――2002 「統治性」石田英敬（訳）『ミシェル・フーコー思考集成Ⅶ　知・身体』蓮實重彦・渡辺守章（監修）、小林康夫・石田英敬・松浦寿輝（編）pp. 246-272、筑摩書房。
フォーテス、M.　1980「アフリカの部族社会における祖先崇拝について」『祖先崇拝の論理』田中真砂子（編訳）、pp.131-160、ぺりかん社。
福田　護　2006『乳がん全書』法研。
本田　洋　1993「墓を媒介とした祖先の〈追慕〉：韓国南西部一農村におけるサンイルの事例から」『民族學研究』58（2）：142-169。
マードック、G.　1978『社会構造：核家族の社会人類学』内藤莞爾（監訳）、新泉社。
丸山　孝一　1983「韓国社会における内と外の展開」『儀礼と象徴：文化人類学的考察』江渕一公・伊藤亜人（編）、pp.443-466、九州大学出版会。
宮原　葉子　2009「韓国農村社会における婚姻の成立に関する一考察：全羅北道淳昌郡A里の事例から」『韓国朝鮮の文化と社会』8：146-175。
安田　ひろみ　1997「韓国の女性：儒教的規範の裏側、ムダンの世界から」『女の民族誌1　アジア篇』綾部恒雄（編）、pp.39-64、弘文堂。
山崎　明子・黒田　加奈子・池川　玲子・新保　淳乃・千葉　慶　2011『ひとはなぜ乳房を求めるのか：危機の時代のジェンダー表象』青弓社。
山根　真理　2005「韓国の家族とジェンダー：女性のライフコースと育児援助を中心に」『東アジアの家族・地域・エスニシティ：基層と動態』北原淳（編著）、pp.77-94、東信堂。
リーチ、E.　1985『社会人類学案内』長島信弘（訳）、岩波書店。

**韓国語**

김 두헌（Kim, Do Hun）　1980『한국가족제도연구（韓国家族制度研究）』서울대학교출판부（ソウル大学校出版部）。
김 은희（Kim, Eun Hee）　1993「일・가족, 그리고 성역할의 의미（仕事・家族、そして性役割の意味）」『한국 근현대 가족의 재조명（韓国近現代家族の再照明）』한국사회사연구회（韓国社会史研究会）（編）、pp.81-120、문학과지성사（文学と知性社）。
김 주희（Kim, Joo Hee）　2009「결혼초기 여성의 친족관계：외동딸에 대한 사례연구（結婚初期女性の親族関係：一人娘についての事例研究）」『가족과 문화（家

からする社会展望』青木保・内堀基光・梶原景昭・小松和彦・清水昭俊・中林伸浩・福井勝義・船曳健夫・山下晋司（編）、岩波書店、pp.97-127。
――1980「韓国の「家」の分析：養子と分家をめぐって」『広大アジア研究』2：39-52。
清水　昭俊　1988a「「血」の神秘：親子のきずなを考える」『人類学的認識論の冒険：イデオロギーとプラクティス』田辺繁治（編著）、pp.45-68、同文舘出版。
――1988b「序説：家族の自然と文化」『家族の自然と文化』清水昭俊（編）、pp.9-60、弘文堂。
ジャネリ、R.・任敦姫　1993『祖先祭祀と韓国社会』樋口淳・金美榮・近藤基子（訳）、第一書房。
末成　道男　1986「韓国の社会組織：そのヴァリエーションをめぐって」『日本民俗社会の形成と発展：イエ・ムラ・ウジの源流を探る』竹村卓二（編）、pp.101-123、山川出版社。
――1987「韓国社会の「両班」化」『現代の社会人類学１　親族と社会の構造』伊藤亜人・関本照夫・船曳健夫（編）、pp.45-80、東京大学出版会。
ソンタグ、S．1983『隠喩としての病い』富山太佳夫（訳）、みすず書房。
田中　悟　2010「現代韓国における葬墓文化の変容：納骨堂を中心に」『大阪女学院短期大学紀要』40：19-36。
――2011「韓国・納骨堂に見る死者とのコミュニケーションの試み」『宗教研究』367：461-462。
崔　吉城・依田　千百子　2003「シャマニズム」『朝鮮を知る事典』伊藤亜人・大村益夫・梶村秀樹・武田幸男・高崎宗司（監修）、pp.185-186、平凡社。
丁　ユリ　2012「韓国の大都市とその周辺部における納骨堂：儀礼・追慕の形式の変化と新しい死と生の空間の形成」『死生学研究』17：294-256。
趙　惠貞　2002『韓国社会とジェンダー』春木育美（訳）、法政大学出版局。
長島　信弘　1985「社会科学の隠喩としての家族」『現代思想』13（6）：148-157。
中筋　由紀子　2006『死の文化の比較社会学：「わたしの死」の成立』梓出版社。
中谷　文美　2005「育てる：社会の中の子育て」『ジェンダーで学ぶ文化人類学』田中雅一・中谷文美（編）、pp.187-207、世界思想社。
波平　恵美子　1988『脳死・臓器移植・がん告知：死と医療の人類学』福武書店。
バダンテール、E.　1991『母性という神話』鈴木晶（訳）、筑摩書房。
速水　洋子　2011「序　親子から生のつながりを問い直す（特集　親子のつながり：人類学における親族／家族研究再考）」『文化人類学』75（4）：515-525。

ニズム 5 母性』天野正子・伊藤君雄・伊藤るり・井上輝子・上野千鶴子・江原由美子・大沢真理・加納実紀代（編）、pp.1-31、岩波書店。
岡田　浩樹　2010「「オモニ」というゾウを避け、サイの角にとまること」『「シングル」で生きる：人類学者のフィールドから』椎野若菜（編）、pp.113-126、御茶の水書房。
――2012a「韓国社会における儒教の変貌に関する試論：転換期としての 1990 年代」『社会学雑誌』29：31-50。
――2012b「家・生殖・モダニティ：現代韓国の「家（カジョク）」に関する人類学的理解の試み」『共在の論理と倫理：家族・民・まなざしの人類学』風間計博・中野麻衣子・山口裕子・吉田匡興（共編著）、pp.121-146、はる書房。
笠原　政治　1992「家族と親族」『現代社会人類学』合田濤（編）、pp.74-96、弘文堂。
河合　利光（編著）　2012『家族と生命継承：文化人類学的研究の現在』時潮社。
コンネル、R．2008『ジェンダー学の最前線』多賀太（監訳）、世界思想社。
齋藤　純一（編）　2005『親密圏のポリティクス』ナカニシヤ出版。
佐藤　信行　1973「済州島の家族：O村の事例から」『東洋文化』53：109-145。
澤野　美智子　2011「女性のライフコースを通して見る家族時間の変化：韓国近代戸籍の分析を中心に」『神戸文化人類学研究』3：33-54。
――2011「韓国家族と女性：1960 年代以降の状況を中心に」『三島海雲記念財団研究報告書』48：130-133。
――2013a「ケアの再構成を通した韓国の家族再考：既婚女性の乳がん患者の事例」『文化人類学』77（4）：588-598。
――2013b「病いの語りを通して見る家族：韓国の乳がん患者の事例」『社会学雑誌』30：122-135。
――2014「墓の変化から見る韓国の家族」『東北アジア研究』18：99-124。
――2015「食の行為が生み出す関係性：〈フィードの人類学〉の構築に向けて」『神戸文化人類学研究』、5：28-41。
――2016「〈正答〉のない〈正しさ〉を生きる：韓国におけるがん患者の療法」『多配列思考の人類学』白川千尋・石森大知・久保忠行（編）、pp.223-244、風響社。
重松　真由美　1982「韓国の女」『女の文化人類学：世界の女性はどう生きているか』綾部恒雄（編）、pp.197-223、弘文堂。
嶋　陸奥彦　1997「族譜のコンストラクション」『岩波講座文化人類学第 4 巻　個

# 参考文献

## 日本語


朝倉　敏夫　1999「韓国の薬食同源」『アジア遊学』2：70-78。

綾部　恒雄（編著）　1982『女の文化人類学：世界の女性はどう生きているか』弘文堂。

アリエス、P．1980『「子供」の誕生：アンシァン・レジーム期の子供と家族生活』杉山光信・杉山恵美子（訳)、みすず書房。

イカロスMOOK編集部　2010『乳がん：最新治療法と乳がんと一緒に生きるあなたへ』イカロス出版。

李　光奎　1973「韓国家族の構造」『東洋文化』53：13-40。

――1978『韓国家族の構造分析』服部民夫（訳)、国書刊行会。

李　光奎・末成　道男　1973「慶尚北道百忍・中浦両部落調査予報：とくに家族・親族について」『東洋文化』53：41-78。

池田　光穂・奥野　克巳（共編）　2007『医療人類学のレッスン：病いをめぐる文化を探る』学陽書房。

李　杜鉉　2003「仮面劇」『朝鮮を知る事典』伊藤亜人・大村益夫・梶村秀樹・武田幸男・高崎宗司（監修)、pp.47-48、平凡社。

伊藤　亜人　1977a「契システムにみられるch'inhan-saiの分析：韓国全羅南道珍島における村落構造の一考察」『民族學研究』41（4)：281-299。

――1977b「韓国村落社会における契：全羅南道珍島農村の事例」『東洋文化研究所紀要』71：167-230。

――1996『韓国』河出書房新社。

――2003a「養子」『朝鮮を知る事典』伊藤亜人・大村益夫・梶村秀樹・武田幸男・高崎宗司（監修）、p.421、平凡社。

――2003b「婚姻」『朝鮮を知る事典』伊藤亜人・大村益夫・梶村秀樹・武田幸男・高崎宗司（監修)、p. 150、平凡社。

――2013『珍島：韓国農村社会の民族誌』弘文堂。

江原　由美子 2009「制度としての母性：付 増補編解説 激流の中のリプロダクティブ・フリーダム――1995年以降の「母性」と社会」『新編 日本のフェミ

### マ行



### ヤ行



### ラ行



### ワ行

## ナ行



## ハ行

## タ行

## サ行

# 索　引

## ア行



## カ行

【著者略歴】

**澤野 美智子（さわの・みちこ）**

立命館大学 OIC 総合研究機構専門研究員（2017 年 4 月、立命館大学総合心理学部准教授着任予定）

神戸大学大学院国際文化学研究科博士後期課程修了（博士（学術））、大韓民国国立ソウル大学校社会科学大学院人類学科修士課程修了（修士（人類学））、神戸大学文学部人文学科卒業（学士（文学））。専攻は文化人類学および医療人類学。論文に「〈正答〉のない〈正しさ〉を生きる：韓国におけるがん患者の療法」（白川千尋・石森大知・久保忠行編『多配列思考の人類学：差異と類似を読み解く』風響社、2016 年）、「ケアの再構成を通した韓国の家族再考：既婚女性の乳がん患者の事例」（『文化人類学』第 77 号 4 巻、2013 年）等。

# 乳がんと共に生きる女性と家族の医療人類学
## ――韓国の「オモニ」の民族誌


2017 年 2 月 10 日　初版第 1 刷発行

著　者　澤　野　美智子
発行者　石　井　昭　男
発行所　株式会社 明石書店

〒 101-0021 東京都千代田区外神田 6-9-5
電 話　03（5818）1171
FAX　03（5818）1174
振 替　00100-7-24505
http://www.akashi.co.jp

装　丁　明石書店デザイン室
印　刷　株式会社文化カラー印刷
製　本　本間製本株式会社





（定価はカバーに表示してあります）　ISBN978-4-7503-4470-6

アジア女性基金と慰安婦問題　回想と検証
和田春樹　◉4400円

韓国の少子化と女性雇用　高齢化・男女格差社会に対応する人口・労働政策
裵海善　◉2800円

朝鮮時代の女性の歴史　家父長的規範と女性の一生
奎章閣韓国学研究院編著　小幡倫裕訳　◉8000円

植民地朝鮮の新女性　「民族的賢母良妻」と「自己」のはざまで
井上和枝　◉4000円

韓国人女性の国際移動とジェンダー　グローバル化時代を生き抜く戦略
柳蓮淑　◉5700円

現代韓国を知るための60章【第2版】
エリア・スタディーズ 6　石坂浩一、福島みのり編著　◉2000円

韓国の歴史を知るための66章
エリア・スタディーズ 65　金両基編著　◉2000円

韓国の暮らしと文化を知るための70章
エリア・スタディーズ 112　舘野晳編著　◉2000円

---

韓国経済がわかる20講　援助経済・高度成長・経済危機・グローバル化の70年の歩み
裵海善　◉2500円

韓国がわかる60の風景
神田外語大学多文化共生シリーズ2　林史樹　◉1600円

言葉のなかの日韓関係　教育・翻訳通訳・生活
徐勝、小倉紀蔵編　◉2200円

アジア諸国の子ども・若者は日本をどのようにみているか
韓国・台湾における歴史・文化・生活にみる日本イメージ
加賀美常美代編著　◉2400円

韓国・済州島と遊牧騎馬文化　モンゴルを抱く済州
金日宇、文素然著　井上治監訳　石田徹、木下順子訳　◉2200円

開発社会学を学ぶための60冊　援助と発展を根本から考えよう
佐藤寛、浜本篤史、佐野麻由子、滝村卓司編著　◉2800円

開発援助と人類学　冷戦・蜜月・パートナーシップ
佐藤寛、藤掛洋子編著　◉2800円

現代医療の民族誌
近藤英俊、浮ケ谷幸代編著　◉3200円

〈価格は本体価格です〉